Marco Amann hat Softwaretechnik studiert und arbeitet bei Digital-Frontiers als Consultant. Er ist als einer der Experten der Digital Frontiers für das Thema Rust verantwortlich und hat Schwerpunkte in den Bereichen systemnaher Programmierung und robuster Systeme.

Dr. Joachim Baumann ist Management Consultant und Geschäftsführer der Digital Frontiers GmbH & Co. KG. Er verfügt über mehr als 30 Jahre Erfahrung in der IT, als Entwickler, Architekt, Projektleiter, Scrum-Master und Berater und beschäftigt sich seit dem Jahr 2000 mit agilen Vorgehensweisen. Sein Wissen gibt er gerne in Form von Büchern, aber auch als Hochschuldozent und in Schulungen weiter, er ist aber auch immer noch Committer in Open-Source-Projekten.

Marcel Koch vermittelt – ob zwischen Technologien oder Menschen. Er versteht es, in verschiedenste Technologien und Gebiete einzutauchen, die Vorteile zu nutzen und die Essenzen zu erklären. Als Kommunikationscoach setzt er auf gewaltfreie Kommunikation, Transaktionsanalyse und Radical Candor. Als Softwarearchitekt baut er auf konservative Technologien, wie zum Beispiel Kotlin oder Spring, und ergänzt diese bedarfsgerecht mit neueren wie WebAssembly oder Rust. *www.marcelkoch.net*

Marco Amann · Joachim Baumann · Marcel Koch

Rust

Konzepte und Praxis für die sichere Anwendungsentwicklung

dpunkt.verlag

Marco Amann · Joachim Baumann · Marcel Koch

Lektorat: René Schönfeldt
Projektkoordinierung: Anja Weimer
Copy-Editing: Annette Schwarz, Ditzingen
Satz: Veronika Schnabel
Herstellung: Stefanie Weidner
Umschlaggestaltung: Helmut Kraus, *www.exclam.de*
Druck und Bindung: mediaprint solutions GmbH, 33100 Paderborn

Bibliografische Information der Deutschen Nationalbibliothek
Die Deutsche Nationalbibliothek verzeichnet diese Publikation in der Deutschen Nationalbibliografie; detaillierte bibliografische Daten sind im Internet über *http://dnb.d-nb.de* abrufbar.

ISBN:
Print 978-3-86490-878-1
PDF 978-3-96910-614-3
ePub 978-3-96910-615-0
mobi 978-3-96910-616-7

1. Auflage 2022

Wieblinger Weg 17
69123 Heidelberg

Hinweis:
Dieses Buch wurde auf PEFC-zertifiziertem Papier aus nachhaltiger Waldwirtschaft gedruckt. Der Umwelt zuliebe verzichten wir zusätzlich auf die Einschweißfolie.

Schreiben Sie uns:
Falls Sie Anregungen, Wünsche und Kommentare haben, lassen Sie es uns wissen: *hallo@dpunkt.de*.

5 4 3 2 1

Inhaltsübersicht

Inhaltsverzeichnis

Vorwort

Zielgruppe für dieses Buch

Dieses Buch richtet sich an Entwickler, die über den Tellerrand normaler Programmierung hinausschauen wollen. Mit Rust bietet sich die Möglichkeit, eine neue und interessante Programmiersprache kennenzulernen, die einiges anders macht als die gängigen Programmiersprachen.

Notwendige Vorkenntnisse für das Buch

Sie sollten als Entwickler bereits Erfahrung in der objektorientierten Programmierung haben. Wissen um typische Konzepte gerade objektorientierter Sprachen sollte vorhanden sein. Wir erklären auch keine gängigen Programmierkonstrukte wie `if` oder `while`, sondern setzen die dafür notwendigen Kenntnisse voraus.

Was dieses Buch nicht enthält

Dieses Buch wiederholt weder die leicht zu findenden Tutorials noch die exzellente Online-Dokumentation zu Rust. Es ist auch keine Einführung für Menschen, die das Programmieren erst lernen wollen (das Buch wäre sonst mehr als doppelt so dick).

Was dieses Buch enthält

Unser Ziel ist es, Sie mit den Inhalten dieses Buchs in die Lage zu versetzen, auch komplexere praktische Programme mit Rust zu schreiben.

Natürlich hoffen wir außerdem, dass Sie genau wie wir die Freude dabei verspüren, Programme zu schreiben, bei denen Speicherlecks der Vergangenheit angehören.

Zum Schluss ist die Auseinandersetzung mit dem Ownership-Modell von Rust eine interessante Erfahrung, die uns auch in anderen Sprachen zu besseren Programmierern macht.

Begleitrepository

Zu diesem Buch haben wir ein git-Repository eingerichtet, in dem Sie viele Codebeispiele direkt zum Klonen und Ausprobieren finden:

https://rust-buch.de/repository

Danksagung

Das Schreiben eines Buches ist, wenig überraschend, ein langwieriges und aufwendiges Unterfangen, das unsere Familien sehr stark unterstützt haben. Und dies, obwohl wir dadurch weniger aufmerksam waren, mehr Zeit mit unverständlichen Dingen zubrachten, ständig »Oh, da muss ich auch noch dran denken ...« vor uns hinmurmelten und generell leicht geistig abwesend waren. Vielen Dank für die Geduld und das Verständnis.

Marco, Joachim

Auch wenn dies eher unüblich ist, möchten wir ganz explizit unserer Firma Digital Frontiers danken, die mit ihrem ungewöhnlichen Arbeitsmodell das Schreiben eines Buches in der Arbeitszeit ermöglicht und derartige inhaltliche Arbeit stark fördert.

Marcel

Ich möchte mich bei meinen beiden Co-Autoren Marco und Joachim für ihr Wissen, ihren Humor und ihre Geduld bedanken. Das Privatleben gab mir nicht immer so viel Zeit frei, wie wir uns alle gewünscht hätten.

Ich danke ausdrücklich meiner Frau Johanna und meinem Sohn Niklas. Wie oben schon erwähnt, mussten sie sehr oft auf mich verzichten. Vielleicht lest Ihr, Niklas und Larissa, das Buch auch mal im Informatikgeschichtsunterricht.

Ihr drei seid meine Sonne und Hoffnung!

1 Rust – Einführung

In diesem Kapitel werfen wir einen ersten Blick auf Rust-Programme, betrachten die Installation von Rust und der Sprachunterstützung in verschiedenen Entwicklungsumgebungen, sodass wir möglichst schnell praktische Schritte mit der Sprache unternehmen, ein Beispielprogramm schreiben und mit dem Rust-eigenen Build-System übersetzen und starten können.

1.1 Warum Rust?

Rust ist eine moderne Sprache, die sehr stark auf Geschwindigkeit und Parallelverarbeitung ausgelegt ist. Vielfach wird Rust als Systemprogrammiersprache und Ersatz für C dargestellt, der Anwendungsbereich ist aber sehr viel breiter. Betrachten wir ein paar der interessanten Eigenschaften von Rust.

1.1.1 Rust und der Speicher

Das absolute Alleinstellungsmerkmal ist die Art, wie Rust mit Speicher umgeht. Rust kann garantieren, dass durch die Verwaltung des Speichers zur Übersetzungszeit keine Fehler zur Laufzeit auftreten können. Damit braucht Rust auch keinen Garbage Collector. Das verhindert unbeabsichtigte Unterbrechungen im Programmablauf, um den Speicher aufzuräumen. Wir haben also nicht nur korrektere Programme, die schneller laufen, sie verhalten sich auch deterministischer.

Um dies zu erreichen, wird für jeden Wert ein Eigentümer festgelegt. Dies kann ein primitiver Wert sein oder eine beliebig komplexe Struktur. Ein Wert lebt, solange der Eigentümer lebt.

Der Eigentümer kann wechseln, und für den Zugriff auf ein Objekt können Referenzen ausgeliehen werden (*Borrowing*). Ausgeliehene Referenzen sind im Normalfall Lesereferenzen, es kann aber alternativ auch maximal eine Schreib-/Lese-Referenz auf einen Wert definiert werden. Dies impliziert, dass wir keine aktive Lesereferenz haben. Die Beschränkung auf eine einzige schreibende Instanz sorgt bei Neulingen meist für Überraschungen, hat aber den großen Vorteil, dass es keine undefinierten Zustände durch gleichzeitiges Schreiben oder nicht synchronisiertes Lesen geben kann.

Dieses *Ownership* genannte Konzept ist extrem mächtig, braucht aber zum vollständigen Verinnerlichen etwas Zeit und Übung. Wir werden dies in Abschnitt 7.2 kennenlernen und in Kapitel 15 im Detail beleuchten.

1.1.2 Rust und Objektorientierung

Rust ist eine Programmiersprache, die mit der Kapselung von Daten und Funktionen und Methoden auf diesen Daten objektorientierte Konzepte unterstützt.

Rust erreicht dies durch die Einführung von Modulen, die private und öffentliche Daten und Funktionen enthalten. Polymorphismus wird durch das Konzept der *Traits* erreicht, die inzwischen in vielen anderen Programmiersprachen wie Kotlin oder Scala auch verwendet werden. Eine vergleichbare Funktionalität gibt es in Java seit der Version 8 mit den Default-Methoden in Interface-Spezifikationen.

Rust bietet allerdings anders als die gewohnten objektorientierten Sprachen keine Vererbung. Dies mag im ersten Moment überraschen und ist eine Abkehr vom normalen objektorientierten Denken, hat aber gute Gründe.

Aus konzeptioneller Sicht ist es problematisch, dass wir bei der Vererbung nicht kontrollieren können, welche Teile unserer Elternklasse wir erben möchten. Dies kann dazu führen, dass wir in abgeleiteten Klassen Funktionalität haben, die dort nicht gewollt ist.

Das praktischere Argument ist aber, dass durch Verzicht auf Vererbung ein hoher Aufwand zur Identifikation der richtigen auszuführenden Methode/Funktion wegfällt. Dies macht Rust-Programme deutlich laufzeiteffizienter.

Wir werden uns mit objektorientierten Konzepten in Kapitel 9 auseinandersetzen.

1.1.3 Rust und funktionale Programmierung

Zur Unterstützung funktionaler Programmierung bietet Rust *Closures*, anonyme Funktionen, die auf ihre Umgebung zur Zeit der Definition zugreifen können. Dieses vielseitige Konstrukt findet sich in mehr und mehr Sprachen und erlaubt eine sehr elegante Kapselung von Funktionalität und Daten.

Zusammen mit Iteratoren, die die Verarbeitung von Sammlungen von Daten kapseln, erlauben Closures sehr mächtige funktionale Abstraktionen. Iteratoren und Closures werden wir in Kapitel 11 kennenlernen.

1.1.4 Rust und Parallelverarbeitung

Rust bietet eine direkte Abstraktion der Thread-Funktionalität des unterliegenden Betriebssystems. Dies sorgt für den geringstmöglichen Mehraufwand zur Laufzeit, beschränkt aber natürlich die Flexibilität in der Verwendung von Threads auf die Unterstützung durch das unterliegende System. Bei Bedarf können allerdings auch Thread-Module verwendet werden, die eine unabhängige und damit flexiblere Implementierung anbieten. Dies erlaubt uns, von Fall zu Fall zu entscheiden, ob wir die größere Flexibilität oder den geringeren Speicherbedarf bevorzugen. Während die Entscheidung in vielen Fällen in Richtung der Flexibilität getroffen werden wird, gibt es eingeschränkte Umgebungen (wie zum Beispiel Mikro-Controller), in denen die Möglichkeit der expliziten Wahl sehr vorteilhaft ist.

Viele der Probleme, die bei der normalen Programmierung von paralleler Verarbeitung zu sehr hoher Komplexität und damit zu schwer auffindbaren Fehlern führen, finden wir in Rust nicht. Dies entsteht durch das *Ownership*-Modell, das dafür sorgt, dass der Compiler problematische Stellen im Quelltext sehr früh identifizieren und damit entfernen kann. Das heißt nicht, dass Rust alle Probleme im Zusammenhang mit Parallelprogrammierung löst. Es erlaubt uns aber, uns auf die wirklich schwierigen Probleme zu konzentrieren.

Threads in Rust können kommunizieren, indem sie Nachrichten in verschiedene Kanälen senden oder aus diesen empfangen. Zusätzlich können sie Teile ihres Zustands geschützt durch eine Mutex-Abstraktion mit anderen Threads teilen.

Parallelprogrammierung in Rust ist sehr mächtig, und wir werden uns in Kapitel 16 eingehend damit beschäftigen.

1.2 Ein Beispielprogramm

Als ein erstes Beispiel, um Ihren Appetit für Rust zu wecken, betrachten wir ein kleines Programm, das bereits viele Eigenschaften von Rust zeigt. Da dieses deutlich über das klassische »Hallo Welt«-Programm hinausgeht, sollten Sie sich keine Sorgen machen, wenn einzelne Funktionalitäten noch nicht vollständig klar sind. Die Erklärungen sind an dieser Stelle notwendigerweise etwas kurz, alle angesprochenen Eigenschaften werden wir später deutlich detaillierter betrachten.

Listing 1–1
Zeilenweises Lesen und Ausgabe einer Datei

```
use std::fs::File as Datei;
use std::io::{BufReader, BufRead};

fn main() {
    let file = Datei::open("hallo.txt")
        .expect("Konnte Datei nicht öffnen");
    let reader = BufReader::new(file);

    for line in reader.lines() {
        let line = line
            .expect("Konnte Zeile nicht lesen");
        println!("{}", line);
    }
}
```

Wir beginnen mit dem Import benötigter Funktionalität (wie auch aus Java bekannt). Wir benennen den aus dem Namensraum beziehungsweise Modul `std::fs` (durch den Pfadtrenner `::` getrennte Namen sind hierarchische Pfadangaben) importierten Typ `File` um in `Datei` und importieren im nächsten Schritt die beiden Typen `BufReader` und `BufRead`. Der Typ `BufReader` unterstützt gepuffertes Lesen aus einer Quelle und ist damit deutlich effizienter als ein direktes Lesen.

Dann folgt die Definition unserer ersten Funktion, gekennzeichnet durch das Schlüsselwort `fn`. In unserem Fall ist dies die Funktion `main()`, die keine Parameter und keinen Rückgabewert hat. Der Körper der Funktion findet sich im durch geschweifte Klammern definierten Block von Anweisungen, die durch Semikolon getrennt sind. Wie in vielen anderen Sprachen hat diese Funktion eine Sonderrolle: Sie ist der Einstiegspunkt in unser Programm und wird als Erstes aufgerufen, um den Programmabfluss zu starten.

Wir versuchen mit der Methode `open()` (eine Methode des Typs `Datei`, unserem umbenannten Typ `File`) eine Datei mit dem Namen *hallo.txt* zu öffnen. Dieser Aufruf liefert ein Objekt vom Typ `Result` zurück, das entweder das Ergebnis des erfolgreichen Aufrufs oder den durch den Aufruf ausgelösten Fehler enthält. Die Funktion `expect()` nimmt dieses Objekt und liefert im Erfolgsfall das Ergebnis zurück, im Fehlerfall wird die als Parameter übergebene Nachricht ausgegeben und das Programm mit einem Fehler beendet.

Hintergrund

Tatsächlich erzeugt die Funktion `expect()` einen nichtbehandelbaren Fehler vom Typ `std::Panic`. Dies ist ein völlig normaler Weg für Rust, Probleme zu behandeln, solange es der eigene Quelltext ist oder wir uns in der Prototypphase befinden. Im Falle von Produktionssoftware oder aber Bibliotheken sind andere Wege zur Fehlerbehandlung zu bevorzugen.

Wir weisen das Ergebnis, ein Objekt vom Typ `Datei`, der Variable `file` zu und erzeugen im nächsten Schritt ein Objekt vom Typ `BufReader` darauf, das wir in der Variable `reader` halten.

Nun iterieren wir mit einer `For`-Schleife über die einzelnen Zeilen der Datei in einem Iterator, den wir über den Aufruf von `reader.lines()` erhalten. Hierbei ist wichtig, dass die Funktion `lines()` die Zeilen ohne abschließenden Zeilenvorschub liefert. Der nachfolgende Block (durch geschweifte Klammern definiert) wird für jede Zeile ausgeführt. Das Ergebnis des Leseversuches landet als `Result`-Objekt in der Variablen `line`.

Auch hier extrahieren wir die eigentliche Zeichenkette wieder mit einem Aufruf der Funktion `expect()` mit einer Fehlermeldung, falls das Lesen nicht erfolgreich war. Das Ergebnis weisen wir der Variablen `line` zu. Der Effekt ist, dass wir keinen Zugriff mehr auf das `Result`-Objekt haben, das uns der Iterator zurückgegeben hat, sondern jetzt das eigentliche Resultat, die Zeichenkette mit der aktuellen Zeile der Datei, verwenden.

Hintergrund

Diese *Shadowing* genannte Funktionalität von Rust ist in vielen Fällen sehr vorteilhaft und elegant, kann aber bei Missbrauch zu schlechter Lesbarkeit führen. Der Umgang mit `Result`-Objekten ist einer der Fälle, in denen dies die Absicht des Programmierers klar kommuniziert.

Die letzte Anweisung unseres Programmes ist der Aufruf des Makros `println!`, das die Argumente mit einem abschließenden Zeilenvorschub ausgibt, so wie es die Formatzeichenkette (das erste Argument) vorgibt. Die Variante ohne Zeilenvorschub heißt `print!`.

Makros werden gekennzeichnet durch das Ausrufezeichen am Ende des Namens. Makros haben insbesondere aufgrund der Herausforderungen im Zusammenhang mit dem C-Präprozessor einen schlechten Ruf. In C entsteht dieser aus der direkten Ersetzung von Makroaufrufen durch ihren Inhalt, ohne dass der Präprozessor in irgendeiner Weise prüft, ob die Änderung syntaktisch korrekten Quelltext hinterlässt. Rust-Makros sind hier deutlich besser, da die Umsetzung durch den Compiler erfolgt und grundsätzlich gültige Ausdrücke erzeugt werden.

Das Makro `println!` ist ein exzellentes Beispiel für die Eleganz von Makros. In Rust müssen wir Funktionen mit der vollständigen Anzahl ihrer Parameter definieren, ein wichtiger Teil der Funktionalität von `println!` ist aber gerade, mit einer beliebigen Zahl von Parametern

Hintergrund

Es gibt zwei Arten von Makros in Rust, die deklarativen und die prozeduralen. In beiden Fällen übernimmt der Rust-Compiler die Aufgabe der Makroübersetzung, was Fehler sehr viel schneller und besser erkennen lässt.

Die deklarativen Makros sind relativ einfach zu schreiben, aber in ihrer Mächtigkeit etwas beschränkt. Wir werden später ein eigenes definieren.

Prozedurale Makros in Rust sind eine elegante Art der Metaprogrammierung, anders als der C-Präprozessor, der nur einfache Textersetzungen durchführt. Sie operieren direkt auf dem *Abstract Syntax Tree*, den der Rust-Compiler aus dem Quelltext erzeugt. Dies erlaubt eine extrem hohe Mächtigkeit dieser Art von Makros, dafür sind sie schwerer zu schreiben.

umgehen zu können. Das Rust-Makro `println!` erzeugt nun aus dem jeweiligen Quelltext den korrekten Aufruf der zugehörigen Bibliotheksfunktionen. Dies führt dazu, dass wir `println!` mit einer der Formatierungszeichenkette entsprechenden Anzahl von Argumenten aufrufen können.

Das erste Argument von `println!` ist diese Formatierungszeichenkette (ein Literal), die Formatierungsanweisungen und Platzhalter für die Ausgabe enthält. Die Zeichenkette muss ein Literal sein, da das Makro aus dieser den eigentlichen Code generiert (präziser: die Manipulationen des *Abstract Syntax Tree* durchführt).

In unserem Fall enthält diese Zeichenkette einfach einen Platzhalter `{}`, der durch das zweite Argument, unsere aktuelle Zeile, belegt wird. Dies führt dazu, dass alle Zeilen der Datei *hallo.txt* ausgegeben werden.

1.3 Installation von Rust

Die Rust-Entwicklung schreitet sehr schnell voran. Um dies zu reflektieren, werden in vergleichsweise kurzen Abständen (zum Zeitpunkt der Veröffentlichung alle 6 Wochen) neue Versionen von Rust veröffentlicht. Um die Installation jederzeit aktuell halten zu können, einfach zwischen verschiedenen Kanälen (*stable, beta, nightly*) wechseln zu können oder zum Beispiel Übersetzungen für andere Zielarchitekturen zu ermöglichen, stellt das Rust-Projekt das Werkzeug `rustup` zur Verfügung, das die Installation und Aktualisierung sehr stark vereinfacht. Hierbei werden normalerweise alle Werkzeuge im Verzeichnis `.cargo` im Benutzerverzeichnis installiert. Konfigurationsoptionen erlauben aber auch eine systemweite Installation.

Natürlich stehen auch jeweils aktuelle Installationspakete für die manuelle Installation bereit, aber für die Entwicklung mit Rust ist die Verwendung von `rustup` die beste Wahl.

1.3.1 Installation von rustup

Detaillierte Anweisungen inklusive aller Varianten zur Installation von `rustup` finden sich unter:

https://rust-lang.github.io/rustup/installation/index.html

Deshalb werden wir hier nur den einfachen Installationspfad betrachten.

1.3.1.1 Windows

Gehen Sie zur Website

https://www.rust-lang.org/tools/install

und laden Sie `Rustup-Init.exe` herunter. Nach der Ausführung des Installationsprogrammes können Sie den Erfolg der Installation testen, indem Sie ein CMD-Fenster öffnen und `rustc –version` eingeben. Falls dies nicht klappt, prüfen Sie, ob der Pfad korrekt erweitert wurde, und versuchen Sie den Aufruf mit `%userprofile%/.cargo/bin/rustc –version`.

1.3.1.2 Andere Systeme

Die allgemeine Methode, um `rustup` zu installieren, funktioniert für OSX, Linux, aber auch für das Linux-Subsystem unter Windows. Hierbei wird ein Skript ausgeführt, das von einem Server heruntergeladen wird. Man kann argumentieren, dass dies gefährlich ist. Es besteht aber natürlich die Möglichkeit, das Skript vor der Ausführung zu betrachten und zu prüfen. Es prüft, auf welcher Plattform es läuft, wählt dementsprechend das Installationsprogramm aus, lädt es herunter und führt es aus. Führen Sie das Skript mit dem folgenden Befehl aus:

```
curl --proto '=https' --tlsv1.2 -sSf https://sh.rustup.rs | sh
```

Wenn Sie dem Skript nicht trauen, dann können Sie das Installationsprogramm auch von Hand identifizieren und herunterladen.

1.3.1.3 Installation über Paketmanager

Neben der direkten Installation gibt es auch die Möglichkeit der Installation über Paketmanager. Unter OSX gibt es `Homebrew` und `MacPorts` als bekannteste Paketmanager, unter Windows gibt es `Chocolatey` oder `Scoop`. Auch unter gängigen Linux-Distributionen gibt es die Möglichkeit der Installation über Paketmanager, für die Entwicklung wird aber generell die Verwendung von `rustup` empfohlen.

Auch hier besteht natürlich das Problem des Vertrauens, es kann aber durchaus sinnvoll sein, dem Ersteller eines Pakets für den verwendeten Paketmanager mehr zu vertrauen als einem Skript von einem Webserver. Diese Entscheidung liegt alleine bei Ihnen.

1.4 IDE-Integration

Neben der direkten Verwendung der durch `rustup` zur Verfügung gestellten Werkzeuge auf der Kommandozeile gibt es auch sehr gute Unterstützung für die Programmierung in Rust durch verschiedene Entwicklungsumgebungen (IDE – Integrated Development Environment). Insbesondere das von den IDEs angebotene Auto-Vervollständigen, die Auflistung der Parameter von aufgerufenen Funktionen und die Unterstützung für Refactoring machen die Entwicklung deutlich effizienter. Die starke Integration eines Debuggers und einer Versionsverwaltung tut ihr Übriges, um schnell Software zu entwickeln.

1.4.1 Rust Language Server und Rust-Analyzer

Rust bietet zur Unterstützung von Entwicklungsumgebungen seit langer Zeit bereits den Rust Language Server RLS an, der im Hintergrund läuft und die IDE durch Informationen zu verwendeten Symbolen unterstützt. Diese Unterstützung beinhaltet Dokumentation, Umformatierung, Autovervollständigung, Refactoring, das Auffinden der Definition eines Symbols (dies ermöglicht in der Entwicklungsumgebung das Springen zur Funktion, die man aufruft) oder auch die Übersetzung im Hintergrund. Dies funktioniert in den meisten Fällen auch akzeptabel, allerdings wird RLS seit längerer Zeit nicht mehr weiterentwickelt und ist im Wartungsmodus.

Hintergrund

Die Idee eines Language Servers und des damit verbundenen Protokolls LSP (Language Server Protocol) wurde ursprünglich von Microsoft für Visual Studio Code entwickelt. Das dahinterliegende Konzept ist, dass der Aufwand für die Entwicklung von sprachspezifischen Funktionen wie Syntaxhervorhebung, Autovervollständigung, Refactoring bis hin zur Übersetzung aus der Entwicklungsumgebung extrahiert und in einen eigenen Prozess ausgelagert wird. Dies erlaubt die Entkopplung und Verwendung des Language Servers in verschiedenen Entwicklungsumgebungen. Das zugehörige Protokoll wurde standardisiert und wird mehr und mehr auch von anderen Entwicklungsumgebungen verwendet.

Die Alternative ist der Rust-Analyzer, eine Neuimplementierung des RLS. Dieser ist zwar noch in einer frühen Phase, trotzdem aber schon weiter entwickelt als RLS und bietet eine deutlich vollständigere Unterstützung. Nachdem inzwischen auch das Rust-Projekt selbst an einer Transition von RLS zu Rust-Analyzer arbeitet und sogar der Originalentwickler des RLS ganz explizit sagt, man solle Rust-Analyzer verwenden, empfehlen auch wir die Verwendung des Rust-Analyzers anstelle des RLS. Dieser wird zwar (zum Zeitpunkt der Veröffentlichung) immer noch als Preview und Alphaversion bezeichnet, wir haben aber mit dieser Implementierung nur positive Erfahrungen gemacht.

1.4.2 Visual Studio Code

Visual Studio Code ist eine kostenlose IDE von Microsoft, die auf dem Electron-Framework basiert. Damit ist sie plattformübergreifend in allen gängigen Systemumgebungen verfügbar. Visual Studio Code bietet zwei Erweiterungen, die die Entwicklung mit Rust unterstützen. Sie können diese IDE hier herunterladen:

https://code.visualstudio.com/

1.4.2.1 Erweiterungen zur Entwicklung mit Rust

Es gibt zwei Erweiterungen, die die Entwicklung von Rust in Visual Studio Code unterstützen: »Rust for Visual Studio Code« und »Rust-Analyzer«. Die erste Erweiterung nutzt den Rust Language Server, die zweite den Rust-Analyzer.

Da der Rust-Analyzer der von Rust empfohlene Language Server ist, ist die zugehörige Erweiterung die logische Wahl. Auch diese Erweiterung wird wie der Rust-Analyzer selbst (zum Zeitpunkt der

Veröffentlichung) immer noch als Preview und Alphaversion bezeichnet, unsere Erfahrungen sind aber ausnahmslos positiv.

Zur Installation wechseln Sie in die Extensions-Sicht und geben in dem Suchfeld »Rust« ein. Die beiden beschriebenen Plugins sollten direkt angezeigt werden. Wählen Sie das »Rust-Analyzer«-Plugin aus und klicken Sie auf »Install«. Das Plugin installiert den Rust-Analyzer mit, sodass sie hier keinen zusätzlichen Aufwand haben.

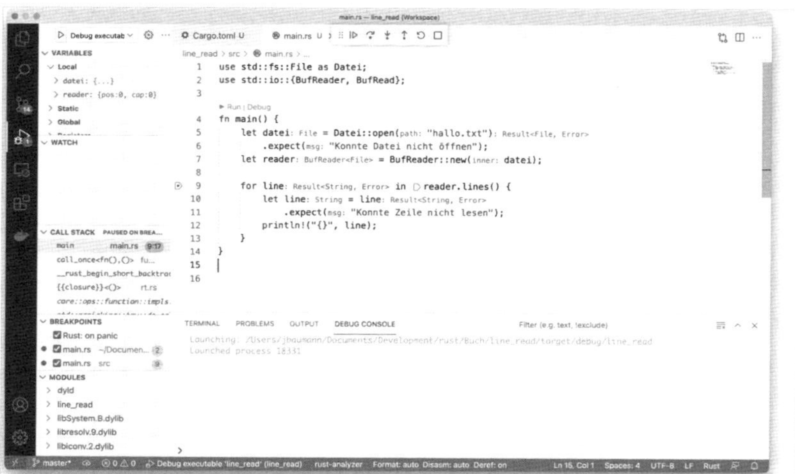

Abb. 1–1 *Debugging-Session mit Visual Studio Code*

1.4.3 IntelliJ IDEA

IntelliJ IDEA ist eine sehr leistungsfähige Entwicklungsumgebung der Firma JetBrains, die es sowohl in einer kostenlosen Community-Version als auch in einer kommerziellen Ultimate-Version gibt. Sie finden die verschiedenen Versionen der IDE hier:

https://www.jetbrains.com/de-de/idea/

Das für diese IDE verfügbare Rust-Plugin ist unabhängig sowohl von RLS als auch von Rust-Analyzer implementiert, und es bietet eine sehr weitreichende Unterstützung für Rust an. Insbesondere die Refactoring-Unterstützung ist vorbildlich.

Der Nachteil ist allerdings, dass Debugging mit dem Rust-Plugin nur in der Ultimate-Edition freigeschaltet wird, es also keine kostenlose Unterstützung für Debugging gibt.

Aber auch ohne Debugging bietet das Plugin eine große Menge an Funktionalität und ist empfehlenswert, insbesondere wenn IntelliJ bereits für andere Projekte in Verwendung ist.

Zur Installation wechseln Sie in die Einstellungen (*Preferences*), wählen dort Plugins, suchen nach »Rust« und installieren das Rust-Plugin.

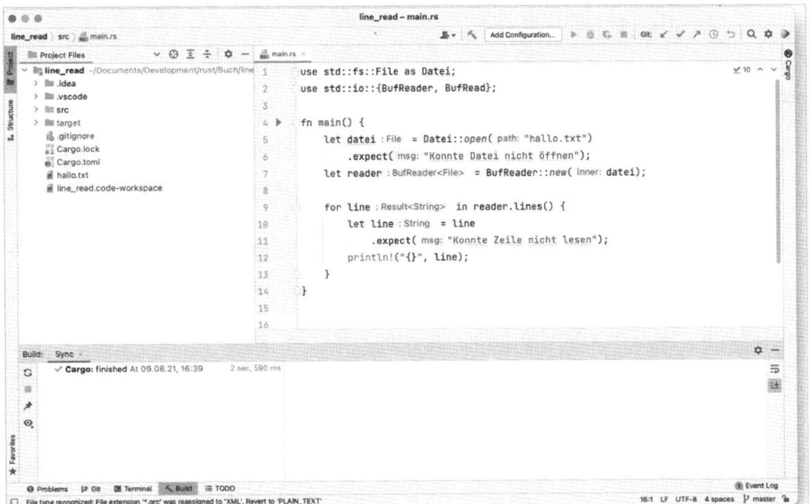

Abb. 1–2
Jetbrain Intellij IDEA in Aktion

1.4.4 Eclipse

Eclipse bietet mit der »Corrosion«-Erweiterung eine Unterstützung für Rust-Programmierung, die auf dem Rust-Analyzer basiert.

Diese Erweiterung für Eclipse ist gefühlt noch nicht ganz so weit wie zum Beispiel die Unterstützung in Visual Studio Code, aber durchaus verwendbar. Aufgrund der Tatsache, dass der Rust-Analyzer verwendet wird, stehen sämtliche der hierdurch bereitgestellten Funktionalitäten ähnlich zur Verfügung wie in Visual Studio Code. Sie finden die verschiedenen Versionen der Eclipse-IDE hier:

https://www.eclipse.org/downloads/

Corrosion erwartet eine Installation des Rust-Analyzers, die Sie getrennt vornehmen müssen. Das jeweils aktuelle Release finden Sie auf Github zum Herunterladen.

Abb. 1–3 Programmausführung mit Eclipse Corrosion

```
use std::fs::File as Datei;
use std::io::{BufReader, BufRead};

fn main() {
    let datei = Datei::open("hallo.txt")
        .expect("Konnte Datei nicht öffnen");
    let reader = BufReader::new(datei);

    for line in reader.lines() {
        let line = line
            .expect("Konnte Zeile nicht lesen");
        println!("{}", line);
    }
}
```

```
<terminated> new_rust_project [Cargo Based Rust Project] cargo run (Terminated 10.06.2021, 11:31:22)
    Finished dev [unoptimized + debuginfo] target(s) in 0.00s
     Running `target/debug/new_rust_project`
Hallo, World!
```

1.4.5 Welche Entwicklungsumgebung ist die beste?

Aufgrund der sehr guten Unterstützung der Sprachspezifika durch den Rust-Analyzer, der sowohl von Visual Studio Code als auch von Eclipse Corrosion integriert wird, lässt sich die Entscheidung frei nach dem eigenen Geschmack treffen, wenn Sie eine kostenlose Entwicklungsumgebung nutzen wollen. Egal ob Sie sich mit Eclipse oder mit Visual Studio Code wohler fühlen, Sie bekommen in beiden Fällen eine gute Unterstützung.

Wenn Sie bereit sind, Geld auszugeben, oder falls Sie die Ultimate Edition von IntelliJ IDEA für andere Zwecke bereits erworben haben, dann haben Sie hier eine fantastische Unterstützung durch das zugehörige Rust-Plugin.

Zu guter Letzt können Sie auch mit einem Editor wie dem VIM oder Emacs mit Syntaxhervorhebungen gut arbeiten. Diese bieten ebenso Unterstützung für das Language-Server-Protokoll an und damit ähnliche Funktionalität wie die bereits genannten Entwicklungsumgebungen.

Werkzeuge

Wenn wir uns über die Kommandozeile Gedanken machen, kommen wir irgendwann auch zum Thema Debugging. Rust bietet nicht nur die Unterstützung für den seit 30 Jahren konstant weiterentwickelten GDB an, sondern auch den neueren LLDB, der auf der LLVM-Infrastruktur basiert (auch Visual Studio Code bietet die Möglichkeit, nicht nur GDB zu verwenden, sondern über eine Erweiterung auch den LLDB). Die zugehörigen Kommandos lauten `rust-gdb` und `rust-lldb`.

Aktuell schlagen wir die Verwendung von GDB vor, da es für diesen eine schier endlose Menge an Frontends gibt, die die Verwendung vereinfachen.

1.5 Unsere erste praktische Erfahrung

Nachdem wir jetzt einen ersten Blick auf die Rust-Syntax geworfen, Rust auf unserem System installiert und uns die zur Verfügung stehenden Entwicklungsumgebungen kurz angeschaut haben, wollen wir die ersten praktischen Schritte machen.

Für diese Erfahrung wählen wir das klassische HelloWorld-Programm, mit dem wir die ersten Tests der Rust-Werkzeuge durchführen. Im folgenden Listing finden wir den Quelltext für dieses simple Programm. Natürlich können Sie genauso gut das Programm aus unserem ersten Listing verwenden.

Listing 1–2
Das klassische Hello-World-Programm

```
fn main() {
    println!("Hallo Welt!");
}
```

Wir definieren die Funktion `main()`, in der wir das Makro `println!` aufrufen mit der Zeichenkette »Hallo Welt!«. Wir speichern dieses Programm unter dem Namen `hallo_welt.rs` (`.rs` ist die Endung, die typischerweise für Quelltext in Rust verwendet wird).

Aufruf des Rust-Compilers

Um dieses Programm zu übersetzen, rufen wir den Rust-Compiler auf der Kommandozeile auf:

```
> rustc hallo_welt.rs
```

Der Compiler übersetzt jetzt den Quelltext und produziert ein ausführbares Programm mit dem gleichen Namen wie der Quelltext `hallo_welt`. Wir starten das Programm auf der Kommandozeile:

```
> ./hallo_welt
Hallo Welt!
>
```

Wir können beobachten, dass durch den einfachen Aufruf des Compilers die Standardbibliotheken zur Verfügung gestellt wurden und automatisch die gesamte Laufzeitumgebung hinzugefügt wurde. Damit ist das Programm eigenständig und ohne Laufzeitabhängigkeiten zu Rust-Bibliotheken ausführbar.

Tipps und Tricks

Tatsächlich gibt es je nach System, für das wir übersetzen, Abhängigkeiten zu den typischen dynamischen Bibliotheken wie `libc` unter Linux. Der Compiler erlaubt aber zu spezifizieren, ob man dynamische Abhängigkeiten zu den Betriebssystembibliotheken oder statische Bibliotheken wie `musl` verwenden möchte.

1.6 Das Build-System von Rust

Tatsächlich kommen wir aber nur selten in die Verlegenheit, den Compiler direkt aufzurufen, denn Rust hat ein exzellentes Build-System namens `Cargo`.

1.6.1 Die Struktur von Rust-Programmen

`Cargo` unterstützt in der Erzeugung und Verwaltung von Softwarepaketen unterschiedlichster Größe (*Packages* in Rust) inklusive Verwaltung der Abhängigkeiten, Ausführung von Tests und Bauen von Bibliotheken und/oder ausführbaren Programmen (diese Erzeugnisse werden in Rust *Crates* genannt).

Wir haben damit eine physische Struktur, bei der ein Package aus einem oder mehreren Crates besteht, die jeweils eine oder mehrere Dateien enthalten. Oberhalb dieser gibt es auch noch eine größere Struktur namens *Workspace*, die mehrere Packages zusammenfasst und diese gemeinsam übersetzt. Dies ermöglicht uns die Strukturierung größerer Projekte. Wir werden diese am Ende dieses Abschnitts betrachten.

Zusätzlich werden wir im Lauf des Buchs eine logische Strukturierung in Module kennenlernen. Diese Abstraktion erlaubt uns, sehr genau zu steuern, welche Teile unseres Programmes an welchen Stellen sichtbar sind.

Tatsächlich haben wir diese Strukturierung schon in unserem ersten Rust-Quelltext kennengelernt. Die Anweisung

```
use std::fs::File
```

drückt aus, dass wir das Objekt `File` (bestehend aus einer Struktur und zugeordneten Funktionen) aus dem Submodul `fs` des Moduls `std` verwenden möchten.

1.6.2 Die Erzeugung eines Packages

cargo new

Um ein neues Package zu erzeugen, verwenden wir die Kommandozeilenoption *new* gefolgt von dem Namen unseres neuen Packages:

```
> cargo new hallo_welt
    Created binary (application) `hallo_welt` package
>
```

Dies erzeugt ein Verzeichnis mit dem angegebenen Namen des Packages und darunter die typische Struktur eines Packages für Rust wie folgt:

```
hallo_welt/
    Cargo.toml
    src/
        main.rs
```

Unter dem neu angelegten Verzeichnis `hallo_welt` finden wir die Datei `Cargo.toml` (.toml steht für »Toms Obvious, Minimal Language«), die Metainformation wie Namen und Version unseres Packages, aber auch die Abhängigkeiten unseres Packages von anderen Packages (im Normalfall Bibliotheken) enthält.

Weiterhin hat Cargo für uns das Verzeichnis `src` angelegt und darin die Datei `main.rs` platziert. Wenn wir diese Datei `main.rs` öffnen, dann finden wir darin eine Main-Methode mit dem üblichen `Hello-World`-Programm. Diese dient als bequeme Basis für den Start. Den auszugebenden Text können wir optional anpassen.

cargo init

Falls das Verzeichnis, in dem wir unser neues Package erzeugen wollen, schon existiert, verwenden wir stattdessen:

```
> cargo init
Created binary (application) package
>
```

1.6.3 Übersetzen und Ausführen eines Packages

cargo build

Der nächste Schritt ist die Übersetzung unseres Programms. Dies machen wir mit:

```
> cargo build
   Compiling hallo_welt v0.1.0 ([...]/hallo_welt)
    Finished dev [[...] debuginfo] target(s) in 1.82s
>
```

Hierbei werden alle definierten Abhängigkeiten bei Bedarf heruntergeladen und der Compiler wird gestartet, um unseren Quelltext zu übersetzen. Bei Erfolg finden wir das erzeugte Programm unter:

```
target/debug/hallo_welt
```

Build-Konfigurationen

Cargo unterstützt verschiedene Build-Konfigurationen mit jeweils eigenen Einstellungen für die Übersetzung. Die von vornherein unterstützten Konfigurationen sind dev, release, test, und bench, deren Build-Ergebnisse in jeweils eigenen Build-Verzeichnissen landen. Wir können auch beliebige eigene Konfigurationen von diesen ableiten und die Einstellungen modifizieren. Die gewählten Voreinstellungen sind für den Normalfall aber durchaus sinnvoll. Sie können bei Bedarf in der Datei Cargo.toml modifiziert werden.

Die verschiedenen Konfigurationen werden je nach Cargo-Befehl automatisch ausgewählt. Wir können diese aber auch explizit anwählen. Wir verwenden zum Beispiel die Option --release, um von der Konfiguration dev zur Konfiguration release zu wechseln beziehungsweise von der Konfiguration test zur Konfiguration bench.

Im vorangehenden Beispiel sehen wir die Auswahl der dev-Konfiguration bei der Ausführung des Kommandos cargo build. Im folgenden Beispiel wählen wir explizit die release-Konfiguration, um eine optimierte (aber für das Debugging nicht mehr geeignete) Version zu erzeugen.

```
> cargo build --release
   Compiling hallo_welt v0.1.0 ([...]/hallo_welt)
    Finished release [optimized] target(s) in 0.22s
>
```

cargo check

Häufig wollen wir während der Entwicklung kurz überprüfen, ob unser Quelltext noch übersetzbar ist. Mit cargo check wird der Übersetzungslauf gestartet, ohne dass tatsächlich ein ausführbares Programm erzeugt wird. Dies liefert die vollständige Information über die Übersetzbarkeit, ist aber deutlich schneller als die Ausführung von cargo build und ist damit gern und häufig genutztes Mittel, um nebenher die Korrektheit des Quelltextes zu prüfen.

cargo run

Wir können mit cargo auch unser Programm ausführen. Dies machen wir mit:

```
> cargo run
   Compiling hallo_welt v0.1.0 ([...]/hallo_welt)
    Finished dev [[...| debuginfo] target(s) in 0.70s
     Running `target/debug/hallo_welt`
Hello, world!
>
```

Falls das Programm bereits übersetzt war, wird es nicht erneut übersetzt, unabhängig davon werden gecachte Ergebnisse und Bibliotheken mit verwendet (daher bei der zweiten Übersetzung die geringere Zeit). Auch hier können wir eine Build-Konfiguration zur Steuerung der Übersetzung angeben.

cargo install

Wenn wir mit der Funktionalität unseres Programmes zufrieden sind, können wir es installieren, sodass es uns allgemein zur Verfügung steht. Hierzu verwenden wir den Befehl:

```
> cargo install --path <Pfad zum Projektverzeichnis>
> cargo install --path .
  Installing hallo_welt v0.1.0 ([...]/hallo_welt)
   Compiling hallo_welt v0.1.0 ([...]/hallo_welt)
    Finished release [optimized] target(s) in 3.08s
  Installing /Users/jbaumann/.cargo/bin/hallo_welt
   Installed package `hallo_welt v0.1.0
    ([...]/hallo_welt)` (executable `hallo_welt`)
>
```

Dies installiert unser ausführbares Programm in dem Verzeichnis, in dem auch unsere Rust-Werkzeuge liegen. Mit entsprechenden Optionen kann auch ein anderer Ort, zum Beispiel für die globale Installation, gewählt werden.

cargo uninstall

Um unser installiertes Programm zu entfernen, verwenden wir:

```
> cargo uninstall hallo_welt
    Removing /Users/jbaumann/.cargo/bin/hallo_welt
>
```

Damit wird unser Programm gelöscht und der vorherige Zustand wiederhergestellt.

cargo clean

Um alle Übersetzungsergebnisse zu verwerfen und zu einem sauberen Ausgangszustand zu kommen, verwenden wir:

```
> cargo clean
>
```

Hierdurch wird das gesamte Verzeichnis `target` mit seinen Unterverzeichnissen gelöscht. Dies kann insbesondere bei größeren Projekten sinnvoll sein, wenn man für mehrere Architekturen und verschiedene Konfigurationen (wie debug oder release) gebaut hat, da hier schnell temporäre Dateien mit großem Platzbedarf erzeugt werden (das Verzeichnis kann durchaus auf mehr als 10 GB anwachsen).

1.6.4 Verwaltung von Abhängigkeiten

Die Standardbibliothek von Rust, die automatisch installiert wird, ist sehr klein und bietet nur die notwendigsten Funktionen an. Für weitergehende Funktionalität verwenden wir externe Crates, die uns Funktionen (als Bibliothek oder als Programm) zur Verfügung stellen. Dies ist volle Absicht, und tatsächlich sind immer wieder Funktionen aus der Standardbibliothek in externe Crates gewandert. Dies erlaubt eine Entkopplung in der Entwicklung von Basisfunktionalität und weitergehenden Funktionen.

Die Standardanlaufstelle für Crates ist die Website:

https://crates.io

Auf dieser finden wir jede relevante Funktionalität und jedes relevante Rust-Programm als Crate.

Tipps und Tricks

Tatsächlich lassen sich auch Abhängigkeiten aus anderen Quellen wie zum Beispiel Git Repositories definieren, inklusive spezifischer Branches und Tags.

Die Website bietet ein zentrales Suchfeld an, in dem wir nach der benötigten Funktionalität interaktiv suchen können. Hier findet sich auch die erste Dokumentation für die Verwendung. Zusätzlich steht eine API zur Verfügung, die von Cargo verwendet wird, um Abhängigkeiten zu suchen, einzubinden, transparent herunterzuladen und in den Übersetzungsprozess zu integrieren.

1.6.4.1 Suche nach Funktionalität

Als Beispiel wählen wir eine kleine Bibliothek (ein Crate) namens Hex, die die Umwandlung von Zeichenketten in ihr Hexadezimaläquivalent und zurück anbietet.

Geben Sie auf der Website `https://crates.io` die Zeichenkette »hex« ein, so wird Ihnen neben vielen anderen Treffern dieses Crate angeboten. Die zugehörige Detailseite beschreibt die Verwendung inklusive Beispielen und der notwendigen Installation.

cargo search

Alternativ können wir auch ein Cargo-Kommando nutzen, das eine Liste von möglichen Crates anbietet inklusive der notwendigen Information zur Installation.

```
> cargo search hex
hex = "0.4.3"    # Encoding and decoding data
                   into/from hexadecimal representation.
[...]
>
```

1.6.4.2 Eintragung der Abhängigkeit

Die Verwaltung der Metainformationen unseres Packages geschieht in der Datei `Cargo.toml`. Neben Information über das Package selbst finden wir einen Bereich namens `dependencies`, in dem wir Abhängigkeiten zu anderen Crates angeben. Als Eintrag nehmen wir die Information, die wir auf der Website unter dem Punkt *Installation* finden, oder alternativ den Eintrag, der uns von `cargo search` zurückgeliefert wird. Wir können diesen Eintrag inklusive Kommentar einfügen, sodass wir später genau wissen, was die Bedeutung jedes Eintrags ist.

Die Versionsnummer ist hierbei optional, wir können also entweder eine spezifische Version wählen oder, wenn wir leere Anführungszeichen angeben, einfach die neueste.

Hintergrund

Die Versionsnummern bei Rust beruhen grundsätzlich auf semantischer Versionierung (siehe *https://semver.org/*), die festlegt, dass Versionsnummern aus einer Major-Version, Minor-Version und einem Patchlevel bestehen. Änderungen im Patchlevel bedeuten ausschließlich rückwärtskompatible Behebung von Fehlern; Änderungen in der Minor-Version bedeuten API-kompatible Änderungen und Erweiterungen; Änderungen in der Major-Version bedeuten Inkompatibilitäten in der API.

Mit diesem Hintergrund erlaubt Cargo uns die Spezifikation von Versionen, die »kompatibel« sind. Wir können hier alle Versionen mit der gleichen Major-Version zulassen, wir können Bereiche von Versionen zulassen, wir können aber zum Beispiel auch die Kompatibilität auf unterschiedliche Patchlevel bei gleicher Minor-Version beschränken. Folgende Notationen werden unterstützt:

^	Die größte Nummer ungleich 0 ist unveränderlich.
~	Wenn nur Major-Version, dann verschiedene Minor-Versions und Patchlevel, ansonsten nur Patchlevel
*	Der Stern ist ein Platzhalter für beliebige Nummern.
<,=,>	Mathematischer Vergleich mit einer Versionsnummer

Während die Notationen mit Caret und Tilde immer wieder zu Fragen führen, sind die anderen beiden Notationen sehr einfach zu verstehen und deshalb zu bevorzugen. Beliebige Kombinationen sind durch Aufzählung, getrennt durch Komma möglich. Ein Beispiel hierfür sei `">=1.1, < 1.7"`. Mit dieser Spezifikation erlauben wir alle Versionen zwischen 1.1.x und 1.6.x.

Im Folgenden fügen wir unserer Datei Cargo.toml eine Abhängigkeit zum Crate hex hinzu, einmal mit der Abhängigkeit zur spezifischen Version 0.4.3, einmal ohne Versionsangabe (Cargo erlaubt keine Mehrfachspezifikation von Abhängigkeiten, deshalb ist die erste Abhängigkeit auskommentiert).

Listing 1–3
Die Erweiterung der Datei Cargo.toml

```
[...]

[dependencies]
#hex = "0.4.3"        # Die Version 0.4.3
hex = "*"             # Die neueste Version auf crates.io
```

Wenn wir eine neue Abhängigkeit in der Datei Cargo.toml eintragen, dann wird Cargo bei der nächsten Ausführung eines Builds diese Abhängigkeit herunterladen und lokal ablegen. Voreingestellt das Verzeichnis .cargo/registry, das wir im Benutzerverzeichnis finden. Dieses Verzeichnis können wir übrigens auch ohne Nachteile löschen (Cargo lädt dann beim nächsten Aufruf die benötigten Abhängigkeiten erneut herunter).

```
> cargo build
    Updating crates.io index
  Downloaded hex v0.4.3
  Downloaded 1 crate (13.3 KB) in 0.55s
   Compiling hex v0.4.3
   Compiling hallo_hex v0.1.0 (.../hallo_hex)
    Finished dev [[...] debuginfo] target(s) in 1.53s
>
```

Alternativ können wir andere Repositories, aber auch lokale Pfade in unserem Dateisystem als Quellen für Crates angeben. Hierfür verwenden wir die folgenden Notationen:

```
bsp_lib = { git = "https://github.com/user/bsp_lib" }
beispiel_lib = { path = "../beispiel_lib" }
```

In der ersten Zeile referenzieren wir ein Crate bsp_lib, die auf Github vom Benutzer user als Repository bsp_lib abgelegt ist. In der zweiten Zeile binden wir ein Crate beispiel_lib ein, das in unserem Dateisystem neben unserem aktuellen Crate liegt (zum Beispiel als Teil eines größeren Projekts).

cargo tree

Ein weiterer Befehl von Cargo erlaubt uns einen schnellen Überblick über alle Abhängigkeiten, die wir in unserem Package haben.

```
> cargo tree
hallo_hex v0.1.0 (.../hallo_hex)
└──hex v0.4.3
>
```

Hiermit erhalten wir eine hierarchische Repräsentation aller direkten und indirekten Abhängigkeiten, mit der wir sehr schnell verstehen können, ob wir irgendwelche Probleme in unserer Abhängigkeitsspezifikation haben.

Cargo.lock

Sobald wir eine Abhängigkeit eingetragen und das erste Mal durch Cargo unser Package gebaut haben, trägt Cargo die tatsächlich verwendete Version aller Abhängigkeiten in die Datei `Cargo.lock` ein. Bei allen folgenden Übersetzungen wird dann die Version, die in dieser Datei festgelegt ist, verwendet (und nicht mehr die potenziell sehr schwammige Definition in der Datei `Cargo.toml`). Dies führt dazu, dass die Bereitstellung neuer Versionen von Bibliotheken nicht überraschend dazu führt, dass wir Schwierigkeiten in unserem Projekt bekommen. Zusätzlich bedeutet dies, dass andere unser Package mit den exakt gleichen Abhängigkeiten bauen können, die wir verwendet haben, unabhängig davon wie spezifisch wir in der `Cargo.toml` vorgegangen sind. Dieses einzigartige Verhalten sorgt für sehr viel Stabilität gerade bei der verteilten Zusammenarbeit.

cargo update

Die Datei `Cargo.lock` sollte aber nicht manuell bearbeitet werden, sondern nur durch Cargo. Dies bedeutet aber, dass wir eine Möglichkeit brauchen, um referenzierte Abhängigkeiten kontrolliert aktualisieren zu können. Hierfür stellt uns Cargo ein eigenes Kommando zur Verfügung.

```
> cargo update -p hex
    Updating crates.io index
    Updating hex v0.3.2 -> v0.4.3
>
```

Im Beispiel sehen wir eine Aktualisierung einer alten Version der Bibliothek `hex` von der Version 0.3.2 auf die Version 0.4.3 nach dem Aufruf von `cargo update`. Solange dieser Aufruf nicht explizit durchgeführt wird, bleibt das Projekt bei der vorher selektierten Version, was die problemfreie Übersetzbarkeit garantiert. Ohne Angabe der Option `-p` werden alle Abhängigkeiten aktualisiert.

Dies ermöglicht, in eleganter Weise sicherzustellen, dass die für die Übersetzung unseres Projektes verwendeten Versionen der Bibliotheken diejenigen sind, mit denen wir die Funktion getestet und für gut befunden haben.

1.6.4.3 Ein Beispiel

Ein kleines Beispiel basierend auf unserer Diskussion illustriert, wie wir Abhängigkeiten in Rust verwenden. Wir erzeugen ein neues Package mit `cargo new hallo_hex`. Wir benutzen die Bibliothek `hex`, um eine Konvertierung von Zeichenketten in ihr Hexadezimaläquivalent zu erreichen. Hierfür definieren wir die Abhängigkeit zur Bibliothek wie oben gezeigt in der Datei Cargo.toml.

Listing 1–4
Die Datei Cargo.toml

```
[...]

[dependencies]
hex = ""            # Die neueste Version auf crates.io
```

In unserem Quelltext in main.rs können wir jetzt diese Bibliothek verwenden:

Listing 1–5
Verwendung der Bibliothek in unserem Quelltext

```
use hex::encode;
fn main() {
    let hex_string = encode("Hallo Welt!");
    println!("{}", hex_string);
}
```

Wir importieren zuerst die Funktion encode() aus dem Crate hex und definieren dann die Funktion main(), in der wir diese Funktion verwenden, um die Zeichenkette »Hallo Welt!« in Hexadezimalcodierung umzuwandeln, und geben diese zum Schluss aus.

Wenn wir dieses Programm starten, erhalten wir folgendes Ergebnis:

```
> cargo run
    Finished dev [[...] debuginfo] target(s) in 0.00s
     Running `target/debug/hallo_hex`
48616c6c6f2057656c7421
>
```

1.6.5 Workspaces

In den Fällen, in denen uns die Strukturierungsmöglichkeiten eines Packages nicht ausreichen, bietet uns Rust die Möglichkeit, mehrere Packages in einen Workspace zusammenzufassen. Hierdurch kann die Verwaltung von Übersetzungsergebnissen, Abhängigkeiten und allgemeinen Einstellungen für alle Packages gemeinsam geschehen und damit optimiert werden.

Die Struktur eines Workspace ist sehr einfach: In einem Verzeichnis liegen untergeordnete Packages, die jeweils mit den schon bekannten Befehlen erzeugt werden. Im Workspace-Verzeichnis selbst liegt eine Datei Cargo.toml, die die Workspace-Definition und gemeinsame Konfigurationsoptionen enthält. Für ein Workspace-Verzeichnis workspace und zwei Packages package_1 und package_2 (die wir jeweils mit cargo new erzeugt haben) sieht dies wie folgt aus:

```
workspace/
    Cargo.toml
    package_1/
        ...
    package_2/
        ..
```

Der Workspace wird hierbei nicht über eine Kommandozeilenoption des Befehls cargo erzeugt, wir müssen die Datei Cargo.toml, die diesen definiert, vielmehr von Hand erzeugen.

Die Definition des Workspace innerhalb der Datei Cargo.toml ist hierbei sehr einfach, sie findet in einem Bereich [workspace] statt, den wir unserer Datei hinzufügen. Hier können wir die untergeordneten Packages unter members als Liste von Namen eintragen:

```
[workspace]
members = [
    "package_1",
   "package_2",
]
```

Listing 1–6
Die Datei Cargo.toml für unseren Workspace

Wenn wir jetzt im Workspace-Verzeichnis cargo build ausführen, sehen wir nicht nur, dass die untergeordneten Packages gebaut werden, sondern auch, dass die Ergebnisse aller Packages im Verzeichnis target landen. Dies hindert uns aber nicht daran, auch lokal in den einzelnen Packages weiterhin die Übersetzung, beschränkt auf das jeweilige Package, anzustoßen.

Tipps und Tricks

Tatsächlich gibt es noch eine zweite Variante von Workspaces, bei denen die Packages nicht in einem leeren Workspace-Verzeichnis platziert werden, sondern in einem weiteren Package-Verzeichnis. In diesem Fall tragen wir die Information in die Datei Cargo.toml des Eltern-Packages ein. Dies ist eine Alternative, wenn wir ein Haupt-Package und mehrere abhängige Unter-Packages haben.

1.6.6 Weitere nützliche Befehle von Cargo

cargo fmt

Rust bietet optional ein Werkzeug zur Formatierung des Quelltextes namens `rustfmt` an. Dieses können wir mit Rustup installieren, indem wir folgendes Kommando ausführen:

```
> rustup component add rustfmt
info: downloading component 'rustfmt'
info: installing component 'rustfmt'
>
```

Rustfmt ist ein Werkzeug zur Formatierung von Rust-Quelltexten, das sehr weitgehend konfigurierbar ist. Hierzu liest es seine Konfigurationsdatei (namens `rustfmt.toml` oder `.rustfmt.toml`) aus dem Projekt- oder einem übergeordneten Verzeichnis oder, falls es hier nicht fündig wird, aus dem Benutzerverzeichnis und formatiert die Quelltexte entsprechend der Vorgaben. Mit

```
> cargo fmt
>
```

führen wir diese Formatierung für alle Projektdateien aus. Dies ermöglicht es uns, zusammen mit einer projektspezifischen Konfigurationsdatei sehr schnell eine einheitliche Formatierung unserer Quelltexte zu erreichen.

cargo fix

Wir werden noch häufig sehen, dass der Rust-Compiler Warnungen ausgibt, die wir manuell korrigieren können. Alternativ bietet Cargo an, diese mit dem Befehl

```
> cargo fix
```

automatisch zu korrigieren. Dies geht allerdings nur, wenn der Quelltext des Projektes abgesehen von den Warnungen problemlos übersetzbar ist. Neben dem schnellen Korrigieren von Warnungen unterstützt dieser Befehl auch dabei, automatisch eine Migration von einer Version der Sprache auf die nächste durchzuführen, wenn dies notwendig sein sollte.

cargo help

Cargo bietet noch viele weitere Funktionen, die aber im Rahmen unseres Buches nicht vordringlich sind. Es lohnt sich aber auf jeden Fall, sich über die genannten Befehle hinaus mit diesem Build-Werkzeug auseinanderzusetzen. Eine Übersicht über diese Befehle erhalten Sie mit dem Kommando `cargo help` und `cargo help <command>`.

1.7 Entwicklung der Sprache und Kompatibilität

Jede Programmiersprache, die in aktiver Verwendung ist, entwickelt sich weiter. Wir können in dieser Weiterentwicklung zwei unterschiedliche Varianten differenzieren: die kompatible Weiterentwicklung und die, in der eine neue Version der Sprache inkompatibel zu alten Versionen ist.

Rust macht dies explizit, indem es zwischen Versionen und Editionen unterscheidet. Eine neue Version innerhalb der gleichen Edition ist auf Sprachebene kompatibel zu vorherigen Versionen der gleichen Edition. Verschiedene Editionen der Sprache sind hingegen nicht kompatibel. Ein Beispiel für eine derartige Inkompatibilität ist die Definition eines neuen Befehlswortes innerhalb der Sprache, das in alten Editionen als normaler Variablenname verwendet werden durfte.

Programme werden für eine spezifische Edition übersetzt. Diese wird in der Datei `Cargo.toml` im Eintrag `edition` festgehalten. Der Wechsel von einer Edition in die nächste ist damit eine bewusste Entscheidung des Programmautors, die mit der Änderung dieses Eintrages einhergeht. Alle Versionen des Rust-Compilers berücksichtigen die Edition. Das heißt, auch der neueste Compiler wird entsprechend der angegebenen Edition übersetzen. Damit können wir immer die neueste Version des Compilers unabhängig von der verwendeten Edition benutzen.

Diese Auswahl einer Edition wird grundsätzlich Crate-spezifisch gemacht, und Rust stellt sicher, dass Crates unterschiedlicher Editionen problemlos miteinander zusammenarbeiten können. Damit haben wir nicht den Zwang, eine gesamte Anwendung inklusive aller verwendeter Crates auf einen Schlag umstellen zu müssen. Wir können frei entscheiden, ob und wann wir diese Umstellung durchführen.

Zusätzlich gibt es für jede neue Edition Werkzeuge, die die Umstellung auf diese nahezu vollständig automatisieren. Damit reduziert sich in vielen Fällen die Umstellung auf den Aufruf:

```
cargo fix --edition
```

Die Kombination dieser Kompatibilitätszusicherungen mit der einfachen, semiautomatischen Migration zwischen Editionen sorgt dafür, dass auf der einen Seite die Sprache ständig weiterentwickelt werden kann, ohne durch eine große Softwarebasis gebremst zu werden. Auf der anderen Seite erlaubt sie die problemlose und zeitlich entzerrte Migration von Teilen unserer Programme in neue Editionen, wann immer dies in unsere Zeit- und Projektpläne passt.

Teil I

Die Sprache

2 Syntax von Rust-Programmen

In diesem Kapitel werfen wir einen Blick auf die grundlegende Programmstruktur inklusive Anweisungsblöcken, auf Operatoren und gängige Kontrollflussstrukturen.

Damit die Diskussion über die Kontrollkonstrukte nicht zu unbeholfen wird, halten wir jetzt schon fest, dass wir Variablen mit nur lesendem Zugriff mit dem Befehl `let` definieren können, veränderliche Variablen durch den Befehl `let mut`.

Listing 2–1
Verschiedene Arten von Variablen

```
let lesen = 1;
// lesen = 2;              // Fehler
let mut schreiben = 2;
schreiben += 1;
```

Wir definieren zuerst eine Variable mit reinem Lesezugriff. Die zweite Zeile ist auskommentiert, weil sich hier der Compiler zu Recht beschweren würde, dass ein Schreibzugriff nicht erlaubt ist (Kommentare in Rust haben zwei Formen, die hier verwendete einzeilige und die mehrzeilige Form /* */). Dann definieren wir eine Variable mit Lese- und Schreibzugriff, um diese in der vierten Zeile zu inkrementieren.

2.1 Programmstruktur

Wie wir bereits im vorherigen Kapitel gesehen haben, ist die Programmierung eines einfachen Rust-Programmes sehr simpel. Wir definieren eine Funktion `main()` mithilfe des Schlüsselwortes `fn` und eines Anweisungsblocks. Diese Funktion `main()` ist – wie bei vielen anderen Sprachen wie Java oder C# – besonders, da sie vom Laufzeitsystem von Rust zum Programmstart aufgerufen wird.

Auch ohne explizit andere Module referenzieren zu müssen, stehen uns einige Funktionen und Makros direkt zur Verfügung. Diese sind in der kleinen Standardbibliothek von Rust definiert, die immer eingebunden wird.

Hintergrund

Dies stimmt nicht ganz, es gibt auch die Möglichkeit, eine no_std-Umgebung zu nutzen, in der die Standardbibliothek nicht verwendet wird. Dies ist insbesondere für die Programmierung von Mikro-Controllern relevant. Wir werden diese Variante im Buch allerdings aus Platzgründen nicht betrachten.

Zwischen Makros und normalen Funktionen gibt es einige Unterschiede. Im Moment genügt als Unterschied zwischen normalen Funktionen und Makros, dass Makros mit einem Ausrufezeichen enden und bei der Übersetzung direkt expandiert werden.

Hier erneut das minimale Beispielprogramm aus dem ersten Kapitel. Es definiert eine `main()`-Funktion und ruft das Makro `println!()` mit der Zeichenkette »Hallo Welt« auf.

Listing 2–2
Ein minimales »Hallo Welt!«-Programm

```
fn main() {
   println!("Hallo Welt!");
}
```

2.2 Anweisungsblöcke

Lassen Sie uns einen kurzen Blick auf Anweisungsblöcke werfen. Diese sind durch geschweifte Klammern gekennzeichnet und enthalten einzelne, durch Semikolon getrennte Anweisungen. Der Anweisungsblock braucht nach der schließenden Klammer kein Semikolon.

Interessant bei diesen Anweisungsblöcken ist, dass sie einen Rückgabewert haben können. Dieser wird bestimmt durch den letzten Ausdruck im Block, sofern dieser nicht durch ein Semikolon beendet wird und damit zu einer Anweisung wird. Wir können einen Anweisungsblock auch durch eine explizite `return`-Anweisung mit Rückgabewert beenden. Wenn es keinen letzten Ausdruck (ohne Semikolon), sondern nur eine letzte Anweisung (mit Semikolon) abgesehen von der `return`-Anweisung gibt, wird ein leerer Wert zurückgeliefert. Wir werden an vielen Stellen in der Diskussion der Sprachmerkmale sehen, dass dieser Rückgabewert zur besseren Lesbarkeit genutzt wird. Wenn dieser Rückgabewert im Rahmen von anderen Anweisungen verwendet wird, dann müssen diese natürlich ganz normal mit einem Semikolon beendet werden. Wir sehen also in diesem Kontext ein Semikolon nach der schließenden Klammer.

Ein Beispiel illustriert diesen Rückgabewert:

```
fn main() {
    { }
    { 22 };
    let temperatur = 22;
    let temperatur = { 22 };
    let temperatur = {{ 22 }};
    let temperatur = {{ 3; 22 }};
}
```

Listing 2–3
Der Rückgabewert von Anweisungsblöcken

In unserem Beispiel beginnen wir mit einem Block, der keinen Rückgabewert hat. Dieser steht für sich und braucht kein Semikolon, um das Ende einer Anweisung zu kennzeichnen. Darauf folgt ein Anweisungsblock mit einem Rückgabewert. Hier braucht der Compiler das Semikolon, um keinen Fehler zu melden, schließlich ist da ein Rückgabewert, mit dem wir nichts anfangen.

Die darauf folgenden Zuweisungen haben alle den gleichen Effekt, die Variable `temperatur` hat hinterher den Wert 22. Allerdings wird der Rust-Compiler in der dritten Zuweisung vorschlagen, die überflüssigen Klammern zu entfernen, und in der vierten Zuweisung die erste Anweisung (die keinen Effekt hat) wegoptimieren.

2.3 Rangfolge von Operatoren

Rust definiert wie die meisten Programmiersprachen eine Rangfolge der Operatoren. Diese folgt der Regel der geringsten Überraschung und ist genauso definiert wie in Java, C oder anderen »normalen« Sprachen, weshalb wir diese nicht weiter austreten müssen.

2.4 Gängige Kontrollflussstrukturen

Um den Ablauf unseres Programms anhand der verarbeiteten Daten beeinflussen zu können, nutzen wir Kontrollflussstrukturen, die wir aus anderen Programmiersprachen kennen. Es gibt allerdings folgende Besonderheiten für Java-Programmierer: Zum einen werden die Bedingungen für die Kontrollflussstrukturen ohne Klammern geschrieben (ähnlich wie zum Beispiel in Python). Zum anderen müssen grundsätzlich Anweisungsblöcke für die jeweilige Struktur verwendet werden (anders als in C, Java und anderen Sprachen, wo auch einzelne Anweisungen genutzt werden können). Zum Schluss sind die meisten Kontrollkonstrukte anders als in vielen Sprachen auch Ausdrücke, die einen Rückgabewert haben können, nämlich den des letzten ausgeführten Anweisungsblocks. Dies erlaubt in vielen Fällen eine sehr elegante Formulierung von Programmen, die aber für Rust-Neulinge manchmal überraschend sein können.

2.4.1 Das If-Konstrukt

Das einfachste und am häufigsten benutzte Konstrukt ist die bedingte Anweisung, die es in verschiedenen wohlbekannten Varianten gibt.

Mit `if Bedingung { Block; }` werden Anweisungen im Block nur dann ausgeführt, wenn die Bedingung erfüllt wird. Mit `if Bedingung { Block1; } else { Block2;}` entscheidet die Bedingung, ob Block 1 oder Block 2 ausgeführt wird. Die komplizierteste Variante erlaubt die Verkettung mehrerer Bedingungen (die nacheinander geprüft werden) und zugeordneter Anweisungsblöcke wie im folgenden Beispiel gezeigt:

Listing 2–4
Die Verwendung des If-Konstrukts

```
fn main() {
    let temperatur = 22;

    if temperatur < 20 {
        println!("Bitte Heizung einschalten!");
    } else if temperatur < 22 {
        println!("Temperatur ist genau richtig!");
    } else {
        println!("Bitte Heizung ausschalten")
    }
}
```

Wir definieren zuerst eine Variable `temperatur` mit dem Wert 22 und prüfen dann mit dem ersten `If`-Konstrukt, ob der Wert unter 20 ist. Sollte dies der Fall sein, bitten wir, die Heizung einzuschalten. Im nächsten Schritt prüfen wir mit der `else-if`-Anweisung, ob der Wert kleiner als 22 Grad ist, und damit also zwischen 20 und 22 Grad. Falls dies der Fall ist, drücken wir unsere Zufriedenheit über die Temperatur aus. Zum Schluss haben wir den finalen `else`-Zweig, der nur dann ausgeführt wird, wenn die vorherigen Bedingungen nicht zugetroffen haben, in unserem Beispiel also eine Temperatur von mindestens 22 Grad.

Um das Programm zu testen, erzeugen wir mit `cargo new if_test` ein neues Package, ändern die Datei `main.rs`, sodass sie den Quelltext enthält, und rufen das Programm mit `cargo run` auf. Ändern Sie bei Bedarf für Ihre Tests den Initialisierungswert für die Variable `temperatur`, um die verschiedenen Zweige auszuführen.

Das If-Konstrukt als Ausdruck

Das `If`-Konstrukt ist wie bereits erwähnt ein Ausdruck, der das Ergebnis des letzten ausgeführten Anweisungsblocks zurückgibt. Wir können also Zuweisungen zu Variablen mit dem Ergebnis eines `If`-Ausdrucks machen. Das folgende Beispiel demonstriert dies:

Listing 2–5
Das If-Konstrukt als Ausdruck

```
fn main() {
    let temp = 22;
    let warm = if temp > 21 { true } else { false };

    let text = if warm {
```

```
            "Es ist warm"
        } else {
            "Es ist kalt"
        };

        println!("{}", text);
    }
```

Wir definieren zuerst eine Variable `temp` und weisen ihr einen Wert zu. Danach entscheiden wir in einem `If`-Ausdruck, ob an die zweite Variable `warm` der boolsche Wert `true` oder `false` zugewiesen wird. Im nächsten Schritt entscheidet der Wert dieser boolschen Variable darüber, mit welcher Zeichenkette die Variable `text` initialisiert wird.

2.4.2 Das Loop-Konstrukt

Das `Loop`-Konstrukt ist eines der drei in Rust zur Verfügung stehenden Schleifenkonstrukte. Es benötigt keine Bedingung, und der zugehörige Anweisungsblock wird so lange durchgeführt, bis er durch die Anweisung `break` verlassen wird. Ein optionales Argument für diesen Befehl wird als Rückgabewert des Anweisungsblocks und damit auch des `Loop`-Konstrukts verwendet.

Listing 2–6
Das Loop-Konstrukt

```
fn main() {
    let mut temperatur = 10;

    let text = loop {
        if temperatur > 21 {
            break "Bitte Heizung ausschalten"
        }
        println!("Bitte Heizung einschalten");
        temperatur += 1;
        if temperatur > 16 {
            continue;
        }
        println!("Es ist wirklich kalt");
    };
    println!("{}", text);
}
```

Im Beispiel definieren wir zuerst eine veränderbare Variable `temperatur` und weisen anschließend das Ergebnis des folgenden `Loop`-Konstrukts der Variable `text` zu.

Der zur Schleife gehörende Anweisungsblock prüft, ob der Wert der Variable `temperatur` hoch genug ist. Falls die Bedingung erfüllt ist, wird die Schleife mit `break` und dem Rückgabewert `"Bitte Heizung ausschalten"` beendet. Falls dies nicht der Fall ist, gibt der Anweisungsblock eine Nachricht aus und inkrementiert den Wert der Variablen `temperatur`. Im nächsten Schritt prüfen wir, ob die Temperatur größer als 16 ist, und falls ja, springen wir zum nächsten Schleifendurchlauf.

Andernfalls geben wir eine weitere Nachricht aus. Die Schleife wiederholt sich, bis der Wert von `temperatur` hoch genug ist, sodass die `break`-Anweisung ausgeführt wird. Nun wird die zurückgelieferte Zeichenkette ausgegeben und das Programm wird beendet.

Tipps und Tricks

Tatsächlich ist es auch möglich, dem Befehl `break` ein Label mitzugeben, zu dem gesprungen werden soll. Dies erlaubt, in verschachtelten Schleifen mehrere Ebenen nach außen zu springen. Dies sorgt allerdings dafür, dass der Quelltext nur schwer verständlich ist, und deutet in vielen Fällen auf eine Designschwäche hin (aber natürlich gibt es begründete Anwendungsfälle). Hier ein simples Beispiel für die Kombination von Rückgabewert und Label:

```
let text = 'aussen: loop {
    loop {
        break 'aussen "Rückgabetext"
    }
};
```

2.4.3 Die While-Schleife

Anders als das `Loop`-Konstrukt verlangt die `While`-Schleife eine Bedingung. Solange diese Bedingung zum boolschen Wert `true` evaluiert wird, wird der zugehörige Anweisungsblock ausgeführt. Anders als bei den bisherigen Kontrollkonstrukten liefert die `While`-Schleife keinen Rückgabewert zurück.

Hintergrund

Das stimmt nicht ganz. Tatsächlich liefert die `While`-Schleife einen leeren Wert zurück, der aber nicht weiter verwendet werden kann.

Dies ist verständlich, denn aus konzeptueller Sicht ist die Frage, wie der Rückgabewert der `While`-Schleife genau definiert sein sollte. Wenn die Schleife nicht durch ein Break-Statement verlassen wird, dann ist die letzte Anweisung, die durchgeführt wird, die erfolglose Prüfung der Bedingung.

Um hier keine Mehrdeutigkeit oder auch nur Diskussionen zu erzeugen, wird der leere Wert (das Unit- oder Einheitstupel, das wir später noch kennenlernen werden) als Rückgabewert gewählt.

Das folgende Beispiel demonstriert die Verwendung der `While`-Schleife:

```
fn main() {
    let mut temperatur = 10;

    while temperatur < 25 {
        println!("Bitte Heizung anschalten");
        temperatur += 1;
        if temperatur > 16 {
            continue;
        }
        if temperatur > 21 {
            break;
        }
        println!("Es ist wirklich kalt");
    }
    println!("Bitte Heizung ausschalten");
}
```

Listing 2–7
Die `While`*-Schleife*

Wir definieren zuerst eine veränderbare Variable `temperatur` und weisen einen initialen Wert zu. Die folgende `While`-Schleife hat als Bedingung zur Ausführung des Anweisungsblocks, dass der Wert dieser Variablen kleiner als 25 ist.

Im Anweisungsblock der `While`-Schleife geben wir zuerst eine Nachricht aus und inkrementieren dann die Variable `temperatur`. Sofern der Wert größer als 16 ist, springen wir mit dem Befehl `continue` in den nächsten Schleifendurchlauf, zu dessen Beginn erneut die Bedingung der `While`-Schleife geprüft wird.

Falls der Wert der Variablen `temperatur` größer als 21 ist, wird die `While`-Schleife mit dem `break`-Befehl verlassen.

Tipps und Tricks

Auch bei der `While`-Schleife können wir Label verwenden, um bei verschachtelten Schleifen mehrere Ebenen nach außen zu springen. Anders als beim `Loop`-Konstrukt können hier wie diskutiert keinen Rückgabewert zurückliefern. Für die `While`-Schleife demonstriert dies das folgende simple Beispiel:

```
'aussen: while true {
    while true {
        break 'aussen
    }
}
```

2.4.4 Die For-Schleife

Die `For`-Schleife erlaubt uns, kontrolliert über Mengen von Instanzen zu iterieren. Wir werden bei der Diskussion strukturierter Daten noch im Detail hierauf eingehen. Es gibt aber in vielen klassischen Sprachen eine Variante der `For`-Schleife, in der einfach ein Zähler inkrementiert und eine Schleife n-mal ausgeführt wird.

Rust implementiert dies, indem ein iterierbarer Typ angeboten wird, der alle Zahlen in einem Intervall anbietet. Dieser Typ `Range` ist extrem vielseitig. Wir werden ihn später noch näher kennenlernen und werden ihn jetzt dazu verwenden, genau diese klassische Schleifenkonstruktion zu implementieren.

Der `Range`-Typ erlaubt uns, auf einfache Weise Intervalle von Zahlen zu erzeugen. Hierbei können wir zwischen Intervallen unterscheiden, die den Endwert enthalten, solchen, die ihn nicht enthalten, und solchen, die keinen Endwert definieren, also bis in die Unendlichkeit reichen. Der Anfangswert ist in allen Fällen enthalten. Die Notation für das halb offene Intervall verwendet zwei Punkte zwischen Beginn- und Endwert (`0..10`), die Notation für das abgeschlossene Intervall zwei Punkte und ein Gleichzeichen (`0..=9`), und die Notation für das Intervall ohne Endwert verwendet den Anfangswert und zwei Punkte (`0..`).

Tipps und Tricks

Tatsächlich ist der Typ `Range` noch deutlich vielseitiger, erlaubt auch die Spezifikation von Intervallen auf anderen Typen und Intervalle ohne Anfangswert. Wir werden uns in Abschnitt 11.2 im Detail mit diesem Datentyp beschäftigen. Vorab schon mal: Die Methode `rev()` erlaubt, die Reihenfolge der Elemente umzudrehen, wodurch wir also zum Beispiel mit `(10..0).rev()` ein Intervall von 10 bis 1 definieren können.

Anstelle direkter Zahlenwerte können beliebige Ausdrücke verwendet werden, die zu einem Integer-Typen evaluiert werden können. Diese Art der Notation, um über Zahlenmengen zu iterieren, ist nicht nur deutlich eleganter als bei klassischen Programmiersprachen. Sie ist auch deutlich weniger empfindlich gegenüber Fehlern.

Das folgende Beispiel demonstriert die Verwendung der `For`-Schleife mit dem Typ `Range`:

Listing 2–8
Eine klassische For-Schleife mit Verwendung eines Range-Objektes

```
fn main() {
    // Erzeugt ein Intervall von 0-9
    for i in 0..10 {
        println!("{}", i)
    }
    let beginn = 1;
    let ende = 10;
    // erzeugt ein Intervall von 1-10
    for i in beginn..=ende {
        println!("{}", i)
    }
```

```
    for i in 0.. {
        println!("{}", i);
        if i > 10 {
            break;
        }
    }
}
```

Wir verwenden zunächst eine For-Schleife mit einem halboffenen Intervall von 0 bis 10, um die Zahlen von 0–9 auszugeben.

Dann definieren wir zwei Variablen namens beginn und ende, die wir bei der nächsten For-Schleife zur Definition eines geschlossenen Intervalls nutzen, um über die Zahlen von 1–10 zu iterieren.

Zum Schluss verwenden wir ein Intervall ohne Ende und eine break-Anweisung, um über die Zahlen von 0–11 zu iterieren.

Tatsächlich ist diese Art, die For-Schleife zu nutzen, nicht nur eine der häufigsten Verwendungsarten der For-Schleife in Rust, sondern auch das von Rust selbst empfohlene Idiom.

3 Variablen

In diesem Kapitel lernen wir die Deklaration und Verwendung sowie die prinzipiellen Unterschiede von Variablen kennen.

3.1 Veränderbare und nicht veränderbare Variablen

Das Schlüsselwort let

Informell haben wir Variablen und ihre Deklaration bereits kennengelernt. Wir deklarieren eine Variable mit dem Befehl `let <variable>`, optional mit der durch Doppelpunkt getrennten Angabe eines Typs und gleichfalls optional mit der Zuweisung eines Wertes. Einer solchen Variable mit ausschließlichem Lesezugriff kann maximal einmal ein Wert zugewiesen werden.

Typinferenz

Aufgrund der hervorragenden Arbeit des Compilers bei der Typinferenz brauchen wir bei der Variablendefinition nur sehr selten eine explizite Typangabe. Manchmal kann dies trotzdem sinnvoll sein, um den erwarteten Typ zu dokumentieren.

let mut

Wenn wir eine Variable für Lese- und Schreibzugriff deklarieren wollen, machen wir dies durch die zusätzliche Verwendung des Schlüsselwortes `mut` nach dem Schlüsselwort `let`, also `let mut <variable>`.

Weiterhin können wir eine Variable erneut definieren. Wir verdecken damit die ursprüngliche Variablendefinition. Dieses Vorgehen hat einige sehr elegante Anwendungsfälle, insbesondere in Kombination mit der Gültigkeit einer Variablen.

Gültigkeit einer Variablen

Die Gültigkeit einer Variablen ist der umgebende Anweisungsblock, begrenzt durch geschweifte Klammern. Wenn wir also eine Variablendefinition innerhalb eines späteren Anweisungsblocks verdecken, dann ist die ursprüngliche Variablendefinition wieder verfügbar, sobald wir diesen (inneren) Anweisungsblock verlassen.

Das folgende Beispiel zeigt diese prinzipiellen Verwendungsmöglichkeiten:

Listing 3–1
Verwendung und Verdeckung von Variablen

```
fn main() {
    let nur_lesen : i32;
    nur_lesen = 3;
    // nur_lesen = 4;  // kann nicht übersetzt werden

    let mut veränderbar = 5;
    veränderbar += 5;
    println!("{}", veränderbar);
    {
        let veränderbar = veränderbar * 2;
        println!("{}", veränderbar);
    }
    veränderbar += 1;
    println!("{}", veränderbar);
}
```

Wir beginnen mit der Deklaration einer Variablen `nur_lesen`, die als Typ `i32` erhält. Der Typ `i32` ist ein vorzeichenbehafteter Ganzzahlwert mit 32 Bit (wir werden die verschiedenen Datentypen in Kapitel 4 detailliert betrachten). Dieser weisen wir den Wert 3 zu. Eine spätere weitere Zuweisung würde zu einem Übersetzungsfehler führen. Auch wenn wir versuchen, vor der Zuweisung auf diese Variable zuzugreifen, bekommen wir eine Fehlermeldung vom Compiler, weil zu diesem Zeitpunkt die Variable noch nicht initialisiert ist.

Dann definieren wir eine Variable `veränderbar` mit dem Wert 5. In der nächsten Zeile erhöhen wir den Wert der Variable um 5, um deren Wert 10 dann mit auszugeben.

Wir definieren einen Anweisungsblock, innerhalb dessen wir die Variable `veränderbar` neu definieren, diesmal mit reinem Lesezugriff. Die Anweisung `println()` gibt erwartungsgemäß den Wert 20 aus.

Diese Beschränkung auf einen reinen Lesezugriff heißt einfrieren (engl. *freezing*) und ist ein in Rust öfter verwendetes Idiom. Auch die andere Richtung ist möglich, eine Variable nur für einen Anweisungsblock als modifizierbar zu markieren und ansonsten nur den reinen Lesezugriff zu erlauben.

Mit dem Ende dieses Anweisungsblocks endet auch die Lebenszeit dieser Variablen, und die in der Zwischenzeit überdeckte alte Definition wird wieder gültig. Damit können wir wieder eine Modifikation durchführen, und die Ausgabe führt zu dem Wert 11.

3.2 Weitere Arten der Variablendefinition

3.2.1 Globale Variablen

Wir haben gesehen, dass die Gültigkeit normaler Variablen auf den umgebenden Anweisungsblock beschränkt ist. Dies kann in seltenen Fällen nicht ausreichend sein. Beispiele hierfür wären Thread-Programmierung oder Parallelverarbeitung.

Das Schlüsselwort static

Für solche Fälle gibt es die Möglichkeit, globale Variablen mit dem Schlüsselwort `static` zu definieren. Diese Definition findet außerhalb der `main()`-Methode statt, typischerweise am Anfang des Quelltextes. Im Gegensatz zu normalen Variablen verlangt Rust für diese globalen Variablen die Angabe des Typs. Außerdem können als `static` definierte Variablen nicht verdeckt werden.

Weiterhin erwartet Rust, dass diese globalen Variablen in Großbuchstaben benannt werden. Tatsächlich gibt der Compiler eine Warnmeldung für normale Variablen aus, deren Namen ausschließlich Großbuchstaben enthält. Das folgende Beispiel zeigt die Definition einer solchen Variablen:

Listing 3–2
Die Verwendung globaler Variablen

```
static GLOBALER_WERT:i32 = 42;
fn main() {
    println!("{}", GLOBALER_WERT);
}
```

Wir definieren zuerst eine globale Variable `GLOBALER_WERT` mit dem Wert 42 und verwenden diese dann in der `main()`-Funktion zur Ausgabe.

Hintergrund

Globale Variablen können auch veränderbar sein, hier verlangt der Rust-Compiler aber eine Spezialbehandlung beim Zugriff durch eine Kennzeichnung als `unsafe`, die wir später noch kennenlernen werden.

3.2.2 Konstanten

Das Schlüsselwort const

Konstanten sind unveränderliche Werte mit einem symbolischen Namen. Um sie zu definieren, verwenden wir das Schlüsselwort `const` zusammen mit einem Typ, wie immer abgetrennt durch einen Doppelpunkt. Konstanten können nur Werte annehmen, die zum Übersetzungszeitpunkt berechnet werden können, und keine laufzeitabhängigen Daten enthalten.

Der Gültigkeitsbereich für Konstanten ist der Anweisungsblock, innerhalb dessen sie definiert werden. Konstanten können zusätzlich global definiert werden, genau wie globale Variablen.

Anders als globale Variablen können Konstanten in einem neuen (verschachtelten) Anweisungsblock neu definiert werden, wobei nach dem Ende des Anweisungsblocks die vorherige Definition der Konstante wieder Gültigkeit hat. Ein simples Beispiel illustriert dies:

Listing 3–3
Gültigkeit von Konstanten

```
const KONSTANTE:i32 = 3;
fn main() {
    println!("{}", KONSTANTE);
    {
        const KONSTANTE:i32 = 4;
        println!("{}", KONSTANTE);
    }
    println!("{}", KONSTANTE);
}
```

Wir definieren eine globale Konstante mit dem Namen `KONSTANTE`, dem Typ `i32` und dem Wert 3. In der folgenden `main()`-Funktion geben wir diese aus, definieren die Konstante im folgenden Anweisungsblock neu und geben sie wieder aus. Nach dem Ende des Anweisungsblocks geben wir die Konstante ein letztes Mal aus. Wenig überraschend ist die Ausgabe 3, 4, 3.

Hintergrund

Eine Frage, die sich aufdrängt, ist die nach dem Unterschied zwischen Konstanten und globalen Variablen. Für den Inhalt einer Variablen wird ein fester Speicherplatz reserviert, und dieser ist im Prinzip veränderbar (wenn die Variable als `mut` gekennzeichnet ist). Hingegen wird der Wert einer Konstanten direkt in den Programmcode kompiliert, was zum Beispiel bei einem Integer-Wert dazu führen kann, dass Assemblercode erzeugt wird, der die Werte der Konstanten direkt enthält. Dies bedeutet, dass der Wert bei mehrfacher Verwendung auch an verschiedenen Stellen im übersetzten Programm auftaucht.

4 Datentypen

Dieses Kapitel beschäftigt sich mit den verschiedenen, von Rust zur Verfügung gestellten Datentypen. Wir lernen skalare Datentypen, Tupel, Feld aber auch strukturierte Datentypen und Aufzählungstypen kennen.

4.1 Skalare Datentypen

Skalare Datentypen stellen elementare Typen einer Programmiersprache dar, die üblicherweise sehr effizient auf die unterliegende Prozessorarchitektur abgebildet werden können (in Java heißen diese *primitive* Datentypen). Rust bietet uns vier verschiedene skalare Datentypen: Ganzzahlen, Fließkommazahlen, logische Werte und Zeichen. Alle vier betrachten wir im Folgenden.

4.1.1 Ganzzahlen

In den meisten Programmiersprachen gibt es unterschiedliche Typen für Ganzzahlen unterschiedlicher Größe, vorzeichenbehaftet und vorzeichenlos. Dies ist auch in Rust der Fall – anders als in vielen anderen Sprachen enthalten die Ganzzahltypen die Anzahl der Bits, die zur Speicherung verwendet werden, direkt im Namen.

Ganzzahltypen

Die folgende Tabelle gibt eine Übersicht der verschiedenen Ganzzahltypen; den Typ i32 haben wir ja bereits informell kennengelernt.

Tab. 4–1
Übersicht über die zur Verfügung stehenden Ganzzahltypen

Größe in Bit	vorzeichenbehaftet	vorzeichenlos
8	i8	u8
16	i16	u16
32	i32	u32
64	i64	u64
128	i128	u128
architekturspezifisch	isize	usize

Die Namen der verschiedenen Ganzzahltypen sind sehr logisch aufgebaut und damit einfach erschließbar. Die einzige Besonderheit ist die Angabe der architekturspezifischen Größen `isize` und `usize`. Dies sind die Größen, die von der Prozessorarchitektur, für die das ausführbare Programm erzeugt wird, am besten verarbeitet werden können.

Die maximalen und minimalen Werte, die ein Typ annehmen kann, sind in der Standardbibliothek als Konstanten enthalten. Wir können auf diese zugreifen über `<Typ>::MIN` und `<TYP>::MAX`. Für den Typ `i32` erhalten wir damit `i32::MIN` und `i32::MAX`.

Tipps und Tricks

Ohne explizite Angabe wählt der Rust-Compiler im Normalfall immer den Typ `i32`, weil für diesen garantiert ist, dass auf allen gängigen Architekturen die Verarbeitung mit am schnellsten geschieht. In allen normalen Fällen dürfte dies tatsächlich die beste Wahl sein.

Wenn es hingegen darum geht, die aktuell genutzte Prozessorarchitektur am besten auszureizen, kann es sinnvoll sein, anstelle dessen den Typ `isize` oder `usize` zu verwenden.

Funktionen für Ganzzahltypen

Rust bietet uns auch für skalare Basistypen Funktionen an, die in der Standardbibliothek enthalten sind und damit immer zur Verfügung stehen. Hier finden wir beispielsweise viele Funktionen, die uns bei Bitoperationen helfen, zum Beispiel die Bestimmung der Anzahl führender Nullen oder Einsen oder ein Tausch der Bytes innerhalb eines Ganzzahlwertes, aber auch Operationen für den Umgang mit Überlauf bei Berechnungen.

Überlauf von Ganzzahlen

Wann immer wir uns mit Größen von Ganzzahlen beschäftigen, müssen wir uns auch mit dem Überlauf des Typs beschäftigen (*Integer Overflow*). Wir nennen hierbei sowohl das Überschreiten des maximal speicherbaren Wertes als auch das Unterschreiten des minimal speicherbaren Wertes einen Überlauf.

In vielen Programmiersprachen wird im Falle einer Kalkulation, die einen Überlauf erzeugt, einfach vom maximal möglichen auf den minimal möglichen Wert und andersherum gewechselt.

Rust wählt hier einen etwas anderen Ansatz und geht anders als viele andere Sprachen davon aus, dass ein Überlauf einen Fehler darstellt. Falls ein solcher auftritt, wird allerdings verschieden reagiert, je nachdem, ob wir uns im Debug- oder Release-Modus befinden (siehe Abschnitt 1.6.3)

Ein Überlauf kann aber auch exakt der von uns gewünschte Effekt in einer Berechnung sein. Für diesen Fall stellt Rust uns verschiedene Funktionen zur Verfügung, die dem Compiler signalisieren, dass ein

Überlauf potenziell von uns gewünscht ist und wie er behandelt werden soll.

Das folgende Beispiel illustriert die Verwendung beispielhaft:

Listing 4–1
Behandlung des Überlaufs bei Ganzzahlen

```
fn main() {
    let mut wert : i16 = 32767;
    // wert += 1; // Fehler beim Übersetzen
    let überlauf = wert.wrapping_add(1);
    let gesättigt = wert.saturating_add(1);

    println!("{}", überlauf);
    println!("{}", gesättigt);
}
```

Wir definieren zuerst eine vorzeichenbehaftete Ganzzahlvariable mit 16 Bit und weisen ihr den höchstmöglichen Wert 32767 zu. Die folgende auskommentierte Zeile würde zu einer Fehlermeldung des Compilers führen, da bereits bei der Übersetzung erkennbar ist, dass ein Überlauf stattfindet.

Stattdessen verwenden wir in der folgenden Zeile die Funktion `wrapping_add()`, um diese Berechnung mit einem Überlauf durchzuführen. Rust bietet uns für alle verfügbaren Rechenarten `wrapping_*()`-Funktionen an, die wir nutzen sollten, wann immer es die Möglichkeit für einen Überlauf gibt.

In der nächsten Zeile verwenden wir eine Funktion aus der `saturating_*()`-Gruppe, die bei einem Überlauf einfach beim maximalen beziehungsweise minimalen Wert verbleibt.

Danach geben wir die Inhalte der beiden Variablen aus, was zum folgenden Ergebnis führt:

```
-32768
32767
```

Hintergrund

Es gibt noch weitere Möglichkeiten, Überläufe zu behandeln. Die Funktionen checked_*() liefern eine Instanz einer `Option`-Struktur zurück, die entweder den Wert oder bei Überlauf den speziellen Wert `None` enthält (sowohl `Option` als auch `None` lernen wir in Abschnitt 10.1 kennen und nutzen).

Die Funktionen `overflowing_*()` verhalten sich exakt wie die `wrapping_*()`-Funktionen, liefern aber zwei Werte zurück. Der erste ist das Ergebnis der eventuell überlaufenden Berechnung, der zweite ist ein boolscher Wert, der anzeigt, ob ein Überlauf stattgefunden hat. Die Funktion liefert hierfür ein Tupel mit den beiden Werten zurück. Tupel werden wir in Abschnitt 4.2.1 betrachten.

Notation von Literalen

Bei der Notation von Ganzzahlen bietet uns Rust neben der üblichen Notationen von Dezimalzahlen die Möglichkeit, folgende Darstellungen zu verwenden:

Tab. 4–2
Notationen für Literale

Notation	Bedeutung
0x	Präfix für Hexadezimalzahlen
0o	Präfix für Oktalzahlen
0b	Präfix für Binärzahlen
b'<x>'	Spezialnotation für ASCII-Buchstaben <x>, nur für u8
_	Unterstrich, Trennzeichen zwischen Ziffern
i16, i32, ...	Suffix für die Größe

Die möglichen Präfixe sind uns aus anderen Programmiersprachen bekannt. Nur die Notation für einzelne Buchstaben als Ganzzahl ist ungewöhnlich. Das Trennzeichen _ kann tatsächlich an beliebigen Stellen verwendet werden, um Zahlen lesbarer zu gestalten. Das folgende simple Beispiel demonstriert dies:

Listing 4–2
Ganzzahlliterale in Rust

```
fn main() {
    let wert : i16 = 32_767_i16;
    let r_als_ganzzahl  = b'r';
    let binärwert = 0b1000_1001u8;
}
```

4.1.2 Fließkommazahlen

Rust bietet uns zwei verschiedene Arten von Fließkommazahlen an, `f32` und `f64`. Diese entsprechen `float` und `double` in anderen Programmiersprachen. Die Voreinstellung, wenn nicht explizit angegeben, ist hierbei `f64`.

Die maximalen und minimalen Werte, die ein Fließkommatyp annehmen kann, sind genau wie bei den Ganzzahlen in der Standardbibliothek als Konstanten enthalten, und wir können auf diese zugreifen über `<Typ>::MIN` und `<TYP>::MAX`.

Notation von Literalen

Rust erlaubt auch für Fließkommaliterale den Einsatz des Unterstrichs als visuelles Trennzeichen. Der Nachkommateil wird durch einen Dezimalpunkt abgetrennt. Den Typ eines Fließkommaliterals können wir analog zu den Ganzzahlen mit dem Suffix `f32` oder `f64` festlegen.

Listing 4–3
Fließkommaliterale in Rust

```
fn main() {
    let pi_32  = 3.141_592_653_589f32;
    let pi_64  = 3.141_592_653_589;

    println!("{}", pi_32);
    println!("{}", pi_64);
}
```

Wir definieren in unserem Beispiel zwei Variablen, die beide einen Näherungswert für Pi enthalten. Die Ausgabe für den ersten Wert zeigt, dass durch die Verwendung des kleineren Fließkommatyps wie erwartet Genauigkeit verloren geht.

```
3.1415927
3.141592653589
```

4.1.3 Logische Werte

Rust bietet wie viele andere Sprachen auch einen Typ für die logischen Werte `true` und `false`, den Typ `bool`. Dieser wird abgebildet auf ein Byte, und die Werte 1 (für `true`) und 0 (für `false`) werden intern verwendet.

Das folgende simple Beispiel verdeutlicht die Verwendung:

Listing 4–4
Definition von Variablen des Typs bool

```
fn main() {
    let wahr = true;
    let falsch = ! true;
}
```

4.1.4 Zeichen

Bei den Ganzzahlen haben wir eine Notation kennengelernt, um ASCII-Buchstaben in einem Byte speichern zu können. Rust bietet jedoch auch einen eigenen Typ `char`, der mit Unicode-Buchstaben umgehen kann und 4 Byte belegt. Jedes Zeichen wird als skalarer Unicode-Wert repräsentiert.

Hintergrund

Für Zeichenketten, die wir in Abschnitt 11.1.6 kennenlernen, wird eine UTF-8-Codierung verwendet, die im Mittel deutlich weniger Platz benötigt als 4 Bytes pro Zeichen.

Außerdem gibt es weitere Zeichenkettenimplementierungen in den Standardbibliotheken, um effizienter mit durch das Betriebssystem oder durch C-Programme verwendeten Zeichenketten umgehen zu können.

Im folgenden Beispiel definieren wir zwei Variablen `diskette` und `buchstabe`, denen wir jeweils ein Zeichen zuweisen.

Listing 4–5
Verwendung einzelner Zeichen des Typs char

```
fn main() {
    let diskette = '  ';  // Unicode-Zeichen U+1F4BE
    let buchstabe = 'r';
    println!("{} {}", diskette, buchstabe);
}
```

Beide Werte geben wir in Folge aus. Wir sehen hierbei, dass wir mehr als einen Platzhalter in der Formatzeichenkette definieren können.

4.1.5 Typkonvertierung

Rust bietet keine implizite Typkonvertierung an, da diese potenziell mit Informationsverlust verbunden ist und damit nicht ohne explizite Entscheidung des Programmierers durchgeführt werden sollte.

Um eine Typkonvertierung durchzuführen, verwenden wir das Schlüsselwort `as`. Bei einer Typkonvertierung in einen größeren Typ, zum Beispiel von `i16` zu `i32`, gibt es keine Einschränkungen. Bei der Konvertierung in einen kleineren Typ, zum Beispiel von `i32` zu `i16`, wird bei einem Überlauf der maximale beziehungsweise minimale Wert verwendet. Bei Genauigkeitsreduktion wird gegen 0 gerundet. Logische Werte werden zu 0 für `false` und zu 1 für `true`. Es gibt noch eine Liste weiterer Regeln in der Standarddokumentation. Allgemein funktioniert Typkonvertierung aber sehr ähnlich wie in anderen Sprachen. Das folgende Beispiel zeigt ein paar Beispiele:

Listing 4–6
Explizite Typkonvertierung

```
fn main() {
    let ganzzahl = 3_i32;
    // let fp:f64 = ganzzahl; // Fehler
    let fp = ganzzahl as f64;// as f64;
    let c  = true as u32;
}
```

Wir definieren zuerst eine Variable `ganzzahl` mit dem Wert 3 und dem Typ `i32`. Die nächste Zeile ist auskommentiert, da eine direkte Zuweisung vom Typ `i32` zum Typ `f64` ohne explizite Typkonvertierung nicht möglich ist. Wenn wir hingegen wie in der dritten Zeile die explizite Typkonvertierung mit `as f64` angeben, funktioniert diese wie gewünscht. Zum Schluss verwenden wir eine explizite Typkonvertierung, um den boolschen Wert `true` in eine Ganzzahlrepräsentation umzuwandeln.

4.2 Tupel und Felder

Rust unterstützt zwei einfache Formen zusammengesetzter Datentypen, Tupel und Felder (engl. *arrays*). Tupel sind hierbei Listen von Elementen potenziell verschiedener Datentypen, während Felder Listen von Elementen gleicher Datentypen enthalten.

In Rust gilt für beide Datentypen, dass die Größe nach der Erzeugung nicht mehr geändert werden kann. Dies erlaubt, beim Zugriff auf die Elemente zu prüfen, ob ein Index innerhalb der Grenzen des Datentyps ist, und im Zweifelsfall den Zugriff zu verhindern. Dies passiert zum einen zum Zeitpunkt der Übersetzung. Wenn der Compiler dies allerdings aber zur Übersetzungszeit nicht sicherstellen kann, dann wird eine Laufzeitprüfung eingefügt, die dies sicherstellt. Ein Beispiel hierfür wäre, wenn der verwendete Index zur Übersetzungszeit nicht bekannt ist. Durch dieses Vorgehen können Speicherfehler durch fehlerhafte Zugriffe verhindert werden.

4.2.1 Tupel

Tupel werden erzeugt, indem mehrere Werte (oder Variablen), jeweils durch ein Komma getrennt, in runde Klammern gesetzt werden. Auf die einzelnen Werte können wir mit dem Index zugreifen (beginnend bei 0), den wir durch einen Punkt getrennt an den Namen des Tupels anhängen. Zusätzlich können wir ein Tupel entpacken und seine Werte anderen Variablen zuweisen. Hierzu definieren wir auf das Schlüsselwort `let` folgend eine Anzahl von Variablen innerhalb runder Klammern, denen wir das Tupel zuweisen. Anstelle einer Variablen können wir auch den Platzhalter _ (Unterstrich) verwenden. Dieser signalisiert, dass wir den entsprechenden Wert nicht weiter verwenden. Die Anzahl der Einträge muss der Anzahl der Elemente des Tupels entsprechen.

Tipps und Tricks

Es gibt auch die Möglichkeit, eine beliebige verbleibende Zahl von Werten über zwei Punkte `..` zu ignorieren, sofern der Compiler die Werte eindeutig zuordnen kann. Eine Anweisung `let (a, .., b) = (3, 4, 5, 6)` würde damit `a` den Wert 3 und `b` den Wert 6 zuweisen.

Betrachten wir, wie das praktisch aussieht: Im folgenden Beispiel definieren wir zuerst eine Variable `buchstabe`, die das Zeichen `r` enthält. In der nächsten Zeile wird `buchstabe` zusammen mit anderen Werten verwendet, um in der veränderbaren Variable `tupel` ein Tupel zu erzeugen.

Listing 4–7
Verwendung von Tupeln

```
fn main() {
    let buchstabe = 'r';
    let mut tupel = (buchstabe, 3, 3.1);
    println!("{:?}", tupel);
    tupel.1 = 4;
    let (a, _, mut b) = tupel;
    println!("{:#?}, {}", tupel, a);
}
```

In der dritten Zeile geben wir dieses Tupel aus. Hier sehen wir eine neue Art Platzhalterdefinition innerhalb der Formatzeichenkette. Der Doppelpunkt leitet weitergehende Formatierungsanweisungen ein, das

Fragezeichen signalisiert, dass der Wert in Debug-Form ausgegeben werden soll.

Nun weisen wir dem zweiten Element des Tupels (mit dem Index 1) einen neuen Wert zu. Dies funktioniert, da wir das Tupel als veränderlich definiert haben.

Entpacken von Tupeln

Im nächsten Schritt entpacken wir das Tupel. Wir weisen das erste Element des Tupels der neuen Variablen `a` zu, ignorieren das zweite Element und weisen das dritte Element einer veränderbaren Variablen `b` zu.

Nun folgt die erneute Ausgabe des Tupels und der Variablen `a`. Hierbei signalisiert die Zeichenfolge `:#?`, dass wir eine Debug-Ausgabe wünschen, die zur besseren Lesbarkeit umformatiert wird (engl. *pretty-printing*).

```
('r', 3, 3.1)
(
    'r',
    4,
    3.1,
), r
```

Wir sehen in der ersten Zeile die Debug-Ausgabe des Tupels mit den Elementen in einer Zeile und runden Klammern, die das Tupel symbolisieren. In den folgenden Zeilen sehen wir die lesbarer formatierte Version des Tupels gefolgt von dem Wert der Variablen `a`.

Unit- oder Einheitstupel

Es gibt ein spezielles Tupel ohne Elemente, das durch `()` notiert wird. Dies verwenden wir in Rust immer dann, wenn es keinen »sinnvollen« Wert als Ergebnis gibt. Tatsächlich ist uns dieser Wert schon als Rückgabewert einer `While`-Schleife begegnet. Da es in diesem Anweisungsblock keinen konzeptuell sinnvollen Rückgabewert gibt, wird dort das Einheitstupel als Rückgabewert benutzt.

4.2.2 Felder

Felder erzeugen wir, indem wir mehrere Werte (oder Variablen) durch Komma getrennt in eckige Klammern setzen. Dies ist ein klarer Unterschied zu Tupeln, bei denen wir runde Klammern verwenden. Alle Werte innerhalb des Feldes müssen den gleichen Typ haben. Auf einzelne Werte können wir zugreifen, indem wir den Index (beginnend bei 0) in eckigen Klammern an den Namen des Feldes anhängen.

Initialisierung mit einem wiederholten Wert

Es gibt noch eine zweite Möglichkeit, um Felder zu erzeugen. Indem wir in den eckigen Klammern der Feldinitialisierung einen Wert `x` gefolgt von einem Semikolon und eine Wiederholungsanzahl `n` angeben, erzeugen wir ein Feld mit `n` Elementen, die alle den Wert `x` haben.

Hintergrund

Felder haben grundsätzlich eine feste Größe, die zur Übersetzungszeit bekannt sein muss. Wir lernen später noch andere Datentypen kennen, die dynamische Größenänderungen erlauben, und Konzepte, die es uns ermöglichen, auf Teilfeldern zu operieren.

Auch Felder können wir entpacken. Wir verwenden das Schlüsselwort `let` gefolgt von Variablen innerhalb eckiger Klammern. Damit zeigen wir an, dass wir ein Feld entpacken wollen. Der Platzhalter _ (Unterstrich) anstelle einer Variablen erlaubt uns, einen Feldeintrag zu ignorieren. Bei Feldern gilt genau wie bei Tupeln, dass die Anzahl der Einträge der Anzahl der Elemente des Feldes entsprechen muss.

Ein Beispiel illustriert die Verwendung:

Listing 4–8 *Die Verwendung von Feldern*

```
fn main() {
    let wiederholung = [3.141; 10];
    let ganzzahl = 2;
    let mut feld = [ganzzahl, 3, 5];
    println!("{:?}", feld);
    feld[1] = 4;
    let [mut a, _, b] = feld;
    println!("{:#?}, {}", feld, a);
}
```

Wir definieren zuerst eine Variable `wiederholung`, die ein Feld mit 10 Elementen enthält, von denen jedes den Wert 3.141 hat.

Nun definieren wir eine Variable `ganzzahl`, die wir in der nächsten Zeile verwenden, um einen Feldeintrag des veränderbaren Feldes `feld` zu definieren. Die folgende Ausgabe verwendet wieder die Formatierungsanweisung für die Debug-Ausgabe.

Im nächsten Schritt verändern wir einen Wert unseres Feldes mit einer Zuweisung. Darauffolgend entpacken wir das Feld und weisen den ersten Feldeintrag der veränderbaren Variablen `a` zu, ignorieren den zweiten und weisen den dritten der Variable `b` zu.

Zum Schluss geben wir das Feld und die Variable `a` aus, wobei wir das Feld zur besseren Lesbarkeit umformatieren lassen.

```
[2, 3, 5]
[
    2,
    4,
    5,
], 2
```

In der Ausgabe sehen wir diesmal eckige Klammern, die anzeigen, dass wir ein Feld ausgeben, gefolgt von der zur besseren Lesbarkeit umformatierten Version des Felds.

Mehrdimensionale Felder

Mehrdimensionale Felder legen wir durch verschachtelte Folgen eckiger Klammern an. Dabei verlangt Rust, dass die Dimensionen aller Teilfelder konsistent sein müssen. Dies sorgt dafür, dass wir keine »Löcher« in unserem mehrdimensionalen Feld haben.

Listing 4–9
Die Verwendung von mehrdimensionalen Feldern

```
fn main() {
    let feld2 = [[1,2,3], [11,12,13], [21,22,23]];
    println!("{}", feld2[1][2]);
    println!("{:?}", feld2[1]);
}
```

Im Beispiel definieren wir ein zweidimensionales Feld mit der Ausdehnung 3×3. Wenn wir bei dieser Definition zum Beispiel den Wert 3 oder 23 weglassen, dann haben wir eine Inkonsistenz, die der Rust-Compiler mit einer Fehlermeldung quittiert. Damit können wir zur Laufzeit sicher sein, dass kein Adressierungsfehler auftritt (der im schlimmsten Fall mit einem Speicherfehler enden könnte).

Im nächsten Schritt geben wir einen Wert dieses Feldes aus. Wir sehen, dass der Zugriff auf die Elemente des zweidimensionalen Feldes wie erwartet durch aufeinanderfolgende Indizes funktioniert. Zum Schluss greifen wir auf ein (eindimensionales) Unterfeld des Gesamtfeldes zu und geben es über die Debug-Ausgabe aus.

4.3 Strukturierte Datentypen

Tupel erlauben uns, Elemente unterschiedlicher Datentypen zusammenzufassen. Tupel haben aber zwei Nachteile. Zum einen werden die einzelnen Elemente nur durch ihren Index identifiziert und nicht durch einen Namen. Zum anderen ist ein Tupel (i32, i32), das Koordinaten repräsentiert, nicht von einem Tupel (i32, i32) unterscheidbar, das Länge und Breite geometrischer Formen darstellt. Hierfür brauchen wir eigene Datentypen.

Rust bietet uns die Möglichkeit, eigene strukturierte Datentypen zu definieren. Dies geschieht, indem wir eingeleitet durch das Schlüsselwort `struct` und einen Namen eine Auflistung von Elementen mit Namen und assoziiertem Typ, getrennt durch Kommata, innerhalb von geschweiften Klammern definieren. Da Strukturen ganz normale Datentypen darstellen, können sie auch in anderen Strukturen als Elemente auftauchen. Dies erlaubt uns, eine beliebig hohe Komplexität unserer Daten abzubilden. Die Definition von strukturierten Datentypen kann in einem beliebigen Geltungsbereich passieren, innerhalb von Anweisungsblöcken, Funktionen, aber auch global.

Die Erzeugung von neuen Instanzen geschieht durch simple Benennung des Typs gefolgt von geschweiften Klammern und den Initialisierungswerten für alle Elemente der Struktur getrennt durch Kommata.

Ein finales Komma vor der schließenden Klammer kann zur Lesbarkeit beitragen. Der Hauptunterschied zu anderen Sprachen ist hierbei, dass wir nicht explizit Speicher anlegen wie in Java durch `new()` oder in C durch `malloc()`.

Zugriff auf die einzelnen Elemente der Instanz erfolgt über den Instanznamen gefolgt von einem Punkt und den Elementnamen.

Listing 4–10
Unser erster strukturierter Datentyp

```
struct Point {
    x: i32,
    y: i32,
}
fn main() {
    let origin = Point {
        x: 0,
        y: 0,
    };
    println!("Point({}, {})", origin.x, origin.y);
}
```

In unserem Beispiel definieren wir eine Struktur namens `Point`, die zwei Elemente namens `x` und `y` des Typs `i32` enthält (inklusive finalem Komma). In der `main()`-Funktion erzeugen wir eine Variable `origin` dieses Typs und initialisieren `x` und `y` jeweils mit 0.

Abschließend geben wir diese Werte aus, indem wir mit der Punktnotation auf die Elemente von `origin` zugreifen.

4.3.1 Unterstützung bei der Initialisierung

Verkürzte Initialisierung

Um die Initialisierung von strukturierten Datentypen zu vereinfachen, gibt es eine verkürzte Notation. Diese können wir verwenden, wenn der Elementname innerhalb einer Instanz gleich dem Variablennamen im umgebenden Geltungsbereich ist. In diesem Fall kann auf die Doppelnennung und den Doppelpunkt verzichtet werden.

Instanzvorlagen

Zusätzlich können wir bereits existierende Instanzen unseres Datentyps als Vorlage verwenden. Aus dieser Vorlage können alle Elementwerte kopiert werden, die wir nicht explizit angeben. Hierzu geben wir nach allen Elementen, die wir explizit initialisieren die als Vorlage zu verwendende Instanz eingeleitet durch zwei Punkte `..` an.

Das folgende Beispiel illustriert neben diesen Arten der Initialisierung auch verschachtelte Strukturen:

Listing 4–11
Verwendung verschiedener Initialisierungsarten

```
#[derive(Debug)]
struct Point {x: i32, y: i32}

#[derive(Debug)]
struct Rect {p0: Point, p1: Point}

fn main() {
    let (x, y) = (0, 0);
    let origin = Point {x, y};
```

```
    let p1 = Point {x: 10, ..origin};

    let rectangle = Rect {p0: origin, p1};
    println!("{:#?}", rectangle);
}
```

Die erste Anweisung `#[derive(Debug)]` (genauer ein Compiler-Attribut) fügt eine einfache Implementierung für die formatierte Ausgabe zur Struktur hinzu. Damit müssen wir uns in unseren Ausgabeanweisungen keine weitergehenden Gedanken über die Formatierung unserer Strukturen machen. Wie dies unter der Haube funktioniert, werden wir in Abschnitt 9.3.12 kennenlernen.

Hintergrund

Tatsächlich funktioniert dies, indem eine Default-Implementierung des Traits `Debug` zu der Strukturdefinition als Attribut hinzugefügt wird. Diese Default-Implementierung wird dann zum Zeitpunkt der Ausgabe zur Formatierung verwendet. Default-Implementierungen gibt es für viele Funktionalitäten, und sie sind in vielen Fällen vollständig ausreichend. Weitere Beispiele sind Vergleichs- und Hash- oder Kopierfunktionalität. In Abschnitt 9.3 zu Traits finden Sie weitergehende Informationen.

Wir definieren zwei strukturierte Datentypen `Point` und `Rect` in einem globalen Kontext, beide mit Funktionalität zur Debug-Ausgabe. Der Typ `Rect` besteht hierbei aus zwei Instanzen des Typs `Point`.

In der `main()`-Funktion beginnen wir mit der Erzeugung zweier Variablen `x` und `y`, die wir jeweils auf den Wert 0 setzen. Diese verwenden wir im nächsten Schritt zur Initialisierung einer Instanz von `Point` namens `origin`. Dann erzeugen wir eine `Point`-Instanz namens `p1`, bei der wir den x-Wert explizit setzen und alle anderen Elemente aus der `origin`-Instanz kopieren (in diesem Fall nur den Wert für das Element `y`).

In der vorletzten Zeile erzeugen wir eine neue `Rect`-Instanz. Das Element `p0` wird mit der Variable `origin` initialisiert. Für das Element `p1` verwenden wir die verkürzte Initialisierung, um dieses Element auf die Instanz `p1` im Geltungsbereich der `main()`-Funktion zu setzen.

Hintergrund

Brauchen wir die verkürzte Initialisierung und Instanzvorlagen? Nicht unbedingt – außerdem können sie für Neulinge beim ersten Lesen zu leichter Überraschung führen. Sie sind aber in vielen Fällen so elegant und geschickt, dass man sie nach kurzer Zeit nicht mehr missen mag.

Ähnlich wie Tupel können wir auch Strukturen entpacken. Da wir wegen der Verwendung von Namen unabhängig von Reihenfolgen sind, geben wir hierbei die Namen der Elemente explizit an. Alle Elemente müssen benannt sein, müssen aber nicht unbedingt Variablen zugewiesen werden.

Entpacken von Strukturen

```
struct Point {x: i32, y: i32}
fn main() {
    let p1 = Point {x: 10, y: 10};

    let Point{x: breite, y} = p1; // let breite = p1.x;

    println!("{}", breite);
}
```

Listing 4–12
Entpacken von Strukturen

Im Beispiel definieren wir einen Datentyp `Point`, den wir in der `main()`-Funktion in der Variable `p1` instanziieren. Im nächsten Schritt entpacken wir die Struktur und weisen der Variablen `breite` den Wert des Elements `x` zu. Die hierfür notwendige Syntax führt auf der linken Seite den Typ und in geschweiften Klammern alle Elemente auf. In unserem einfachen Fall entspricht dies der Anweisung:

```
let breite = p1.x;
```

In komplexeren Fällen empfehlen wir jedoch das Entpacken, da es eine deutlich klarere Syntax sein kann.

4.4 Tupelstrukturen

Es gibt Situationen, in denen wir die Definition eines Typs kombinieren möchten mit der einfachen Notation von Tupeln, ohne jedes Element explizit benennen zu müssen. Dies unterstützt Rust mit den Tupelstrukturen, die die Syntax von Strukturen und Tupeln kombinieren.

Während sich trefflich über den Sinn von Tupelstrukturen mit mehreren Elementen streiten lässt (sprich, es ist eine Geschmacksache), haben Tupelstrukturen mit einem Element einen direkten Anwendungsfall. Wir können durch das Verpacken von (vor allem skalaren) Datentypen in eine Tupelstruktur eine semantische Information ausdrücken, zum Beispiel in Form einer Maßeinheit.

Im folgenden Beispiel erzeugen wir zwei Tupelstrukturen namens `Kilogramm` und `Celsius`. Hierbei folgt dem Schlüsselwort `struct` der Name des Typs und am Ende in runden Klammern (wie beim Tupel) die Aufzählung der Elementtypen.

Listing 4–13
Verwendung von Tupelstrukturen

```
fn main() {
    struct Kilogramm(f64);
    struct Celsius(f64);

    let value = 42.1;
    let kg = Kilogramm(value);
    let temp = Celsius (value);

    println!("{},{},{}", value, kg.0, temp.0);
}
```

Im nächsten Schritt definieren wir eine Variable `value` vom (durch den Compiler inferierten) Typ `f64`, die wir zur Initialisierung zweier Variablen `kg` und `temp` vom Typ `Kilogramm` und `Celsius` verwenden.

Damit erhalten wir die drei Variablen `value`, `kg` und `temp` unterschiedlicher Typen, obwohl der jeweils ausgedrückte skalare Wert bei allen der gleiche ist.

In der finalen Ausgabe der Werte der drei Variablen sehen wir, dass auch der Zugriff auf die Elemente einer Tupelstruktur genau wie bei einem Tupel durch Anhängen des Index getrennt durch einen Punkt funktioniert. Auch das Entpacken von Tupelstrukturen funktioniert exakt wie bei Tupeln.

Unit- oder Einheitstyp

Analog zum Einheitstupel gibt es auch einen Einheitstyp, gleichfalls notiert durch leere runde Klammern `()`, der keine Elemente hat. Dieser findet allerdings in Rust keine weitergehende Verwendung.

4.5 Aufzählungstypen

Rust unterstützt ähnlich wie Java typisierte Aufzählungstypen (in C und in C++ vor v11 hingegen sind Aufzählungstypen typlos).

Ein Aufzählungstyp enthält eine Menge von (unterschiedlichen) Namen, die die Wertemenge des Typs definieren. Da die Namen spezifisch für den Typ und damit im Namensraum des Typs sind, hat der gleiche Name in einem anderen Aufzählungstyp auch eine andere Bedeutung. Eine entsprechende Verwendung wird vom Rust-Compiler bemerkt und als Fehler gemeldet.

Wir definieren einen Aufzählungstyp mit dem Schlüsselwort `enum` gefolgt vom Namen des Typen, darauf in geschweiften Klammern die Namen, die die Wertemenge ausmachen, durch Kommata getrennt.

```
fn main() {
    #[derive(Debug)]
    enum Ampel { Rot, Gelb, Grün }

    let ampel = Ampel::Grün;

    println!("Die Ampel steht auf {:?}", ampel);
}
```

Listing 4–14
Die Definition und Verwendung von Aufzählungstypen

In unserem Beispiel definieren wir zuerst einen Aufzählungstyp `Ampel` mit drei Werten `Rot`, `Gelb`, `Grün` im Wertebereich. Wie schon vorher fügen wir eine einfache Implementierung der Debug-Ausgabe zu dem Typ mit dem Compiler-Attribut `#[derive(Debug)]` hinzu. Dann weisen wir einer neuen Variable den Wert `Ampel::Grün` zu. Die zwei aufeinanderfolgenden Doppelpunkte haben wir ganz zu Beginn des Buches bereits kennengelernt. Diese spezifizieren einen Namensraum, in unserem Fall den Namensraum des Typs `Ampel`, aus dem wir den Wert `Grün` wählen.

Zum Schluss geben wir den Wert unserer Variablen als Debug-Ausgabe aus (deshalb vorher das Compiler-Attribut `derive`):

```
Die Ampel steht auf Grün
```

4.5.1 In Aufzählungen eingebettete Datentypen

Während schon einfache Aufzählungstypen für uns bei der Programmierung sehr hilfreich sind, bietet uns Rust noch zusätzlich die Möglichkeit, in jeden der Namen einen beliebigen anderen Datentyp zu integrieren. Dies kann sowohl ein skalarer Datentyp als auch ein beliebig komplexer zusammengesetzter Datentyp sein. Diese Funktionalität bietet elegante Ausdrucksmöglichkeiten an, die wir tatsächlich schon kennengelernt haben.

Unser Beispiel im ersten Kapitel enthielt unter anderem das Öffnen einer Datei:

```
let file = Datei::open("hallo.txt")
        .expect("Konnte Datei nicht öffnen");
```

Worauf wir dort nicht näher eingegangen sind, ist der Rückgabetyp der `open()`-Methode. Es handelt sich dabei um einen Aufzählungstyp `Result`, der zwei Namen `Ok` und `Err` im Wertebereich enthält. Die Methode `expect()` dieses Typs prüft jetzt nur, ob der Name `Ok` zurückgeliefert wurde oder der Name `Err`. Im ersten Fall wird der Inhalt des zugehörigen Datentyps zurückgeliefert, im zweiten Fall ein nicht behandelbarer Fehler inklusive der übergebenen Fehlermeldung. Wir werden die Implementierung dieses Datentyps in Abschnitt 10.2 genauer betrachten.

Hintergrund

Ein solcher Aufzählungstyp ist auch auf der Implementierungsseite sehr elegant. Nur der Platz für den größten im Aufzählungstyp verwendeten Datentyp und der Platz für die Information des aktuell verwendeten Datentyps werden benötigt. Damit haben wir eine typsichere Variante des in C verwendeten Typs `union`.

Tatsächlich gibt es auch in Rust einen Datentyp `union`, der auch noch auf den zusätzlichen Aufwand zur Speicherung der Datentypinformation verzichtet. Dieser ist aber inhärent unsicher und damit nur in einem speziellen Modus von Rust, dem `unsafe`-Modus, verwendbar.

Um einen Datentyp hinzuzufügen, geben wir diesen in runden Klammern nach dem Namen an. Werfen wir einen Blick auf das folgende Beispiel:

Listing 4–15
Die Verwendung von Datentypen in Aufzählungstypen

```
fn main() {
    #[derive(Debug)]
    enum Wert {
        Ganzzahl(i32),
        Fließkomma(f64),
        Tupel((i32, f64))
    }

    let wert = Wert::Ganzzahl(3);

    println!("Der Wert ist {:?}", wert);
}
```

Wir definieren einen Aufzählungstyp Wert mit drei Namen `Ganzzahl`, `Fließkomma` und `Tupel`. Jeder dieser Namen bekommt einen anderen Datentyp zugeordnet. Wie auch in den vorherigen Beispielen verwenden wir wieder die von Rust bereitgestellte einfache Implementierung zur Debug-Ausgabe.

Wir definieren eine Variable von unserem gerade definierten Aufzählungstyp und geben diese in Folge aus:

```
Der Wert ist Ganzzahl(3)
```

Die offensichtliche Frage ist jetzt, wie wir auf den im Aufzählungstyp enthaltenen Wert zugreifen können. Hier nutzen wir das Match-Konstrukt, dem wir uns jetzt zuwenden.

5 Musterabgleich

Eine sehr leistungsfähige Möglichkeit, unseren Kontrollfluss zu beeinflussen, ist der Musterabgleich (pattern matching). Um diesen im Detail zu betrachten, haben wir jetzt die notwendigen Vorkenntnisse. Musterabgleiche können wir aufgrund ihrer Flexibilität sehr vielseitig nutzen.

5.1 Das Match-Konstrukt

Das Match-Konstrukt vereint viele Funktionalitäten anderer Kontrollkonstrukte aus klassischen Programmiersprachen mit deutlich mehr Flexibilität.

5.1.1 Einfache Verwendung

Die erste Variante ist sehr ähnlich zum Switch-Case-Konstrukt. Das Schlüsselwort `match` wird gefolgt von einem Ausdruck oder einer Variablen, deren Inhalt über die Ausführung einzelner Zweige entscheidet.

Innerhalb eines folgenden Anweisungsblocks folgen die Muster, die zum Vergleich herangezogen werden. Im einfachsten Fall sind dies Literale. Es können aber auch Aufzählungen von Literalen getrennt durch einen senkrechten Strich | (das Symbol für die Oder-Verknüpfung) verwendet werden. Weiterhin können Bereiche von Werten ausgedrückt werden durch die Zeichenfolge `..=`, deren Inhalt gegen den Inhalt der `match`-Variablen geprüft wird. Ein Unterstrich _ dient als Platzhalter für beliebige Werte. Ein Vergleich mit _ ist immer erfolgreich.

Das erste passende Muster wird ausgewählt. Darauf folgende, die gleichfalls passen könnten, werden ignoriert.

Rust versucht, bei der Übersetzung zu bestimmen, ob der Wertebereich vollständig abgedeckt ist. Falls der Compiler feststellt, dass dies nicht der Fall ist, gibt es bei der Übersetzung einen Fehler. Dies hilft, fehlende Fälle zu entdecken.

Getrennt vom jeweiligen Muster durch die Zeichenfolge => (Gleich- und Größerzeichen) wird ein Ausdruck oder ein Anweisungsblock definiert, der im Falle der Übereinstimmung ausgeführt werden soll. Ein Komma beendet die jeweilige Kombination von Muster und Anweisungsblock.

Das folgende Beispiel illustriert die Verwendung:

Listing 5–1
Das Match-Konstrukt mit skalaren Datentypen

```
fn main() {
    let a = 3;

    match a {
        1 | 2     => println!("1 oder 2"),
        3         => println!("3"),
        3 ..= 5 => {
                     println!("Zwischen 3 und 5")
              },
        _            => println!("Anderer Wert"),
    }
}
```

Wir definieren zuerst eine Variable a mit dem Wert 3, die wir in Folge für das Match-Konstrukt verwenden.

Im nächsten Schritt verwenden wir das Match-Konstrukt, dem wir die Variable a übergeben. In dem nun folgenden Anweisungsblock starten wir mit dem Muster 1 | 2. Dieses Muster bewirkt, dass die folgende Anweisung ausgeführt wird, wenn die Variable a den Wert 1 oder den Wert 2 hat.

Darauf folgt das Muster 3 mit einer zugehörigen Ausgabe.

Dies wird gefolgt von einem Bereich 3 ..= 5. Bei dem im Beispiel verwendeten Wert 3 für die Variable a wird dieses Muster nicht ausgeführt werden, obwohl der Wert für a im angegebenen Bereich ist. Das vorherige Muster 3 ist bereits erfolgreich, und damit wird die Suche beendet.

Zum Schluss findet sich der Unterstrich als Platzhaltermuster, falls keines der anderen Muster gepasst hat. Dies entspricht in einem klassischen Switch-Case-Konstrukt dem default-Zweig. In diesem Fall wird die zugehörige Anweisung ausgeführt. Anders als in anderen Sprachen ist der Zweig aber im Normalfall notwendig, da sonst nicht der gesamte Wertebereich abgedeckt ist.

Die Ausgabe ist wenig überraschend die Zahl 3.

5.1.2 Rückgabewerte

Wie die meisten der Kontrollflusskonstrukte in Rust unterstützt auch das Match-Konstrukt einen Rückgabewert. Dies ist der Rückgabewert des Anweisungsblocks, der aufgrund der Musterübereinstimmung ausgeführt wird. Wenn wir den Rückgabewert weiterverwenden, zum Beispiel durch Zuweisung an eine Variable, dann stellt Rust sicher, dass die Rückgabewerte aller Anweisungsblöcke den gleichen Typ haben.

Das folgende Beispiel, das eine verkürzte (und besser lesbare) Variante des letzten Beispiels ist, demonstriert dies:

Listing 5–2
Rückgabewerte beim Match-Konstrukt

```
fn main() {
    let a = 3;

    let ausgabe = match a {
        1 | 2   => "1 oder 2",
        3       => "3",
        3 ..= 5 => { "Zwischen 3 und 5" },
        _       => "Anderer Wert",
    };
    println!("{}", ausgabe);
}
```

In diesem Beispiel weisen wir den Rückgabewert des Match-Konstrukts der Variable ausgabe zu, deren Wert wir in Folge (nomen est omen) ausgeben.

Die im match-Block enthaltenen Muster sind die gleichen wie im letzten Beispiel, anstelle einer Ausgabe hat jetzt aber jede Anweisung und jeder Anweisungsblock einen Rückgabewert.

5.1.3 Zusätzliche Bedingungen für das Muster

Im match-Block lassen sich für das Muster zusätzliche Bedingungen angeben, die zur Evaluierung des Musters herangezogen werden. Hierzu wird durch das Schlüsselwort if abgetrennt eine Bedingung an das Muster angehängt.

Listing 5–3
Bedingungen im Match-Konstrukt

```
fn main() {
    let a = 3;
    let flag = false;

    let ausgabe = match a {
        3 if flag => "3",
        3 ..= 5   => { "Zwischen 3 und 5" },
        _         => "Anderer Wert",
    };
    println!("{}", ausgabe);
}
```

Unser Beispiel ist sehr ähnlich zum vorherigen, wir führen aber eine zusätzliche Variable flag ein, die wir auf false setzen.

Im ersten Muster stellen wir eine zusätzliche Bedingung mit if flag, sodass dieses Muster nur verwendet wird, wenn flag den Wert true hat. Damit wird anders als im vorherigen Beispiel nicht dieses Muster verwendet, und das nächste Muster mit der Bereichsangabe kann erfolgreich evaluiert werden. Die Ausgabe lautet entsprechend:

```
Zwischen 3 und 5
```

5.1.4 Zuweisungen im Muster

Wir können in einem Muster auch neue lokale Variablen an den Wert der match-Variablen binden. Da eine derartige Zuweisung immer erfolgreich ist, wird der zugehörige Anweisungsblock auch immer ausgeführt, außer wir verwenden die eben betrachteten zusätzlichen Bedingungen. Der Gültigkeitsbereich der neu definierten Variablen ist dabei der zugehörige Anweisungsblock. Andere Muster sehen diese Variable also nicht.

Das folgende Beispiel zeigt die Verwendung einer lokalen Variable innen in den Mustern, die jeweils den Wert von a erhalten. Im ersten Fall prüfen wir zusätzlich, ob der Wert dieser Variablen kleiner 5 ist, im zweiten verwenden wir einfach die neu erzeugte lokale Variable.

Listing 5–4 *Zuweisungen im match-Block*

```
fn main() {
    let a = 3;

    let ausgabe = match a {
        innen if innen < 5 => innen + innen,
        innen              => innen * innen,
    };
    println!("{}", ausgabe);
}
```

Tipps und Tricks

Es ist wichtig, dass sich der jeweilige Gültigkeitsbereich der beiden Variablen innen auf den jeweiligen zugehörigen Anweisungsblock beschränkt.

Dies erlaubt uns die Wiederverwendung in aufeinanderfolgenden Mustern. Wir könnten aber natürlich auch völlig unterschiedliche Namen für die Variablen verwenden, sodass wir unseren Quelltext durch geeignete Wahl der Namen bestmöglich dokumentieren können.

Der @-Operator im Muster

Rust bietet uns eine Möglichkeit, normale Muster mit der Erzeugung einer lokalen Variablen zu kombinieren. Hierfür verwenden wir das at-Symbol @, um nach der neuen lokalen Variablen ein Muster hinzuzufügen. Das folgende Beispiel zeigt die Verwendung:

Listing 5–5 *Das @-Symbol im Match-Konstrukt*

```
fn main() {
    let a = 3;

    let ausgabe = match a {
        innen @ 0..=4 => innen + innen,
        innen         => innen * innen,
    };
    println!("{}", ausgabe);
}
```

Gegenüber dem letzten Beispiel geändert ist nur das erste Muster. Hier verwenden wir das @-Symbol, um die neue lokale Variable `innen` mit einem Bereich von 0 bis (einschließlich) 4 zu verknüpfen. Damit wird dieser Zweig nur ausgeführt, wenn die `match`-Variable `a` und damit auch die neu erzeugte lokale Variable `innen` einen Wert zwischen 0 und 4 haben.

5.2 Andere Datentypen und das Match-Konstrukt

Um komplexe Datentypen im Match-Konstrukt prüfen zu können, entpacken wir die Instanz in ein Muster. Innerhalb dieses Musters stehen uns sämtliche schon diskutierten Möglichkeiten der Einschränkung zur Verfügung. Wir können lokale Variablen definieren und in einem `If`-Bedingungszweig des Musters weitere programmatische Einschränkungen durchführen. Wir gehen also genauso vor wie bisher, aber mit dem zusätzlichen Schritt des Entpackens. Dieser sieht, je nachdem, ob wir ein Tupel, einen strukturierten Datentyp oder einen Aufzählungstyp vor uns haben, etwas anders aus. Und natürlich können wir das Entpacken entsprechend unseren Anforderungen beliebig verschachteln und mischen.

Tupel im Match-Konstrukt

Im Fall eines Tupels verwenden wir die Tupelnotation im Muster zum Entpacken. Das folgende Beispiel illustriert, wie wir dies im Zusammenhang mit den bisher schon kennengelernten Möglichkeiten von Mustern kombinieren.

Listing 5–6
Tupel im Match-Konstrukt

```
fn main() {
    let t = (3, 4);

    let ausgabe = match t {
        (3, _)                  => "Wert ist 3",
        (_, y @ 3..=5) if y < 5 => "Zweiter Wert ist 3-4",
        _                       => "Wert ist anders",
    };
    println!("{}", ausgabe);
}
```

Wir definieren ein simples Tupel, das wir im folgenden Match-Konstrukt verwenden. Das erste Muster entpackt das zu evaluierende Tupel und prüft, ob der erste Wert 3 ist. Der zweite Wert wird dabei ignoriert.

Das zweite Muster ignoriert den ersten Wert und verwendet eine lokale Variable y für den zweiten Wert des Tupels, für die wir direkt im Muster einen Bereich von 3–5 angeben. Der darauffolgende Bedingungszweig schränkt diesen Bereich weiter ein, sodass in Essenz nur die Werte 3 und 4 erfolgreich evaluiert werden.

Zum Schluss haben wir noch ein Platzhaltermuster, um die verbleibenden Fälle zu behandeln.

Strukturierte Datentypen im Match-Konstrukt

Strukturierte Datentypen behandeln wir sehr ähnlich, allerdings mit der zugehörigen Notation strukturierter Datentypen. Im folgenden Beispiel verwenden wir die Datentypen `Point` und `Rect`, die wir schon bei der Diskussion der strukturierten Datentypen kennengelernt haben.

Listing 5–7
Strukturierte Datentypen im Match-Konstrukt

```
fn main() {
    struct Point { x: i32, y: i32 };
    struct Rect { p1: Point, p2: Point };
    let origin = Point { x: 0, y: 0 };
    let r = Rect {p1: origin, p2: Point {x: 1, y: 1}};

    match r {
        Rect { p1, p2 } if p2.x - p1.x == p2.y - p1.y
            => println!("Ist ein Quadrat"),
        Rect { p1: Point{x: 0, y: 0}, .. }
            => println!("Beginnt im Nullpunkt"),
        _   => println!("Keine Übereinstimmung"),
    }
}
```

Wir erzeugen eine Instanz des Datentyps `Rect` in der Variablen `r` und benutzen diese dann in unserem Match-Konstrukt.

Im ersten Muster entpacken wir den Datentyp `Rect` in zwei lokale Variablen `p1` und `p2`, jeweils vom Typ `Point`. In der zum Muster gehörigen Bedingung prüfen wir, ob die Seitenlängen gleich sind. Bei Erfolg wird eine entsprechende Meldung ausgegeben.

Im zweiten Muster entpacken wir nicht nur den Datentyp `Rect`, sondern zusätzlich die `Point`-Instanz `p1` in ihre Bestandteile, um den x- und y-Wert dann auf 0 zu prüfen. Die restlichen Werte, in unserem Fall nur `p2`, sind für uns nicht interessant. Dies drücken wir mit den zwei Punkten `..` aus, die wir von den Instanzvorlagen der strukturierten Datentypen kennen (siehe Abschnitt 4.3.1).

Auch hier folgt am Schluss noch ein Platzhaltermuster, um die verbleibenden Fälle zu behandeln.

Aufzählungstypen im Match-Konstrukt

Auch Aufzählungstypen verhalten sich sehr ähnlich. Hier können wir allerdings zusätzlich über das Entpacken innerhalb eines Musters auf den in einem Aufzählungstyp eingebetteten Wert zugreifen. Diese Einschränkung hat keine praktische Bedeutung, da Aufzählungstypen so gut wie immer mit einem Match-Konstrukt bearbeitet werden.

In den Mustern können wir natürlich auch bei den Aufzählungstypen Bereiche für die eingebetteten Datentypen angeben und zusätzliche Bedingungen definieren.

Listing 5–8
Aufzählungstypen im Match-Konstrukt

```
fn main() {
    enum Wert {
        Ganzzahl(i32),
        Tupel((i32, f64)),
    }
```

```
        let wert = Wert::Ganzzahl(3);

        match wert {
            Wert::Ganzzahl(a) => println!("Zahl: {}", a),
            Wert::Tupel( (x, _) ) => println!("Tupel"),
        };
    }
```

In unserem Beispiel definieren wir zuerst einen Aufzählungstyp `Wert` mit zwei Namen `Ganzzahl` und `Tupel`, die jeweils unterschiedliche Datentypen enthalten. Dann definieren wir eine Instanz dieses Aufzählungstyps und benutzen diese in unserem Match-Konstrukt.

Dort entpacken wir zuerst eine `Ganzzahl` unseres Aufzählungstyps `Wert` und binden hierbei den Wert des eingebetteten Datentyps an die lokale Variable `a`. Diese geben wir bei erfolgreicher Evaluierung in der folgenden Anweisung aus.

Im zweiten Muster führen wir das Entpacken mit dem entsprechend anderen Typ, dem Tupel aus. Hierbei interessiert uns nur der erste Wert, den wir der lokalen Variablen `x` zuweisen.

Es fällt auf, dass wir kein Platzhaltermuster _ am Schluss unseres Match-Konstrukts haben. Da wir alle möglichen Werte unseres Aufzählungstyps mit Mustern abdecken, wäre dieses überflüssig. Die Eleganz des Ansatzes von Rust wird deutlich, wenn wir unseren Aufzählungstyp erweitern und Rust mit einer Fehlermeldung darauf hinweist, dass wir nicht sämtliche möglichen Ausprägungen prüfen. Diese sonst schwer auffindbaren Programmierfehler verhindert Rust damit zuverlässig.

5.3 Weitere Musterabgleiche

Das Match-Konstrukt ist nicht der einzige Ort, an dem wir Musterabgleiche verwenden können. Rust bietet uns zwei weitere Konstrukte: den Musterabgleich in der `If`-Bedingung und in der `While`-Schleife. Zusätzlich bietet uns Rust ein Makro `matches!`, das Musterabgleiche unterstützt.

> **Hintergrund**
>
> Tatsächlich ist auch die einfache Zuweisung von Variablen durch `let` ein Musterabgleich, bei dem allerdings die Evaluierung immer erfolgreich ist. Damit funktioniert natürlich auch die Zuweisung immer. Das Entpacken von Tupeln und Strukturen, das wir bisher als eigenständige Funktionalität betrachtet haben, ist in Wirklichkeit nur ein Teil dieses Musterabgleichs.

5.3.1 Das »If Let«-Konstrukt

Diese Variante des If-Konstrukts erlaubt anstelle eines einfachen Ausdrucks, der evaluiert wird, die Verwendung eines Musters. Der Ausdruck wird hierbei ersetzt durch das Schlüsselwort let, dem das eigentliche Muster folgt. Diese Ersetzung können wir im initialen If-Zweig genau wie in einem späteren Else-If-Zweig nutzen, im beliebigen Wechsel mit anderen (normalen) Bedingungen.

Das Muster erlaubt vom Entpacken über die Wertprüfung bis zur Zuweisung zu lokalen Variablen alle Funktionalitäten, die wir für Muster kennengelernt haben. Einzig die zusätzlich angehängte If-Bedingung aus dem Match-Konstrukt wird nicht unterstützt, macht aber an dieser Stelle auch nicht wirklich Sinn.

Sinnhaft ist die Verwendung von Mustern im If-Konstrukt insbesondere, wenn wir komplizierte Muster haben, die wir mit einem klassischen Ausdruck nur schwer fassen können, oder um Werte aus Aufzählungstypen in lokale Variablen zu extrahieren.

Im folgenden Beispiel verwenden wir ein einfaches Tupel, um eine Variable point zu definieren:

Listing 5–9
Die Verwendung des If-Let-Konstrukts

```
fn main() {
    let point = (1, 0);

    if let (0, 0) = point {
        println!("Nullpunkt");
    } else if point.0 == 0 {
        println!("Auf der X-Achse: {}", point.1);
    } else if let (x, 0) = point {
        println!("Auf der Y-Achse: {}", x);
    }
}
```

In dem folgenden If-Konstrukt verwenden wir im ersten Zweig ein Muster, bei dem wir die Variable point entpacken und prüfen, ob ihre Werte 0 und 0 sind. Falls dies nicht der Fall ist, prüfen wir im Else-If-Zweig mit einem normalen Ausdruck, ob der erste Wert des Tupels 0 ist und der Punkt auf der X-Achse liegt. Falls beides nicht zutrifft, prüfen wir im dritten Zweig, ob der zweite Wert des Tupels 0 ist, und weisen gleichzeitig den ersten Wert der neuen lokalen Variablen x zu.

Wenn wir die beiden Else-If-Zweige miteinander vergleichen, dann wird beim zweiten auch ohne Kommentar das Ziel viel deutlicher.

5.3.2 Das »While Let«-Konstrukt

Auch das `While`-Konstrukt erlaubt es, die Bedingung durch ein Muster zu ersetzen. Solange das Muster erfolgreich evaluiert wird, führt Rust den zur `While`-Schleife gehörenden Anweisungsblock aus.

Wie beim `If-Let`-Konstrukt ersetzt das Schlüsselwort `let` und ein darauf folgendes Muster die Bedingung. Abgesehen von der Möglichkeit, zusätzlich eine `If`-Bedingung in einem Muster anzuhängen, haben wir (wie beim `If-Let`-Konstrukt) alle Ausdrucksmöglichkeiten eines Musters zur Verfügung.

Im folgenden Beispiel definieren wir ein Feld namens `feld` mit Elementen, bei dem das letzte Element einen negativen Wert hat. In der nächsten Zeile definieren wir eine Variable `i`, die uns als Index dienen wird und die wir mit dem Wert 0 initialisieren.

Listing 5–10
Die Verwendung des While-Let-Konstrukts

```
fn main() {
    let feld = [1, 2, 3, 4, 5, -1];
    let mut i = 0;
    while let x @ 0..=std::i32::MAX = feld[i] {
        println!("{}", x);
        i += 1;
    }
}
```

Nun folgt die `While-Let`-Schleife mit dem Muster. Dieses testen wir gegen `feld[i]`. Wenn `feld[i]` im Bereich zwischen 0 und dem maximalen Wert eines Ganzzahlwertes des Typs `i32` liegt, weisen wir diesen Wert einer neuen lokalen Variablen `x` zu.

Innerhalb der Schleife geben wir den Wert von `x` aus und erhöhen den Index i. Dies wiederholen wir, bis der Feldinhalt nicht mehr im Bereich des Musters liegt, also negativ ist.

5.3.3 Das Makro `matches!`

Eine sehr elegante Verkürzung der verschiedenen Musterabgleiche bietet das Makro `matches!`. Es nimmt einen Ausdruck oder eine Variable und ein Muster als Argumente entgegen, führt einen Musterabgleich durch und liefert das Ergebnis der Evaluierung als boolschen Ausdruck zurück. Damit können wir einen Musterabgleich in beliebige Ausdrücke integrieren. Schade ist hierbei, dass gegenüber der normalen Syntax des Musterabgleichs die Reihenfolge der Parameter vertauscht ist.

Der Nachteil des Makros ist, dass keine lokalen Variablen erzeugt werden, die wir später verwenden können. Dies ist folgerichtig, da kein neuer Geltungsbereich erzeugt wird.

Hintergrund

Das stimmt auch wieder nicht ganz. Tatsächlich erzeugt das Makro ein Match-Konstrukt, das den Wert `true` zurückliefert, wenn der Musterabgleich erfolgreich war, und andernfalls den Wert `false`. Lokale Variablen können damit also durchaus erzeugt werden. Sie bringen uns nur nichts, da der zugehörige lokale Geltungsbereich, innerhalb dessen die Evaluierung stattfindet, für uns nicht zugänglich ist.

Alle anderen Möglichkeiten in der Definition eines Musters stehen uns offen, inklusive der zusätzlichen Bedingungen im Muster. Innerhalb dieser Bedingungen können wir lokale Variablen natürlich verwenden, um Bezug auf den tatsächlichen Wert für unseren Musterabgleich zu nehmen.

Das folgende Beispiel, das die Mächtigkeit des Makros zeigt, ist nahezu unverändert der Dokumentation entnommen:

Listing 5–11
Die Verwendung des Makros matches!

```
fn main() {
    let buchstabe = 'f';
    if matches!(buchstabe, 'A'..='Z' | 'a'..='z') {
        println!("Buchstabe");
    }

}
```

Wir definieren eine Variable `buchstabe`, die ein Zeichen enthält. In dem folgenden `If`-Konstrukt benutzen wir das Makro `matches!`, dem wir die Variable und das Muster `'A'..='Z' | 'a'..='z'` als Argumente übergeben, um zu entscheiden, ob die Variable einen Buchstaben enthält.

6 Funktionen

In diesem Kapitel lernen wir Funktionen in Rust kennen, ihre direkte Verwendung und die Verwendung von Funktionsreferenzen.

Funktionen sind ein sehr typisches Abstraktionsmittel in Programmiersprachen, um zum einen Quelltext zu ordnen und klarer zu strukturieren und um zum anderen Wiederholung zu vermeiden. Eine Funktion in Rust kann Parameter haben, die in der Funktion verarbeitet werden, und einen Rückgabewert, der Ergebnisse zurückliefert. Wir können Funktionen global definieren oder aber lokal zu der aktuellen Funktion. Dies erlaubt weitergehende Strukturierung, die aber in der Praxis nicht häufig verwendet wird.

Später bei den objektorientierten Konzepten werden wir auch Methoden kennenlernen, die strukturierten Datentypen zugeordnet sind und auf diesen operieren.

Hintergrund

Da in Rust Funktionen Zugriff auf globale Variablen haben und diese ändern können, existieren prinzipiell auch Seiten- oder Nebeneffekte, die genau genommen eher zum Begriff der Prozedur gehören. Wir ignorieren diese feine Unterscheidung, da der Begriff der Prozedur etwas aus der Mode gekommen ist.

Die main()-Funktion

Wir haben bereits eine Funktion kennengelernt und ständig benutzt, die Funktion `main()`. Diese hat eine spezifische Signatur (keine Parameter und kein Rückgabewert) und ist der Einstiegspunkt zu unserem Programm, also der Punkt, an dem es startet.

Normale Funktionen

Generell werden Funktionen in Rust mit dem Schlüsselwort `fn` definiert, das vom Funktionsnamen gefolgt wird. Dieser wird normalerweise kleingeschrieben, einzelne Wörter werden durch Unterstriche getrennt (*Snake Case*, ähnlich wie für C oder Python typisch). Darauf folgt in runden Klammern die Liste der durch Kommata getrennten Parameter inklusive des jeweils erwarteten Typs, abgetrennt durch einen Doppelpunkt (wie bei normalen Typdefinitionen). Rust bietet keine optionalen Parameter, Vorgabewerte oder benannte Parameter bei Funktionen. Dieser Komfort manch anderer Sprachen fehlt. Wir haben aber bereits beim Makro `println!` gesehen, dass Rust uns hierfür andere, sehr effiziente Mechanismen in der Sprache anbietet.

Optional können wir einen Rückgabetyp deklarieren, der durch -> (Minus- und Größerzeichen) von der Parameterliste getrennt ist. Darauf folgt der eigentliche Inhalt der Funktion in einem durch geschweifte Klammern gekennzeichneten Anweisungsblock.

Wie wir es bei Anweisungsblöcken (siehe Abschnitt 2.2) bereits kennengelernt haben, ist das Ergebnis des letzten Ausdrucks des Anweisungsblocks der Rückgabewert der Funktion. Wenn wir den Anweisungsblock mit einer Anweisung beenden, wird ein Einheitstupel `()` zurückgeliefert. Zusätzlich können wir an jeder Stelle innerhalb dieses Anweisungsblocks die Verarbeitung unmittelbar beenden und den Anweisungsblock mit der speziellen Anweisung `return <wert>;` verlassen. Der Rückgabewert ist hierbei optional.

Hintergrund

Interessanterweise ist `return` selbst ein Ausdruck, der den zurückzugebenden Wert als Ergebnis hat, sodass wir noch eine dritte Schreibweise zur Verfügung haben, nämlich `return <wert>` (ohne Semikolon). Während diese Schreibweise nicht zu empfehlen ist, erklärt dies, warum der Rust-Compiler keinen Fehler meldet, sollten wir das Semikolon vergessen.

Im folgenden Beispiel nutzen wir all diese Funktionalitäten, um Elemente der Fibonacci-Folge rekursiv zu berechnen:

Listing 6–1

Die Fibonacci-Berechnung mit einer rekursiven Funktion

```
fn main() {
    for i in 1..=10 {
        print!("{} ", fibonacci(i));
    }
}

fn fibonacci (x:u32) -> u32 {
    if x < 3 {
        return 1;
    } else {
        fibonacci(x - 1) + fibonacci(x - 2)
    }
}
```

Wir starten mit der `main()`-Funktion, innerhalb derer wir in einer `For`-Schleife die `fibonacci()`-Funktion mit den Werten von 1 bis 10 aufrufen und das Ergebnis ausgeben.

Es folgt die Definition der Funktion `fibonacci()` mit einem Parameter `x` vom Typ `u32` und einem Rückgabetyp `u32` (Fibonacci-Zahlen sind grundsätzlich positiv).

Innerhalb der Funktion prüfen wir zuerst, ob beim Aufruf der Funktion der erste oder zweite Wert angefordert wurde (dieser ist definitionsgemäß 1). Ist dies der Fall, liefern wir mit `return 1;` den Wert 1 zurück.

Falls ein größerer Wert angefordert wurde, liefern wir im `else`-Zweig die Summe der Aufrufe für die zwei nächstkleineren Werte zurück. Der Rückgabewert des `else`-Zweigs wird damit zum Rückgabewert des gesamten `If`-Ausdrucks und damit zum Rückgabewert der Funktion.

Die Ausgabe des Programms sieht erwartungsgemäß wie folgt aus:

```
1 1 2 3 5 8 13 21 34 55
```

Tupel als Rückgabewerte

Prinzipiell können wir beliebige Datentypen als Rückgabewerte verwenden. Aber Tupel als Rückgabewert in Kombination mit dem einfachen Entpacken sind ein häufig gesehenes Muster in Rust, das eine explizite Betrachtung lohnt. Hiermit haben wir die Möglichkeit, mehrere Rückgabewerte auf einmal aus einer Funktion zurückzuliefern.

Listing 6–2
Rückgabe mehrerer Werte aus einer Funktion

```
fn main() {
    let (x, y) = return_tupel();
    println!("{}, {}", x, y)
}

fn return_tupel () -> (i32, i32) {
    let x = 3;
    let y = 1;
    (x, y)
}}
```

In unserem Beispiel rufen wir die Funktion `return_tupel()` auf und entpacken den Rückgabewert in zwei Variablen `x` und `y`, die wir ausgeben.

Als Rückgabewert der Funktion `return_tupel()` definieren wir ein Tupel mit zwei Elementen vom Typ `i32`. Innerhalb der Funktion definieren wir zuerst zwei lokale Variablen `x` und `y` und verwenden diese in einem Tupel, das wir wiederum als Rückgabewert der Funktion verwenden.

Wir sehen, dass die Verwendung von Tupeln zur Kommunikation mehrerer Rückgabewerte aus Funktionen sehr einfach und elegant machbar ist.

6.1 Referenzen auf Funktionen

Wir können Funktionen direkt aufrufen. Wir können aber auch eine Referenz auf sie in Variablen ablegen, sie als Parameter oder als Rückgabewerte von anderen Funktionen verwenden. Dies erlaubt eine sehr hohe Flexibilität in der Ausführung, indem wir die Frage, welche Funktionalität an einer bestimmten Stelle in unserem Programm ausgeführt wird, an eine andere Stelle verlagern, die besser zur Entscheidung geeignet ist.

Der Datentyp einer Funktion ist `fn` (für Funktion oder Funktionsreferenz). Wenn wir eine Referenz auf eine Funktion deklarieren, notieren wir in runden Klammern die Parametertypen (und optional wie bei der Funktionsdefinition zugehörige Parameternamen) und den Rückgabetyp getrennt durch die Zeichenfolge `->`. Die Deklaration der Referenz ist also quasi identisch zur Definition der Funktion. Es fehlt nur der eigentliche Anweisungsblock. Eine Referenz erzeugen wir, indem wir den nackten Funktionsnamen verwenden, also keinen Aufruf durchführen. Wir können eine Funktionsreferenz in einer normalen Variablen ablegen. Der Aufruf geschieht durch Verwendung des Variablennamens als Funktionsnamen.

Das folgende Beispiel illustriert dies:

Listing 6–3
Die Verwendung von Referenzen auf Funktionen

```
fn mul_zwei(x: i32) -> i32 { x * 2 }
fn plus_eins(x: i32) -> i32 { x + 1 }

fn provide(i: i32) ->  fn(x: i32) -> i32 {
    if i % 2 != 0 {
        mul_zwei
    } else {
        plus_eins
    }
}

fn calc(f: fn(i32) -> i32, x: i32) -> i32 {
    f(x)
}

fn main() {
    for i in 1..10 {
        let f = provide(i);
        let res = calc(f, i);
        print!("{} ", res);
    }
    println!();
}
```

Wir beginnen unser Beispiel mit der Definition zweier Funktionen `mul_zwei()` und `plus_eins()`, die beide eine Ganzzahl vom Typ `i32` als Parameter akzeptieren und auch als Ergebnis zurückliefern.

Dann definieren wir eine Funktion `provide()`, die anhand des Parameters `i` mittels der Modulofunktion entscheidet, welche der beiden gerade definierten Funktionen als Referenz zurückgeliefert wird. Wir sehen in der Definition die Deklaration der Funktionsreferenz als Rückgabetyp `fn(x: i32) -> i32`. Wir verwenden hier den optionalen Parameternamen. Die Erzeugung einer Funktionsreferenz geschieht wie erwähnt durch Verwendung des nackten Funktionsnamens.

Im nächsten Schritt definieren wir eine Funktion `calc()`, die eine Funktionsreferenz und einen Ganzzahlwert als Parameter akzeptiert. Die Deklaration des Parametertyps `fn(i32) -> i32` für den Parameter `f` ist quasi identisch zu der des Rückgabetyps der vorherigen Funktion. Hier verzichten wir lediglich auf den optionalen Parameternamen. In der Funktion rufen wir die als Parameter übergebene Funktion `f` mit dem zweiten übergebenen Parameter als Argument auf und geben das Ergebnis zurück.

In der `main()`-Funktion verwenden wir eine `For`-Schleife, um in der Variablen `i` von 1 bis 9 zu zählen. In der Schleife rufen wir zuerst die Funktion `provide()` auf, die anhand des übergebenen Arguments berechnet, welche Funktion wir in Folge verwenden sollen, und speichern die zurückgegebene Funktionsreferenz in der Variablen `f`. Im nächsten Schritt rufen wir die Funktion `calc()` zur eigentlichen Berechnung unseres Ergebnisses auf und übergeben die Funktionsreferenz `f` und unsere Zählervariable `i` als Argumente. Das Ergebnis weisen wir der Variable `res` zu und geben diese aus.

Die Ausgabe sieht wie folgt aus:

```
2 3 6 5 10 7 14 9 18
```

7 Einführung in das Speichermodell

Das Speichermodell von Rust beeinflusst in sehr hohem Maße die Verwendung der Sprache und macht sie auf der einen Seite sehr sicher gegen Fehler im Speicher-Management, auf der anderen Seite sehr schnell, da die Nutzungszeit des Speichers im Normalfall bereits zur Übersetzungszeit bestimmt werden kann. In diesem Kapitel betrachten wir das Speichermodell im Detail.

Wie viele andere Sprachen auch hat Rust das Konzept des Gültigkeitsbereichs für Variablen. Dieser ist im Normalfall der umgebende Anweisungsblock. Wenn dieser verlassen wird, werden lokale Variablen wieder freigegeben. Es gibt aber Ausnahmen, in denen wir Inhalte außerhalb des definierenden Gültigkeitsbereiches weiter verwenden wollen. Ein einfaches Beispiel hierfür ist der Rückgabewert einer Funktion. Rust verwendet den Begriff des Eigentums (engl. *ownership*), um durch den Compiler bestimmen zu können, wann Inhalte durch einen Übergang des Besitzes in einen anderen Kontext weiter gültig bleiben.

Um verstehen zu können, wie Rust dies tut und vor allem, an welchen Stellen uns das in unserer täglichen Arbeit mit Rust betrifft, müssen wir einen Blick auf zwei weitere Konzepte werfen, die in der Programmierung sehr üblich sind.

7.1 Stack und Heap

Heap

Der Hauptspeicher, der unseren Programmen zur Verfügung steht, kann prinzipiell über verschiedene Abstraktionen verwaltet werden. Die einfachste Variante ist ein kontinuierlicher Hauptspeicher, üblicherweise *Heap* (englisch für Haufen) genannt, der es erlaubt, dass wir an Speicheradressen Daten ablegen, modifizieren und später wieder lesen können. Auf der nächsten Abstraktionsschicht verwenden wir im Normalfall eine Speicherverwaltung, mit der wir Speicher belegen und wieder freigeben können. Diese sorgt dafür, dass Speicher nicht mehrfach belegt wird, dass freigegebener Speicher wieder zur Verfügung steht und dass keine Fragmentierung des Speichers auftritt. Wenn wir Sprachen wie Java betrachten, haben wir eine weitere Schicht, den Garbage Collector. Dieser erledigt die Freigabe und Defragmentierung automatisch, sobald ein Objekt nicht mehr erreicht werden kann. Die Bestimmung freizugebender Objekte kann aufwendig sein, weshalb es verschiedene Garbage-Collector-Implementierungen für unterschiedliche Laufzeitanforderungen gibt. In anderen Sprachen muss der Programmierer diese Aufgabe von Hand erledigen, was sehr schnell zu den gefürchteten Speicherlecks (Memory Leaks) oder Schlimmerem führen kann.

Stack

Eine weitere Abstraktion, um den Speicher zu verwalten, stammt aus den gängigen Prozessorarchitekturen und wird auf Prozessorseite sehr stark unterstützt.

Diese Abstraktion eines Stapels (engl. *stack*) stammt ursprünglich aus dem Wunsch, Unterprogrammaufrufe effizient gestalten zu können. Hierfür gibt es einen Speicher, der wie ein Stapel funktioniert. Lokale Variablen werden konzeptionell einfach auf diesen Stapel gelegt. Die Implementierung funktioniert häufig über ein spezielles Prozessorregister, den Stackpointer.

Wenn ein neuer Gültigkeitsbereich wie zum Beispiel eine Funktion betreten wird, dann wird zuerst die Rückkehradresse auf den Stack gelegt und anschließend wird der Platz für die lokalen Variablen angelegt.

Eine neue lokale Variable wird angelegt, indem die Adresse des Stackpointers für die Variable verwendet wird und der Stackpointer einfach um die Größe der Variable inkrementiert wird. Dies bedeutet logischerweise, dass es wichtig ist, die Größe der Variable zum Übersetzungszeitpunkt zu kennen. Diese Operation ist sehr schnell durchführbar.

Wenn der Gültigkeitsbereich beendet wird, dann wird der belegte Stack-Bereich durch (simples) Umsetzen des Stackpointers freigegeben und die Rückkehradresse für den Rücksprung verwendet. Auch diese Operation ist sehr schnell.

Es gibt auch Varianten für Prozessoren mit vielen Registern, bei denen eine Untermenge der Register als Register-Stack verwendet wird. Wir haben also beim Stack-Konzept potenziell eine endliche Größe, zumindest im Vergleich zum Heap. Dies hat aber den Vorteil eines extrem schnellen Zugriffs auf lokale Variablen auf dem Stack.

Hintergrund

De facto ist in den meisten Prozessorarchitekturen der Stack »falsch herum«, er beginnt bei der höchsten Speicheradresse und wächst nach unten. Damit wird er also für neue Variablen dekrementiert. Der Hintergrund hierfür ist, dass der Heap normalerweise von unten wächst und damit der mittlere, freie Bereich bestmöglich zwischen Stack und Heap aufgeteilt werden kann.

Während diese Art von Überlegung mit modernen Prozessoren keine Rolle mehr spielt, ist das Thema zum Beispiel bei Mikro-Controllern auch heute noch relevant.

Wir haben also zwei verschiedene Möglichkeiten, um Daten im Speicher zu halten:

- Der Stack ist sehr schnell in der Belegung und Freigabe (sowie eventuell auch im Zugriff), mit potenziell beschränktem Platz und eingeschränkt auf Instanzen, deren Größe zum Übersetzungszeitpunkt bekannt ist.
- Der Heap hat einen deutlich höheren Aufwand in der Belegung und Freigabe, ist potenziell deutlich größer und ohne Einschränkungen bezüglich des Wissens um die Größe der Instanzen zum Übersetzungszeitpunkt.

7.2 Rust und der Speicher

Rust versucht, die Speicherzugriffe so performant wie möglich zu gestalten, ohne dabei die Garantien aufzugeben, dass Speicherlecks verhindert werden. Viele andere Sprachen verfolgen einen ähnlichen Ansatz, zum Beispiel C und C++ mit lokalen Variablen auf dem Stack oder Java mit den primitiven Datentypen.

Auch Rust hat zwei grundlegend verschiedene Modelle für den Umgang mit Variablen. Es gibt Instanzen, die direkt auf dem Stack angelegt werden können: Dies beinhaltet die skalaren Datentypen, Felder, Aufzählungstypen, Tupel und strukturierte Datentypen, die ausschließlich aus skalaren Datentypen bestehen. Alle diese haben die gemeinsame Eigenschaft, dass die Größe zur Übersetzungszeit vollständig bestimmt werden kann. Aufgrund der normalerweise geringen und vor allem im Vorhinein bekannten Größe ist es sehr sinnvoll, diese auf dem Stack abzulegen. Dies hat allerdings den Nachteil, dass wir zwei verschiedene Semantiken im Umgang mit Instanzen in Kauf nehmen müssen.

Wenn wir also eine Variable mit dieser Semantik anlegen, landet der zugehörige Wert direkt auf dem Stack, und wir haben einen minimalen Aufwand zur Erzeugung (und zur Freigabe).

Hintergrund

Tatsächlich gibt es hier Beschränkungen. In der aktuellen Rust-Version werden zum Beispiel Tupel mit mehr als 12 Elementen aufgrund von Einschränkungen des Typsystems im Hauptspeicher abgelegt.

Instanzen, die diese Bedingungen nicht erfüllen, werden im normalen Hauptspeicher auf dem Heap angelegt. Zusätzlich wird auf dem Stack die zur Verwaltung der Variable notwendige Metainformation (Referenz auf den Hauptspeicher etc.) angelegt. Der damit verbundene Aufwand ist natürlich deutlich höher als bei skalaren Datentypen, genau wie der Aufwand zur Freigabe.

Wenn wir die beiden Varianten vergleichen, ist nicht nur der Aufwand für die Erzeugung und die Freigabe unterschiedlich, sondern auch der Aufwand für die Erstellung einer Kopie. Bei der ersten Variante ist dieser Aufwand sehr gering und wir sprechen von einer *Copy-Semantik*. Bei der zweiten Variante ist der Aufwand potenziell hoch. Wir müssen uns eventuell durch Verschachtelungen hangeln, um eine vollständige Kopie anzulegen (*deep copy* oder *cloning*). Dieser Prozess wird Klonen genannt und wir sprechen von einer *Clone-Semantik*.

Die Argumentation über die Effizienz ist nur eine von zwei möglichen Argumentationen. Die zweite ist verbunden mit dem Begriff der Identität. Elemente eines skalaren Datentyps haben vom Prinzip her keine Identität. Ein einfaches Beispiel hierfür ist eine Variable, die die Zahl 2 enthält. Die Variable hat eine Identität, aber nicht die Zahl 2 selbst. Deshalb ist das einfache Kopieren des Werts sinnvoll. Wir haben also auch aus dieser Argumentation eine Copy-Semantik.

Strukturierten Datentypen ist eher eine Identität zu eigen, da sie eindeutige Kombinationen von Werten enthalten. Das einfachste Beispiel ist eine Struktur mit zwei Elementen `value` und `id` , die eine Datenbank-Entität repräsentieren. Simples Kopieren würde mit Sicherheit nicht zu einem sinnvollen Ergebnis führen, weshalb wir hier eine Funktionalität zum Klonen (und damit die Clone-Semantik) benötigen, die diese `id` anpasst.

Rust verwendet spezielle Kennzeichen, um zwischen den beiden Semantiken zu unterscheiden. Hierfür werden spezielle Traits verwendet (siehe Abschnitt 9.3.10), die bezeichnenderweise `Copy` und `Clone` heißen. Der `Copy`-Trait ist ein Marker-Trait. Dies bedeutet, dieser Trait hat keine eigene Funktionalität und markiert lediglich den strukturierten Datentyp, ähnlich einer Annotation oder eines Marker-Interface in Java. Rust verwendet unter der Haube das aus C bekannte `memcpy`, eine Funktion, die extrem effizient Speicher kopiert, für diese Typen. `Clone` implementiert die Kopierfunktionalität als Rust-Methode.

7.3 Das Modell für skalare Datentypen

Wir betrachten zuerst das im Vergleich sehr einfache Modell für skalare Datentypen, das, wie wir gesehen haben, eine Geschwindigkeitsoptimierung für kleine Daten darstellt.

Copy in Rust

Wenn wir eine Variable für eine Instanz eines skalaren Datentyps anlegen, dann wird diese Instanz direkt auf den Stack gelegt. Wenn wir eine weitere Variable erzeugen und ihr die erste Instanz zuweisen, wird eine Kopie des Wertes erzeugt und für die neue Variable verwendet.

Listing 7–1
Umgang mit skalaren Datentypen

```
fn main() {
    let mut variable1 = 3;
    let variable2 = variable1;
    variable1 = 4;
    println!("{}, {}", variable1, variable2);
}
```

Wir erzeugen eine veränderbare Variable `variable1`, der wir den Wert 3 zuweisen. Dies führt dazu, dass der Wert 3, gespeichert im skalaren Datentyp `i32`, direkt auf dem Stack abgelegt wird.

Im nächsten Schritt erzeugen wir eine weitere Variable `variable2`, der wir `variable1` zuweisen. Aufgrund der Copy-Semantik führt dies dazu, dass der Inhalt von `variable1` kopiert und an einer neuen Stelle auf dem Stack abgelegt wird. Da wir eine Kopie angelegt haben, sind beide Variablen unabhängig voneinander gültig und verwendbar (im Gültigkeitsbereich des umgebenden Anweisungsblocks).

In der nächsten Zeile verändern wir den Wert von `variable1`. Dies beeinflusst die Kopie in `variable2` nicht, da beide völlig unabhängig voneinander sind. Die folgende Ausgabe ist folgerichtig:

```
4, 3
```

Es gibt auch die Möglichkeit, skalare Datentypen auf dem Heap abzulegen. Dies geschieht, indem der skalare Datentyp in eine Instanz des Typs `Box` verpackt wird. Wir werden uns mit dem Typ `Box` später noch im Detail auseinandersetzen, eine erste Einführung findet sich in Abschnitt 9.3.9.

7.3.1 Wechsel von Gültigkeitsbereichen

Wenn wir in einen Gültigkeitsbereich eintreten, dann passiert nichts Überraschendes. Neue Variablen existieren für die Dauer des Gültigkeitsbereichs, beim Verlassen werden sie freigegeben, die Zuweisung einer Variablen an eine andere bewirkt das Kopieren wie im vorherigen Beispiel.

Listing 7–2
Wechsel von Gültigkeitsbereichen

```
fn main() {
    let mut variable1 = 1;
    let variable2 = 2;
    {
        let x = variable1;
        let mut y = variable2;
        y = 4;
        println!("{}, {}, {}, {}",
                 variable1, variable2, x, y);
    }
    println!("{}, {}", variable1, variable2);
}
```

Wir erzeugen eine veränderbare Variable `variable1` und eine weitere Variable `variable2`. In einem neuen Anweisungsblock definieren wir eine neue Variable `x` und weisen ihr `variable1` zu. Dies bewirkt das Kopieren des Inhaltes auf dem Stack.

Im nächsten Schritt definieren wir eine veränderbare Variable `y`, weisen ihr `variable2` zu und setzen `y` dann auf den Wert 4. Dies bewirkt das Kopieren von `variable2` auf dem Stack, die nachfolgende Zuweisung ändert damit nur den Wert von `y`. Die Ausgabe innerhalb des Anweisungsblocks bestätigt dies. Die Ausgabe außerhalb des Anweisungsblocks zeigt, dass auch nach Ende des Anweisungsblocks die beiden Variablen `variable1` und `variable2` weiter verfügbar sind. Die Variablen `x` und `y` sind natürlich nicht mehr verfügbar, da sie mit Ende des Anweisungsblocks freigegeben wurden.

Hintergrund

Warum diese Detaildiskussion scheinbar selbstverständlicher Funktionalität? Wir werden bei der Betrachtung nichtskalarer Datentypen mit Clone-Semantik in Abschnitt 7.4 sehen, dass Rust bei dieser Semantik ein deutlich anderes Vorgehen verwendet.

7.3.2 Aufruf von Funktionen

Auch ein Funktionsaufruf mit skalaren Datentypen ist wenig überraschend. Die einer Funktion übergebenen Argumente werden auf dem Stack kopiert und als neue lokale Variablen, unabhängig von den Variablen im aufrufenden Gültigkeitsbereich, erzeugt.

Änderungen an diesen lokalen Variablen innerhalb einer Funktion bleiben in ihrer Wirksamkeit auf diese Funktion beschränkt.

Listing 7–3
Umgang mit skalaren Datentypen in Funktionen

```
fn main() {
    let mut variable1 = 1;
    let variable2 = 2;
    let (a, b) = return_tupel(variable1, variable2);
    println!("{}, {}, {}, {}",
             variable1, variable2, a, b);
}

fn return_tupel (v1: i32, mut v2: i32) -> (i32, i32) {
    let x = v1;
    v2 = 4;
    (x, v2)
}
```

Wie im vorherigen Beispiel erzeugen wir zwei Variablen `variable1` und `variable2`, die wir der Funktion `return_tupel()` als Argumente übergeben. Diese Funktion liefert ein Tupel mit zwei Werten zurück, die wir entpacken, kopieren und den Variablen a und b zuweisen. Zum Schluss geben wir alle Werte aus.

Beim Aufruf der Funktion `return_tupel()` werden die beiden übergebenen Argumente als neue lokale Variablen `v1` und `v2` auf den Stack kopiert.

Nun definieren wir eine lokale Variable `x` und weisen ihr `v1` zu. Hierdurch wird `v1` auf dem Stack kopiert. Im nächsten Schritt ändern wir den Wert des zweiten Parameters `v2`. Da die der Funktion übergebenen Argumente kopiert wurden, findet die Änderung nur lokal in der Funktion statt. Der Wert der Variablen `variable2` in dem aufrufenden Gültigkeitsbereich bleibt unverändert.

Zum Schluss liefert die Funktion ein Tupel zurück, bestehend aus den Variablen `x` und `v2`. Bei der Rückkehr werden diese wie erwähnt in die neuen Variablen `a` und `b` auf dem Stack kopiert.

Die Ausgabe sieht wie folgt aus:

```
1, 2, 1, 4
```

7.4 Das allgemeinere Modell

Der interessantere Fall im Speichermanagement von Rust ist der Umgang mit dem Heap und die damit verbundene Clone-Semantik. Hierbei unterscheidet sich Rust nicht von anderen Sprachen. Wann immer eine Instanz eines nichtskalaren Datentyps erzeugt wird, kann dies nur im Zusammenhang mit einer Variablen stehen, entweder direkt oder über Verschachtelung von Strukturen. Während die Instanz auf dem Heap erzeugt wird, wird die zugehörige Variable auf dem Stack erzeugt, wenn sie noch nicht existiert. Die Variable enthält eine Referenz auf die Instanz sowie Metainformation. Dies funktioniert in Sprachen wie Java und C++ sehr ähnlich.

Hintergrund

Interessant ist jetzt, dass wir durch die Verknüpfung von Variable (auf dem Stack) und Instanz (auf dem Heap) nicht nur einen erhöhten Aufwand haben, sondern auch ein erhöhtes Risiko, Fehler zu machen, indem wir die beiden Inhalte nicht korrekt synchronisieren. Und hier beginnt sich Rust sehr stark von den anderen Sprachen zu unterscheiden, da es diesen Zusammenhang aktiv managt.

Rust führt im nächsten Schritt den Begriff des Eigentums (Ownership) ein. Hierbei werden folgende einfache Regeln definiert:

1. Jede Instanz auf dem Heap gehört *einer und nur einer* Variablen, ihrem Eigentümer. Das heißt, es kann nie mehr als einen Eigentümer geben.
2. Wenn der Eigentümer einer Instanz nicht länger gültig ist, wird die Instanz (und alle mit ihr verknüpften Ressourcen) freigegeben. Dies passiert, wenn wir den Gültigkeitsbereich des Eigentümers verlassen.

Hierbei ist es wichtig, zu verstehen, dass diese Regeln vom Compiler überwacht und erzwungen werden, wir also kein Programm erzeugen können, das diese Regeln verletzt. Die Folge hieraus ist, dass wir keine Garbage Collection zur Laufzeit benötigen, da die Lebenszeit von Instanzen bereits zum Übersetzungszeitpunkt bekannt ist. Dieser Aspekt ist ein bedeutender Unterschied zu anderen gängigen Sprachen, der neben dem deutlich höheren Schutz gegen Speicherlecks in vielen Fällen zu höherer Laufzeiteffizienz führt.

Die Kehrseite dieser unscheinbaren Regeln ist eine weitreichende Konsequenz für das Speichermodell von Rust. Betrachten wir das folgende einfache Beispiel zur Illustration der ersten Regel:

Listing 7–4
Beobachtung von Regel 1, es gibt nur einen Eigentümer

```
fn main() {
    let variable1 = Box::new(42);

    let variable2 = variable1;  // Eigentumsübergang

    // println!("{}", variable1);  // Fehler

    print!("{}, ", variable2);

    let variable3 = variable2;  // Eigentumsübergang

    println!("{}", variable3);
}
```

In unserer `main()`-Methode erzeugen wir zuerst mit `Box::new(42)` den Wert `42` auf dem Heap (wie erwähnt werden wir den Datentyp später noch genauer betrachten). Wir weisen diesen der Variable `variable1` zu. Damit haben wir jetzt eine Instanz des Typs `i32` auf dem Heap und auf dem Stack den Platz für den Eigentümer und die zugehörigen Metadaten in der Variablen `variable1`.

Move in Rust

Im nächsten Schritt definieren wir eine Variable `variable2`, der wir `variable1` zuweisen. Dies bewirkt eine grundlegende Änderung des Eigentumsverhältnisses, `variable1` ist nicht länger Eigentümer der Instanz. Das Eigentum geht über auf `variable2`. Rust invalidiert die Referenz in `variable1`, die auf die Instanz zeigt, und Zugriffe über `variable1` sind damit nicht mehr möglich. Dieser Vorgang des Eigentumsübergangs wird in Rust auch als *Move* bezeichnet. Hierbei ist wichtig, dass der gesamte Vorgang zur Übersetzungszeit passiert, zur Laufzeit also keine Kosten verursacht.

Die nächste Zeile ist kommentiert, da ein Zugriff auf `variable1` nicht mehr möglich ist.

Hintergrund

Falls Sie sich jetzt fragen, warum im Fall des Makros `println!` kein Eigentumsübergang stattfindet: Das Makro verwandelt jeden Zugriff in einen Referenzzugriff, den wir ein paar Seiten später kennenlernen werden.

Der Zugriff auf die Instanz über ihren neuen Eigentümer `variable2` ist hingegen problemlos möglich, wie sich in der folgenden Zeile zeigt.

Im nächsten Schritt weisen wir der Variablen `variable3` die Variable `variable2` zu. Damit findet ein erneuter Eigentumsübergang statt, diesmal auf `variable3`. Der Zugriff über `variable2` ist damit nicht länger möglich.

Die folgende Zeile zeigt, dass wir jetzt über `variable3` problemlos auf die Instanz zugreifen können.

Am Ende der Funktion `main()` wird der Gültigkeitsbereich der Funktion (und des zugehörigen Anweisungsblocks) verlassen. Dies bewirkt die Freigabe von `variable1`, `variable2` und `variable3` auf dem Stack und – da `variable3` der Eigentümer der Instanz auf dem Heap ist – auch die Freigabe dieser Instanz.

Die Ausgabe sieht wie folgt aus:

```
42, 42
```

Hintergrund

Wenn eine Instanz auf dem Heap freigegeben wird, dann wird durch Rust eine spezielle Methode `drop()` aufgerufen, die typspezifisch die Aufräumarbeiten übernimmt und die wir für eigene strukturierte Datentypen selbst implementieren können. Dies ist insbesondere beim Aufräumen von Systemressourcen nützlich, wie zum Beispiel offene Dateien oder Netzwerkverbindungen.

Mit Methoden werden wir uns in Abschnitt 9.1 im Detail auseinandersetzen.

7.4.1 Wechsel von Gültigkeitsbereichen

Der Eintritt in einen Gültigkeitsbereich ist für Datentypen mit der Clone-Semantik unverändert. Interessant wird aber das Verlassen eines Gültigkeitsbereichs, da hier durch unbedachten Eigentumsübergang Instanzen auf dem Heap freigegeben werden können (dies ist ein Effekt der Regel 2). Dieser Effekt kann aber natürlich auch bewusst genutzt werden, um die Speicherverwaltung durch Rust zu unterstützen.

Betrachten wir hierfür das folgende Beispiel:

Listing 7–5
Freigabe von Instanzen am Ende des Gültigkeitsbereichs

```
fn main() {
    let variable1 = Box::new(42);
    let mut variable2 = Box::new(21);

    {
        let variable3 = variable1; // Eigentumsübergang
        let mut variable4 = variable2; // Eigentumsübergang
        variable2 = variable4;  // Eigentumsübergang
    }

    // println!("{}", variable1); // Fehler
    println!("{}", variable2);
}
```

Wir beginnen wie im vorherigen Beispiel damit, dass wir Daten auf dem Heap anlegen (diesmal zwei `i32`-Werte), die wir den Variablen `variable1` und `variable2` zuweisen.

Dann beginnen wir einen neuen Anweisungsblock und damit einen neuen Gültigkeitsbereich. Wir weisen den Inhalt von `variable1` der neuen Variablen `variable3` zu und den Inhalt von `variable2` der neuen Variable `variable4`. Damit haben wir Eigentumsübergänge auf `variable3` und `variable4` (einen Move), und `variable1` und `variable2` sind nicht länger gültig.

Wir könnten jetzt den Inhalt von `variable4` beliebig verändern, weisen ihn im nächsten Schritt aber wieder der `variable2` zu. Dies löst einen weiteren Eigentumsübergang aus zurück zu `variable2`.

Jetzt kommt das Ende des Gültigkeitsbereichs, und damit werden variable3 und variable4 freigegeben. Dies bewirkt die Freigabe der zu variable3 gehörenden Instanz (Anwendung der Regel 2).

Ein Versuch, ab jetzt auf variable1 zuzugreifen, würde mit einem Fehler quittiert. Der Zugriff auf variable2 ist im Gegensatz dazu ohne Probleme möglich, denn wir hatten ja vor dem Ende des Anweisungsblocks die Instanz wieder zurück auf variable2 transferiert.

7.4.2 Aufruf von Funktionen

Sowohl der Funktionsaufruf als auch die Rückkehr aus einer Funktion beinhaltet bei der Verwendung von Variablen nichtskalarer Datentypen Eigentumsübergänge. Hier hilft es, sich klarzumachen, dass ein Funktionsaufruf der Wechsel in einen anderen Gültigkeitsbereich ist, mit der Zuweisung der Argumente an neue lokale Variablen (die Funktionsparameter). Bei der Rückkehr aus der Funktion haben wir den Rückgabewert, der als implizite Variable das Ergebnis (und das Eigentum am Ergebnis) der Funktion aus ihrem lokalen Gültigkeitsbereich in den aufrufenden Gültigkeitsbereich transportiert.

Listing 7–6
Nichtskalare Datentypen und Funktionen

```
struct CloneMe {
    x: i32,
}

fn create_struct () -> CloneMe {
    CloneMe { x: 3 }
}

fn return_struct (input: CloneMe) -> CloneMe {
    input
}

fn main() {
    let val = create_struct();
    println!("{}", val.x);
    let val2 = return_struct(val);
    // println!("{}", val.x);  // Fehler
    println!("{}", val2.x);
    return_struct(val2);
    // println!("{}", val2.x); // Fehler
}
```

In unserem Beispiel verwenden wir die schon bekannte Struktur CloneMe und definieren dann zwei Funktionen create_struct() und return_struct(), die beide eine Instanz von CloneMe als Rückgabewert zurückliefern.

Die Funktion create_struct() erzeugt eine neue Instanz von Clone_Me und liefert diese direkt zurück. Der Rückgabewert übernimmt, wie schon erwähnt, als implizite Variable das Eigentum an dieser neuen Instanz und transportiert diese Instanz damit in den aufrufenden Gültigkeitsbereich.

Die Funktion `return_struct()` hingegen hat einen Parameter vom Typ `CloneMe`, den sie als Rückgabewert zurückgibt. Beim Aufruf dieser Funktion gibt es einen Eigentumsübergang von dem Argument, das der Funktion übergeben wird, zur neuen lokalen Variablen `input` (dem Parameter), gefolgt von einem Eigentumsübergang von dieser lokalen Variable `input` zu dem Rückgabewert, der das Eigentum an der zugehörigen Instanz wieder in den aufrufenden Kontext überträgt.

In unserer `main()`-Funktion rufen wir zuerst die Funktion `create_struct()` auf und weisen den Rückgabewert der Variablen `val` zu. Der damit verbundene Eigentumsübergang aus der Funktion zu der Variablen `val` sollte erkennbar sein. Die folgende Ausgabe zeigt, dass wir keine Probleme beim Zugriff auf `val` haben.

Im nächsten Schritt rufen wir die Funktion `return_struct()` mit dem Argument `val` auf und weisen den Rückgabewert der neuen Variable `val2` zu. Hier haben wir mehrere Eigentumsübergänge. Der erste Eigentumsübergang findet beim Aufruf in der Zuweisung des Arguments `val` an den Parameter der Funktion `input` statt. In der Funktion selbst haben wir den zweiten Übergang zum Rückgabewert, den wir schon diskutiert haben. Der dritte Eigentumsübergang findet in der Zuweisung des Rückgabewerts an die Variable `val2` statt. Sollten wir jetzt versuchen, weiter auf `val` zuzugreifen, meldet der Compiler Fehler. Der Zugriff auf `val2` ist hingegen problemlos möglich.

Zum Schluss rufen wir die Funktion `return_struct()` mit dem Argument `val2` auf und ignorieren den Rückgabewert. Dies führt dazu, dass wir für die Instanz, die vor dem Aufruf `val2` gehört hat, keinen Eigentümer mehr haben, und Rust die Instanz freigibt.

Weitere Zugriffe auf `val2` sind nicht mehr möglich und würden vom Compiler mit einem Fehler quittiert.

7.5 Referenzen in Rust

Dieser Umgang mit Daten auf dem Heap ist zwar sicher, aber nicht besonders elegant. Die fehlende Eleganz liefert uns Rust im nächsten Schritt durch das Konzept der Referenzen, das auf dem bisherigen Eigentumsbegriff aufbaut und mit kleinen Einschränkungen das gewohnte Programmiervorgehen wiederherstellt.

Referenzen bieten einen Zugriff auf den Inhalt einer Variablen ohne eine Eigentumsbeziehung. Wir sprechen hier von Ausleihen oder *Borrowing*. Referenzen gibt es für alle Datentypen. Wir müssen uns also keine Gedanken machen, ob unsere Daten auf dem Stack oder dem Heap sind.

Die Syntax ist sehr ähnlich zu Sprachen wie C oder C++. Indem wir ein Et-Zeichen `&` voranstellen (das kaufmännische Und-Zeichen), erzeugen wir eine Referenz. Indem wir einen Stern * davorsetzen, dereferenzieren wir eine Referenz, greifen also auf den eigentlichen Inhalt zu. Rust bemüht sich allerdings sehr stark, automatisch korrekt zu dereferenzieren, sodass wir nur selten explizit dereferenzieren müssen.

7.5.1 Lesereferenzen auf nicht veränderbare Variablen

Wenn wir eine nicht veränderbare Variable haben, müssen wir uns nicht mit der Frage beschäftigen, ob sich die Werte innerhalb der zugehörigen Instanz verändern. Damit ist es sowohl aus konzeptioneller als auch aus Implementierungssicht unproblematisch, eine beliebige Anzahl von Referenzen zu erzeugen und zu verwenden. Zusätzlich kann der Compiler aufgrund des Wissens über die Unveränderlichkeit von Inhalten Optimierungen vornehmen, die die Verarbeitung deutlich effizienter machen. Die häufigste dürfte das Caching der referenzierten Werte in Prozessorregistern sein.

Lesereferenzen haben eine besondere Eigenschaft, sie folgen der Copy-Semantik. Wenn wir also eine Lesereferenz einer anderen Lesereferenz zuweisen, dann wird die Referenz kopiert und wir haben zwei gültige Referenzen.

Dies ist insbesondere bei Funktionsaufrufen hilfreich, da wir nicht nur keinen Transfer des Eigentums mehr haben, sondern auch die Lesereferenz im aufrufenden Gültigkeitsbereich unverändert bleibt.

Daher verwenden Funktionen in den überwiegenden Fällen Referenzen als Parameter. Wir müssen uns also im Normalfall bei Funktionen keine Gedanken über das Thema Eigentum machen und haben bei der Verwendung von Referenzen die gleiche Eleganz wie in anderen Programmiersprachen. Der Unterschied ist, dass der Compiler mit der jetzt sehr klaren Referenzsemantik entscheiden kann, wie lange eine Instanz gültig ist. Das folgende Beispiel illustriert dies (wir verzichten auf die immer gleiche Definition der Struktur `CloneMe`):

Listing 7–7
Verwendung von Lesereferenzen

```
fn ausgabe_clone_me(reference: &CloneMe) {
    println!("{}", reference.x);
}

fn main() {
    let val = CloneMe { x: 1, };
    let ref1 = &val;
    let ref2 = ref1;
    ausgabe_clone_me(ref1);
    ausgabe_clone_me(ref2);
    println!("{}", val.x);
}
```

Wir starten mit einer Funktion *ausgabe_clone_me*(), die als Parameter eine Lesereferenz auf `CloneMe` erwartet. In dieser Funktion benutzen wir die Referenz für eine Ausgabe. Der interessante Punkt, der vielleicht im ersten Moment nicht auffällt: Wir verwenden die Referenz so, als wäre sie eine Variable. Rust gibt sich sehr große Mühe, die Verwendung von Referenzen so natürlich wie möglich zu machen, und verwendet deshalb einen komplizierten Algorithmus zur Dereferenzierung, der mit fast beliebig komplexen Referenzen umgehen kann.

Hintergrund

Wir könnten zum Beispiel den Parameter der Funktion ändern zu `&&CloneMe` (und müssten natürlich die Aufrufe anpassen), ohne den Inhalt der Funktion selbst ändern zu müssen.

In unserer `main()`-Funktion erzeugen wir eine neue Instanz von `CloneMe` und weisen diese der Variable `val` zu. In der nächsten Zeile erzeugen wir eine Referenz auf diese Variable in `ref1` und weisen die Referenz `ref1` dann einer weiteren Referenz namens `ref2` zu. Die Variable `val` ist weiterhin der Eigentümer der erzeugten Instanz, und aufgrund der Copy-Semantik bei Lesereferenzen enthalten sowohl `ref1` als auch `ref2` gültige Referenzen auf diese Instanz.

Wir rufen sowohl mit diesen Referenzen als auch mit einer frisch erzeugten Referenz `&val` die Funktion *ausgabe_clone_me*() auf. Zum Schluss demonstriert die Ausgabe per `println!()`, dass die Variable `val` unabhängig von den Referenzen weiterhin gültig ist. Wir können also als Regel festhalten:

Die Verwendungsregel

- Für Lesereferenzen auf unveränderliche Variablen gibt es keine Einschränkungen.

Hintergrund

Nachdem wir jetzt Lesereferenzen kennen, können wir auch endlich eine Frage klären, das Sie vielleicht schon beschäftigt hat. Die Makrofamilie `print!`, `println!` etc. wandelt alle Argumente in Lesereferenzen um, wir haben also, obwohl es so aussieht, als würden wir Variablen übergeben, keinen Eigentumsübergang.

7.5.2 Lesereferenzen auf veränderbare Variablen

Sobald wir nicht mehr ausschließlich lesend, sondern auch schreibend auf unsere Instanz zugreifen, achtet Rust sehr darauf, dass lesende Referenzen den aktuellen Wert repräsentieren.

Wenn wir also eine veränderbare Variable erzeugen, darauf eine lesende Referenz definieren und auf beide nur lesend zugreifen, ist die Reihenfolge der Definition und der Zugriffe frei. Nehmen wir erneut das Beispiel der Optimierung durch Caching der Werte in Prozessorregistern: Solange kein Schreibzugriff stattfindet, kann diese Optimierung problemlos verwendet werden.

Sobald wir aber die Instanz modifizieren, werden Lesereferenzen, die wir vor der Modifikation definiert haben, potenziell ungültig. Solange wir auf diese nicht mehr zugreifen oder neue Referenzen erstellen, ist alles in Ordnung. Sollten wir aber auf eine dieser veralteten Referenzen zugreifen wollen (und damit auf einen falschen Wert), gibt es einen Übersetzungsfehler. Im folgenden Beispiel verzichten wir auf die unveränderten Teile der vorherigen Listings (die Struktur `CloneMe` und die Funktion `ausgabe_clone_me()`).

Listing 7–8
Veränderbare Variablen und Lesereferenzen

```
fn main() {
    let mut val = CloneMe { x: 1, };
    val.x = 2;
    let ref1 = &val;
    // val.x = 3;  // Fehler in der nächsten Zeile
    ausgabe_clone_me(ref1);
    // val.x = 3;  // Fehler in der nächsten Zeile
    let ref2 = ref1;
    ausgabe_clone_me(&val);
    // val.x = 3;  // Fehler in der nächsten Zeile
    ausgabe_clone_me(ref2);
    val.x = 3;
}
```

Wir erzeugen eine Instanz von `CloneMe` und weisen sie der veränderbaren Variable `val` zu. Im nächsten Schritt verändern wir diese Instanz.

Nun erzeugen wir eine Lesereferenz auf die veränderbare Variable `val`. Diese ist gültig, solange wir die Instanz nicht verändern. Da wir auf die Referenz in Folge noch zugreifen, würde die auskommentierte nächste Zeile zu einer Änderung und damit zu einem Übersetzungsfehler führen. Wir rufen die Funktion `ausgabe_clone_me()` zur Ausgabe der Referenz auf.

Die nächste Zeile ist auch wieder auskommentiert, da wir in der Folgezeile erneut auf `ref1` zugreifen, diesmal um eine Kopie der Lesereferenz in `ref2` zu erstellen. Alternativ wäre folgender Code möglich:

```
ausgabe_clone_me(ref1);
val.x = 3;
let ref2 = &val;
```

Da wir in dieser Variante keine Kopie von `ref1` erstellen, ist die Referenz nach der Ausgabe nicht mehr aktiv (wird nicht mehr verwendet), und damit können beliebige Änderungen an unserer Instanz vorgenommen werden, bevor eine neue Referenz auf den dann neuen Zustand der Instanz in `ref2` erzeugt wird.

Wir kehren zu unserem Beispiel zurück, in dem wir durch Aufruf der Funktion `ausgabe_clone_me()` lesend auf eine neue Referenz unserer Variable `val` zugreifen.

Ein schreibender Zugriff ist aber erneut nicht möglich, da wir in Folge auf `ref2` zugreifen. Erst nach dem letzten Aufruf von `ausgabe_clone_me()` ist `ref2` nicht mehr aktiv und wird nicht mehr verwendet, sodass wir unsere Instanz modifizieren können. Wir können als Regel für den Umgang mit Lesereferenzen auf veränderbaren Variablen festhalten:

Die Verwendungsregel

- Solange eine Lesereferenz aktiv ist, also in der Zeit zwischen ihrer Definition und dem letzten Zugriff über sie, darf die zugehörige Instanz nicht verändert werden.

7.5.3 Veränderbare Referenzen

Veränderbare Referenzen werden definiert, indem wir nach dem Et-Zeichen das Schlüsselwort `mut` verwenden, also `&mut`. Wir können zwar beliebig viele veränderbare Referenzen definieren, es kann aber maximal eine aktiv sein. Wenn wir eine aktive veränderbare Referenz haben, können wir nicht gleichzeitig über eine andere Referenz oder über die Variable auf die Instanz zugreifen. Eine veränderbare Referenz schließt also alle anderen Zugriffe aus, solange sie aktiv ist. Wir leihen uns also das Schreibrecht aus (engl. *borrowing*).

Anders als bei den Lesereferenzen gibt es bei veränderbaren Referenzen keine Copy-Semantik. Dies ist extrem wichtig für unseren Umgang mit veränderbaren Referenzen. Wenn wir eine veränderbare Referenz einer anderen zuweisen, wird damit die alte Referenz automatisch ungültig. Dies ist äquivalent zur Zuweisung einer Variablen an eine andere, nur ohne die Übertragung des Eigentums (es findet also ein *Move* der alten auf die neue Referenz statt).

Veränderbare Referenzen mit Move-Semantik

Betrachten wir in unserem ersten Beispiel die Verwendung von veränderbaren Referenzen mit Move-Semantik:

```
fn main() {
    let mut val = CloneMe { x: 2, };
    let ref1 = &mut val;
    // val.x = 3;                // Fehler
    ref1.x = 4;
    let ref2 = ref1;             // Move-Semantik
    // ref1.x = 5;               // Fehler
    // val.x = 6;                // Fehler
    ref2.x = 7;
    val.x += 1;
}
```

Listing 7–9
Veränderbare Referenzen mit Move-Semantik

In der `main()`-Funktion erzeugen wir zuerst eine Instanz unserer Struktur `CloneMe` und weisen sie der veränderbaren Variable `val` zu. Dann erzeugen wir eine veränderbare Referenz `ref1` auf diese Instanz. Solange diese Referenz aktiv ist, können wir nicht mehr auf die Variable `val` zugreifen. Wir verwenden `ref1`, um den Wert des Elements `x` auf den Wert 4 zu setzen.

Die Zuweisung von `ref1` an `ref2` im nächsten Schritt bewirkt nun, dass alle Rechte an `ref2` übergehen und `ref1` damit ungültig wird. Ein nachfolgender Versuch, auf `ref1` zuzugreifen, würde damit zu einem Fehler führen. Aber auch Zugriffe auf `val` würden mit einem Fehler quittiert, da die Schreibrechte ja an `ref2` weitergegeben wurden und `ref2` aktiv verwendet wird. Wir verwenden die Schreibrechte, um `ref2.x` auf den Wert 7 zu setzen.

Nach dieser Zeile wird `ref2` nicht mehr verwendet, ist damit nicht mehr aktiv, und wir greifen wieder auf die Variable `val` zu, indem wir ihr Element `x` um 1 inkrementieren. Der Endwert ist damit 8.

Reborrowing

Es gibt allerdings Sondersituationen, in denen ein *Reborrowing* (ein erneutes Ausleihen) stattfindet. Der Aufruf von Funktionen ist die am häufigsten auftretende Situation, in der ein Reborrowing stattfinden kann. Entsprechend enthält die Definition einer Funktion genau die für Reborrowing erforderliche Information (die explizite Definition der Veränderbarkeit aller Parameter). Im nächsten Beispiel werden wir das genauer betrachten.

Reborrowing kann mehrfach passieren – wir können uns dies vorstellen wie einen eigenen Stack zur Übersetzungszeit, auf den die veränderten Rechte gelegt werden. Jedes Mal, wenn eine Referenz, für die ein Reborrowing stattgefunden hat, nicht mehr aktiv ist, werden die vorherigen Berechtigungen wieder aktiv.

Wir können Reborrowing auch erzwingen, indem wir explizit die Veränderbarkeit (mittels `&mut`) für unsere neue Referenz definieren. Dies geschieht normalerweise zusammen mit der Spezifikation des Typs, wir können diesen aber auch durch den Compiler bestimmen lassen, indem wir das Platzhalterzeichen _ (den Unterstrich) verwenden, der uns schon mehrfach begegnet ist. Damit ist die minimale Notation, die bei einer Referenz ein Reborrowing erzwingt `&mut _`.

Tipps und Tricks

Wir können das Reborrowing im aktuellen Kontext auch erzwingen, indem wir eine explizite Dereferenzierung durchführen:

```
let ref2 = &mut *ref1;
```

Dies bewirkt, dass wir zuerst die Referenz zu ihrer Instanz dereferenzieren und dann eine veränderbare Referenz erzeugen, die wir `ref2` zuweisen. Dies signalisiert dem Compiler, dass wir ein Reborrowing anstreben.

Auch die andere Richtung, Erzwingung einer Move-Semantik, wenn der Compiler ein Reborrowing machen würde, ist möglich. Hierzu umgeben wir die Referenz, für die wir die Move-Semantik verwenden wollen, mit einem ansonsten leeren Anweisungsblock, der unsere Referenz als Rückgabewert hat:

```
{ referenz }
```

Der Rückgabewert hat grundsätzlich eine Move-Semantik, die damit auf unsere Referenz übertragen wird. Wichtig hierbei ist, dass dies nur eine Hilfe für den Compiler darstellt und keinen zusätzlichen Code erzeugt.

Diese Art von Hilfe wird zwar immer weniger notwendig, je weiter sich der Compiler fortentwickelt, in vereinzelten Fällen kann sie es dennoch sein.

Veränderbare Referenzen mit Reborrow-Semantik

Unser Beispiel beginnt mit der Struktur `CloneMe`, gefolgt von der Funktion `increment_clone_me()`, die eine veränderbare Referenz auf den Datentyp `CloneMe` als Parameter erwartet und das Element `x` inkrementiert.

Listing 7–10
Veränderbare Referenzen mit Reborrowing

```
struct CloneMe { x: i32 }

fn increment_clone_me(reference: &mut CloneMe) {
    reference.x += 1;
}
fn main() {
    let mut val = CloneMe { x: 1, };
    let ref1 = &mut val;
    increment_clone_me(ref1);        // Reborrow

    let ref2 = ref1;                 // Moved Ref

    let ref3: &mut CloneMe = ref2;   // Reborrow 1
    ref3.x = 2;                      // Reborrow 1

    let ref4: &mut _ = ref3;         // Reborrow 2
    ref4.x = 3;                      // Reborrow 2

    ref3.x = 4;                      // Reborrow 1

    ref2.x = 5;                      // Back to moved Ref

    increment_clone_me(ref2);        // Reborrow
    increment_clone_me(&mut val);    // Reborrow
}
```

In unserer `main()`-Funktion definieren wir im ersten Schritt eine veränderbare Variable `val`, die eine Instanz vom Typ `CloneMe` hält. Im nächsten Schritt erzeugen wir eine veränderbare Referenz `ref1` auf diese Variable. Wir können damit `val` nicht mehr benutzen, bis das Schreibrecht wieder zurückgegeben wird (das Borrowing beendet ist).

Wir rufen die Funktion `increment_clone_me()` mit `ref1` auf. Da das Reborrowing, wie beschrieben, die bei Funktionsaufrufen vom Compiler ausgewählte Semantik ist, ist `ref1` nach Ende des Aufrufs wieder gültig.

Im folgenden Schritt weisen wir die Referenz `ref1` der Referenz `ref2` zu. Nach den oben von uns definierten Regeln (und da wir keine Sondersituation haben, in der ein Reborrowing erzwungen wird) wird die Referenz bewegt, und `ref1` ist nicht länger gültig (Move-Semantik).

Nun erzwingen wir ein Reborrow, indem wir für `ref3` explizit Veränderbarkeit und Datentyp angeben. Die darauffolgende Zuweisung wird vom Compiler anstandslos übersetzt. Wir befinden uns auf unserem imaginären Reborrow-Stack auf der ersten Ebene, und `ref2` kann damit nicht verwendet werden, solange wir uns noch auf diesem Reborrow-Stack befinden.

Danach führen wir ein erneutes Reborrow durch, indem wir die optimierte Notation für eine veränderbare Referenz `ref4` ohne explizite Typangabe verwenden. Damit befinden wir uns auf dem Reborrow-Stack auf Ebene 2.

Nach der Nutzung von `ref4` für eine Zuweisung wird `ref4` inaktiv (da die Referenz nicht mehr verwendet wird), und wir kehren damit auf die nächstniedrigere Ebene unseres Reborrow-Stacks zurück. Damit ist `ref3` wieder gültig und kann für die nächste Zuweisung verwendet werden.

Nach dieser Zuweisung wird `ref3` inaktiv, und damit haben wir kein Reborrowing mehr; `ref2` wird also wieder aktiv, und wir können die Referenz für eine Zuweisung und auch einen nachfolgenden Aufruf der Funktion `increment_clone_me()` verwenden. Bei diesem Aufruf findet erneut ein implizites Reborrow für den Funktionsaufruf statt.

Da wir `ref2` nicht mehr verwenden, wird die Referenz inaktiv, und wir können die Variable `val` wieder verwenden, um eine neue veränderbare Referenz als Argument für die Funktion `increment_clone_me()` zu erzeugen, für die bei der Durchführung des Aufrufs ein implizites Reborrow stattfindet.

Hintergrund

Interessanterweise wird Reborrowing häufig als einfacher »syntactic sugar« bezeichnet. Dies ist nicht korrekt. Ohne Reborrowing hätten wir nicht nur eine erheblich unbeholfenere Syntax, sondern auch eine andere Semantik. In verschachtelten Funktionsaufrufen würden veränderbare Referenzen konsumiert, was notwendigerweise eine deutlich andere Formulierung von Algorithmen bedeuten würde.

Wenn wir die jetzt diskutierten Regeln für veränderbare Referenzen betrachten, können sie zunächst kompliziert erscheinen. Diese Regeln erlauben (in allen normalen Fällen) die intuitive Verwendung von veränderbaren Referenzen, ohne dass wir uns Gedanken machen müssen. Sie funktionieren einfach. Die Regeln lauten:

Die Verwendungsregeln

- Es kann maximal eine aktive Schreibreferenz geben. Solange es eine aktive Schreibreferenz gibt, können keine Lesezugriffe über Lesereferenzen stattfinden. Auch ein Zugriff über die Variable selbst ist nicht möglich, solange eine Schreibreferenz aktiv ist.
- Für Zuweisungen von veränderbaren Referenzen an andere Referenzen gibt es zwei Semantiken, die Move-Semantik und das Reborrowing. Der Compiler entscheidet, welche verwendet wird, wir können aber durch entsprechende Formulierung im Quelltext eine spezifische Semantik erzwingen.
- Wann immer der Compiler über Inferenz bestimmt, dass eine neue Referenz veränderbar ist, wird die Move-Semantik verwendet.
- Wenn hingegen aus dem Quelltext hervorgeht, dass die neue Referenz veränderbar ist, findet ein Reborrowing statt. Dies gilt insbesondere für die Verwendung veränderbarer Referenzen in Funktionsaufrufen.

7.6 Verwendung von Variablen und Referenzen

Prinzipiell verwenden wir in Rust Referenzen, wo immer dies möglich ist (abgesehen von Definitionen). Nur wenn wir einen Eigentumsübergang benötigen, dann benutzen wir Variablen. Einige Beispiele für Empfehlungen sind:

- Unveränderliche Variablen sind vorzuziehen.
- Variablen sollten so kurz wie möglich veränderbar sein.
- Lesereferenzen sind vorzuziehen.
- Schreibreferenzen sollten so kurz wie möglich verwendet werden.

- Wenn wir Funktionsparameter definieren, dann benutzen wir im Normalfall Referenzen.
- Wir verwenden nur dann Variablen als Funktionsparameter, wenn wir explizit einen Eigentumsübergang brauchen.
- Wenn wir Rückgabewerte aus Funktionen haben, benutzen wir Variablen, sofern wir neue Werte innerhalb der Funktion erzeugen. Nur wenn wir Referenzen zurückliefern, die sich auf die Funktionsargumente beziehen, verwenden wir Referenzen.

7.7 Vor- und Nachteile des Modells

7.7.1 Nachteile

Wenn wir uns das Speichermodell ansehen, so hat es eine nicht zu verleugnende Kompliziertheit. Dass es nur einen Eigentümer für jede Instanz gibt, sorgt für einen höheren Aufwand bei der Programmierung und erfordert Umdenken gegenüber klassischen Programmiersprachen, die weniger einengen. Dieser Aufwand wird durch Referenzen und hier insbesondere Schreibreferenzen abgeschwächt. Das komplizierte Modell für Schreibreferenzen müssen wir uns aber zumindest am Anfang immer wieder ins Gedächtnis rufen.

7.7.2 Vorteile

Rust bietet durch sein durchgängiges Speichermodell Garantien für die Speicherverwendung, die keine andere Sprache bietet. Da die damit verbundenen Prüfungen zur Übersetzungszeit stattfinden, kann die Ausführung zudem noch effizienter und damit schneller gestaltet werden als bei anderen Sprachen.

Die verschiedenen Konzepte des Speichermodells machen uns zudem sehr früh auf potenzielle Probleme aufmerksam, die wir in anderen Sprachen erst sehr viel später entdecken. Andere Sprachen erlauben einen schlampigeren und fehlerträchtigeren Umgang mit Speicher, was zu deutlich schwieriger zu findenden Fehlern führen kann.

Weiterhin schafft es Rust durch sein Konzept der Referenzen – und bei veränderbaren Referenzen dem Reborrowing –, eine Programmiersemantik anzubieten, die der klassischer Programmiersprachen so gut wie ebenbürtig ist.

Wenn der Compiler einen Fehler meldet, dann in fast allen Fällen, weil wir einen Fehler in unserem Denken haben oder etwas potenziell Gefährliches machen, und nicht, weil uns das Speichermodell übermäßig behindert. In den wenigen Fällen, in denen uns das Speichermodell zum Hindernis wird, können wir dem Compiler explizit unsere Wünsche mitteilen.

Nicht zuletzt erlaubt die explizite Verwendung des Ownership-Modells in APIs eine sehr klare Kommunikation dessen, was mit Parametern passiert und mit Rückgabewerten erlaubt ist. Während in anderen Programmiersprachen dies höchstens in der Dokumentation zu finden ist, können wir es in Rust durch den Compiler erzwingen lassen.

8 Generische Datentypen

Generische Datentypen abstrahieren von zugrundeliegenden Datentypen und erlauben es zum Beispiel, verarbeitende Algorithmen unabhängig vom konkreten Datentyp zu formulieren. In diesem Kapitel lernen wir, wie wir diese in Rust verwenden können.

Generische Datentypen kennen wir aus anderen Programmiersprachen, und sie sind ein elegantes Mittel, um Datenstrukturen und Implementierungen, die mit Datenstrukturen umgehen, zu verallgemeinern. Hierbei repräsentiert ein Typparameter einen beliebigen Datentyp (oder Datentypen), über den erst später entschieden wird.

Viele Sprachen haben hierbei den interessanten Aspekt, dass Teile der Typinformation zwar bei der Übersetzung verwendet werden, aber zur Laufzeit nicht mehr vorhanden sind (Type Erasure). Während dies erlaubt, die Verarbeitung verschiedener zu behandelnder Datentypen zusammenzufassen und damit Code einzusparen, geht Rust den entgegengesetzten Weg. Rust übersetzt generische Funktionen, indem für jeden verwendeten Datentyp spezifische Funktionen erzeugt werden. Dies bedeutet ein geringfügig größeres ausführbares Programm, erlaubt aber eine extrem effiziente Typprüfung und -verarbeitung zur Laufzeit.

Typparameter

Typparameter werden in der Signatur von strukturierten Datentypen und von Funktionen angegeben. Die Notation von Typparametern gleicht hierbei der in Java. Sie werden durch das Kleinerzeichen < eingeleitet und durch das Größerzeichen > beendet.

> **Hintergrund**
>
> Genau genommen ist dies nicht korrekt. Beschrieben ist nicht die Notation von Typparametern, sondern von generischen Parametern, von denen Typparameter nur eine Ausprägung sind. Weitere generische Parameter werden wir später kennenlernen.

Wenn mehrere Typparameter benötigt werden, werden sie durch Kommata getrennt. Ein Typparameter kann prinzipiell jede Zeichenfolge sein, die durch einen Großbuchstaben eingeleitet wird. Typischerweise wird der erste Typparameter, den wir verwenden, einfach T genannt. Weitere Typparameter werden mit den Folgebuchstaben U, V etc. bezeichnet. Die Verwendung von Einzelbuchstaben hat den Vorteil, dass Typparameter leicht zu erkennen sind, aber auch den Nachteil, dass sie weniger deskriptiv sind als Namen mit mehreren Buchstaben.

Das simple Beispiel

```
<T, U>
```

zeigt die Definition generischer Parameter mit zwei Typparametern T und U.

Turbofish

In den meisten Fällen können die Typparameter direkt auf den Namen folgen, es gibt aber seltene Fälle, in denen der Compiler nicht in der Lage ist, das einleitende Kleinerzeichen korrekt zu interpretieren. Dies passiert nicht, wenn wir einen Typ definieren, kann aber vorkommen, wenn es um einen Wert geht. Der Compiler kann in diesen seltenen Fällen nicht unterscheiden, ob das Zeichen der Beginn eines Vergleichs oder eines Typparameters ist. Grundlage ist die bewusste Entscheidung der Sprachdesigner, die Grammatik der Sprache so kontextfrei wie möglich zu machen.

Hintergrund

Diese Entscheidung ist als sehr positiv zu bewerten, denn sie führt zu einfacheren und damit weniger fehlerbehafteten Compilern.

Wenn ein solcher Fall eintritt, meldet der Compiler einen Fehler, und wir können ihm helfen, indem wir einen Pfadtrenner `::` zwischen Name und Typ platzieren. Die Logik hierbei ist, dass unterschiedliche Typparameter zu unterschiedlichen konkreten Typen unterhalb des generischen Typs führen. Dadurch entsteht eine Typhierarchie. Übrigens haben wir die Pfadangaben bereits in unserem allerersten Beispiel kennengelernt.

Die resultierende Zeichenfolge `::<>` hat den Namen Turbofish erhalten (zurückgehend auf eine Reddit-Diskussion im Jahr 2015) und hat sogar eine eigene Website *https://turbo.fish*. Es ist aber wichtig, zu verstehen, dass dies nicht ein neuer Operator ist, sondern nur die Angabe des Typparameters. Wir unterstützen mit dieser Angabe lediglich den Compiler dabei, die Werte zwischen Größer- und Kleinerzeichen korrekt interpretieren zu können. Im Beispiel im nächsten Unterkapitels werden wir die Verwendung des Turbofish-Operators in der Praxis sehen.

Der Gültigkeitsbereich der Typparameter ist hierbei lokal, das heißt auf den Gültigkeitsbereich des Datentyps oder der Funktion beschränkt. Wiederverwendung des gleichen Namens in aufeinanderfolgenden Struktur- oder Funktionsdefinitionen bedeutet also keinen semantischen Zusammenhang zwischen den Typparametern.

Hintergrund

Im Umgang mit Typparametern stellt sich sehr schnell die Frage, ob die Typparameter auf bestimmte Teilmengen von Typen eingeschränkt werden können. Da wir in Rust keine Vererbung haben, ist der bei objektorientierten Sprachen einfache Weg, einen Supertyp zu verwenden, nicht möglich. Rust bietet einen anderen Weg, um dies zu ermöglichen: die Verwendung von Traits. Mit diesen werden wir uns in Abschnitt 9.3 detailliert beschäftigen.

8.1 Typparameter in Datenstrukturen

Der erste strukturierte Datentyp, den wir kennengelernt haben, war eine Datenstruktur `Point` zur Speicherung zweidimensionaler Koordinaten. Die X- und Y-Koordinate haben wir als Typ `i32` definiert. Dies funktioniert, schränkt aber natürlich die Möglichkeiten unserer Implementierung ein. Das folgende Beispiel löst dies, indem wir einen Typparameter zur Verallgemeinerung verwenden.

Listing 8–1
Typparameter in Datenstrukturen

```
fn main() {
    struct Point<T> {
        x: T,
        y: T
    }

    // let origin = Point { x: 0, y: 0.0 }; // Fehler
    let origin = Point { x: 0, y: 0 };
    let tfish: Point::<i32> = Point { x: 0, y: 0 };
    let fp_point =  Point { x: 3.141_f32, y: 2.718 };
    println!("{}, {}", origin.x, fp_point.y);
}
```

In unserer `main()`-Funktion definieren wir eine Datenstruktur `Point<T>` mit einem Typparameter `T`. Innerhalb der Struktur verwenden wir diesen generischen Typ für alle Elemente, deren Datentyp wir generisch gestalten wollen. Da für unser Koordinatensystem der gleiche Typ für X- und Y-Koordinate sinnvoll ist, definieren wir beide entsprechend.

Wenn wir nun eine Instanz dieses Typs erzeugen, dann leitet der Compiler aus den übergebenen Parametern den konkreten Typ für den Typparameter `T` ab. Sollten die Datentypen der übergebenen Parameter mit dem gleichen Typparameter nicht den gleichen konkreten Typ haben, meldet der Compiler einen Fehler. Aus diesem Grund ist die nächste Zeile auskommentiert, in der `x` den Typ `i32` und `y` den Typ `f64` hätte.

In der folgenden Zeile definieren wir eine Variable `origin`, die eine `Point`-Instanz mit einem Typparameter `i32` hat. Darauf folgend zeigen wir bei der Definition der Variablen `tfish` die Verwendung des Turbofish. Wir geben den konkreten Typ durch `::<i32>` an. Die Angabe ist an dieser Stelle zwar überflüssig, da der Compiler durch die Typinferenz den Typen selbst bestimmen kann. Aber die Verwendung ist syntaktisch korrekt, und es wird ohne Warnung übersetzt.

Im nächsten Schritt definieren wir eine Variable `fp_point` mit einem Typparameter `f32`. Ohne Angaben eines Typs würde der Compiler hier den Typ `f64` wählen. Die explizite Angabe des Typs bei einem der Parameter reicht, um den Typparameter auszuwählen (wir erinnern uns, in Zahlen dient der Unterstrich als Trennzeichen zur Formatierung).

Hintergrund

Wir haben bereits einen sehr leistungsfähigen generischen Typ kennengelernt, den `Range`-Typ, der als `struct Range<Idx>` definiert ist mit `Idx` als dem Typ, über den ein Intervall definiert wird.

8.2 Typparameter in Funktionen

Wenn wir Typparameter in Funktionen verwenden wollen, müssen wir dies genau wie bei den Datenstrukturen auf den Namen folgend mit der bekannten Notation kenntlich machen. In Folge können wir dann den oder die als Typparameter definierten Typen in der Parameterliste, im Anweisungsblock der Funktion und in dem Rückgabewert verwenden.

Rust verwendet hierbei zur Auswahl der korrekten Implementierungsvariante der Funktion nicht nur die Parameter, sondern auch den Rückgabetyp. Wie erinnern uns: Es werden spezifische Funktionen für jeden auftretenden konkreten Datentyp generiert.

Dies führt zu einer interessanten Funktionalität von Rust, die nur wenige Programmiersprachen anbieten, die Rückgabetyppolymorphie. Dies bedeutet, dass der vom Quelltext erwartete Rückgabetyp die Auswahl der spezifischen Funktionsausprägung beeinflusst.

In unserem folgenden Beispiel verwenden wir erneut die `Point<T>`-Struktur mit einem Typparameter `T` aus dem letzten Beispiel. Hierauf folgt eine Funktion `create_point<T>()` mit einem Typparameter `T`. Wie bereits erwähnt, sind der Typparameter für den Typ `Point` und die

Funktion `create_point()` trotz des gleichen Namens `T` unabhängig voneinander und jeweils lokal im Rahmen der Definition verfügbar.

Der Typparameter der Funktion findet sich direkt hinter dem Namen der Funktion. Wir können ihn in der Liste der Parameter, im Rückgabewert und im eigentlichen Anweisungsblock der Funktion verwenden.

In unserer Funktion `create_point<T>()` erzeugen wir eine neue Instanz von `Point<T>` mit dem konkreten Typ der beim Funktionsaufruf übergebenen Argumente und geben diese Instanz zurück. Wir verwenden also den Typparameter `T` für unsere Parameter `x` und `y`, definieren als Rückgabewert eine Instanz von `Point<T>`, und in der Funktion erzeugen wir eine Instanz von `Point<T>` mit dem konkreten Typ der übergebenen Parameter. Auch hier könnten wir die Turbofish-Notation verwenden, beim Rückgabewert mit `Point::<T>`, oder bei der Instanziierung mit `Point::<T> { x, y }`. Solange aber der Compiler bei der Interpretation des Quelltextes keine Probleme hat, ist der in Rust bevorzugte Wert, auf die Turbofish-Notation zu verzichten.

Listing 8–2
Typparameter in Funktionen

```
struct Point<T> { x: T, y: T }

fn create_point<T>(x: T, y: T) -> Point<T> {
    Point { x, y }
}

fn main() {
    let origin = create_point(0, 0);
    let fp_point = create_point(3.141, 2.718);
    println!("{}, {}", origin.x, fp_point.y);
}
```

In der `main()`-Funktion definieren wir eine Variable `origin`, die eine Instanz von `Point<i32>` erhält. Im zweiten Schritt definieren wir eine Variable `fp_point`, der eine Instanz vom Typ `Point<f64>` zugewiesen wird (da wir keine explizite Typangabe wie im vorherigen Beispiel verwenden, werden die Default-Typen `i32` und `f64` verwendet).

8.3 Typparameter in Aufzählungstypen

Mit Typparametern entfalten Aufzählungstypen eine sehr große Flexibilität und Eleganz. Und tatsächlich wird diese Kombination in Rust an vielen zentralen Stellen eingesetzt, unter anderem beim Aufzählungstyp `Option`, um Null-Pointer als Rückgabewerte auszuschließen, oder beim Aufzählungstyp `Result`, um flexibel Ergebnisse oder Fehler aus einer Funktion zurückzugeben.

Hintergrund

Den Typ `Result` haben wir bereits in unserem ersten Beispiel verwendet, als wir die Datei geöffnet haben, und erneut, als wir die Zeilen aus der Datei gelesen haben.

In unserem nächsten, etwas komplexeren Beispiel definieren wir unsere eigene Variante eines Aufzählungstyps `MyOption`, der dem in der Standardbibliothek vorhandenen Typ `Option` nachempfunden ist (natürlich deutlich vereinfacht).

Wir beginnen unser Beispiel damit, die Funktion `exit()` aus dem Pfad `std::process` zu importieren. Wir werden diese später verwenden, um in Fehlersituationen unser Programm zu beenden.

Im nächsten Schritt definieren wir unseren Aufzählungstyp `MyOption<T>` mit dem Typparameter T. Dieser hat zwei Namen im Wertebereich, den Namen `None`, der ein fehlendes Ergebnis symbolisiert, und `Some(T)` mit dem Typparameter `T`, der einen tatsächlichen Rückgabewert symbolisiert.

Listing 8–3
Typparameter bei Aufzählungstypen

```
use std::process::exit;

enum MyOption<T> {
    None,
    Some(T)
}

fn is_none<T>(opt: &MyOption<T>) -> bool  {
    if let MyOption::<T>::None = opt {
        return true;
    } else {
        return false;
    }
}

fn expect<T>(opt: MyOption<T>) -> T {
    match opt {
        MyOption::None => {
            println!("Wir haben ein Problem...");
            exit(1);
        }
        MyOption::Some( x ) => x
    }
}

fn main() {
    let opt = MyOption::Some(3.141);
    let val = expect(opt);
    println!("{}", val);

    //let opt = MyOption::None; // Fehler
    let opt = MyOption::<i32>::None;
```

```
        if is_none(&opt) {
            println!("Enthält keinen Wert");
        }
        let val = expect(opt);
    }
```

Es folgt die Definition der Funktion `is_none<T>()`, die den Wert `true` zurückgibt, wenn eine als Parameter übergebene Instanz vom Typ `MyOption<T>` den Wert `None` enthält.

Hierzu verlangt die Funktion eine Lesereferenz auf eine Instanz vom Typ `MyOption<T>` im Parameter `opt`, sodass die übergebene Instanz nicht konsumiert wird.

Mit einem Musterabgleich mithilfe des »`if let`«-Konstrukts prüfen wir, ob sich die Instanz in `opt` auf das Muster `MyOption::<T>::None` abbilden lässt. Auch hier haben wir die Turbofish-Notation zur Illustration verwendet. Wir könnten in diesem Fall genauso gut die Notation `MyOption::None` benutzen. Falls die Prüfung positiv ausfällt, liefern wir `true` zurück, andernfalls `false`.

Nun folgt die zweite Funktion `expect<T>()`, die eine Instanz vom Typ `MyOption<T>` konsumiert (deshalb die Übergabe der Variablen selbst) und die enthaltene Instanz zurückgibt. Falls es keinen enthaltenen Wert gibt (wir also den Wert `MyOption::None` erhalten haben), geben wir eine Fehlermeldung aus und beenden das Programm.

In der Funktion machen wir einen Musterabgleich mit dem `match`-Konstrukt. Wenn unser Parameter `opt` den Wert `MyOption::None` hat (hier ohne die Turbofish-Notation), geben wir eine Fehlermeldung aus und rufen die Methode `exit()` auf, die das Programm beendet.

Falls aber in `opt` eine Instanz vom Typ `MyOption<T>::Some` ist, extrahieren wir die enthaltene Instanz und geben sie als Rückgabewert zurück. Übrigens kann der Compiler auch hier den Typ bestimmen und braucht nicht unsere Hilfe über die Turbofish-Notation.

Nun kommen wir zur eigentlichen Verwendung unseres neuen Datentyps und der Funktionen in der `main()`-Funktion.

Wir beginnen mit der Definition einer Variable `some`, die eine Instanz von `MyOption::Some` erhält. Der enthaltene Wert 3.141 ist vom Typ `f64`. In der nächsten Zeile verwenden wir die Funktion `expect<T>()`, um den Wert aus dem Aufzählungstyp zu extrahieren, und weisen diesen der Variable `val` zu, die wir anschließend ausgeben. Der Compiler kann hierbei aus der zur Verfügung stehenden Information ableiten, dass die Variable den Typ `f64` hat. Da beim Aufruf der Funktion `expect<T>()` das Eigentum an der `MyOption<T>`-Instanz an die Funktion übergeht, ist die Variable `opt` nach dem Aufruf nicht mehr gültig.

Im nächsten Schritt definieren wir eine Variable `none`, die eine Instanz von `MyOption::None` erhält. Da `MyOption<T>` mit einem Typparameter versehen ist, müssen wir diesen angeben. Wir rufen die Funktion `is_none()` mit einer Referenz auf unsere neue Variable auf und verwenden das Ergebnis, um zu entscheiden, ob wir eine Meldung ausgeben.

Danach rufen wir erneut die Funktion `expect<T>()` auf. Da wir diesmal eine Instanz ohne Wert übergeben, wird in der Funktion eine letzte Ausgabe gemacht und das Programm verlassen.

Die Ausgaben unseres Programms sind wie folgt:

```
3.141
Enthält keinen Wert
Wir haben ein Problem...
```

9 Objektorientierte Konzepte

In diesem Kapitel beschäftigen wir uns mit den durch Rust angebotenen objektorientierten Konzepten. Hierzu gehören neben sehr typischen Konzepten wie Methoden, Modulen oder Sichtbarkeiten auch Traits, die einige sehr interessante Funktionen wie zum Beispiel polymorphe Rückgabetypen anbieten.

Rust verfügt über einige objektorientierte Konzepte. Es gibt aber auch Konzepte, die in Rust nicht realisiert sind, zum Beispiel das der Vererbung. Aus diesem Grund stellt sich Rust-Einsteigern immer wieder die Frage, ob Rust objektorientiert ist oder nicht. Die Designer der Sprache tendieren eher dagegen, Rust als objektorientiert zu bezeichnen.

Der Grund hierfür ist, dass Rust einen sehr starken Fokus auf die Ausführungsgeschwindigkeit legt. Und damit ist es sehr wichtig, die Laufzeitkosten durch das Sprachdesign so gering wie möglich zu halten, also nur Abstraktionen zuzulassen, die keine Laufzeitkosten verursachen.

Hintergrund

Wenn wir uns ins Gedächtnis rufen, wie bei Vererbung zum Beispiel die Auflösung von Methodenaufrufen zur Laufzeit passiert, über Hierarchien von potenziell virtuellen Funktionstabellen (engl. *virtual function tables*), dann ist völlig klar, dass hierdurch ein deutlicher Mehraufwand entstehen kann, der zudem davon abhängt, wie tief die Vererbungshierarchie ist und – je nach Sprachdesign – auch, wie bzw. ob ein Cast zu einer in der Vererbungshierarchie höheren Klasse stattfindet.

9.1 Methoden

Wir haben bisher strukturierte Datentypen ausschließlich zur Datenhaltung kennengelernt. Rust bietet uns aber die Möglichkeit, diesen Daten auch Methoden zuzuordnen. Hierbei gibt es zwei Varianten:

Methoden, die auf der Instanz operieren (auf einer Referenz oder auf einer Variablen mit Eigentumsübergang), und Methoden, die als assoziiert bezeichnet werden. Methoden, die auf einer Instanz operieren, können wir mit Objektmethoden gleichsetzen. Assoziierte Methoden entsprechen statischen oder Klassenmethoden in anderen Sprachen.

Hintergrund

Wir kombinieren damit zwei sehr wichtige Konzepte der objektorientierten Welt, Daten und Verhalten. Da Rust uns allerdings keine Vererbung bietet, und damit auch keine Vererbungshierarchien, fehlt uns ein in der Objektorientierung sehr wichtiger Teil dieser Konzepte, nämlich die Wiederverwendung von Daten und zugeordnetem Verhalten in abgeleiteten Klassen. Rust bietet uns allerdings eine Alternative zur Wiederverwendung von Verhalten mit Traits, die wir in Abschnitt 9.3 kennenlernen werden.

Methoden gleichen in der Form Funktionen, befinden sich aber in einem eigenen Anweisungsblock. Dieser Anweisungsblock wird eingeleitet durch das Schlüsselwort `impl` gefolgt von dem Namen des Datentyps. Wir können beliebig viele dieser `impl`-Blöcke verwenden, um unsere Methodendefinitionen nach unserem Geschmack zu strukturieren.

Bei den Methoden, die auf Instanzen operieren (den Objektmethoden), muss in der Definition der erste Parameter den Namen `self` tragen (entweder als Variable oder als Referenz), also `fn beispiel(self, ...)` oder `fn beispiel(&self, ...)`. Dies kennen wir auch aus Programmiersprachen wie Python oder Perl.

Der Typ dieses Parameters ist durch die vorhergehende `impl`-Anweisung definiert und optional. Wir können ihn aber auch entweder explizit angeben oder das Schlüsselwort `Self` (großgeschrieben) nutzen, das diesen Typ repräsentiert. Damit ist `self` eine Kurzform von `self : Self` (entsprechend für Referenzen). Damit wäre die vollständige Schreibweise `fn beispiel(self: Self, ...)` oder `fn beispiel(self: &Self, ...)`. Meist wird auf diese Angabe verzichtet und nur der Name des Parameters angegeben.

In der Methode kann über `self` auf die Elemente der Instanz zugegriffen werden, ein Zugriff ohne `self` (wie in Java ohne `this`) ist nicht möglich. Bei assoziierten Methoden (den Klassenmethoden in anderen Sprachen) ist kein Parameter `self` notwendig, da ja nicht auf einer Instanz operiert wird.

Instanzmethoden werden aufgerufen, indem sie durch Punkt getrennt an eine Instanzvariable angehängt werden, also `var.beispiel()` (ohne den `self`-Parameter). Assoziierte Methoden werden hingegen über die Pfadnotation aufgerufen, also zum Beispiel Typ::assoc(), da es keine Instanz gibt.

In unserem Beispiel verwenden wir den Typ Point aus unseren früheren Beispielen, diesmal mit dem Typ f64 für die Koordinaten. Der Definition folgt ein erster impl-Block für den Datentyp Point mit der assoziierten Methode Point::new(). In dieser Methode erzeugen wir eine Point-Instanz aus den übergebenen Parametern x und y und geben diese als Rückgabewert zurück.

Listing 9–1
Methoden für strukturierte Datentypen

```
struct Point { x: f64, y: f64 }

impl Point {
    fn new(x: f64, y: f64) -> Point {
        Point { x, y }
    }
}

impl Point {
    fn dist_to_origin(&self) -> f64 {
        (self.x.powi(2) + self.y.powi(2)).sqrt()
    }
    fn dist(self: &Point, other: &Point) -> f64 {
        let diff_x = self.x - other.x;
        let diff_y = self.y - other.y;
        (diff_x.powi(2) + diff_y.powi(2)).sqrt()
    }
}

fn main() {
    let p1 = Point { x: 3.0, y: 4.0 };
    println!("Distance to 0, 0: {}", p1.dist_to_origin());

    let p2 = Point::new(9.0, 12.0);
    println!("Distance: {}", p1.dist(&p2));
}
```

Es folgt ein zweiter impl-Block für den Datentyp Point, diesmal mit zwei Methoden dist_to_origin() und dist(), die beide &self als ersten Parameter haben und damit als Instanzmethoden gekennzeichnet sind. In beiden Fällen verwenden wir Referenzen und haben deshalb keinen Eigentumsübergang. Wir benötigen zum Aufruf kein Eigentum der Instanz, eine Referenz reicht. In der zweiten Methode definieren wir explizit den Typ unseres Parameters &self zur Demonstration, hierauf wird im Normalfall verzichtet.

Die erste Methode dist_to_origin() kalkuliert die Distanz unserer Point-Instanz zum Nullpunkt, die zweite Methode dist() berechnet die Distanz zu der zweiten als Parameter (-Referenz) &other übergebenen Point-Instanz. In beiden Methoden sehen wir wieder die Mächtigkeit der automatischen Dereferenzierung durch Rust am Werk, die es uns erlaubt, den Quelltext sehr klar zu formulieren.

In beiden Methoden verwenden wir die Methode `powi(2)`, die uns vom Gleitkommatyp `f64` zur Verfügung gestellt wird und die das Quadrat unserer Zahl als Ganzzahl berechnet.

In der `main()`-Funktion erzeugen wir zuerst eine `Point`-Instanz in der Variable `p1`, rufen dann die Instanzmethode `dist_to_origin()` auf `p1` auf und geben das Ergebnis aus.

Dann verwenden wir die zum Datentyp `Point` assoziierte Methode `Point::new()`, um eine neue `Point`-Instanz zu erzeugen, und weisen diese der Variablen `p2` zu. Wir berechnen die Distanz zwischen den beiden Punkten, indem wir die Methode `dist()` auf `p1` mit dem Argument `&p2` aufrufen und geben das Ergebnis gleichfalls aus.

Wir sehen, dass die Definition von und der Umgang mit Methoden sehr einfach und elegant ist und sich nicht großartig von dem Umgang in anderen Sprachen unterscheidet. Lediglich dass die Instanz im ersten Parameter explizit benannt werden muss und dass der Zugriff auf den Inhalt der Instanz zwingend über `self` passiert, ist eine Geschmacksfrage.

Die Ausgabe unseres Beispiels lautet:

```
Distance to (0, 0): 5
Distance: 10
```

Hintergrund

Die Abstandskalkulation ist simple Geometrie und sollte bekannt sein, die verwendeten Werte für die Punkte ergeben in Kalkulation pythagoreische Tripel, die dafür sorgen, dass wir als Abstände Ganzzahlen erhalten.

9.1.1 Die Verwendung von Typparametern

Wenn wir Methoden für generische Datentypen definieren wollen, so ist dies problemlos möglich, indem wir das Schlüsselwort `impl` mit einem Typparameter erweitern.

Hintergrund

Dies ist ein erneutes Beispiel für das Design der Sprache, in dem der Compiler so weit wie möglich ohne Kontext operieren kann. Man könnte argumentieren, dass aus dem nachfolgenden Datentypnamen mit Typparameter auch bestimmt werden kann, dass wir generische Methoden haben (die logischerweise anders behandelt werden als konkrete Methoden). Dies würde für den Compiler aber eine deutlich höhere Komplexität bedeuten und damit eine höhere Fehleranfälligkeit. Daraus ergibt sich die Erweiterung des Schlüsselwortes `impl` selbst zusätzlich zum Typparameter am Datentypnamen.

Unser nächstes Beispiel greift das Beispiel aus Abschnitt 8.3 zu Typparametern in Aufzählungstypen wieder auf, definiert jetzt aber die beiden Funktionen aus dem Beispiel als Methoden des Datentyps `MyOption<T>`.

Wir importieren erneut die Funktion `exit()` und definieren dann unseren Datentyp `Myoption<T>`.

Nun folgt ein `impl<T>`-Block, der die Methoden für `MyOption<T>` enthält. Der Hauptunterschied der Methode `is_none()` im Vergleich zu der gleichnamigen Funktion im alten Beispiel ist die Verwendung der Referenz `&self` als Parameter, die dies als eine Instanzmethode kennzeichnet. Auch die zweite Methode `expect()` unterscheidet sich nur durch die Verwendung von `self` als Parameter von der alten Funktion.

Listing 9–2
Die Definition von Methoden für Datentypen mit Typparameter

```
use std::process::exit;

enum MyOption<T> {
    None,
    Some(T)
}
impl<T> MyOption<T> {
    fn is_none(&self) -> bool  {
        if let MyOption::<T>::None = self {
            return true;
        } else {
            return false;
        }
    }
    fn expect(self) -> T {
        match self {
            MyOption::None => {
                println!("Wir haben ein Problem...");
                exit(1);
            }
            MyOption::Some( x ) => x
        }
    }
}

fn main() {
    let opt = MyOption::Some(3.141);
    let val = opt.expect();
    println!("{}", val);

    let opt = MyOption::<i32>::None;
    if opt.is_none() {
        println!("Enthält keinen Wert");
    }
    let val = opt.expect();
}
```

In der `main()`-Funktion erzeugen wir zuerst eine Instanz von `MyOption` und weisen diese der Variablen `opt` zu. Dann extrahieren wir durch Aufruf der Instanzmethode `expect()` den enthaltenen Wert, weisen ihn der Variablen `val` zu und geben diese aus. Zur Erinnerung: Die Variable `opt` ist nach diesem Aufruf nicht länger gültig, da wir bei der Methode `expect()` einen Eigentumsübergang haben und den Inhalt extrahieren.

Nun erzeugen wir eine neue Instanz von `MyOption::None` in der Variable `opt` und rufen die Methode `is_none()` auf, um zu entscheiden, ob wir die folgende Ausgabe machen. Zum Schluss rufen wir erneut die Methode `expect()` auf, die diesmal zu einem Fehler führen wird. Die Ausgaben sind exakt die gleichen wie im alten Beispiel.

Hintergrund

Der echte `Option`-Datentyp ist natürlich deutlich komplexer, aber die Mechanismen entsprechen den hier verwendeten.

9.2 Module und Sichtbarkeiten

Zur Strukturierung von größeren Projekten bietet Rust Mechanismen auf verschiedenen Abstraktionsebenen an. Die kleinste Einheit ist das Modul, das Funktionen, Strukturen, Methoden und statische Variablen in einem eigenen Namensraum zusammenfasst. Wir definieren ein Modul, indem wir das Schlüsselwort `mod` verwenden, gefolgt vom Namen des Moduls (und damit dem Namen des Namensraums) und einem Anweisungsblock mit dem eigentlichen Inhalt des Moduls.

Ein Modul erlaubt es, Sichtbarkeiten feingranular zu definieren. Hierfür wird das Schlüsselwort `pub` verwendet, mit dem wir die Elemente kennzeichnen, die wir außerhalb des Moduls öffentlich zur Verfügung stellen, also exportieren wollen. Alle Elemente, die nicht explizit mit `pub` gekennzeichnet sind, sind außerhalb des Moduls nicht sichtbar. Sichtbarkeiten innerhalb des Moduls werden nicht beeinflusst, hier haben wir immer die volle Sichtbarkeit.

Diese Kennzeichnung bedeutet, dass wir auf diese Elemente von außerhalb des Moduls zugreifen können. Das heißt aber nicht, dass wir auf die Inhalte dieser Elemente zugreifen können (der Export wirkt also nicht rekursiv). Der Export eines strukturierten Datentyps bedeutet also, dass dieser außerhalb des Moduls verwendet werden kann. Dies gilt aber nur für den Datentyp selbst. Wenn wir auch auf die einzelnen Elemente zugreifen wollen, müssen wir diese gleichfalls mit `pub` exportieren. Dies ermöglicht uns auf sehr einfache Art, Zugriffsbeschränkungen für Datentypen und ihre Methoden zu definieren. Wichtig ist hierbei, dass wir einen Datentyp aus einem Modul nur dann instanziieren können, wenn alle seine Elemente gleichfalls öffentlich sichtbar, also exportiert sind. Ist das nicht der Fall, müssen wir eine Funktion oder assoziierte Methode innerhalb des Moduls exportieren, die neue Instanzen erzeugen kann, wenn wir Instanzen dieses Datentyps außerhalb des Moduls nutzen wollen.

Namensräume

Wir können jetzt alle öffentlichen Elemente eines Moduls nutzen, indem wir den vollständigen Pfad zum Namensraum angeben. Namensräume und damit Module können in einer hierarchischen Struktur verschachtelt sein. Der Weg zu einem Modul und zu einem Element eines Moduls ist damit grundsätzlich ein Pfad von Namensräumen, die durch einen Pfadtrenner (die zwei Doppelpunkte, die uns schon wiederholt begegnet sind) getrennt werden. Hierbei gibt es zwei Notationen, zum einen die Notation relativ zum aktuellen Namensraum, zum anderen die Notation beginnend beim höchsten Namensraum. Dieser hat den Namen `crate`, und damit gehen alle Pfade, die mit `crate` beginnen, von diesem höchsten Namensraum aus.

In unserem Beispiel verpacken wir den schon bekannten Datentyp `Point` mit seinen Methoden in ein eigenes Modul `geometry`. Dazu definieren wir mit `mod geometry` das Modul und verschieben die Datentypdefinition in den folgenden Anweisungsblock.

Wir beginnen mit der Definition unseres Datentyps, diesmal eingeleitet mit dem Schlüsselwort `pub`. Damit ist dieser Datentyp öffentlich und kann außerhalb des Moduls genutzt werden. Zu Demonstrationszwecken definieren wir das Element `x` mit dem Schlüsselwort `pub` als öffentlich verfügbar, das Element `y` exportieren wir hingegen nicht. Damit können wir außerhalb des Moduls später auf `x` zugreifen, auf `y` nicht.

Wir sind auch nicht in der Lage, eine neue Instanz von `Point` direkt zu erzeugen. Um dies zu übernehmen, stellen wir eine öffentliche Funktion `new_point()` zur Verfügung.

Nun folgen die Methoden des Datentyps `Point` in einem `impl`-Block, und auch hier gilt, dass nur die Methoden öffentlich sind, die durch das Schlüsselwort `pub` entsprechend gekennzeichnet sind. Die Inhalte der Methoden sind aus den vorherigen Beispielen bekannt.

Listing 9–3
Einfache Verwendung von Modulen

```
mod geometry {
    pub struct Point { pub x: f64, y: f64 }

    pub fn new_point(x: f64, y: f64) -> Point {
        Point { x, y }
    }

    impl Point {
        pub fn new(x: f64, y: f64) -> Point {
            Point { x, y }
        }
        pub fn dist(self: &Point, other: &Point) -> f64 {
```

```
                let diff_x = self.x - other.x;
                let diff_y = self.y - other.y;
                (diff_x.powi(2) + diff_y.powi(2)).sqrt()
            }
        }
    }

    fn main() {
        // let p1 = geometry::Point { x: 3.0, y: 4.0 }; // Fehler
        let p1 = crate::geometry::new_point(3.0, 4.0);

        let p2 = geometry::Point::new(9.0, 12.0);
        println!("Distance: {}", p1.dist(&p2));
    }
```

In der `main()`-Funktion ist die erste Zeile kommentiert. In dieser würde versucht, eine Instanz des Datentyps `Point` direkt zu erzeugen. Dies wäre zum Scheitern verurteilt, da `y` nicht öffentlich sichtbar ist. Wir verwenden stattdessen die Funktion `crate::geometry::new_point()` zur Erzeugung unserer ersten Instanz in der Variable `p1` - durch den Präfix `crate` beginnt unser Pfad beim höchsten Namensraum. Im nächsten Schritt erzeugen wir in `p2` eine weitere `Point`-Instanz durch Verwendung der assoziierten Methode `new()`. Zum Schluss geben wir das Ergebnis des Aufrufs der Instanzmethode `dist()` aus (die wir aufrufen können, weil sie als öffentlich gekennzeichnet ist).

Tipps und Tricks

In der Verwendung der Funktion `new_point()` und der assoziierten Methode `Point::new()` wird deutlich, wie viel besser die Bedeutung des Aufrufs durch die assoziierte Methode erkennbar ist als durch die Funktion im gleichen Modul. Wir können deshalb als Regel ableiten: All jene Funktionalität, die mit einem Datentyp zu tun hat, sollte in einer (Instanz- oder assoziierten) Methode implementiert sein.

9.2.1 Importieren von Elementen aus anderen Namensräumen

Was im letzten Beispiel auffällt, ist die häufige Wiederholung des Pfades zu dem spezifischen Namensraum, und wir haben die Lösung hierfür bereits kennengelernt.

Um nicht immer den vollen Pfad ausschreiben zu müssen, bietet uns Rust den Import von Elementen eines Moduls in unseren eigenen Namensraum mit dem Schlüsselwort `use`. Diesem übergeben wir einen Pfad mit einem oder mehreren Elementen, um diese Elemente in Folge direkt und ohne den vollen Pfad nutzen zu können. Andere Sprachen haben vergleichbare Mechanismen, in Java kennen wir die `import`-Anweisung mit vergleichbarer Funktion.

Zusätzlich haben wir die Möglichkeit, das importierte Element für unseren Namensraum umzubenennen. Dazu ergänzen wir den Import mit dem Schlüsselwort `as` und schließen mit dem neuen Namen für das Element ab, also zum Beispiel `use geometry::Point as MeinPunkt`, um `geometry::Point` als `MeinPunkt` verwenden zu können.

Die Notation eines Pfades mit einem Element haben wir schon kennengelernt und verwendet, aber auch die Notation eines Pfades mit mehreren Elementen ist uns bereits in unserem ersten Rust-Beispiel begegnet. Wenn wir mehrere Elemente importieren wollen, dann notieren wir sie am Ende des Pfades nach dem letzten doppelten Doppelpunkt durch Kommata getrennt in geschweiften Klammern, also zum Beispiel `use geometry::{Point, newpoint}`. Auch ein einzelnes Element können wir mit geschweiften Klammern umgeben, darauf wird jedoch generell verzichtet. Wenn wir alle öffentlichen Elemente in unseren Namensraum importieren wollen, verwenden wir am Ende des Pfades einen Stern `*`. Wichtig: Es werden alle Elemente dieses Namensraums importiert, aber nicht die Elemente untergeordneter Namensräume. Es gibt also keinen rekursiven Import.

Listing 9–4
Verwendung des Schlüsselworts use

```
use crate::geometry::*;
// use geometry::{Point, new_point};
// use geometry::Point;
fn main() {
    let p1 = geometry::new_point(3.0, 4.0);

    let p2 = Point::new(9.0, 12.0);
    println!("Distance: {}", p1.dist(&p2));
}
```

Unser Beispiel ist eine neue Version der `main()`-Funktion des letzten Beispiels. Das dort definierte Modul `geometry` bleibt unverändert.

Im ersten Schritt importieren wir alle Elemente des Moduls mit dem Schlüsselwort `use`, indem wir den absoluten Pfad, beginnend mit `crate`, angeben und den Pfad mit dem Stern `*` enden lassen. Als Kommentar haben wir zwei alternative Import-Anweisungen, beide mit relativem Pfad. Im ersten Fall importieren wir die beiden Elemente `Point` und `new_point`, im zweiten Fall nur den Datentyp `Point`.

In der `main()`-Funktion rufen wir zuerst die Funktion `new_point()` auf und verwenden hierbei den voll qualifizierten Pfad. Auch wenn wir Teile eines anderen Namensraums importiert haben, hindert uns nichts daran, den vollen Namen zu verwenden.

Der folgende Aufruf der assoziierten Methode `Point::new()` nutzt den vorangegangenen Import und kommt ohne Angabe des Namensraums aus.

9.2.2 Hierarchische Module

Rust bietet die Möglichkeit, Module zu verschachteln, und dies ist, wie in vielen anderen Sprachen auch, eine elegante Möglichkeit, um Projekte weiter zu strukturieren.

Hierzu platzieren wir ein neues Modul innerhalb eines existierenden Moduls. Die Anzahl von Modulen innerhalb eines Moduls sowie die Verschachtelungstiefe sind hierbei nicht beschränkt (außer durch unsere Vernunft und Zurückhaltung). Innere Module können öffentlich oder privat sein. Um ein inneres Modul zu veröffentlichen, verwenden wir das Schlüsselwort `pub`. Hierbei ist es wichtig zu wissen, dass das äußerste Modul in der Modulstruktur immer öffentlich ist. Es gibt allerdings einen wichtigen Unterschied zwischen dem Zugriff von außerhalb des äußersten Moduls und von innen. Während bei einem Zugriff von außen der gesamte Pfad öffentlich sein muss (also alle Module des Pfades öffentlich sein müssen), können wir innerhalb unserer Modulhierarchie auch auf private Module zugreifen.

Pfade in Modulen

Verschachtelte Module haben hierbei vollständigen Zugriff auf alle Elemente der sie umgebenden Module, auch ohne jede Freigabe. Um das umgebende Modul in einem Pfad zu adressieren, können wir das Schlüsselwort `super` am Pfadbeginn verwenden. Mehrfache Verwendung, durch den Pfadtrenner `::` getrennt, erlaubt uns, im Pfad mehrere Modulebenen nach außen zu gelangen. Rust bietet uns zudem noch das Schlüsselwort `self` am Anfang des Pfades, um das aktuelle Modul zu adressieren. Da jeder relative Pfad aber sowieso beim aktuellen Modul beginnt, wird dies so gut wie nie verwendet.

Äußere Module hingegen haben nur dann Zugriff auf die Elemente innerer Module, wenn der Zugriff für sie freigegeben ist. Wenn wir auf ein Element in einem inneren Modul zugreifen wollen, müssen wir hierzu entweder den Pfad angeben oder über die Elemente über einen Import zum lokalen Namensraum hinzufügen.

Um auch bei komplexen Verschachtelungen von Modulen nach außen eine simple Schnittstelle mit kurzen Pfaden anbieten zu können, haben wir die Möglichkeit, öffentliche Elemente von inneren Modulen auf der Ebene das aktuellen Modules erneut zu exportieren (engl. *re-export*). Dies bedeutet, dass wir exportierte Elemente aus privaten Modulen auf der Ebene des aktuellen Moduls öffentlich verfügbar machen können. Wir machen dies, indem wir dem schon bekannten Import eines Elements das Schlüsselwort `pub` voranstellen, also die Kombination `pub use` verwenden. Damit wird das Element nicht nur in den aktuellen Namensraum importiert, sondern zusätzlich aus unserem aktuellen Namensraum exportiert.

Die uns zur Verfügung stehenden Regeln erlauben uns eine sehr flexible Gestaltung der öffentlichen Schnittstelle eines Moduls unabhängig von der internen Komplexität, und auch bei der Umstrukturierung eines Moduls haben wir die Möglichkeit, die externe Schnittstelle sehr ähnlich zu belassen, Migrationsaufwände durch neue, komplexere Modulversionen also zu minimieren.

Listing 9–5
Hierarchische Module

```
mod geometry {
    pub use point::Point;  // Reexportieren
    mod point {
        pub struct Point { pub x: f64, pub y: f64 }
        impl Point {
            pub fn new(x: f64, y: f64) -> Point {
                Point { x, y }
            }
        }
    }
    pub fn new_point(x: f64, y: f64) -> Point {
        Point::new ( x, y )
    }
}
use geometry::*;
fn main() {
    let p1 = new_point(3.0, 4.0);
    let p2 = Point::new(9.0, 12.0);
}
```

Unser Beispiel beginnt mit dem Modul `geometry`. Innerhalb des Moduls reexportieren wir den Datentyp `Point` aus dem inneren Modul `point`. Dieser Datentyp steht damit jetzt als `geometry::Point` zur Verfügung.

Dieses innere Modul definieren wir in der nächsten Zeile und exportieren es nicht (kein Schlüsselwort `pub`). Dies bedeutet, dass von außerhalb unserer Modulhierarchie nicht auf diesen Pfad zugegriffen werden kann und damit auch nicht auf Unterpfade. Innerhalb dieses inneren Moduls finden wir die schon bekannte Definition unseres Datentyps `Point` mit dem privaten Pfad `geometry::point::Point`.

Im äußeren Modul definieren wir die uns gleichfalls bekannte Funktion `new_point()`, innerhalb derer wir auf den importierten (und reexportierten) Datentyp `Point` zugreifen.

Außerhalb unseres Moduls importieren wir alle Elemente des Moduls `geometry` inklusive des reexportierten Datentyps `Point` und nutzen diese wie in den vorherigen Beispielen in der `main()`-Funktion, um neue `Point`-Instanzen zu erzeugen.

9.2.3 Erweiterte Sichtbarkeiten

Es gibt Situationen, in denen wir eine noch granularere Sichtbarkeit innerhalb von Modulen und Modulhierarchien benötigen.

Hierzu können wir dem Schlüsselwort `pub` in runden Klammern einen Pfad mitgeben, für den die Freigabe gelten soll (inklusive aller Untermodule des bezeichneten Moduls). Es gibt hierbei verschiedene Formen, einen Pfad zu definieren:

- `pub(self)` – sichtbar im aktuellen Modul und allen untergeordneten Modulen. Diese Sichtbarkeit hat den gleichen Effekt wie das Weglassen der Sichtbarkeitsangabe.
- `pub(crate)` – Die Sichtbarkeit ist beschränkt auf das gesamte aktuelle Crate. Dies wird dann interessant, wenn wir die nächste Strukturierungsebene betrachten.
- `pub(super)` – sichtbar im direkt übergeordneten Modul und allen Untermodulen des übergeordneten Moduls.
- `pub(in <path>)` – sichtbar im durch den Pfad bezeichneten Modul und in allen seinen Untermodulen. Wichtig ist hier das Schlüsselwort `in`, das leicht vergessen wird.

9.2.4 Aufteilung in mehrere Dateien

Früher oder später kommt in jedem Projekt der Zeitpunkt, zu dem das Programm in einer Datei so unübersichtlich wird, dass es alternative Strukturierungsmöglichkeiten benötigt.

Rust bietet uns die Möglichkeit, einzelne Module sehr organisch aus unserer Datei `main.rs` in eigene Moduldateien auszulagern. Hierzu benötigen wir folgende Schritte:

- Im ersten Schritt legen wir eine neue Datei im Verzeichnis `src` (also auf der gleichen Ebene wie `main.rs`) an mit dem Namen unseres Moduls gefolgt von der Endung `.rs`. Diese Datei entspricht einer Moduldeklaration mit dem Namen der Datei.
- Im zweiten Schritt kopieren wir den Quelltext unseres auszulagernden Moduls in diese neue Datei. Da die Moduldeklaration bereits durch das Auslagern in die neue Datei geschehen ist, können wir die explizite Deklaration unseres Moduls entfernen (diese würde tatsächlich ein weiteres Untermodul erzeugen).
- In der Datei, aus der wir gerade das Modul extrahiert haben, müssen wir jetzt noch deklarieren, dass wir dieses Modul mit übersetzen wollen. Dies machen wir durch das Schlüsselwort `mod` gefolgt von unserem Modulnamen und einem Semikolon.

- Wenn wir aus dem neuen Modul ein weiteres Untermodul auslagern wollen, dann beginnen wir wie im ersten Schritt, allerdings nicht mehr im Wurzelverzeichnis src, sondern in einem Verzeichnis, das den Modulnamen trägt. Für weitere hierarchische Untermodule legen wir entsprechend weitere, verschachtelte Unterverzeichnisse an.

Im Folgenden führen wir dieses Vorgehen an unserem letzten Beispiel durch. Im ersten Schritt legen wir im Verzeichnis src eine neue Datei geometry.rs an. Im zweiten Schritt entfernen wir das Modul geometry aus unserer Datei main.rs, fügen es in die neue Datei geometry.rs ein und entfernen die Moduldefinition, da diese durch den Dateinamen bereits gegeben ist. In der Datei main.rs fügen wir die Anweisung mod geometry; hinzu.

Die resultierende Datei main.rs sieht jetzt wie folgt aus:

Listing 9–6
Die Datei main.rs nach Extraktion des Moduls

```
mod geometry;  // Deklaration Untermodul

use geometry::*;
fn main() {
    let p1 = new_point(3.0, 4.0);
    let p2 = Point::new(9.0, 12.0);
}
```

Die neue Datei geometry.rs sieht mit den beschriebenen Modifikationen wie folgt aus:

Listing 9–7
Das Modul geometry.rs nach der Extraktion

```
pub use point::Point;  // Reexportieren

pub fn new_point(x: f64, y: f64) -> point::Point {
   point::Point::new ( x, y )
}
mod point {
   pub struct Point { pub x: f64, pub y: f64 }
   impl Point {
      pub fn new(x: f64, y: f64) -> Point {
         Point { x, y }
      }
   }
}
```

Im nächsten Schritt lösen wir das Untermodul point aus dem Modul geometry heraus. Hierzu legen wir ein neues Unterverzeichnis geometry an, das alle Untermodule des Moduls aufnimmt. In diesem Unterverzeichnis legen wir eine neue Datei geometry/point.rs an. Wie zuvor entfernen wir jetzt das Modul point aus der Datei geometry.rs, fügen es in die neue Datei point.rs ein und entfernen die Moduldefinition, die durch die Dateistruktur bereits gegeben ist. In der Datei geometry.rs fügen wir noch die Anweisung mod point; hinzu, damit der Compiler das neue Untermodul einbindet. Dies führt uns zur folgenden neuen Version des Untermoduls geometry:

Listing 9–8
Die neue Version der Datei geometry.rs

```
mod point; // Deklaration Untermodul

pub use point::Point;  // Reexportieren

pub fn new_point(x: f64, y: f64) -> point::Point {
   point::Point::new ( x, y )
}
```

Die neue, ausgelagerte Version des Untermoduls `geometry::point` sieht gleichfalls deutlich simpler aus:

Listing 9–9
Das neue Untermodul point in der Datei geometry/point.rs

```
pub struct Point { pub x: f64, pub y: f64 }
impl Point {
   pub fn new(x: f64, y: f64) -> Point {
      Point { x, y }
   }
}
```

Alle Relationen und Zugriffsrechte bleiben hierbei unverändert enthalten, nach der Auslagerung sollte daher, abgesehen von der besseren Lesbarkeit, kein inhaltlicher Unterschied bestehen.

Wir können also auf der einen Seite beobachten, dass das Herauslösen von Untermodulen nur einen minimalen Aufwand bedeutet und damit das inkrementelle Wachstum unserer Projekte sehr gut unterstützt. Auf der anderen Seite wird deutlich, dass die Unterteilung in Einzelmodule die Lesbarkeit des Gesamtprojekts beträchtlich verbessert.

9.3 Traits

Klassische objektorientierte Sprachen bieten mit dem Konzept der Vererbung die Möglichkeit, Datenstrukturen und zugehöriges Verhalten wiederzuverwenden. Rust bietet dies nicht, erlaubt aber die Wiederverwendung von Verhalten über das Konzept der Traits (das wir auch in Sprachen wie Scala oder in früheren Versionen von Kotlin finden), das sehr viele Ähnlichkeiten zu dem Konzept eines Interface in Java oder Kotlin oder zu dem einer abstrakten Klasse in C++ hat.

Hintergrund

Es gibt inzwischen einige Strömungen in der objektorientierten Welt, die der Vererbung kritisch gegenüberstehen und die die Verwendung des Interface-Konzepts als deutlich vorteilhafter sehen (*composition over inheritance*). Hinzu kommen zum Beispiel inzwischen sehr weitreichend anerkannte Sammlungen von Design-Prinzipien wie SOLID, bei dem der Buchstabe I für das Interface-Segregation-Prinzip steht.

Abgesehen von konzeptuellen Vorteilen hat der Traits-Ansatz auch noch einen Implementierungsvorteil: Traits können ohne einen Laufzeitaufwand implementiert werden. Dies passt sehr gut zu dem Ziel von Rust, so effizient wie möglich zu sein. Es gibt hierbei allerdings eine Ausnahme: die dynamischen Trait-Objekte, die wir in Abschnitt 9.3.9 betrachten.

Ein Trait in Rust stellt eine spezielle Form von Typ dar, der eine Anzahl von Methodendeklarationen enthält, die von einem anderen Typ, der diesen Trait implementiert, zur Verfügung gestellt werden müssen. Traits können Default-Implementierungen für Methoden anbieten, die verwendet werden, wenn keine spezifische Implementierung zur Verfügung steht.

Ein Spezialfall sind hierbei *Marker-Traits*, die keine Methodendeklarationen enthalten (bei denen die Anzahl der Methoden also 0 ist). Diese werden verwendet, um Typen mit einer Markierung zu versehen. Ein sehr bekanntes Beispiel aus dem Java-Bereich ist das Marker-Interface `Serializable`, das anzeigt, dass ein Objekt serialisierbar ist.

Weiterhin kann ein Trait Konstanten enthalten, und es besteht die Möglichkeit, Traits zu kombinieren, indem eine Subtypbeziehung definiert wird.

Datentypen in Rust können eine beliebige Anzahl von Traits implementieren und deren jeweilige Default-Implementierung nutzen oder eigene zur Verfügung stellen. Damit erlauben Traits die Fokussierung auf jeweils ein Verhalten und die für dieses Verhalten notwendigen Methoden. Da Traits an vielen Stellen anstelle von Datentypen verwendet werden können, können wir diese auch in unseren eigenen Rust-Programmen in sehr starkem Maße nutzen.

Darüber hinaus sind Traits in der Sprache selbst sehr häufig verwendet, um Sprachfunktionalität zu implementieren. Dies beginnt bei der Einschränkung von generischen Datentypen, geht über die Verwendung von Marker-Traits an verschiedensten Stellen bis zur Nutzung von Traits zum Überladen von Operatoren.

9.3.1 Erzeugung und Verwendung

Die Definition eines Traits sieht sehr ähnlich wie die eines anderen Typs aus. Allerdings wird das Schlüsselwort `trait` zur Kennzeichnung verwendet. Traits können innerhalb von Modulen eine beschränkte Sichtbarkeit haben, und wir können die gleichen Modifikationen der Sichtbarkeit mittels `pub` nutzen wie bei den normalen Datentypen. Sie können auch wie normale Datentypen aus anderen Modulen importiert oder über den vollständigen Pfad adressiert werden.

Definition eines Traits

Auf das Schlüsselwort `trait` folgt der Name des Traits und dahinter in geschweiften Klammern die Liste der Methoden, die grundsätzlich öffentlich verfügbar sind. Hier können wir sowohl assoziierte Methoden (vergleichbar den Klassenmethoden anderer Sprachen) als auch Instanzmethoden definieren, und für beide können wir Default-Implementierungen liefern. Auch Konstanten können definiert werden.

Das folgende Beispiel zeigt die Definition eines Traits:

Listing 9–10
Die Definition eines Traits

```
trait Fahrzeug {
    fn starte_antrieb(&self);
    fn fahre(&self, distanz: u32);
    fn nutze_fahrzeug(&self, distanz: u32) {
        self.starte_antrieb();
        self.fahre(distanz);
    }
    fn implements() {
        println!("Dieser Typ implementiert 'Fahrzeug'");
    }
}
```

Wir beginnen die Definition mit dem Schlüsselwort `trait`, gefolgt vom Namen `Fahrzeug`. In geschweiften Klammern folgen jetzt alle Methoden. Wir beginnen mit zwei Methodendeklarationen für die Instanzmethoden `starte_antrieb()` und `fahre()` sowie der Default-Implementierung für die Instanzmethode `nutze_fahrzeug()`. Zum Schluss folgt eine assoziierte Methode `implements()`, die den Namen des Trait ausgibt. Bei der Default-Implementierung von Methoden ist es wichtig, dass wir nur Methoden verwenden können, die dem Trait bekannt sind, sprich diejenigen, die er selbst definiert (oder, wie wir im nächsten Abschnitt sehen, die er voraussetzt).

Implementierung eines Traits für einen Typ

Im nächsten Schritt müssen wir für alle Datentypen, die den Trait implementieren wollen, die Methoden definieren, für die keine Default-Implementierung vorhanden ist. Die Default-Implementierung können wir bei Bedarf überschreiben.

In der Weiterführung unseres Beispiels definieren wir zuerst einen neuen (leeren) Datentyp `Auto`. Dann folgt die Implementierung der Trait-Methoden für den Typ `Auto`. Hierzu wird genau wie für normale Datentypimplementierungen ein Block mit dem Schlüsselwort `impl` eingeleitet. Dies wird aber jetzt gefolgt vom Trait-Namen, in unserem Fall `Fahrzeug`, dem Schlüsselwort `for` und dem Namen des Datentyps, hier `Auto`. Damit ist eine derartige Implementierung von Methoden für Traits sehr ähnlich zu einer normalen Methodenimplementierung, aber trotzdem leicht erkennbar.

Listing 9–11
Implementierung eines Traits

```
struct Auto { }

impl Fahrzeug for Auto {
    fn starte_antrieb(&self) {
        println!("Motor an.");
    }
    fn fahre(&self, distanz: u32) {
        println!("Das Auto fährt {} km.", distanz);
    }
}
```

Es folgen die tatsächlichen Implementierungen der Methoden, innerhalb derer wir auf alle Interna des Datentyps, für den wir den Trait implementieren, Zugriff haben, also Variablen und Methoden. Hier haben wir allerdings eine potenzielle Namenskollision, wenn Methoden im Trait und im Datentyp den exakt gleichen Namen und die gleiche Signatur haben.

Das sehen wir in der zweiten Implementierung für den Trait `Fahrzeug`, diesmal für einen Datentyp `Segelschiff`. Der Trait hat eine Instanzmethode `starte_antrieb()`. Diese ist vollständig unabhängig von der Trait-Methode, da sie ja für den Datentyp Segelschiff und nicht für den Trait `Fahrzeug` definiert wurde.

Listing 9–12
Implementierung des Traits für einen weiteren Datentyp

```
struct Segelschiff { }

impl Segelschiff {
    fn starte_antrieb(&self) {
        println!("Segel gehisst.");
    }
}

impl Fahrzeug for Segelschiff {
    fn starte_antrieb(&self) {
        Segelschiff::starte_antrieb(self);
    }
    fn fahre(&self, distanz: u32) {
        println!("Das Schiff segelt {} km.", distanz);
    }
}
```

Wir können aber in der Implementierung unserer Trait-Methoden auf diese Instanzmethode zugreifen, indem wir explizit einen Zugriffspfad mit Datentyp und Methode verwenden. Genau dies sehen wir in der Trait-Methode `start_antrieb()`, die auf die gleichnamige Methode das Datentyps `Segelschiff` zugreift (mit der Instanz `self` als Parameter).

Grundsätzlich funktioniert dieser Zugriff über den qualifizierten Pfad bei allen Traits und Datentypen.

Die Verwendung des Traits

Nachdem wir jetzt den Trait und die zugehörigen Implementierungen für zwei konkrete Datentypen haben, können wir sie testen. In der `main()`-Funktion rufen wir zuerst die assoziierte Methode `implements()` von `Auto` auf, die vom Trait `Fahrzeug` zur Verfügung gestellt wird. Dies demonstriert, dass die assoziierten Methoden des Traits wie erwartet zur Verfügung stehen, auch wenn wir keine Instanz des Datentyps nutzen.

Listing 9–13
Die Verwendung unseres Traits

```
fn main() {
    Auto::implements();

    let auto = Auto{};
    let schiff = Segelschiff{};
    auto.nutze_fahrzeug(20);
    schiff.nutze_fahrzeug(10);
}
```

Im nächsten Schritt erzeugen wir eine Instanz der beiden Datentypen in den Variablen `auto` und `schiff`.

Der nun folgende Aufruf der Methode `nutze_fahrzeug()` auf `auto` führt die Default-Implementierung im Trait `Fahrzeug` aus. Es werden also nacheinander die Methoden `starte_antrieb()` und `fahre()` aus der Trait-Implementierung für den Datentyp `Auto` aufgerufen.

Zum Schluss rufen wir die gleiche Methode für `schiff` auf, die damit in die Implementierung des Traits für den Datentyp `Segelschiff` verzweigt und dort in der Methode `starte_antrieb()` weiter in die Implementierung der Methode `Segelschiff::starte_antrieb()` springt. Die Ausgabe ist wie folgt:

```
Dieser Typ implementiert 'Fahrzeug'
Motor an.
Das Auto fährt 20 km.
Segel gehisst.
Das Schiff segelt 10 km.
```

9.3.2 Abhängigkeit von anderen Traits

Es gibt Situationen, in denen wir bei der Implementierung eines Traits davon abhängig sind, dass Methoden von anderen Traits vorhanden und implementiert sind.

Um dies sicherzustellen, können wir die Abhängigkeit von einem anderen Trait angeben, indem wir, abgetrennt von unserem Trait-Namen durch einen Doppelpunkt, den oder die Traits angeben, auf deren Methoden wir angewiesen sind. Mehrere Traits sind hierbei durch ein Pluszeichen getrennt. Das folgende Beispiel illustriert dies:

```
trait Tänzer {
    fn tanze(&self) { println!("[Tanzend]"); }
}
trait Sänger {
    fn singe(&self) { println!("[Singend]"); }
}
trait Entertainer : Sänger + Tänzer {
    fn unterhalte(&self) {
        self.singe();
        self.tanze();
    }
}

struct Mensch {}
impl Entertainer for Mensch {}
impl Tänzer for Mensch {}
impl Sänger for Mensch {}

fn main() {
    let entertainer = Mensch{};
    entertainer.unterhalte();
}
```

Listing 9–14
Abhängigkeit von anderen Traits

Wir definieren zwei Traits `Tänzer` und `Sänger` mit jeweils einer Methode `tanze()` und `singe()`. Der folgende Trait `Entertainer` modelliert jemanden, der beides beherrscht. Wir geben diese Abhängigkeit wie beschrieben an und können in der Default-Implementierung der Methode `unterhalte()` die Methoden aus den anderen Traits verwenden.

Wollen wir jetzt den Trait `Entertainer` auf einem Datentyp implementieren, so müssen wir auch für die anderen Traits, die wir als Vorbedingung angegeben haben, Implementierungen zur Verfügung stellen.

In unserem Beispiel definieren wir einen Datentyp `Mensch` mit dem Trait `Entertainer` und Implementierungen für alle drei Traits. Diese sind leer, da wir die Default-Implementierungen verwenden.

Wir erzwingen damit eine Erweiterung der durch unseren Trait definierten Schnittstelle, die einer Vererbung der Methoden entspricht, die uns von den anderen Traits zur Verfügung gestellt werden. Dies entspricht dem Konzept der Vererbung auf Schnittstellenebene, und die Traits, von denen wir abhängig sind, werden deshalb gerne *Supertraits* genannt.

9.3.3 Verwendung in Funktionen

Wir können Traits als Parameter und als Rückgabetypen in Funktionen verwenden, indem wir sie ähnlich wie normale Datentypen, aber mit dem Schlüsselwort `impl` vor dem Trait-Namen benutzen.

Es gilt allerdings, dass eine Funktion nur einen konkreten Rückgabetyp haben kann, auch wenn verschiedene Typen den als Rückgabetyp definierten Trait implementieren. Dies hängt damit zusammen, dass die Größe des Rückgabewertes (die vom Typ abhängt) zum Übersetzungszeitpunkt bekannt sein muss, damit Rust den notwendigen Platz auf dem Stack reservieren kann. Rust bietet hierfür eine Lösung, die dynamischen Trait-Objekte, die wir später kennenlernen werden.

Im folgenden Beispiel verwenden wir wieder einen `Fahrzeug`-Trait, diesmal mit nur einer Methode `an_land()`. Die beiden Datentypen `Auto` und `Segelschiff` implementieren diese Methode unterschiedlich.

Listing 9–15
Verwendung von Traits als Parameter und Rückgabewerte

```
trait Fahrzeug {
    fn an_land(&self) -> bool;
}
struct Auto { }
impl Fahrzeug for Auto {
    fn an_land(&self) -> bool { true }
}
struct Segelschiff { }
impl Fahrzeug for Segelschiff {
    fn an_land(&self) -> bool { false }
}

fn an_land(fahrzeug: &impl Fahrzeug) -> bool {
    fahrzeug.an_land()
}
fn erzeuge_landfahrzeug() -> impl Fahrzeug { Auto{} }

fn main() {
    let auto = erzeuge_landfahrzeug();
    println!("Auto ist an Land: {}", an_land(&auto));
}
```

In der folgenden Funktion `an_land()` verwenden wir eine Referenz auf den Trait `Fahrzeug` mit der Notation `&impl Fahrzeug` als Typ des Parameters, und in der darauffolgenden Funktion `erzeuge_landfahrzeug()` haben wir als Rückgabetyp gleichfalls den Trait `Fahrzeug`, auch hier mit der Notation `impl Fahrzeug`.

In der `main()`-Methode erzeugen wir mit der Funktion `erzeuge_landfahrzeug()` eine neue Instanz vom Typ `Auto`. Die Variable `auto` referenziert aber aufgrund des Rückgabetyps der Funktion eine Instanz vom Trait `Fahrzeug`, sodass uns nur hierdurch deklarierte Methoden zur Verfügung stehen, die aber natürlich zu den richtigen konkreten Implementierungen führen, wie die folgende Ausgabe zeigt:

```
Auto ist an Land: true
```

9.3.4 Verwendung mit generischen Datentypen

Wir können Traits genau wie normale Datentypen als Typparameter für generische Datentypen verwenden. Hier erwarten uns keine Überraschungen. Interessant ist aber, dass wir bei Traits genau wie bei normalen Datentypen Typparameter verwenden können. Dies erlaubt es uns, eine Trait-Methode für verschiedene Parametertypen anzubieten. Hier lassen sich zudem Default-Werte für die Typparameter angeben, um den Schreibaufwand zu reduzieren. Diese Angabe erfolgt durch ein Gleichzeichen getrennt vom Typparameter innerhalb der spitzen Klammern.

Über die Implementierung der Methode für verschiedene Typen können wir darüber hinaus genau steuern, welche Typen wir als Parameter für unsere Trait-Methode zulassen wollen. Dies funktioniert auch in der Kombination von Typparametern sowohl für einen Trait und für den Datentyp, für den der Trait verwendet wird, problemlos.

In unserem folgenden Beispiel definieren wir zuerst unseren bereits vertrauten Datentyp `Point<T>` und einen Trait `Addiere<T = Self>` mit einer Methode `addiere()`. Diese Methode akzeptiert Referenzen als Parameter, sodass wir keine unnötigen Eigentumsübergänge haben, und verwendet mit `<T = Self>` den Datentyp als Default-Typ für den Typparameter. In der Methode `addiere()` erzeugen wir eine neue Instanz von dem Typ, den der Datentyp hat, der den Trait nutzt. Damit ist der Rückgabetyp der Methode `Self`.

Dann implementieren wir den Trait für den Datentyp `Point<i32>`, einmal mit einem Tupel `(i32, i32)` als Typparameter und einmal ohne Typparameter und damit mit dem Datentyp `Point<i32>` (dem Default). Auch in diesen Fällen verwenden wir als Rückgabetyp `Self`. Es ließe sich zwar genauso gut der explizite Rückgabetyp verwenden, die Verwendung von `Self` transportiert aber die Bedeutung klarer.

Listing 9–16
Typparameter in Traits

```
struct Point<T> { x : T, y : T }
trait Addiere<T = Self> {
    fn addiere(&self, other: &T) -> Self;
}

impl Addiere<(i32, i32)> for Point<i32> {
    fn addiere(&self, other: &(i32, i32)) -> Self {
        Point {x : self.x + other.0, y: self.y + other.1}
    }
}
impl Addiere for Point<i32> {
    fn addiere(&self, other: &Point<i32>) -> Self {
        Point {x : self.x + other.x, y: self.y + other.y}
    }
}
fn main() {
    let p1 = Point {x:2, y:2};
    let p2 = p1.addiere( &(1, 2) );
    let p3 = p2.addiere( &Point{x: 2, y: 1} );
    println!("x:{}, y:{}", &p3.x, &p3.y);
}
```

In der `main()`-Funktion erzeugen wir zuerst eine Instanz des Datentyps `Point<i32>` und rufen dann zweimal die Trait-Methode `addiere()` auf, einmal mit einem Tupel und einmal mit einer weiteren `Point`-Instanz.

9.3.5 Einschränkung von Typparametern mit Traits

Was wir uns bei der Verwendung von Typparametern sehr schnell wünschen, ist die Möglichkeit, sicherzustellen, dass die tatsächlich verwendeten Datentypen bestimmte Schnittstellen aufweisen. Rust erlaubt uns, dies über eine Angabe von Traits als Teil der Typparameterdefinition zu tun. Sobald wir dies tun, können nur Datentypen verwendet werden, die die angegebenen Traits implementieren. Dies geschieht, indem wir, abgetrennt von unserem Typparameter durch einen Doppelpunkt, den oder die Traits angeben, die implementiert sein müssen. Diese Traits werden dabei mit einem Pluszeichen aneinandergereiht. Alternativ können diese Abhängigkeiten auch an die Funktionsdefinition mit dem Schlüsselwort `where` angehängt werden. Dabei trennen wir mehrere Typparameter durch Kommata ab.

Hintergrund

Die Definition der Abhängigkeit hat exakt die gleiche Syntax wie bei der Angabe der Abhängigkeit eines Traits von anderen und sollte uns damit bekannt vorkommen.

Um die Einschränkung von Typparametern zu illustrieren, verwenden wir das Crate `num`, das häufig benutzte Zusatzfunktionalität für numerische Datentypen nachrüstet. Wir erhalten komplexe Zahlen, eine Big-Integer-Implementierung, rationale Zahlen und vieles mehr. Wir werden im folgenden Beispiel aber nur die Basisfunktionalität verwenden, den Trait `Num`. Dieser signalisiert, dass übliche Operationen wie Addition und Multiplikation existieren, und ist für alle entsprechenden primitiven Datentypen implementiert. Wir binden das Crate über einen Eintrag in der Datei `Cargo.toml` ein, der Einfachheit halber in der neuesten Version (warum dies im Allgemeinen keine gute Idee ist, hatten wir in Abschnitt 1.6.4 betrachtet):

Listing 9–17
Eintrag der Abhängigkeit vom Crate Num in der Datei Cargo.toml

```
[dependencies]
num = "*"
```

Zusätzlich verwenden wir den `Copy`-Trait, der für Rust kennzeichnet, dass ein Datentyp der `Copy`-Semantik folgt. Wir hatten dies schon kurz erwähnt und gehen hierauf in Folge noch genauer ein. Im Moment reicht die Information, dass Rust anhand dieses Traits erkennt, ob bei einem Datentyp die Copy- oder die Clone-Semantik verwendet wird.

In unserem Beispiel starten wir nach dem Import des Traits `num::Num` mit dem gleichen Datentyp `Point<T>` und dem gleichen Trait `Addiere<T>` wie im vorherigen Beispiel.

Listing 9–18
Einschränkung von Typparametern mit Traits

```
use num::Num;

struct Point<T> { x : T, y : T }
trait Addiere<T = Self> {
    fn addiere(&self, other: &T) -> Self;
}

impl<T: Num + Copy> Addiere<(T, T)> for Point<T> {
    fn addiere(&self, other: &(T, T)) -> Self {
        Point {x : self.x + other.0, y: self.y + other.1}
    }
}
impl<T> Addiere<Point<T>> for Point<T>
    where T: Num + Copy {
    fn addiere(&self, other: &Point<T>) -> Self {
        Point {x : self.x + other.x, y: self.y + other.y}
    }
}
fn main() {
    let p1 = Point {x:2, y:2};
    let p2 = p1.addiere( &(1, 2) );
    let p3 = p2.addiere( &Point{x: 2, y: 1} );
    println!("x:{}, y:{}", &p3.x, &p3.y);
}
```

Es folgt erneut die Implementierung des Traits für ein Tupel und den Datentyp `Point`, diesmal aber allgemein für einen Typparameter `T`. Im ersten Fall definieren wir die Abhängigkeit in den spitzen Klammern, im zweiten Fall durch eine `where`-Klausel.

Mit dieser Form der Einschränkung des Typparameters müssen wir damit also nicht mehr für jeden Zahlentyp, für den wir die Methode `addiere()` anbieten wollen, eine eigene Implementierung zur Verfügung stellen. Damit dies funktioniert, schränken wir den Typparameter so ein, dass die Implementierung nur für Datentypen gilt, die sowohl den `Num`-Trait implementieren (für die Addition) als auch den `Copy`-Trait, damit wir sicher sind, dass der einfache Zugriff auf die Elemente unserer Parameter funktioniert.

Eingeschränkte Typparameter und impl

Interessanterweise ist auch die Syntax mit dem Schlüsselwort `impl`, die wir bei der Verwendung mit Funktionen kennengelernt haben, nur eine Kurzform für diese Form der Notation, allerdings beschränkt auf einen Trait. Wenn wir also zum Beispiel in einer Funktion einen Trait-Parameter mit `impl Fahrzeug` definieren, dann ist das äquivalent zu der Verwendung eines eingeschränkten Typparameters `<T: Fahrzeug>`.

9.3.6 Polymorphe Rückgabetypen

Eine Funktionalität, die aus anderen Sprachen wenig bekannt ist, die wir uns aber vermutlich alle schon mal gewünscht haben, sind polymorphe Rückgabetypen. Hier beeinflusst der erwartete Rückgabetyp die Auswahl der Implementierung. Dies erweist sich als extrem hilfreich und wird auch in den Standardbibliotheken von Rust an vielen Stellen verwendet.

Wir erhalten die Funktionalität aus einer Kombination von Traits und generischen Datentypen. Da zur Auswahl einer spezifischen Implementierung einer Methode bei Traits die gesamte Signatur (inklusive des Rückgabetyps) verwendet wird und da wir Traits mit Typparametern versehen können, hat der Compiler die notwendigen Informationen, um die (hoffentlich existierende) Implementierung mit dem korrekten Rückgabetyp auszuwählen.

Um dies zu demonstrieren, erzeugen wir in unserem folgenden Beispiel zuerst einen Datentyp `Fahrzeug` und einen Trait `Erzeuge<T>` mit einer assoziierten Methode `erzeuge()`.

Listing 9–19
Polymorphe Rückgabetypen

```
struct Fahrzeug {}
trait Erzeuge<T> {
    fn erzeuge() -> T;
}

struct Auto{}
impl Erzeuge<Auto> for Fahrzeug {
    fn erzeuge() -> Auto { Auto {} }
}
struct Segelschiff{}
impl Erzeuge<Segelschiff> for Fahrzeug {
    fn erzeuge() -> Segelschiff { Segelschiff {} }
}

fn main() {
    let schiff:Segelschiff = Fahrzeug::erzeuge();
    let auto:Auto = Fahrzeug::erzeuge();
}
```

Es folgt ein Datentyp `Auto` und die Implementierung der Trait-Methode `erzeuge()` für `Fahrzeug` mit dem Typparameter `Auto`. Im nächsten Schritt folgt die äquivalente Implementierung für den Datentyp `Segelschiff`.

Bis hierher gibt es keine großen Überraschungen. In der `main()`-Funktion rufen wir jetzt allerdings zweimal die exakt gleiche Methode `Fahrzeug::erzeuge()` auf, für die wir die verschiedenen Implementierungen bereitgestellt haben, und der Compiler wählt je nach erwartetem Rückgabetyp die Methode aus, die diesen zurückliefert.

9.3.7 Assoziierte Datentypen

Wir haben jetzt Traits und ihre Mächtigkeit kennengelernt. Schon einfache Traits haben eine sehr hohe Mächtigkeit. Kombiniert mit Typparametern sind sie extrem flexibel. Allerdings bezahlen wir diese Flexibilität mit einer höheren Komplexität in der Definition und der Anwendung.

Es gibt aber auch einen Mittelweg, wenn wir assoziierte Datentypen nutzen. Hierbei deklarieren wir im Trait einen noch nicht näher spezifizierten Datentypen, der bei der Implementierung eines Traits festgelegt werden muss. Wir haben also im Gegensatz zur Verwendung eines Typparameters, für dessen verschiedene konkrete Ausprägungen wir jeweils eine eigene Implementierung zur Verfügung stellen können, exakt eine Implementierung mit einem Datentyp, der erst zum Implementierungszeitpunkt festgelegt werden muss. Dies sorgt aber auch dafür, dass es nur einen Rückgabetyp für unseren Trait geben kann und damit polymorphe Rückgabetypen nicht möglich sind. Das macht das Leben für den Compiler (beziehungsweise die Compiler-Entwickler) einfacher, weil die Typinferenz leichter ist. Aber auch das Leben des Nutzers wird vereinfacht, der jetzt weiß, dass es nur einen Rückgabetyp gibt. Verallgemeinert können wir sagen, dass wir immer dann einen allgemeinen Typparameter nutzen, wenn wir mehrere Implementierungen für verschiedene Datentypen benötigen, und einen assoziierten Datentyp, wenn wir sicher sind, dass wir exakt eine Implementierung haben wollen, bei der wir die Wahl des Datentyps auf später verschieben wollen.

Wir definieren einen assoziierten Datentyp in einem Trait mit dem Schlüsselwort `type`, gefolgt von dem Namen und einem Semikolon. Nach der Definition können wir diesen Namen genau wie andere Typparameter in unseren Methodendeklarationen verwenden, müssen ihn allerdings mit dem vollen Namen referenzieren. Als Beispiel: Für den assoziierten Typ `Output` ist der volle Pfad `self::Output`.

In allen Implementierungen müssen wir jetzt den assoziierten Datentyp festlegen über das Schlüsselwort `type`, den Namen und die Zuweisung eines Datentyps (dies kann auch `Self` sein) mittels Gleichzeichen. Auch hier können wir ihn in Folge mit dem vollen Pfad referenzieren.

Wir können assoziierte Datentypen auch in der Einschränkung von Typparametern verwenden, um einen spezifischen Wert für diesen vorzugeben.

Hintergrund

Da assoziierte Datentypen eine vereinfachte Syntax für diese (häufigen) Anwendungsfälle haben, können wir zwar mit Typparametern in Traits alles ausdrücken, was wir mit assoziierten Datentypen ausdrücken können, andersherum gilt das jedoch nicht. Der Wert der syntaktischen Vereinfachung ist aber so hoch, dass assoziierte Datentypen sehr gerne verwendet werden.

Variante mit Typparametern

In unserem Beispiel betrachten wir erneut den Trait `Addiere`, den wir nun so erweitern, dass bei der Implementierung verschiedene Rückgabetypen erlaubt sind anstatt nur der Datentyp, für den die Implementierung geschrieben wird (der Rückgabetyp `Self`).

Nach dem Import von `Num` und der Definition von `Point<T>` beginnen wir mit dem Trait `Addiere<T = Self, Output = Self>` und der Methode `addiere()`. Die veränderte Definition erlaubt nicht nur, den Typ des zweiten Parameters mit dem Typparameter `T` zu setzen, sondern auch den Rückgabetyp mit dem Typparameter `Output`. Beide erhalten als Default den Typ `Self`, sodass unser bisheriger Code unverändert weiter genutzt werden kann.

Tipps und Tricks

Durch die Einführung eines weiteren Typparameters ohne Vorkehrungen müssen viele Stellen angepasst werden, an denen wir den Trait benutzen. Den damit verbundenen Aufwand sollten wir nicht unterschätzen.

Im nächsten Schritt definieren wir zwei Implementierungen von `addiere()` mit einem Tupel als zweitem Parameter und verschiedenen Rückgabetypen. Wenn wir die Signaturen

```
impl<T: Num + Copy> Addiere<(T, T), (T, T)> for Point<T>
impl<T: Num + Copy> Addiere<(T, T), Point<T>> for Point<T>
```

betrachten, dann sehen wir, dass diese Rückgabetypen nicht wirklich ins Auge stechen. Allgemein lässt sich festhalten, dass bei der hier erreichten Flexibilität und Komplexität die Lesbarkeit nicht mehr so gut ist, wie wir uns das wünschen würden.

Listing 9–20
Der `Addiere`-Trait mit polymorphen Rückgabetypen

```
use num::Num;
struct Point<T> { x : T, y : T }

trait Addiere<T = Self, Output = Self> {
    fn addiere(&self, other: &T) -> Output;
}
impl<T: Num + Copy> Addiere<(T, T), (T, T)> for Point<T> {
    fn addiere(&self, other: &(T, T)) -> (T, T) {
        (self.x + other.0, self.y + other.1)
```

```
    }
}
impl<T: Num + Copy> Addiere<(T, T), Point<T>> for Point<T> {
    fn addiere(&self, other: &(T, T)) -> Point<T> {
        Point {x : self.x + other.0, y: self.y + other.1}
    }
}
fn main() {
    let p1 = Point {x:2, y:2};
    let p2: Point<i32> = p1.addiere( &(1, 2) );
    println!("x:{}, y:{}", &p2.x, &p2.y);
}
```

In der `main()`-Funktion sehen wir, dass wir beim Aufruf der `addiere()`-Methode den Rückgabetyp explizit vorgeben müssen, da der Compiler nicht alleine entscheiden kann, welche der beiden Implementierungen auszuwählen ist.

Variante mit assoziierten Datentypen

Der Einsatz von assoziierten Datentypen reduziert die Komplexität deutlich und macht den Quelltext leichter lesbar.

Nach dem Import von `Num` und der Definition von `Point<T>` beginnen wir mit dem Trait `Addiere<T = Self>`, der den assoziierten Typ `Output` erhält und die Methode `addiere()` deklariert. Wir sehen die Verwendung des Typs `Output` als den Rückgabetyp der Methode mit `Self::Output`.

An dieser Stelle stellen wir bereits die Reduktion der Komplexität durch die Reduktion der unterstützten Typparameter fest. Da wir den Rückgabetyp jetzt nicht mehr an einen Typparameter binden, sondern an einen assoziierten Typ, fallen die verschiedenen Implementierungen für polymorphe Rückgabetypen weg.

Hintergrund

Kompliziert ausgedrückt, falten wir die Menge der möglichen Implementierungen mit verschiedenen Rückgabetypen, die wir durch die Variabilität in der Signatur mithilfe der Typparameter ausdrücken, in eine einzige Implementierung zusammen. Hier wird manchmal auch von der Implementierung einer Familie gesprochen, wobei die Familie die Menge aller möglichen Implementierungen für einen Typ ist.

Listing 9–21
Der Addiere-Trait mit assoziiertem Datentyp

```
use num::Num;
struct Point<T> { x : T, y : T }

trait Addiere<T = Self> {
    type Output;
    fn addiere(&self, other: &T) -> Self::Output;
}

impl<T: Num + Copy> Addiere<(T, T)> for Point<T> {
    type Output = Self;
```

```
        fn addiere(&self, other: &(T, T)) -> Self::Output {
            Point {x : self.x + other.0, y: self.y + other.1}
        }
    }
    fn main() {
        let p1 = Point {x:2, y:2};
        let p2 = p1.addiere( &(1, 2) );
        println!("x:{}, y:{}", &p2.x, &p2.y);
    }
```

Im nächsten Schritt folgt die Implementierung des Traits für `Point<T>`. Auch hier spiegelt sich die niedrigere Komplexität bereits in der Signatur wider. Und da die Signatur schon den vollen Spielraum von Typparametern für `Point<T>` wie im Trait definiert abdeckt, können wir sicher sein, dass es keine weitere Implementierung für den Datentyp `Point<T>` geben wird.

In der Implementierung selbst legen wir zuerst den Typ des assoziierten Datentyps auf `Self` fest und damit auf `Point<T>`. Darauf folgt die eigentliche Implementierung, die als Rückgabetyp `Self::Output` und damit `Point<T>` hat.

In der `main()`-Funktion müssen wir anders als im letzten Beispiel keinen Typ für die Variable `p2` festlegen, da es nur die eine von uns zur Verfügung gestellte Implementierung von `addiere()` gibt.

Vorteile von assoziierten Datentypen

Wenn wir die beiden Implementierungen vergleichen, dann hat die Implementierung mit Typparametern die größte Flexibilität. Dies geht allerdings einher mit potenziell hoher Komplexität. Assoziierte Datentypen schaffen in sehr eleganter Weise den Spagat zwischen häufig benötigter Funktionalität und Komplexität.

Mit assoziierten Datentypen erlauben wir eine Verschiebung der Entscheidung über den Rückgabetyp auf einen späteren Zeitpunkt (den der eigentlichen Implementierung für einen Typ), während wir gleichzeitig die Komplexität durch Entfernung voller Polymorphie entfernen. Dies gilt natürlich nicht nur für den Rückgabetyp, sondern lässt sich genauso gut für alle anderen Parametertypen und vor allem ihre Kombination verwenden. Ein sehr gutes Standardbeispiel (aus dem RFC für assoziierte Datentypen) ist die Verwendung von assoziierten Datentypen für einen Graphen, bei dem der konkrete Datentyp des Graphen die Kombination von Datentypen für Knoten und Kanten festlegt.

Listing 9–22
Definition eines Traits für Graphen mit assoziierten Datentypen

```
    trait Graph {
        type Node;
        type Edge;
        fn has_edge(&self, &Node, &Node) -> bool;
    }
```

9.3.8 Die Größe von Instanzen

Alle Konstrukte, die wir bisher kennengelernt haben, können vom Compiler statisch aufgelöst werden. Dies bedeutet eine hohe Geschwindigkeit im Aufruf von Methoden und Funktionen und die Möglichkeit weiterer Optimierungen. Während dies in den meisten Situationen genau unseren Wünschen entspricht, gibt es Situationen, in denen dies Vorgehen nicht hilfreich ist. Wenn wir zum Beispiel eine einfache Sammlung von Instanzen haben, die einen Trait implementieren, ansonsten aber unterschiedliche Datentypen sind, dann brauchen wir eine Möglichkeit, um Aufrufe dynamisch durchzuführen.

Hintergrund

Tatsächlich bedeutet dies noch etwas anderes: Durch die Optimierungen des Compilers und die Erzeugung spezifischer Funktionsimplementierungen für jede Typvariante (Monomorphisierung) werden auch die nicht mehr benötigten Typinformationen entfernt. Dies ist allerdings keine Type Erasure, wie wir sie von Java kennen, weil die verschiedenen Pfade durch den Code und damit die implizite Typinformation weiter vorhanden sind.

Dies bedeutet aber zusätzliche Herausforderungen auf zwei verschiedenen Ebenen. Zum einen benötigen wir jetzt, da wir keine statische Abbildung der Aufrufe mehr haben, eine Tabelle, die unsere virtuellen Funktionen/Methoden hält. Diese kennen wir aus den gängigen objektorientierten Sprachen als Virtual Function Table oder `VTable`. Diese Tabelle muss zusätzlich vom Compiler angelegt und natürlich mit den korrekten Referenzen je nach tatsächlichem Typ gefüllt werden.

Zum anderen haben wir das Problem, dass wir zum Zeitpunkt der Übersetzung die Größe der Instanz, mit der wir zur Laufzeit umgehen, nicht kennen. Wie wir wissen, kann ein Trait durch verschiedenste Datentypen mit unterschiedlichen Metadatenanreicherungen implementiert werden, wodurch unterschiedlich viel Platz auf dem Stack gebraucht wird. Deshalb ist es für den Compiler nicht mit vertretbarem Aufwand möglich, den benötigten Platz zum Übersetzungszeitpunkt zu bestimmen. Beim Aufruf einer Funktion oder Methode kann dies zur Laufzeit bestimmt werden (der Platz auf dem Stack wird entsprechend der tatsächlichen Größe der Argumente reserviert). Das ist zwar nicht so effizient wie die Bestimmung durch den Compiler mit nachfolgenden Optimierungen, ist aber machbar und erlaubt uns die benötigte Dynamik.

Beim Rückgabewert wird es allerdings wirklich problematisch. Wir müssen den Platz für den Rückgabewert zum Aufrufzeitpunkt reservieren, zu dem wir noch nicht notwendigerweise wissen, was für einen konkreten Typ dieser hat.

Der Marker-Trait Sized

Grundsätzlich unterscheidet Rust zwischen Instanzen mit einer bekannten Größe und Instanzen mit einer zur Übersetzungszeit unbekannten Größe. In den gerade diskutierten Fällen brauchen wir Instanzen einer bekannten Größe, da wir ja sonst nicht wissen, wie viel Platz wir reservieren müssen. Rust markiert Datentypen und Instanzen mit einer bekannten Größe mit dem Marker-Trait `Sized`. Dieser hält fest, dass der Compiler die Größe einer Instanz bestimmen kann. Rust macht dies auch für Typparameter und stellt sicher, dass diese Marker übereinstimmen, wenn wir versuchen, eine Methode aufzurufen. Und auch wir können Typparameter einschränken, sodass wir nur Argumente akzeptieren, die über den Marker-Trait `Sized` verfügen.

Nun gibt es aber Situationen, in denen wir auf einer Referenz eines Typs arbeiten, dessen Größe wir zu Übersetzungszeit nicht kennen. Damit ist zwar die Größe des Typs selbst unbekannt, aber die Größe der Referenz ist durchaus klar. Wir hätten also prinzipiell kein Problem mit der Reservierung des Speichers auf dem Stack, Rust ist aber konservativ und erlaubt im ersten Schritt keine Übersetzung mit dem Hinweis, dass die Größe unserer Instanz nicht bekannt ist.

Für diesen Fall stellt uns Rust den speziellen Marker-Trait `Sized?` zur Verfügung. Dieser funktioniert natürlich nur auf Referenzen. Er hält fest, dass zur Übersetzungszeit die Größe der referenzierten Instanz nicht bekannt ist, dass wir das aber akzeptieren und damit umgehen, da wir ja nur auf einer Referenz arbeiten.

9.3.9 Dynamische Trait-Objekte

Die Lösung des Größenproblems für Instanzen selbst bietet uns Rust in Form eines seiner Standardtypen, des Datentyps `Box<T>`, auf die wir in einem der nächsten Kapitel noch detaillierter eingehen werden. Der Datentyp `Box<T>` erlaubt es uns, einen beliebigen Datentyp `T` auf dem Heap zu platzieren. Wenn wir also, anstatt den Rückgabewert direkt zurückzugeben, den Datentyp `Box<T>` verwenden, um ihn auf dem Heap zu erzeugen, und dann den Datentyp `Box<T>` zurückgeben, kann der Compiler den jetzt bekannten Platz für den Rückgabewert vom Typ `Box<T>` auf dem Stack reservieren, und unser Problem ist mit einer Indirektion gelöst.

Das folgende kleine Beispiel demonstriert die prinzipielle Verwendung dieses Datentyps.

```
fn main() {
    let boxed = Box::new(42);
    println!("{}, {}", *boxed, boxed);
}
```

Listing 9–23
Verwendung des Rust-Datentyps Box

Wir erzeugen zuerst mit der assoziierten Methode `new()` eine neue Instanz des Datentyps `Box<i32>` in der Variablen `boxed`. Im nächsten Schritt geben wir diese aus, zuerst über explizites Dereferenzieren mit dem Stern *, dann über implizites Dereferenzieren.

Tipps und Tricks

Tatsächlich ist eine der vielen Möglichkeiten, um die Größe des Übersetzungsergebnisses zu reduzieren, die Einführung von dynamischen Trait-Objekten, um den Compiler daran zu hindern, für jede Variante der Kombinationen von Typparametern und Traits eine eigene Methodenvariante zu erzeugen. Das macht hauptsächlich in sehr speicherbeschränkten Umgebungen wie Mikro-Controllern Sinn.

Damit haben wir eine Lösung für die Anforderung von Rust, dass die Größe des Rückgabewertes zur Übersetzungszeit bekannt sein muss. Wir haben aber immer noch die Herausforderung, dass aufzurufende Methoden erst zur Laufzeit endgültig bestimmt werden können.

Die Lösung hierfür sind dynamische Trait-Objekte. Um zu signalisieren, dass wir ein dynamisches Trait-Objekt nutzen wollen, verwenden wir das Schlüsselwort `dyn` vor dem Namen des Traits. Dies bedeutet für Rust, dass der benötigte Speicher zur Laufzeit bestimmt und ein `VTable` für den Aufruf der korrekten Methoden zur Verfügung gestellt wird. Wenn wir dynamische Trait-Objekte als Parameter verwenden, haben wir damit alles erledigt.

Wenn wir allerdings dynamische Trait-Objekte als Rückgabewert nutzen wollen, müssen wir diese wie beschrieben in einer `Box`-Instanz verpacken.

Wir greifen ein früheres Beispiel mit dem Fahrzeug-`Trait` wieder auf und modifizieren es, um dies zu demonstrieren. Wir beginnen mit dem Trait und der enthaltenen Methode `an_land()`, die wir für die beiden Datentypen `Auto` und `Segelschiff` implementieren.

Listing 9–24
Verwendung von dynamischen Trait-Objekten

```
trait Fahrzeug { fn an_land(&self) -> bool; }
struct Auto { }
impl Fahrzeug for Auto {
    fn an_land(&self) -> bool { true }
}
struct Segelschiff { }
impl Fahrzeug for Segelschiff {
    fn an_land(&self) -> bool { false }
}

fn an_land(fahrzeug: &dyn Fahrzeug) -> bool {
    fahrzeug.an_land()
}
fn erzeuge_fahrzeug(an_land: bool) -> Box<dyn Fahrzeug> {
   if an_land {
      Box::new(Auto{})
   } else {
      Box::new(Segelschiff{})
   }
}

fn main() {
    let boxed_auto = erzeuge_fahrzeug(true);
   let auto = &*boxed_auto;
    println!("Fahrzeug ist an Land: {}", an_land(auto));
}
```

Im nächsten Schritt definieren wir eine Funktion `an_land()`, die die Referenz auf ein dynamisches Trait-Objekt `&dyn Fahrzeug` als Parameter akzeptiert. Wir sehen, dass sich die Definition nicht groß von der Verwendung einer statischen Trait-Referenz mit `&impl Fahrzeug` unterscheidet, dass sie uns aber die volle Laufzeitflexibilität eines dynamischen Trait-Objekts zur Verfügung stellt.

Es folgt die Funktion `erzeuge_landfahrzeug()`, die je nach Wert des Parameters `an_land` Instanzen unterschiedlicher Typen erzeugt und zurückgibt. Hier haben wir als Rückgabetyp `Box<dyn Fahrzeug>`, wie diskutiert ein dynamisches Trait-Objekt, das wir in eine Instanz des `Box`-Datentyps verpacken (die Instanz wird geboxt). Natürlich müssen wir in Folge auch eine entsprechende `Box`-Instanz erzeugen, was mit dem Aufruf `Box::new()` passiert.

In der `main()`-Funktion rufen wir zuerst die Funktion `erzeuge_fahrzeug()` auf, die mit dem Argument `true` eine geboxte Instanz des Typs `Auto` zurückliefert. Mit der Anweisung `&*boxed_auto` dereferenzieren wir die `Box`-Instanz, erhalten also die `Auto`-Instanz und erzeugen eine Referenz auf diese. Zum Schluss geben wir den Aufruf der Funktion `an_land()` mit der `Auto`-Instanz aus.

```
Fahrzeug ist an Land: true
```

Tipps und Tricks

Es gibt allerdings eine Herausforderung im Zusammenhang von Trait-Objekten und Typparametern. Wenn wir Typparameter verwenden, müssen sehr viele VTables angelegt werden (einer für jede mögliche Ausprägung des Typparameters). Falls die Anzahl zu groß wird, wirft der Compiler einen spezifischen Fehler (E0038). Der einfachste Ansatz ist in diesem Fall der Verzicht auf die Typparameter.

9.3.10 Traits, die Rust bereitstellt

Traits werden in Rust an sehr vielen Stellen verwendet und sind sehr stark in die Funktionen der Sprache verwoben. Marker-Traits wie der uns bereits bekannte `Copy`-Trait werden an vielen Stellen verwendet, Operatorüberladung wird über Traits implementiert. Auch die Konvertierung zwischen Datentypen oder Default-Werte für die Initialisierung werden mit Traits realisiert. Weiterhin haben wir an einigen Stellen bereits das `derive`-Attribut benutzt, das den Compiler anweist, Trait-Implementierungen automatisch zu generieren. Traits sind damit nicht nur ein Sprachmittel, um Mehrfachverwendung von Code zu implementieren, sondern zentral für viele erweiterte Funktionen von Rust. Einige dieser werden wir jetzt betrachten.

Hintergrund

Die beiden Traits Copy und Clone werden wir später detailliert betrachten und lassen sie deshalb an dieser Stelle aus.

Operatorüberladung

Operatorüberladung wird über Traits geregelt, die wir für unsere eigenen Datentypen implementieren können. Die zu den mathematischen Operatoren gehörigen Traits finden wir im Modul `std::ops`, Traits zur Implementierung von Vergleichen sind im Modul `std::cmp` und Traits, die Konvertierungen implementieren, im Modul `std::convert`. Es gibt noch weitere Traits, deren Implementierung den gleichen Mechanismen folgt. In vielen Fällen haben wir allerdings die Möglichkeit, mit dem `derive`-Attribut durch den Compiler optimierte Versionen der Trait-Implementierungen zu generieren, sodass die manuelle Implementierung in den meisten Fällen nur notwendig ist, wenn eine automatische Erzeugung nicht angeboten wird.

Im folgenden Beispiel implementieren wir für unseren Datentyp `Point` den Operator + und den Vergleichsoperator. Wir beginnen mit dem Datentyp `Point` gefolgt von der Implementierung des Traits `std::ops::Add` für diesen. Für die arithmetischen Operatoren gilt, dass wir den Datentyp des Ergebnisses über den vom jeweiligen Trait verlangten assoziierten Datentyp `Output` festlegen. In unserem Beispiel legen wir diesen auf `Self` fest (und damit auf `Point`). In der Methode `add()` erzeugen wir eine neue Instanz des Typs `Point`, mit `x`- und `y`-Wert als Summe der jeweiligen Werte der beiden Summanden, und geben diese zurück.

Listing 9–25
Implementieren von Operatoren für eigene Datentypen

```
struct Point { x : i32, y : i32 }
impl std::ops::Add for Point {
   type Output = Self;
   fn add(self, rhs: Self) -> Self::Output {
      Point { x: self.x + rhs.x, y: self.y + rhs.y }
   }
}
impl PartialEq for Point {
   fn eq(&self, other: &Self) -> bool {
      return self.x == other.x && self.y == other.y
   }
}
impl Eq for Point {}

fn main() {
   let p1 = Point { x: 1, y: 2 };
   let p2 = Point { x: 3, y: 4 };
   if p1 != p2 {
      println!("Punkte sind ungleich");
   }
   let p3 = p1 + p2;
   println!("x:{}, y:{}", p3.x, p3.y);
}
```

Im nächsten Schritt implementieren wir den Trait `PartialEq`, um zwei Point-Instanzen mit den Operatoren `==` und `!=` vergleichen zu können. Hierzu implementieren wir die Methode `eq()`, in der wir prüfen, ob die Elemente `x` und `y` der beiden Operanden gleich sind. Der Trait liefert uns eine zweite Methode `ne()` mit einer Default-Implementierung – das negierte Ergebnis der Methode `eq()`. Wenn wir die Methode `ne()` selbst implementieren, ist es wichtig, dass beide Methoden im Ergebnis konsistent sind. In unserem Beispiel verzichten wir auf eine eigene Implementierung.

Dann erfolgt die Implementierung des Traits `Eq`. Dies ist ein Marker-Trait, der die vollständige Äquivalenzrelation für unseren Typ signalisiert.

Hintergrund

Dies modelliert das Problem, dass es Typen gibt, für die eine partielle, aber keine vollständige Äquivalenzrelation definiert werden kann. Das klassische Beispiel aus der Programmierung sind IEEE-Fließkommazahlen, für die der Wert NaN (Not a Number) als ungleich eines jeden Wertes definiert ist. Da dies auch den Wert NaN umfasst, ist NaN != NaN. Damit ist aber die Reflexivitätsbedingung verletzt, die für eine vollständige Äquivalenzrelation notwendig ist.

In der `main()`-Funktion erzeugen wir zwei Instanzen vom Typ Point in den Variablen `p1` und `p2`. Diese vergleichen wir im nächsten Schritt in einer `If`-Anweisung auf Ungleichheit. Dies bewirkt die Ausführung der Default-Implementierung der `ne()`-Methode des `PartialEq`-Traits, die wiederum unsere Implementierung von `eq()` aufruft und negiert. Damit wird der zugehörige Anweisungsblock ausgeführt.

Dann addieren wir die beiden Punkte und nutzen unsere Implementierung der `add()`-Methode im `Add`-Trait, um eine neue Point-Instanz zu erzeugen, die wir der Variablen `p3` zuweisen. Die folgende Ausgabe zeigt, dass die Addition korrekt durchgeführt wurde:

```
Punkte sind ungleich
x:4, y:6
```

Generell funktionieren die Operatorüberladung und die Implementierung von Vergleichen meist gleich und können in wenigen Zeilen abgehandelt werden. Eine Ordnung auf unseren eigenen Datentypen zu definieren kann gleichfalls sehr sinnvoll sein, ist aber etwas aufwendiger. Hier wird im Normalfall einfach auf die durch den Compiler zur Verfügung gestellte Implementierung mit dem `derive`-Attribut zurückgegriffen.

Hintergrund

Hierfür müssen wir die beiden Traits `PartialOrd` und `Ord` implementieren, die ihrerseits voraussetzen, dass `PartialEq` implementiert ist. Für `Ord` benötigen wir zusätzlich `Eq`. Die Methode `partial_cmp()` des Traits `PartialOrd` liefert eine `Option<Ordering>`-Instanz zurück. Die Methode `cmp()` des Traits `Ord` liefert direkt eine `Ordering`-Instanz zurück. Wenn eine Ordnung definiert werden kann, dann wird dies durch die Werte `Less`, `Equal` oder `Greater` angezeigt. Wenn nicht (hier haben wir wieder das Problem mit NaN), dann wird `None` zurückgeliefert.

Und diese Kompliziertheit ist der Grund, warum normalerweise das `derive`-Attribut verwendet wird.

Konvertierung zwischen Datentypen

Typumwandlung in Rust ist niemals automatisch und muss damit immer explizit aufgerufen werden (abgesehen von automatischer Dereferenzierung und Ähnlichem). Bei den skalaren Datentypen passiert dies mit dem Schlüsselwort `as`, bei allen anderen Datentypen gibt es die Traits `From` und `Into` mit assoziierten Methoden für sichere Typumwandlungen beziehungsweise `TryFrom` und `TryInto` für Typumwandlungen, die scheitern können.

Die `Into*`-Traits (`Into` und `TryInto`) bieten hierbei eine Default-Implementierung, die die jeweilige `From*`-Implementierung nutzt, sodass es ausreicht, die `From*`-Implementierung zur Verfügung zu stellen.

Hintergrund

Die Try*-Implementierungen liefern ein Objekt vom Typ `Result` zurück, das einen Aufzählungsdatentyp mit den zwei Namen `Ok` und `Err` enthält, je nachdem, ob die Umwandlung erfolgreich war oder nicht.

In unserem Beispiel implementieren wir den `From`-Trait für die Konvertierung von `&Point<i32>` zu `Point<f64>`. Wir wählen die Referenz, damit wir keinen Eigentumsübergang erzwingen. Hierzu importieren wir zuerst den `From`-Trait und definieren dann unseren bekannten Datentyp `Point<T>`. In der darauffolgenden Implementierung der assoziierten Methode `from()` des Traits `From<&Point<i32>>` liefern wir eine neue Instanz von `Point<f64>` zurück, die wir mit den in Fließkommawerte konvertierten Koordinaten der Quellinstanz belegen.

Listing 9–26
Implementierung des From-Traits

```
use std::convert::From;

struct Point<T> { x: T, y: T }

impl From<&Point<i32>> for Point<f64> {
    fn from(src: &Point<i32>) -> Self {
        Point::<f64> { x: src.x as f64, y: src.y as f64  }
    }
}

fn main() {
   let pi = Point {x: 4, y: 1};
   let pf1: Point<f64> = (&pi).into();
   let pf2 = Point::<f64>::from(&pi);
}
```

In der `main()`-Funktion erzeugen wir zuerst eine `Point<i32>`-Instanz `pi` und rufen dann auf `pi` die assoziierte Methode `into()` auf, die zu unserer Implementierung führt, da wir als Ergebnistyp `Point<f64>` erwarten. Danach nutzen wir die Methode `Point::<f64>::from()`, um eine weitere `Point<f64>`-Instanz zu erzeugen.

Tipps und Tricks

Wenn wir Konvertierungstraits für eigene Datentypen implementieren, können wir im Normalfall dafür sorgen, dass diese immer erfolgreich sind, und damit die Traits `Into` und `From` nutzen. Sobald aber externer Quelltext mit hineinspielt, zum Beispiel aus einer Drittbibliothek, ist es angeraten, die Traits `TryInto` und `TryFrom` zu verwenden.

Default-Werte für eigene Datentypen

Rust bietet einen Mechanismus an, um eine Initialisierung von Datentypen jenseits der durch Rust definierten Vorgaben (zum Beispiel den Wert 0 für eine Ganzzahl) anzubieten. Hierfür gibt es den Trait `Default` mit der assoziierten Methode `default()`, die wir implementieren können. Nahezu alle Datentypen in den Rust-Bibliotheken bieten diesen Mechanismus, und die meisten anderen Bibliotheken folgen diesem Vorgehen. Wir können entweder die Methode direkt aufrufen, um uns eine initialisierte Instanz eines Datentyps zurückliefern zu lassen. Wir können sie aber auch im Rahmen von Instanzvorlagen verwenden (wir erinnern uns an die beiden Punkte `..`), um basierend auf der Instanzvorlage nur einige Werte abweichend zu initialisieren.

In unserem Beispiel definieren wir wieder den Datentyp `Point<T>` und implementieren danach einen Default für `Point<i32>`. Die für die Initialisierung verwendeten Werte sind nicht besonders sinnvoll, zeigen aber das Vorgehen bei der Implementierung der `default()`-Methode.

Listing 9–27
Default-Werte für eigene Datentypen

```
struct Point<T> { x: T, y: T }

impl Default for Point<i32> {
    fn default() -> Self { Point {x: 2, y: 4} }
}

fn main() {
   let pi1: Point<i32> = Default::default();
   let pi2 = Point::<i32> { x: 1, ..Default::default() };
}
```

In der `main()`-Methode benutzen wir zuerst die Methode `Default::default()`. Hier müssen wir den Typ der Variable `p1` festlegen, damit über den Mechanismus der polymorphen Rückgabetypen die korrekte Methode ausgewählt werden kann.

Im zweiten Schritt erzeugen wir eine neue Instanz des Typs `Point::<i32>` (hier wieder mit Turbofish-Syntax zur Unterstützung des Compilers) und verwenden das Ergebnis von `Default::default()` als Instanzvorlage.

9.3.11 Der Trait Drop

Wann immer ein Gültigkeitsbereich verlassen wird, werden die nicht mehr benötigten lokalen Variablen freigegeben. Dies passiert, indem für jede freizugebende Instanz ihr zugehöriger Destruktor aufgerufen wird. Dieser führt alle benötigten Aufräumarbeiten durch. Dies beinhaltet die rekursive Freigabe aller enthaltenen Elemente und zum Schluss die Freigabe der Instanz selbst.

Es gibt Fälle, in denen wir weitergehende Aufräumarbeiten wie die Freigabe externer Ressourcen durchführen müssen. Hierzu stellt uns Rust den Trait `Drop` zur Verfügung. Wenn wir diesen Trait implementieren, wird die Trait-Methode `drop()` aufgerufen, bevor die enthaltenen Elemente freigegeben werden. Dies bedeutet, wir können in der `drop()`-Methode noch auf sämtliche Informationen unserer Instanz zugreifen.

Wenn wir allerdings jetzt versuchen, diese Methode direkt aufzurufen, quittiert der Compiler dies mit einem Fehler. Dies ist verständlich, da die Semantik dieser Methode beinhaltet, dass sie nur in der spezifischen Situation der Freigabe der Instanz aufgerufen wird.

Es gibt aber Situationen, in denen wir diese Freigabe einer Instanz explizit durchführen wollen. Für diesen Zweck stellt uns Rust die Funktion `std::mem::drop()` zur Verfügung, die die gesamte Freigabe inklusive des Aufrufs der im `Drop`-Trait implementierten `drop()`-Methode durchführt.

Im folgenden Beispiel definieren wir einen strukturierten Datentyp `Destruktor` mit einer Implementierung des Traits `Drop`:

Listing 9–28
Die Verwendung des Traits Drop

```
struct Destruktor { wert : String }
impl Drop for Destruktor {
    fn drop(&mut self) {
        println!("Methode Drop: {}", self.wert);
    }
}

fn main() {
    let explizit = Destruktor{wert : String::from("explizit")};
    let implizit = Destruktor{wert : String::from("implizit")};

    // explizit.drop();  // Fehler
    drop(explizit);

    // println!("{}", explizit.wert);  // Fehler

    println!("Ende des Programms")
}
```

In der `main()`-Funktion erzeugen wir zwei Instanzen vom Typ Destruktor. Wenn wir nun auf einer dieser Instanzen die Methode `drop()` aufrufen, dann führt dies zu einem Übersetzungsfehler. Wir müssen anstelle dessen wie diskutiert die Funktion `drop()` aufrufen, um eine Instanz freizugeben. Dies bewirkt neben der Freigabe, dass der Inhalt der Variable einer `Move`-Operation unterworfen wird, wir also danach nicht mehr auf die Variable zugreifen können. Wir beenden das Programm mit einer finalen Ausgabe. Das Ergebnis sieht aus wie folgt:

```
Methode Drop: explizit
Ende des Programms
Methode Drop: implizit
```

9.3.12 Das Attributsmakro Derive

Wir haben jetzt gesehen, dass die Verwendung von Traits in Rust allgegenwärtig ist und es uns ermöglicht, die Funktionalität von Rust an vielen Stellen durch eigene Implementierungen zu modifizieren.

Rust geht aber noch einen Schritt weiter und bietet uns mit dem Attributsmakro `derive` (abgekürzt `derive`-Attribut) an, die zum Übersetzungszeitpunkt zur Verfügung stehenden Informationen zu nutzen, um viele dieser Traits automatisch und optimiert für uns zu generieren. In den meisten Fällen bieten diese generierten Traits exakt die Funktionalität, die wir brauchen, und handgeschriebene Versionen dieser Traits können nur selten schneller sein. Wenn allerdings die generierte Version für uns ungeeignet ist, können wir problemlos die eigene Version implementieren. Ein typisches Beispiel hierfür ist das Ignorieren technischer Attribute für die Gleichheit, wie die ID einer Instanz aus einer Datenbank, die mitgeführt, aber in der Programmlogik nicht benutzt wird.

Hintergrund

Prinzipiell können wir auch eigene Implementierungen für das `derive`-Attribut zur Verfügung stellen. Es gibt viele Bibliotheken, die genau dies tun. Dies ist nicht wirklich komplex, da ein Großteil der benötigten Funktionalität durch Makroprogrammierung zur Verfügung gestellt wird, erfordert aber einige Schritte und geht über den Rahmen des Buchs hinaus.

Wir haben das `derive`-Attribut schon an einigen Stellen verwendet und gesehen, wie es funktioniert. Wir definieren das Attribut durch ein einleitendes Rautezeichen `#` gefolgt vom Attribut `derive` umgeben von eckigen Klammern. In runden Klammern (noch innerhalb der eckigen Klammern) folgen durch Kommata getrennt die Namen der Traits, die Rust für uns automatisch generieren soll. Hier ein Beispiel:

```
#[derive(PartialEq, Eq, PartialOrd, Ord, Debug)]
```

Die folgende Tabelle enthält eine Auflistung der wichtigsten Traits, die wir generieren lassen können:

Tab. 9–1
Liste von Traits, die mit derive generierbar sind

Name für das `derive`-Attribut	Funktion
`Debug`	Der Debug-Trait ermöglicht es, eine Debug-Ausgabe einer Instanz des Datentyps zu erzeugen, die wir nutzen können, indem wir in der Formatzeichenkette die Zeichenfolge `{:?}` verwenden. Wir haben dieses Attribut bereits mehrfach verwendet.
`PartialEq` `Eq`	Wir haben diese beiden Traits im vergangenen Abschnitt selbst implementiert, um den Vergleich von Instanzen unserer Datentypen mit `==` und `!=` zu ermöglichen. Bei der Generierung werden alle Elemente des Datentyps betrachtet, und nur bei Gleichheit aller werden zwei Instanzen als gleich betrachtet. Bei Aufzählungstypen müssen sowohl der Name als auch ein eventueller Wert eingebetteter Datentypen gleich sein. Der Trait `Eq` ist ein Marker-Trait ohne eigene Methoden, dessen Zweck es ist, volle Äquivalenz zu signalisieren (inklusive Reflexivität, also `a == a`). Er benötigt `PartialEq`.
`PartialOrd` `Ord`	Diese Traits definieren eine Ordnung auf unserem Datentyp. `PartialOrd` benötigt hierbei eine Implementierung von `PartialEq` und ermöglicht den Vergleich von Instanzen mit <, <=, >= und >. Im Fall von `PartialOrd` haben wir eine Teilordnung, die nicht für alle Elemente gelten muss (das schon mehrfach erwähnte Problem mit NaN ist ein gutes Beispiel). Deshalb liefert die Methode `partial_cmp()` des Traits `PartialOrd` eine `Option<Ordering>`-Instanz zurück. Der Datentyp `Ordering` ist hierbei ein Aufzählungstyp mit den Namen `Less`, `Equal` und `Greater`. `Ord` implementiert eine vollständige Ordnung, benötigt hierfür aber auch die Implementierung des Traits `Eq` (und damit die vollständige Äquivalenz inklusive der Reflexivität, es gilt also `a == a`) und des Traits `PartialOrd`. Die Methode `cmp()` des Traits liefert direkt eine `Ordering`-Instanz zurück. In beiden Fällen wird die Ordnung definiert über den Vergleich der beiden Instanzen Feld für Feld in der Reihenfolge der Definition. Bei Aufzählungstypen gelten die späteren Namen als größer als die früheren.

→

Name für das `derive`-Attribut	Funktion
`Clone` `Copy`	Mit Clone und Copy werden wir uns in Kapitel 15 noch im Detail beschäftigen, hier deshalb nur eine kurze Übersicht. Die beiden Semantiken für Clone und Copy haben wir bereits kennengelernt. Der `Clone`-Trait implementiert die zugehörige Semantik, für `Copy` (als Marker-Trait) übernimmt dies der Compiler. `Clone` erlaubt, eine vollständige Kopie einer Instanz auf dem Heap zu erzeugen. Hierzu werden rekursiv alle Elemente der Instanz ihrerseits mit `Clone` kopiert. Wenn wir eine andere Implementierung benötigen, müssen wir die Methode `clone()` von Hand implementieren. `Copy` ist ein Marker-Trait, der aussagt, dass es ausreicht, die Daten auf dem Stack zu kopieren. Wenn wir diesen Marker-Trait verwenden (und den Compiler die Implementierung generieren lassen), müssen wir auch den `Clone`-Trait implementieren. Dies stellt sicher, dass `Clone` auch dann funktioniert, wenn ein Datentyp Elemente mit `Copy`-Semantik hat. Die erzeugte `Clone`-Implementierung nutzt den `Copy`-Trait und ist damit optimiert. Während die `Clone`-Semantik eine potenziell zeitaufwendige Operation ist, können wir uns bei `Copy` darauf verlassen, dass die Geschwindigkeit hoch ist und die Kosten gering sind.
`Hash`	Der `Hash`-Trait erlaubt es, für Instanzen des Datentyps einen Hash-Wert zu berechnen. Der Hash-Wert wird hierbei rekursiv über alle Elemente berechnet, indem der `Hash`-Trait dieser Elemente verwendet wird. Ein Hash-Wert ist hierbei die Projektion einer großen Eingabemenge auf eine Zielmenge fester Größe. Wenn wir sowohl den `Hash`- als auch den Eq-Trait implementieren, muss zwingend gelten: `Wenn i1 == i2, dann hash(i1) == hash(i2)` Wenn also die Implementierung von Eq die Gleichheit zweier Instanzen zurückgibt, dann muss die Berechnung des `Hash`-Traits die gleichen Ergebnisse für den Hash-Wert liefern. Wenn wir die Implementierung mit dem `derive`-Attribut generieren, ist dies sichergestellt.
Default	Auch diesen Trait haben wir im letzten Abschnitt selbst implementiert, um Default-Werte für Instanzen unserer eigenen Datentypen bereitzustellen. Die generierte Implementierung ruft rekursiv für jedes Element die `default()`-Methode dieser Elemente auf. Dies bedeutet, dass alle Elemente über eine Implementierung dieser Methode verfügen müssen. Die Methode `Default::default()` können wir dann nutzen, um Instanzen mit den Default-Werten zu erzeugen.

In unserem folgenden Beispiel verwenden wir das `derive`-Attribut auf unserem Datentyp `Point<T>`, um Implementierungen für `PartialEq`, `Eq`, `PartialOrd`, `Ord` und `Debug` zu erzeugen:

Listing 9–29
Die Verwendung des `derive`*-Attributs*

```
#[derive(PartialEq, Eq, PartialOrd, Ord, Debug)]
struct Point<T> { x : T, y : T }

fn main() {
   let p1 = Point { x: 1, y: 2 };
   let p2 = Point { x: 3, y: 4 };
   if p1 != p2 {
      println!("Punkte sind ungleich");
   }
   if p1 < p2 {
      println!("P1 ist kleiner als P2")
   }
   println!("{:?}", p1);
}
```

In der `main()`-Funktion erzeugen wir zwei `Point`-Instanzen. Im nächsten Schritt vergleichen wir diese und machen bei Ungleichheit eine Ausgabe. Dieser Vergleich nutzt den generierten Trait `PartialEq`. Wenn `p1` kleiner als `p2` ist, dann folgt eine weitere Ausgabe. Dieser Vergleich nutzt die generierte Implementierung in `Ord`. Zum Schluss geben wir den Punkt p1 mit der Debug-Ausgabe aus, die für uns generiert wurde.

Anders als in vorherigen Beispielen müssen wir hier keine eigene Implementierung mehr zur Verfügung stellen. Die Ausgabe sieht wie folgt aus:

```
Punkte sind ungleich
P1 ist kleiner als P2
Point { x: 1, y: 2 }
```

10 Problembehandlung in Rust

Rust unterscheidet drei verschiedene Arten von Problemen, die bei der Verarbeitung auftreten können. Diese differieren in der Erwartbarkeit und Normalität des Auftritts des Problems. Mit allen dreien werden wir uns in diesem Kapitel auseinandersetzen.

Das erste Problem ist der Umgang mit Null-Pointern, das zweite der Umgang mit behandelbaren Fehlern und das dritte der Umgang mit nicht behandelbaren Fehlern. Jedes dieser Probleme und die in Rust gewählte Lösung werden wir jetzt betrachten.

10.1 Der Datentyp Option

In den Fällen, in denen ein Funktions- oder Methodenaufruf ohne Ergebnis zurückkehren kann, wird in vielen Programmiersprachen typischerweise ein Null-Pointer zurückgeliefert, um die Abwesenheit eines Ergebnisses zu signalisieren. Das hat aber den großen Nachteil, dass der Nutzer der Funktion oder Methode daran denken muss, auf diesen Null-Wert zu prüfen. Andernfalls können nicht vorhersehbare Fehler auftreten. Nicht umsonst hat der Erfinder des Null-Pointers, C. A. R. Hoare, dies als seinen »Milliardenfehler« bezeichnet.

Rust vermeidet Null-Pointer ganz allgemein. Stattdessen wird für alle Rückgabetypen, die potenziell kein Ergebnis haben könnten, eine Instanz des Datentyps `Option` zurückgegeben. Dies ist ein Aufzählungstyp mit zwei Namen: `Some<T>` und `None`. Wir sind diesem Typ schon einige Male informell begegnet und haben auch eine erste, vereinfachte eigene Version `MyOption` erstellt (siehe Abschnitt 8.3). Da der Typ `Option` so häufig verwendet wird, ist er im Hinblick auf Speicherbedarf und Overhead hochoptimiert. Dadurch ist er auch sehr willkommen für die Verwendung in unseren eigenen Programmen.

Hintergrund

Java hat seit Version 1.8 gleichfalls einen entsprechenden Typ `Optional`, der ähnlich funktioniert. Das Design dieses Typs hat den kleinen Nachteil, dass die Methode `get()`, die man naiverweise als Erstes verwenden würde, bei fehlendem Wert eine `Exception` wirft.

Der typischste Weg, mit dem Datentyp `Option` umzugehen, ist die Verwendung eines Musterabgleichs mit dem Match-Konstrukt. Dieses Vorgehen kennen wir bereits, und es enthält keine Überraschungen. Es gibt aber eine Reihe weiterer interessanter Methoden, die uns im Umgang helfen. Die Methoden `is_some()` und `is_none()` liefern `true` zurück, wenn ein beziehungsweise kein Wert enthalten ist. Die Methoden `expect()` und `unwrap()` liefern die in `Some` enthaltene Instanz zurück beziehungsweise lösen einen nicht behebbaren Fehler aus, wenn kein Wert enthalten ist, die `Option`-Instanz also `None` enthält. Da dies in den meisten Fällen nicht in unserem Interesse ist, bietet `Option` weiterhin die Methoden `unwrap_or()` und `unwrap_or_default()`, die den enthaltenen Wert zurückliefern oder, falls `None` enthalten ist, den übergebenen oder den Default-Wert.

Weiterhin können wir den Inhalt einer `Option`-Instanz modifizieren. Die Methode `insert()` setzt den übergebenen und löscht den bisherigen Wert in `Some`. Die Methode `get_or_insert()` setzt den übergebenen Wert in `Some`, falls der aktuelle Wert `None` ist, und liefert den Wert zurück.

Das folgende Beispiel illustriert diese Methoden:

Listing 10–1
Die Verwendung des Datentyps Option

```
fn check_option(opt: &Option<i32>) {
    match opt {
        Some(val) => println!("{}", val),
        None => println!("None"),
    }
}

fn main() {
    let some = Some(3);
    let mut none = None::<i32>;

    println!("{}", some.is_some());
    println!("{}", none.is_none());

    check_option(&some);
    check_option(&none);

    println!("{}", some.unwrap_or(1));
    println!("{}", none.unwrap_or(1));

    println!("{}", none.get_or_insert(2));
    println!("{}", none.unwrap_or(4));
}
```

Wir definieren im ersten Schritt eine Funktion `check_option()`, die das Match-Konstrukt nutzt, um abhängig davon, ob in der übergebenen `Option<32>`-Referenz ein Wert enthalten ist, eine Ausgabe zu tätigen.

In der `main()`-Funktion erzeugen wir zwei Instanzen vom Typ `Option<32>` und weisen diese den Variablen `some` und `none` zu. Dann verwenden wir zuerst die Methoden `is_some()` und `is_none()` auf diesen, um im nächsten Schritt unsere Funktion `check_option()` zuerst mit der Referenz auf `some` und dann mit der Referenz auf `none` aufzurufen. Dann verwenden wir die Methode `unwrap_or()`, um den Wert zu extrahieren oder um – im Falle eines fehlenden Wertes – den als Argument übergebenen Wert zu bekommen.

Zum Schluss verwenden wir die Methode `get_or_insert()`, um in `none` einen Wert zu setzen (und damit einen Wechsel von `None` auf `Some` zu vollziehen), und geben den erhaltenen Wert aus. Die Ausgabe lautet wie folgt:

```
true
true
3
None
3
1
2
2
```

10.2 Der Datentyp Result

Der Datentyp `Result` modelliert das potenzielle Auftreten von Fehlern, die behandelt werden müssen, aber nicht so katastrophal sind, dass das Programm sofort abgebrochen werden muss. Diese Fehler treten typischerweise an den Grenzen unseres Programms auf, zum Beispiel bei der Interaktion mit einem Dateisystem oder dem Netzwerk.

Auch `Result` ist ein Aufzählungstyp, der die beiden Namen `Ok<T>` und `Err<E>` enthält. Der Typparameter `T` stellt dabei den Typ des Ergebnisses im Erfolgsfall dar, der Typparameter `E` den Typ des Fehlers im Fehlerfall. Wie beim Datentyp `Option` wird auch bei `Result` meist das Match-Konstrukt verwendet, um auf die Inhalte zuzugreifen. Weiterhin gibt es die Methoden `is_ok()` und `is_err()`, um zu prüfen, ob ein normales Resultat oder ein Fehler zurückgeliefert wird. Die Methoden `expect()` und `unwrap()` liefern entweder die in `Ok` enthaltene Instanz zurück oder lösen im Fall eines fehlenden Wertes einen nicht behebbaren Fehler aus (wenn die `Result`-Instanz also `Err` enthält). Da dies in den meisten Fällen nicht in unserem Interesse ist, bietet `Option` weiterhin die Methoden `unwrap_or()` und `unwrap_or_default()`, die den enthaltenen Wert zurückliefern oder, falls Err enthalten ist, den übergebenen oder den Default-Wert.

Wir sind diesem Datentyp bereits in unserem allerersten Beispiel begegnet, und wir werden jetzt eine modifizierte Variante davon etwas detaillierter betrachten.

Hier beginnen wir mit dem Import der benötigten Module (wir verzichten dabei auf die Umbenennung von File).

Listing 10–2
Die Verwendung des Datentyps Result

```
use std::fs::File;
use std::io::{BufRead, BufReader};
use std::process::exit;

fn main() {
    let fresult = File::open("hallo.txt");

    let file = match fresult {
        Ok(file) => file,
        Err(_) => {
            println!("Bitte erzeugen Sie die Datei 'hallo.txt'");
            println!("mit auszugebenden Zeilen.");
            exit(0);
        },
    };

    let reader = BufReader::new(file);

    for lresult in reader.lines() {
        match lresult {
            Ok(line) => println!("{}", line),
            Err(_) => println!("Fehler beim Lesen"),
        }
    }
}
```

In der main()-Funktion starten wir mit dem Aufruf der Methode File::open() und weisen die zurückgelieferte Result-Instanz der Variablen fresult zu. Anders als im Originalbeispiel rufen wir nicht die Methode expect() auf der Result-Instanz auf. Stattdessen verwenden wir ein Match-Konstrukt, um im Erfolgsfall der Variablen file das Ergebnis, eine Instanz vom Typ File, zuzuweisen. Im Fehlerfall geben wir eine Meldung aus und verlassen das Programm ordentlich mit der Funktion exit(). Der (uns bereits bekannte) Unterstrich als Platzhalter signalisiert, dass wir am exakten Fehler kein Interesse haben. An dieser Stelle könnten wir alternativ auch die Datei neu anlegen und die damit verbundene File-Instanz zurückliefern, um den aufgetretenen Fehler zu behandeln.

Im nächsten Schritt erzeugen wir genau wie im Originalbeispiel eine Instanz von BufReader für gepuffertes Lesen in der Variable reader und iterieren mit reader.lines() über die einzelnen Zeilen der Datei. Diese Methode liefert uns für jede Zeile ebenfalls eine Result-Instanz, die wir im nächsten Schritt mit einem Match-Konstrukt verarbeiten. Im Erfolgsfall geben wir die aktuelle Zeile aus, im Fehlerfall eine einfache Fehlermeldung. Anstelle der Fehlermeldung könnten wir auch hier versuchen, auf den Fehler zu reagieren, das führt aber für das simple Beispiel zu weit.

10.3 Interoperabilität von Option und Result

Die beiden Datentypen `Option` und `Result` lassen sich mit verschiedenen Instanzmethoden in den jeweils anderen Typ konvertieren. `Option` bietet zum Beispiel `ok_or()`, das `Option.Some` auf `Result.Ok` abbildet, und `Option.None` auf `Result.Err`. Hingegen bietet `Result` die Möglichkeit, mit `ok()` den Inhalt von `Result.Ok` auf `Option.Some`, den Inhalt von `Result.Err` auf `Option.None` und mit `err()` den Inhalt von `Result.Err` auf `Option.Some` abzubilden sowie analog dazu den Inhalt von `Result.Ok` auf `Option.None`. Je nach Bedarf können wir also beliebig zwischen den Datentypen konvertieren, um die Weiterverarbeitung für uns so einfach wie möglich zu machen.

10.4 Der ?-Operator

Der Fragezeichenoperator erlaubt bei Option- und Result-Datentypen eine sehr effiziente und leicht lesbare Verarbeitung der Ergebnisse. Hierbei werden die Inhalte bei `Some`- und `Ok`-Ergebnissen ausgepackt und zurückgeliefert. Bei `None` oder `Err` wird die aktuelle Funktion/Methode sofort mit einer `return`-Anweisung verlassen. Bei `Err` wird zusätzlich der aufgetretene Fehler in den durch die Funktions-/Methodensignatur vorgegebenen Fehlertyp konvertiert und zurückgegeben. Fehler werden also sofort auf die aufrufende Ebene propagiert, während die normale Verarbeitung deutlich kürzer gefasst werden kann.

Das folgende Beispiel zeigt, wie dies verwendet werden kann. Nach dem Import benötigter Module beginnen wir mit der Funktion `add_option()`, die zwei `Option`-Instanzen als Parameter akzeptiert und eine `Option`-Instanz zurückliefert. In dieser Funktion packen wir beide Parameter mit dem ?-Operator aus und weisen sie den Variablen `val1` und `val2` zu. Sollte dies schiefgehen, wird die Funktion sofort mit dem Rückgabewert `None` verlassen. Im nächsten Schritt wird die Summe der beiden Werte in eine `Some`-Instanz verpackt und zurückgegeben.

Listing 10–3
Die Verwendung des ?-Operators

```
use std::fs::File;
use std::io::{Read, Result};

fn add_option(first: Option<i32>, second: Option<i32>)
    -> Option<i32> {
        let val1 = first?;
        let val2 = second?;
        Some(val1 + val2)
}

fn read_file() -> Result<i32> {
    let mut buf = String::new();
    let mut file = File::open("hallo.txt")?;
    file.read_to_string(&mut buf)?;
    println!("{}", buf);
    let komplexe_verarbeitung = 0;
    Ok(komplexe_verarbeitung)
}

fn main() {
    let s1 = Some(1);
    let s2 = Some(2);
    let n = None::<i32>;
    println!("{:?}", add_option(s1, s2));
    println!("{:?}", add_option(s1, n));
    println!("{:?}", read_file());
}
```

Es folgt die Methode `read_file()`, die eine `Result`-Instanz zurückgibt. In dieser erzeugen wir zuerst eine neue Instanz des Typs `String` (mit Zeichenketten beschäftigen wir uns im nächsten Unterkapitel) in der Variable `buf`, in die wir den Inhalt unserer Datei einlesen können. Anschließend öffnen wir die Datei, und anders als im letzten Beispiel verwenden wir den ?-Operator, um die zurückgegebene `Result`-Instanz auszupacken oder den Fehler direkt zurückzugeben. Im nächsten Schritt rufen wir, gleichfalls mit dem ?-Operator, die Methode `read_to_string()` auf. Auch in diesem Fall wird im Fehlerfall die Funktion sofort verlassen. Wir können uns also in der nächsten Zeile darauf verlassen, dass `buf` eine gültige Zeichenkette enthält, und geben diese aus. Dann führen wir in `read_file()` eine komplexe Berechnung durch, weisen das Ergebnis der Variablen `komplexe_berechnung` zu und geben eine `Result`-Instanz mit diesem Wert zurück.

In der `main()`-Funktion erzeugen wir drei `Option`-Instanzen, zwei mit einem Wert und eine ohne Wert. Wir rufen unsere Funktion `add_option()` zuerst mit den gültigen Werten und danach noch einmal mit einem gültigen Wert und einem `None` auf. Im ersten Fall bekommen wir eine `Option`-Instanz mit dem Ergebnis, im zweiten ein `None` zurück. Zum Schluss rufen wir die Funktion `read_file()` auf. Die Ausgabe (bei existierender Datei) sieht wie folgt aus:

```
Some(3)
None
Hallo Welt
Ok(0)
```

10.5 Nicht behebbare Fehler

In den meisten Fällen werden wir versuchen, Probleme in unserem eigenen Quelltext zu behandeln. Dem Aufrufer die Möglichkeit zu geben, etwas zur Problemlösung zu tun, ist eine zweite Möglichkeit. Es gibt aber seltene Fälle, in denen es völlig klar ist, dass keine vernünftige Problemlösung existiert. Für diese Fälle gibt es das Makro `panic!()`. Dieses beendet sofort das Programm, gibt einen Stack-Trace auf der Konsole aus und räumt auf, soweit es möglich ist. Für den Benutzer kann eine Meldung als Argument übergeben werden, die vor dem eigentlichen Stack-Trace ausgegeben wird. Da eine solche Meldung aber grundsätzlich nicht besonderes Vertrauen beim Benutzer erzeugt und wir fast immer unser Programm auf eine andere Weise beenden können, sollte dies nur als der letzte Ausweg betrachtet werden. Häufig sehen wir die Verwendung auch in Prototypen, und dies wird durch die Methoden `expect()` und `unwrap()` auch leicht gemacht, trotzdem sollten wir uns hierdurch nicht verführen lassen, nachlässig zu programmieren.

Das folgende Beispiel zeigt die Verwendung:

```
fn main() {
    panic!("Ups");
}
```

Listing 10–4
Die Verwendung des Makros panic!

Der Aufruf ist sehr simpel und führt zur sofortigen Beendigung des Programms. Die Ausgabe sieht aus wie folgt:

```
thread 'main' panicked at 'Ups', src/main.rs:2:5
note: run with `RUST_BACKTRACE=1` environment variable to display a
backtrace
```

Wir sehen, dass neben unserer Meldung der Ort des Auftretens ausgegeben wird, sodass wir das Problem hoffentlich schnell identifizieren können. Es ist aber auch offensichtlich, dass der Text eher einen Beta-Status suggeriert, weshalb wir von der Verwendung so weit wie möglich abraten.

10.6 Bewertung

Wir haben gesehen, dass Rust uns die Möglichkeit gibt, Fehler in größerem Maße als in anderen Sprachen vorhersehbar zu behandeln. Wenn wir nicht behebbare Fehler ausklammern, dann können wir uns der vollständigen Fehlerbehandlung in unserem Programm sicher sein. Dies erzwingt der Compiler, und es ist vollständig in unserem Interesse.

In Java können jederzeit Runtime-Exceptions auftreten, gegen die wir uns schützen müssen, wenn wir dem Benutzer nicht die im letzten Unterkapitel beschriebene fehlende Professionalität zeigen wollen. Auch andere Sprachen sind hier nicht immer sauber im Design.

Wenn wir zum Schluss die nicht behebbaren Fehler in Rust betrachten, dann ist auch klar, dass diese außerhalb von Prototypimplementierungen nur verwendet werden, wenn es tatsächlich einen katastrophalen Fehler gibt, der sich nicht reparieren lassen kann. Hier könnte es vorteilhaft sein, auch solche Fehler abfangen zu können, um noch eine saubere Fehlermeldung ausgeben zu können. Und tatsächlich bietet uns Rust mit der Funktion `std::panic::catch_unwind()` die Möglichkeit, genau dies zu tun.

11 Standarddatentypen von Rust

So wie Java oder C++ Standarddatentypen in Bibliotheken zur Verfügung stellen, die jeder Programmierer nutzen kann, bietet auch Rust eine Menge von Standarddatentypen. Hierzu gehören Kollektionen und Iteratoren, aber auch Closures als eine Form von anonymen Funktionen. Das Verständnis dieser Standarddatentypen ist für die Programmierung sehr wichtig, und wir werden sie in diesem Kapitel im Detail betrachten.

Nachdem wir jetzt die meisten Sprachelemente von Rust selbst kennen, beschäftigen wir uns mit den von Rust zur Verfügung gestellten Datentypen wie Kollektionen, Zeichenketten, Iteratoren, intelligenten Zeigern und anderen, die uns die tägliche Programmierung erleichtern. Alle Datentypen, die wir jetzt diskutieren, haben eine reiche API, die wir nur ausschnittsweise betrachten können. Es lohnt sich hier, die Originaldokumentation zu lesen. Diese finden Sie unter:

https://doc.rust-lang.org/std/index.html

11.1 Kollektionen

11.1.1 Sequenzdatentypen

Um mehrere Elemente des gleichen Typs zu speichern, haben wir bereits Felder kennengelernt, die aber den Nachteil einer im Vorhinein zu definierenden festen Größe haben.

Rust bietet uns drei verschiedene Sequenzdatentypen an: `Vec<T>` `VecDeque<T>` und `LinkedList<T>`. Der Typparameter `T` stellt hierbei den Datentyp der Elemente dar. In der überwiegenden Mehrheit der Anwendungsfälle wird der Typ `Vec` die richtige Wahl sein. `Vec` repräsentiert ein Feld von Elementen, dessen Größe sich mit wachsender Elementzahl ändern kann. Der Datentyp `VecDeque` implementiert einen Ringpuffer, der wachsen kann. Die LinkedList implementiert eine doppelt verkettete Liste von Elementen. Weitere Implementierungen anderer Sequenzdatentypen finden Sie in externen Crates.

Wenn wir Elemente in einen dieser Sequenzdatentypen einfügen, dann findet ein Eigentumsübergang statt. Daraus folgt, dass die enthaltenen Elemente freigegeben werden, wenn die Instanz des Sequenzdatentyps nicht länger gültig ist.

Sowohl Vec als auch VecDeque benutzen in ihrer Implementierung ein Feld, um die Elemente zu speichern.

Damit wird bei Erschöpfung der Kapazität eines Feldes beim Einfügen eines weiteren Elements ein neues Feld angelegt und die Daten werden kopiert. Dies bedeutet aber auch, dass der Zugriff auf Elemente dieser beiden Datentypen sehr effizient ist (wobei die Implementierung von Vec noch effizienter ist als die von VecDeque). Der Datentyp LinkedList ist hingegen als verkettete Liste implementiert, was das Einfügen von Elementen sehr effizient macht, den Zugriff allerdings potenziell teuer. Die Abwägung müssen wir je nach Anwendungsfall treffen.

Der Datentyp Vec

Der Datentyp Vec erlaubt das Anhängen von Elementen an das Ende des Vektors mit der Methode push() und das Entfernen von Elementen vom Ende des Vektors mit der Methode pop(). Die Methode pop() liefert eine Option-Instanz zurück, die entweder Some mit dem Element ist oder None, falls kein Element mehr im Vektor ist. Wir können auf Elemente mit der Methode get() zugreifen, die uns eine Instanz des Datentyps Option mit dem Wert Some und einer Referenz auf den Wert zurückgibt, oder None, wenn der Index außerhalb des gültigen Bereichs ist (die Indexzählung beginnt bei 0). Wir können auch den Index auf einer Referenz des Vektors nutzen, um eine Referenz zu erhalten. Wenn der Index außerhalb des gültigen Bereichs ist, wird allerdings das Programm sofort beendet. Daher raten wir zur Verwendung des Index nur in den Fällen, in denen wir der Gültigkeit sicher sind. Um festzustellen, ob ein Element enthalten ist, verwenden wir die Methode contains() mit einer Referenz des Elements.

Weiterhin bietet Rust für die Erzeugung von Vektoren ein Makro vec!, das in eckigen Klammern initiale Daten akzeptiert.

Datentyp Vec

In unserem Beispiel erzeugen wir zuerst eine neue Instanz des Der Datentyps Vec mit der assoziierten Methode new() und weisen diese der Variable vec1 zu. Wir benötigen die Typdeklaration, um den Typparameter für die Rückgabetyppolymorphie festzulegen.

Listing 11–1
Die Verwendung des Datentyps Vec

```
fn main() {
    let mut vec1: Vec<i32> = Vec::new();
    vec1.push(3);
    vec1.push(1);
```

```
    println!("{:?}", vec1.get(1));
    println!("{:?}", vec1.pop());

    let val = vec1[0];
    println!("{}", val);

    let a = 3;
    let vec2 = vec![a, 1, 4, 1, 5];
    for elem in &vec2 {
        print!("{}", elem);
    }
    println!("\n{}", vec2.len());
}
```

Anschließend fügen wir dem Vektor zwei Elemente hinzu und greifen im nächsten Schritt mit der Methode `get()` auf das zweite Element zu und geben die zurückgelieferte `Option`-Instanz aus. Der Inhalt des Vektors bleibt hierbei unverändert, da wir mit `get()` nur eine Referenz erhalten. Der folgende Aufruf der Methode `pop()` verändert allerdings den Vektor, entfernt das letzte Element und liefert es in einer `Option`-Instanz zurück.

Nun greifen wir über den Index auf das erste Element des Vektors zu. An dieser Stelle erhalten wir direkt den Wert und keine Instanz vom Typ `Option`, mit dem Nachteil, dass bei einem Fehler das Programm direkt beendet wird.

Dann definieren wir eine Variable `a`, die wir im nächsten Schritt im Makro `vec!` zusammen mit anderen Werten verwenden, um einen neuen Vektor zu erzeugen und mit Werten zu initialisieren.

Es folgt eine `For`-Schleife über den Vektor, in dem wir die einzelnen Elemente ausgeben. Hier erhalten wir das Element direkt, da die `For`-Schleife lediglich über die existierenden Elemente iteriert. Wir verwenden eine Referenz auf den Vektor, sodass kein Eigentumsübergang stattfindet. Im letzten Schritt geben wir die Länge des Vektors aus.

Die Ausgaben unseres Beispielprogramms sehen wie folgt aus:

```
Some(1)
Some(1)
3
31415
5
```

Der Datentyp VecDeque

Der Datentyp `VecDeque` bietet zwei Methoden: `push_front()` und `push_back()`, um Elemente an den Anfang und das Ende anzuhängen. Entsprechend gibt es auch zwei Methoden: `pop_front()` und `pop_back()`, um Elemente vom Anfang oder Ende zu entfernen. Auch hier liefern die `pop*()`-Methoden eine `Option`-Instanz zurück, die entweder `Some` mit dem Element ist oder `None`, falls kein Element mehr im `VecDeque` ist. Genau wie bei `Vec` können wir auf Elemente mit der Methode `get()` zugreifen, die uns eine Instanz des Datentyps `Option` mit dem Wert `Some` und einer Referenz auf den Wert zurückgibt oder None, wenn der Index außerhalb des gültigen Bereichs ist (die Indexzählung beginnt bei 0). Wir können auch den Index auf einer Referenz des Vektors nutzen, um eine Referenz zu erhalten. Wenn der Index außerhalb des gültigen Bereichs liegt, wird allerdings das Programm sofort beendet. Um festzustellen, ob ein Element enthalten ist, verwenden wir die Methode contains() mit einer Referenz des Elements.

Anders als Vec müssen wir VecDeque aus std::collections::VecDeque importieren.

In unserem Beispiel machen wir genau dies, um dann in der main()-Funktion eine VecDeque-Instanz mit der assoziierten Methode new() zu erzeugen. Wir benutzen die Methode push_back() und push_front(), um unserer VecDeque-Instanz Elemente hinzuzufügen.

Listing 11–2
Die Verwendung des Datentyps VecDeque

```
use std::collections::VecDeque;

fn main() {
    let mut vec: VecDeque<i32> = VecDeque::new();

    vec.push_back(1);
    vec.push_front(3);
    vec.push_back(4);

    let val = vec[0];
    println!("{}", val);

    for elem in &vec {
        print!("{}", elem);
    }
    println!("\n{}", vec.len());
    println!("{:?}", vec.pop_back());
    println!("{:?}", vec.pop_front());
    println!("{}", vec.len());
}
```

Wir greifen per Indexzugriff auf das erste Element zu und geben es aus, gefolgt von einer For-Schleife, die über alle Elemente der VecDeque-Instanz iteriert. Auch hier verwenden wir eine Referenz, um einen Eigentumsübergang zu vermeiden.

Dann greifen wir auf die Länge der Instanz mit len() zu und geben diese aus, gefolgt von einem Aufruf der Methoden pop_back() und pop_front(), die das letzte und das erste Element entfernen. Die darauffolgende Ausgabe der Länge zeigt die Reduzierung der Anzahl der Elemente.

Die Ausgabe sieht wie folgt aus:

```
3
314
3
Some(4)
Some(3)
1
```

Der Datentyp LinkedList

Der Datentyp `LinkedList` hat sehr große Ähnlichkeit zu `VecDeque`, allerdings ohne die Möglichkeit, per Index auf Elemente zugreifen zu können. Auch hier haben wir zwei Methoden: `push_front()` und `push_back()`, um Elemente an den Anfang und das Ende anzuhängen. Entsprechend gibt es auch zwei Methoden `pop_front()` und `pop_back()`, um Elemente vom Anfang oder Ende zu entfernen. Wieder liefern die `pop*()`-Methoden eine `Option`-Instanz zurück, die entweder `Some` mit dem Element ist oder `None`, falls kein Element mehr in der `LinkedList` ist. Genau wie bei `VecDeque` können wir auf Elemente mit der Methode `get()` zugreifen, die uns eine Instanz des Datentyps `Option` mit dem Wert `Some` und einer Referenz auf den Wert zurückgibt oder `None`, wenn der Index außerhalb des gültigen Bereichs ist (die Indexzählung beginnt bei 0). Um festzustellen, ob ein Element enthalten ist, verwenden wir die Methode `contains()` mit einer Referenz des Elements. Auch `LinkedList` importieren wir, aus `std::collections::LinkedList`.

Unser Beispiel ist sehr stark an das vorherige Beispiel angelehnt, nur unter Verwendung der `LinkedList`. Nach dem Import erzeugen wir in der `main()`-Funktion eine neue Instanz und nutzen die Methoden `push_back()` und `push_front()`, um der `LinkedList` Elemente hinzuzufügen.

Listing 11–3
Die Verwendung des Datentyps LinkedList

```
use std::collections::LinkedList;

fn main() {
    let mut list: LinkedList<i32> = LinkedList::new();

    list.push_back(1);
    list.push_front(3);
    list.push_back(4);

    for elem in &list {
        print!("{}", elem);
    }
    println!("\n{}", list.len());
    println!("{:?}", list.pop_back());
    println!("{:?}", list.pop_front());
    println!("{}", list.len());
    println!("{}", list.contains(&1));
}
```

Wir nutzen eine `For`-Schleife, um über alle Elemente der `LinkedList`-Instanz zu iterieren. Auch hier verwenden wir eine Referenz, um einen Eigentumsübergang zu vermeiden.

Dann greifen wir auf die Länge der Instanz mit `len()` zu und geben diese aus, gefolgt von einem Aufruf der Methoden `pop_back()` und `pop_front()`, die das letzte und das erste Element entfernen. Die darauffolgende Ausgabe der Länge zeigt die Reduzierung der Anzahl der Elemente. Zum Schluss prüfen wir mit der Methode `contains()`, ob der Wert 1 in der Liste enthalten ist.

Die Ausgabe ist wie folgt:

```
314
3
Some(4)
Some(3)
1
true
```

11.1.2 Map-Datentypen

Wir kennen verschiedene Map-Datentypen von Java. Sie bilden Schlüssel eines Datentyps ab auf Werte eines potenziell anderen Datentyps (ein Mapping). Je nach Laufzeitanforderungen gibt es verschiedene Algorithmen, um dies zu leisten. Von Haus aus unterstützt Rust zwei Implementierungen, eine `HashMap` und eine `BTreeMap`; weitere finden wir bei Bedarf in externen Crates.

Der Datentyp HashMap

Der Datentyp `HashMap` implementiert die Abbildung zwischen Schlüssel und Wert, indem intern ein Feld zum Speichern der Daten verwendet wird und ein Hash-Wert des Schlüssels als Index in diesem Feld den Speicherort identifiziert. Jeder Schlüssel tritt maximal einmal auf, Werte können unter verschiedenen Schlüsseln mehrfach abgelegt sein. Da die Ablage über den Hash-Wert des Schlüssels erfolgt, sind die Schlüssel in einer `HashMap` ungeordnet.

Da mit dem Modulo der Feldgröße gearbeitet wird, kann das Feld deutlich kleiner sein als der Wertebereich des Schlüssels. Der Nachteil ist die Möglichkeit der Schlüsselkollision, da durch die Hash-Berechnung verschiedene Schlüssel den gleichen Hash-Wert ergeben können. Rust löst dies beim Schreiben von Werten, indem ein freier Bereich in der Nähe für die Speicherung gewählt wird. Beim Lesen wird entsprechend nicht nur am eigentlichen Speicherort, sondern auch in der Nähe gesucht.

Hintergrund

Bei weiteren Schlüsselkollisionen werden alle Einträge für diesen Hash-Wert so umverteilt, dass im Mittel der niedrigste Aufwand für den Zugriff ermöglicht wird. Dies ist eine Kombination von offener Adressierung und *Robin-Hood-Hashing*.

Durch geschickte Sortierung der Einträge ist es möglich, eine logarithmische Suchzeit für das Auffinden des korrekten Eintrags zu garantieren, ohne dass wir wie in anderen Sprachen verkettete Listen der Einträge führen müssen.

Wenn das Feld, in dem die Einträge gespeichert werden, voll ist, muss ein neues, größeres Feld angelegt und alle Einträge müssen in das neue Feld bewegt werden. Dies ist eine potenziell aufwendige Operation, die in vielen Fällen umgangen werden kann, indem die `HashMap` bei der Erzeugung mit genügend Platz für die zu erwartende Menge von Einträgen initialisiert wird.

Wir erzeugen neue Instanzen einer `HashMap` mit der assoziierten Methode `new()`. Mit der Methode `insert()`, der wir Schlüssel und Wert übergeben, fügen wir Elemente ein. Mit `get()` greifen wir auf Elemente zu und mit `remove()` entfernen wir diese aus der HashMap. Sowohl `get()` als auch `remove()` liefern eine `Option`-Instanz zurück, die entweder den Wert oder None enthält, wenn kein Eintrag vorhanden ist.

Der Datentyp BTreeMap

Der Datentyp `BTreeMap` ist eine andere Map-Implementierung, in der die Schlüssel sortiert vorliegen. Hierfür werden die Schlüssel in einem *B-Tree* abgelegt, einer balancierten Baumstruktur, der eine Anzahl von Einträgen in seinen Knoten speichert. Da der Baum balanciert ist, bedeutet jedes Einfügen oder Löschen potenziell, dass der Baum rebalanciert werden muss.

`BTreeMap` und `HashMap` sind in der Benutzung so ähnlich, dass sie in vielen Fällen füreinander substituiert werden können. Deshalb ist das folgende Beispiel für die `HashMap` – ein Austausch durch die `BTreeMap` ist aber mit minimalem Aufwand möglich (Austausch des Imports und des Aufrufs der Methode `new()` auf `BTreeMap`:

Listing 11–4
Die Verwendung des Datentyps HashMap

```
use std::collections::HashMap;

fn main() {
    let mut map = HashMap::new();
    map.insert(3, 2);

    let entry = map.get(&3);
    println!("{:?}", entry);

    if map.contains_key(&3) {
        let val = map.remove(&3);
        println!("{:?}", val);
    }
    println!("{}", map.len());
}
```

Nachdem wir in unserem Beispiel den Datentyp `HashMap` importiert haben, erzeugen wir eine neue Instanz mit der Methode `new()` und weisen diese der Variablen `map` zu. Im nächsten Schritt fügen wir einen Eintrag in die Instanz ein. Hierbei ist interessant, dass der Compiler aus dieser zweiten Zeile mittels Typinferenz auf den exakten Typ der `Hashmap`-Instanz in der ersten Zeile schließen kann, sodass wir keine explizite Typangabe brauchen.

Dann greifen wir mit `get()` auf einen Eintrag zu. Es wird eine Referenz verlangt, um einen Eigentumsübergang zu verhindern. Wir geben die zurückgelieferte `Option`-Instanz aus.

Im nächsten Schritt prüfen wir mit `contains_key()`, ob der übergebene Schlüssel in der `HashMap`-Instanz vorhanden ist, und falls das der Fall ist, entfernen wir den zugehörigen Eintrag mit `remove()`.

Zum Schluss geben wir die verbleibende Länge der `Hashmap`-Instanz aus. Die Ausgabe ist wie folgt:

```
Some(2)
Some(2)
0
```

Operationen auf den Einträgen

Sowohl `HashMap` als auch `BTreeMap` bieten die Methode `entry()` an, die einen Zugriff auf einen Eintrag in der Instanz ermöglicht. Es wird eine Entry-Instanz zurückgegeben, ein Aufzählungstyp, der entweder `VacantEntry` ist, wenn kein Eintrag existiert (nur der Schlüssel ist enthalten), oder `OccupiedEntry`, wenn ein Eintrag existiert (Schlüssel und Wert Teil des Ergebnisses).

Auf diesen `Entry`-Instanzen können wir die interessanten Methoden `or_insert()` und `or_default()` aufrufen. Beide Methoden ändern den Eintrag nur dann, wenn er den Wert `VacantEntry` enthält, also nicht bereits ein Wert enthalten ist. Die Methode `or_insert()` akzeptiert ein Argument, das in dem Eintrag gesetzt wird, die Methode `or_default()` ruft die Implementierung von `Default::default()` auf, um eine mit Default-Werten initialisierte Instanz einzufügen. Wir stellen also mit beiden Methoden sicher, dass wir auf jeden Fall nach dem Aufruf einen Wert für unseren Schlüssel haben. Beide Methoden liefern eine veränderbare Referenz auf den Wert zurück, wir können also im Folgeschritt beliebige Modifikationen vornehmen.

Das folgende Beispiel, diesmal mit einer `BTreeMap`, illustriert dies:

Listing 11–5
Verwendung des Datentyps Entry

```
use std::collections::BTreeMap;

fn main() {
    let mut map = BTreeMap::new();
    map.insert(3, 2);

    let entry = map.entry(1);
    println!("{:?}", entry);

    map.entry(2).or_insert(1);

    let value = map.entry(3).or_default();
    *value += 1;

    let entry = map.entry(3);
    println!("{:?}", entry);
}
```

Nach dem Import von `BTreeMap` erzeugen wir in der `main()`-Funktion eine Instanz von `BTreeMap` in der Variablen `map` und fügen einen Eintrag mit dem Schlüssel 3 und dem Wert 2 ein.

Anschließend lassen wir uns die `Entry`-Instanz für den Schlüssel 1 zurückgeben und geben sie aus. Wir sehen, dass die Instanz den Wert `VacantEntry` hat, was folgerichtig ist, da unter diesem Schlüssel kein Eintrag existiert.

Im nächsten Schritt rufen wir auf der `Entry`-Instanz für den Schlüssel 2 die Methode `or_insert()` auf und fügen, da kein Eintrag für diesen Schlüssel existiert, einen neuen Eintrag mit dem Wert 1 hinzu.

Dann rufen wir auf dem existierenden Entry für den Schlüssel 3 die Methode `or_default()` auf und weisen das Ergebnis der Variable `value` zu. Damit haben wir eine veränderbare Referenz auf den Wert, der im Schlüssel-Wert-Paar unserer `Entry`-Instanz gespeichert ist. Die Methode `or_default()` stellt hierbei sicher, dass wir ein existierendes Schlüssel-Wert-Paar haben.

Wir verwenden die in der Variable `value` gehaltene Referenz, um den Wert, der dem Schlüssel 3 zugeordnet ist zu inkrementieren.

Zum Schluss lassen wir uns die `Entry`-Instanz für den Schlüssel 3 erneut geben. Die Ausgabe zeigt, dass die Methode `or_default()` auf dem existierenden Eintrag keine Wirkung hatte und das folgende Inkrementieren den Wert von 2 auf 3 erhöht hat.

```
Entry(VacantEntry(1))
Entry(OccupiedEntry { key: 3, value: 3 })
```

11.1.3 Mengen

Für Mengen bietet uns Rust zwei Standarddatentypen an, `HashSet` und `BTreeSet`. Beide basieren auf der jeweiligen Map-Implementierung, bei der der Wert eines Eintrags auf das leere Tupel gesetzt wird. Beide erben damit auch die jeweiligen Implementierungsvor- und -nachteile. Auch hier gilt wieder, dass beide so ähnlich sind, dass wir sie in den meisten Fällen substituieren können.

Abgesehen von den beiden Methoden `insert()` und `remove()`, um einen Eintrag einzufügen und zu löschen, sind insbesondere die Mengenoperationen interessant. Diese funktionieren natürlich nur zwischen gleichen Datentypen.

Folgende Methoden für Mengenoperationen stehen zur Verfügung, eine zweite Menge, wenn als Argument benötigt, wird als Referenz übergeben:

Tab. 11–1
Mengenoperationen der Set-Datentypen (Iteratoren lernen wir in Abschnitt 11.4 kennen)

Methode	Funktion
`difference()`	Liefert die Werte zurück, die in der eigenen, aber nicht in der anderen Menge enthalten sind. Kann in einer `For`-Schleife verwendet werden (erzeugt einen Iterator).
`symmetric_difference()`	Liefert die Werte zurück, die in der eigenen und in der anderen Menge enthalten sind, aber nicht in beiden. Kann in einer `For`-Schleife verwendet werden (erzeugt einen Iterator).
`intersection()`	Liefert die Werte zurück, die sowohl in der eigenen als auch in der anderen Menge enthalten sind (Schnittmenge). Kann in einer `For`-Schleife verwendet werden (erzeugt einen Iterator).
`union()`	Liefert die Werte zurück, die in beiden Mengen enthalten sind (Vereinigungsmenge). Kann in einer `For`-Schleife verwendet werden (erzeugt einen Iterator).
`is_disjoint()`	Liefert `true` zurück, wenn die beiden Mengen disjunkt sind.
`is_subset()`	Liefert `true` zurück, wenn diese Menge eine Untermenge der anderen ist.
`is_superset()`	Liefert `true` zurück, wenn diese Menge eine Obermenge der anderen ist.

Im folgenden Beispiel demonstrieren wir einige dieser Methoden anhand des `HashSet`. Nach dem Import erzeugen wir eine neue Instanz in der Variable `m1`. Auch hier kann der Compiler wieder aus den folgenden `insert()`-Aufrufen den Typ erschließen. Die drei aufeinanderfolgenden Aufrufe sind nicht schön, aber wir werden bei den Iteratoren noch eine weitere Initialisierungsmöglichkeit kennenlernen. Im nächsten Schritt erzeugen wir eine Instanz in der Variable `m2`, die wir mit anderen Werten füllen.

Listing 11–6
Verwendung des Datentyps HashSet

```
use std::collections::HashSet;

fn main() {
    let mut m1 = HashSet::new();
    m1.insert(3); m1.insert(1); m1.insert(4);
    let mut m2 = HashSet::new();
    m2.insert(2); m2.insert(7); m2.insert(1);

    for e in m1.difference(&m2) { print!("{} ", e); }
    println!();
    for e in m1.symmetric_difference(&m2) { print!("{} ", e); }
    println!();
    for e in m1.intersection(&m2) { print!("{} ", e); }
```

```
    println!();
    for e in m1.union(&m2) { print!("{} ", e); }
    println!("\nDisjunkt? {}", m1.is_disjoint(&m2));
}
```

Im nächsten Schritt verwenden wir die Methode `difference()`, um in einer `For`-Schleife die Werte auszugeben, die in `m1`, aber nicht in `m2` sind. Die darauffolgende Verwendung der Methode `symmetric_difference()` liefert die Werte, die ausschließlich in einer der beiden Mengen, aber nicht in beiden sind.

Es folgen die Verwendung der Methoden `intersection()` für die Schnittmenge und `union()` für die Vereinigungsmenge.

Zum Schluss prüfen wir, ob die beiden Menge disjunkt sind. Die Ausgabe ist wie folgt:

```
4 3
4 3 2 7
1
4 1 3 2 7
Disjunkt? false
```

11.1.4 Verschiedene Datentypen in Kollektionen

Allen Kollektionsdatentypen ist gemein, dass wir sie jeweils für einen spezifischen Datentyp verwenden. Wenn wir verschiedene Datentypen in einer Kollektion halten wollen, so ist das gängige Vorgehen, diese in einem Aufzählungstyp zu kapseln.

Dies ist nicht nur elegant, sondern erlaubt auch zusammen mit dem Match-Konstrukt eine sehr einfache Verarbeitung der verschiedenen in der Kollektion enthaltenen Daten. Hierzu definieren wir einen Aufzählungstyp, der für jeden gewünschten Datentyp einen Namen und diesen eingebetteten Datentyp enthält.

Das folgende Beispiel illustriert dies:

Listing 11–7
Verschiedene Datentypen in Kollektionen

```
enum CollectionType { Float(f64), Int(i32) }

fn sum_elements(vector: Vec::<CollectionType>) -> f64 {
    let mut res = 0.0;
    for elem in vector {
        match elem {
            CollectionType::Float(f) => res += f,
            CollectionType::Int(i) => res += i as f64,
        }
    }
    return res;
}

fn main() {
    let mut vec = Vec::<CollectionType>::new();

    vec.push(CollectionType::Float(3.141));
```

```
    vec.push(CollectionType::Int(3));

    println!("{}", sum_elements(vec));
}
```

Wir definieren zuerst einen Aufzählungstyp `CollectionType` mit zwei Namen `Float` und `Int`, die unsere eigentlichen Daten aufnehmen.

Dann folgt eine Funktion `sum_elements()`, die einen Vektor mit diesem Aufzählungstyp als Parameter akzeptiert und einen `f64`-Wert zurückgibt. Hierzu iterieren wir in einer `For`-Schleife über die Elemente des Vektors und nutzen ein Match-Konstrukt, um die spezifischen Berechnungen abhängig vom Typ des Elements durchzuführen. Das Ergebnis liefern wir zurück. Wir sehen in dieser Funktion, wie einfach und elegant die Unterscheidung der verschiedenen Datentypen funktioniert.

In der `main()`-Funktion erzeugen wir einen neuen Vektor `Vec::<CollectionType>`, fügen zwei Werte verschiedenen Typs ein und geben dann das Ergebnis der Funktion `sum_elements()` aus.

11.1.5 Der Datentyp Slice

Häufig wollen wir auf dynamisch ausgewählte Teilbereiche von Feldern oder Kollektionen zugreifen, das heißt Bereiche, deren Beginn und/oder Größe zur Übersetzungszeit nicht bekannt sind, und nicht auf die vollständigen Daten. Hierfür bietet Rust den Datentyp `Slice` an, der uns den Zugriff auf einen Teilbereich als Referenz (ohne Eigentumsübergang) ermöglicht. Die Vorbedingung ist, dass die Daten in einem kontinuierlichen Speicherbereich vorliegen. Während dies alle Sequenzdatentypen und alle Felder einschließt, sind die Map-Datentypen und Mengen-Datentypen damit ausgeschlossen. Dieser Einschränkung können wir aber durch die Umwandlung in einen Sequenzdatentyp begegnen. Der Grund für diese Einschränkung ist die Realisierung des Datentyps `Slice` als Zeiger in einen Datenbereich plus der Länge der `Slice`-Instanz, die eine kontinuierliche Anordnung der Elemente im Speicher benötigt. Da Slices ihrerseits einen kontinuierlichen Datenbereich repräsentieren, können wir auch Slices von Slices bilden.

Da mit der Erstellung eines Slice keine relevanten Kosten verbunden sind, haben wir eine sehr elegante, flexible und kostengünstige Abstraktion über den konkreten Datentyp, in dem die Elemente gespeichert sind. Aus diesem Grund werden Slices sehr gerne und sehr häufig verwendet.

Slices können auch veränderbare Referenzen darstellen und erlauben damit auch Veränderungen der Elemente im repräsentierten Bereich. Da die Größe erst zur Laufzeit festgelegt wird, kann der Compiler die Zugriffe nur eingeschränkt zur Übersetzungszeit prüfen. Dies führt dazu, dass die Definition eines Slice außerhalb der Grenzen des unterliegenden Datentyps sofort zu einem nicht behebbaren Fehler und damit zum Abbruch des Programms mit einem Stack-Trace führt.

Wir definieren ein Slice, indem wir eine Referenz der Instanz, für die wir den Teilbereich definieren wollen, gefolgt von eckigen Klammern und einer Bereichsangabe notieren (inklusiver Anfang des Bereichs, zwei Punkte, exklusives Ende des Bereichs). Wir haben diese Notation bereits bei unserer informellen Bekanntschaft mit dem Datentyp `Range` kennengelernt.

Das folgende Beispiel zeigt die Verwendung von Slices für einen Vektor und ein Feld:

Listing 11–8
Die Verwendung von Slices

```
fn main() {
    let grenze = 3;
    let vec = vec![1, 2, 3, 4, 5];
    let mut array = [1, 2, 3, 4, 5];

    let sv = &vec[1..grenze];
    println!("{:?}", sv);

    let sa = &mut array[grenze..];
    for i in sa {
        print!("{} ", i);
        *i += 1;
    }
    println!("\n{:?}", array);
}
```

Wir definieren zuerst eine Variable `grenze`, die wir in Folge bei den zu erzeugenden Slices verwenden werden. Im nächsten Schritt definieren wir einen Vektor und ein Feld von `i32` mit jeweils 5 Einträgen.

Nun definieren wir das erste Slice für den Vektor in `vec` inklusive Element 1 bis exklusive Element 3 (dem Wert in der Variablen `grenze`), den wir der Variablen `sv` zuweisen, und geben diesen mit einer Debug-Ausgabe aus.

Dann definieren wir unser zweites Slice, dieses Mal ein veränderliches Slice auf dem Feld `array` beginnend bei Element 3 (entsprechend dem Wert in `grenze`) bis zum Ende des Felds. Wir iterieren über die Elemente mit einer `For`-Schleife, geben den jeweiligen Wert aus und erhöhen ihn um 1. Dies machen wir, indem wir die erhaltene veränderbare Referenz dereferenzieren und danach verändern. Zum Schluss machen wir eine Debug-Ausgabe des ganzen, nun geänderten Feldes.

Wenn Sie einen nicht behebbaren Fehler erzeugen wollen, ändern Sie einfach den Wert der Variablen grenze auf 10 (oder einen anderen Wert jenseits der Grenze von Vektor und Feld).

Die Ausgabe ist wie folgt:

```
[2, 3]
4 5
[1, 2, 3, 5, 6]
```

Überlappende Slices

Für Slices gelten die gleichen Regeln wie für alle anderen Referenzen, wir können beliebig viele lesende Referenzen definieren, aber nur eine veränderliche. Die Einschränkung für veränderliche Slices gilt aktuell selbst dann, wenn die Bereiche, die referenziert werden, disjunkt sind, wenn also keine Kollision von Schreibvorgängen möglich wäre.

Slices lassen sich auch überlappend definieren, sodass wir gleichzeitig auf verschiedene, nicht disjunkte Bereiche unserer unterliegenden Instanz zugreifen können. Das folgende Beispiel demonstriert dies:

Listing 11–9
Überlappende Slices

```
fn main() {
    let grenze = 2;
    let vec = vec![1, 2, 3, 4, 5];

    let s1 = &vec[0..=grenze];
    let s2 = &vec[grenze..];
    println!("{:?} {:?}", s1, s2);

    for i in 0..=grenze {
        print!("{} ", s1[i] + s2[grenze - i]);
    }
    println!();
}
```

Wir definieren eine Variable grenze und einen Vektor vec mit Daten. Im nächsten Schritt definieren wir zwei überlappende Slices s1 und s2 (deshalb das inklusive Intervall bei s1). Die Ausgabe der beiden Slices zeigt, dass beide das Element mit dem Wert 3 teilen.

Dann iterieren wir von 0 bis zum Inhalt von grenze, berechnen die Summe von dem i-ten Element von s1 und dem (grenze - i)-tem Element von s2. Dies sorgt dafür, dass wir zur gleichen Zeit über s1 und über s2 auf das Element mit dem Wert 3 zugreifen. Die Ausgabe sieht wie folgt aus:

```
[1, 2, 3] [3, 4, 5]
6 6 6
```

11.1.6 Zeichenketten

Rust verfügt über zwei Typen von Zeichenketten: nicht veränderbare Zeichenkettenliterale (wie zum Beispiel »Hallo Welt«) und veränderbare Zeichenketten (dies ist sehr ähnlich zu den String- und StringBuffer-Typen in Java). Beide stellen Kollektionen von einzelnen Zeichen (vom Typ Char mit 4 Byte Größe) dar.

Zeichenkettenliterale werden vom Compiler in das ausführbare Programm eingebettet und beim Programmstart mit geladen. Da sie Teil des Programms sind, sind sie nicht veränderbar und statisch, und wir können auf sie nur mit einer Referenz zugreifen, da wir über kein Eigentum des Literals verfügen. Dies klingt sehr stark wie die gerade betrachteten Slices, und tatsächlich wird von Rust eine zeichenkettenspezifische Slice-Variante, der Datentyp str (ein String-Slice), genau für diesen Zweck zur Verfügung gestellt. Der Datentyp str bietet uns verschiedene Möglichkeiten, Zeichenketten zu verarbeiten. Hierzu gehören die Suche, das Aufteilen in Zeichenketten mithilfe eines Musters oder auch das Interpretieren als einen anderen Datentyp (parsen in einen anderen Typ). Da wir dem Datentyp str eigentlich immer als Referenz begegnen, ist die Schreibweise &str hier typisch.

Veränderbare Zeichenketten haben den Typ String, und hier haben wir im Eigentum des Datentyps einen Puffer auf dem Heap, der die eigentliche Zeichenkette aufnimmt. Sobald wir Zeichenketten nicht nur analysieren, sondern neu erzeugen und manipulieren wollen, ist also dieser Datentyp unsere Wahl. Neben üblichen Operationen zum Anhängen, Einfügen und Entfernen von Zeichen oder dem Ersetzen von Teilen erlaubt String die sehr kostengünstige Umwandlung in eine Instanz vom Datentyp str durch Dereferenzierung. Aus diesem Grund verwenden Funktionen generell eine Referenz auf str, wenn sie Zeichenketten als Parameter benötigen. Außerdem steht uns damit sämtliche Funktionalität des Typs str durch die simple Dereferenzierung auch für den Datentyp String zur Verfügung.

In unserem ersten einfachen Beispiel betrachten wir Umwandlungsmöglichkeiten zwischen dem Datentyp str und dem Datentyp String.

Listing 11–10
Die Verwandtschaft der Datentypen str und String

```
fn main() {
    let r_str1: &str = "Hallo Welt";
    println!("{}", r_str1);

    let string = String::from(r_str1);
    println!("{}", string);

    let r_str2 = &string[6..];
    println!("{}", r_str2);

    let r_str3 = &*string;
    println!("{}", r_str3);
}
```

Wir beginnen mit der Definition einer Variablen r_str1, der wir ein Zeichenkettenliteral zuweisen.

Im nächsten Schritt erzeugen wir aus dieser Variablen eine Instanz vom Typ `String`, die wir der Variablen `string` zuweisen.

Nun erzeugen wir eine neue Instanz vom Typ `str`, indem wir auf einem Teilbereich dieser `String`-Instanz ein Slice definieren. Zum Schluss erzeugen wir durch Dereferenzierung der `String`-Instanz eine Instanz des Typs `str` und weisen eine Referenz hierauf, das heißt vom Typ `&str`, der Variable `r_str3` zu.

Hintergrund

Tatsächlich ist der Datentyp `String` nichts anderes als der Datentyp `str` auf einem Puffer mit der zusätzlich angehängten Information der aktuellen Kapazität des Puffers. Eine Umwandlung ist damit nichts weiter als das Ignorieren dieser Kapazität. Da dies zur Übersetzungszeit passiert, kostet damit die Umwandlung zur Laufzeit keine relevante Zeit.

Wenn wir Zeichenkettenliterale schreiben, dann können wir über den Standard-Escape-Mechanismus auch Zeichen mit Sonderbedeutung wie zum Beispiel das Anführungszeichen selbst notieren. Hierfür fügen wir vor dem eigentlichen Zeichen das Backslash-Zeichen \ ein, um zu signalisieren, dass das folgende Zeichen Teil der Zeichenkette sein soll. Dies kann aber manchmal mühsam werden, zum Beispiel bei regulären Ausdrücken.

Deshalb bietet Rust die Möglichkeit, Zeichenketten unverarbeitet zu notieren (*raw string*). Während normale Zeichenketten in zwei doppelten Anführungszeichen `"` eingeschlossen sind, werden unverarbeitete Zeichenketten mit dem Buchstaben r, gefolgt von 0-n Rautezeichen `#`, und dem doppelten Anführungszeichen eingeleitet. Darauf folgt die unverarbeitete Zeichenkette. Beendet wird diese Zeichenkette durch ein erneutes Anführungszeichen und die gleiche Anzahl von Rautezeichen, die wir bei der Einleitung verwendet haben. Während dies im ersten Moment verwirrend klingen mag, ist es in der Praxis sehr einfach. Die Erklärung für die Syntax ist, dass der Compiler das Ende der Zeichenkette erkennen muss.

Wenn wir in der unverarbeiteten Zeichenkette ein Anführungszeichen verwenden wollen (ohne Escape), benutzen wir zur Einleitung ein Rautezeichen, also `r#"`, und zur Beendigung `"#`. Wollen wir in unserer unverarbeiteten Zeichenkette die Zeichenfolge `"#` verwenden, benutzen wir `r##"` zur Einleitung und `"##` zur Beendigung. Da das Auftreten solcher Zeichenfolgen aber eher selten ist, kommen wir im Normalfall mit der Verwendung eines einzelnen Rautezeichens oder sogar gänzlich ohne aus.

> **Hintergrund**
>
> Tatsächlich bietet Rust noch eine Menge weiterer Zeichenkettenformate, die alle Rücksicht auf andere Codierungen nehmen und zur Vereinfachung der Interoperabilität dienen. `CString` und `CStr` bieten nullterminierte Zeichenketten, die kompatibel zu C oder Python sind, `OsString` und `OsStr` bieten Zeichenketten, die kompatibel zur Codierung des unterliegenden Betriebssystems sind, und es gibt Konvertierungsmethoden, die bei Bedarf von und in diese Datentypen übersetzen.

Das folgende Beispiel zeigt einige der zur Verfügung stehenden Methoden der beiden Datentypen und vor allem die sehr starke Interoperabilität in der Verwendung der beiden Typen.

Listing 11–11
Die Verwendung von str und String

```
fn main() {
    let muster = r#""""\\\"""[]{}"#;
    let sub_slice = muster.trim_start_matches('"');
    println!("{}", sub_slice);

    let mut string = String::from(&sub_slice[3..]);
    for c in string.chars() {
        print!("{}", c)
    }
    string.insert_str(0, "Hallo");
    println!("\n{}", string);
    string.replace_range(5..8, " ");
    println!("{}", string);
    string.truncate(6);
    println!("{}", string);
    string.push_str("Welt");
    println!("{}", string);

    let str_slice = &*string;
    for split in str_slice.split(' ') {
        println!("{}", split);
    }
}
```

Wir beginnen mit der Definition einer Variablen `muster` vom Typ `&str`, der wir eine unverarbeitete Zeichenkette mit dem Wert `"""\\\"""[]{}` zuweisen. Mit der Methode `trim_start_matches()` entfernen wir die führenden Zeichen, die dem übergebenen Muster entsprechen, und erzeugen damit ein neues `String`-Slice. Dieses Slice weisen wir der Variablen `sub_slice` zu und geben sie in der nächsten Zeile aus.

Dann erzeugen wir eine neue Variable `string` mit der Methode `String::from()` aus einem Teilbereich (`[3..]`) der Slice-Instanz in `sub_slice`.

Wir iterieren mit einer `For`-Schleife über die einzelnen Zeichen, für die uns die Methode `chars()` einen Iterator zurückliefert, und geben jedes Zeichen einzeln mit `print!()` aus.

Im nächsten Schritt fügen wir die Zeichenkette »Hallo« (ein Literal, also vom Typ `&str`) an der Position 0 ein und geben das Ergebnis aus.

Darauf folgt der Aufruf der Methode `replace_range()`, die eine Teilzeichenkette durch eine andere ersetzt. Mit dem Aufruf von `truncate()` kürzen wir die Zeichenkette auf eine Länge von 6. `push_str()` bietet uns die Möglichkeit, eine Zeichenkette, in unserem Fall *Welt*, anzuhängen. Nach jedem Aufruf geben wir das Ergebnis aus.

Danach erzeugen wir aus unserer `String`-Instanz in `string` eine Instanz eines `String`-Slice vom Typ `&str`. Hierfür dereferenzieren wir zuerst unsere Variable `string` mit dem Stern `*`, um dann eine Referenz hierauf zurückzuliefern.

Im letzten Schritt verwenden wir die Methode `split()`, um in einer `For`-Schleife über `String`-Slices zu iterieren, die durch das als Argument übergebene Zeichen getrennt sind.

Die Ausgabe sieht wie folgt aus:

```
\\\"""[]{}
"""[]{}
Hallo"""[]{}
Hallo []{}
Hallo
Hallo Welt
Hallo
Welt
```

11.2 Der Datentyp Range

Der Datentyp `Range` erlaubt uns die Definition von Intervallen über beliebige Datentypen, die die Traits `PartialOrd` und `PartialEq` implementieren. Bei einer Instanz des Typs `Range` können wir überprüfen, ob ein Element enthalten ist, was Bereichsüberprüfungen sehr elegant macht. Rust integriert diesen Datentyp sehr stark und bietet uns eine eigene Syntax zur Erzeugung von Instanzen. Es ist wichtig für uns, zu verstehen, dass eine `Range`-Instanz zwar ein Intervall repräsentiert, aber nicht alle Elemente des Intervalls enthält (und damit instanziiert). Insbesondere sind damit auch Intervalle mit unendlich vielen Zahlen möglich, zum Beispiel alle Zahlen größer als 42.

Für Ganzzahltypen und den Datentyp `char` steht uns zusätzlich die Möglichkeit zur Verfügung, über das Intervall zum Beispiel mit einer `For`-Schleife zu iterieren. Genau für diesen Zweck haben wir den Datentyp `Range` auch schon bei der Einführung der `For`-Schleife erfolgreich verwendet. Zusätzlich haben wir auch die Möglichkeit, mit Inkrementen größer 1 zu arbeiten, indem wir die Methode `step_by()` verwenden. Weitere Methoden wie `skip()` oder `nth_back()` erlauben uns das Überspringen von Teilbereichen. Da dieser Datentyp auch den

Iterator-Trait implementiert, werden wir weitere Methoden im Unterkapitel zu Iteratoren kennenlernen (Abschnitt 11.4).

Um eine Instanz vom Datentyp `Range` zu erzeugen, können wir ihn aus `std::ops::Range` importieren und mit `Range {start: 2, end: 5}` instanziieren. Viel einfacher und eleganter ist allerdings die von Rust zur Verfügung gestellte eigene Syntax für die Erzeugung von `Range`-Instanzen, die wir bei den `For`-Schleifen in Abschnitt 2.4.4 schon informell kennengelernt haben. Die folgende Tabelle enthält alle Varianten der Notation:

Tab. 11–2 *Die für die Erzeugung einer Range-Instanz erlaubte Syntax*

Syntax	Bedeutung	Kommentar
`a .. b`	$a \le x < b$	Halboffenes Intervall von a bis b
`a ..`	$a \le x$	Intervall beginnt bei a, rechtsseitig unbeschränkt
`.. b`	$x < b$	Intervall ist linksseitig unbeschränkt, endet rechtsseitig halboffen bei b
`..`	x	Beidseitig unbeschränktes Intervall
`a ..= b`	$a \le x \le b$	Geschlossenes Intervall von a bis b
`..= b`	$x \le b$	Linksseitig unbeschränktes Intervall, rechtsseitig abgeschlossen mit b

Wir betrachten die Funktionalität des Datentyps in unserem folgenden Beispiel. Hierzu definieren wir zuerst einen Datentyp `Test` mit einem Element `t`, für das wir die Traits `PartialEq` und `PartialOrd` durch den Compiler generieren lassen. Damit haben wir alle Vorbedingungen erfüllt, um diesen Datentyp in einer `Range`-Instanz verwenden zu können.

Listing 11–12 *Die Verwendung des Datentyps Range*

```
#[derive(PartialEq, PartialOrd)]
struct Test {
    t: i32,
}

fn main() {
    let ir = 1..10;
    for i in ir.step_by(2) {
        print!("{} ", i);
    }
    println!();

    let cr = 'a'..='h';
    println!("{}-{}", cr.start(), cr.end());

    for c in cr {
        print!("{} ", c);
    }
    println!();
```

```
        let tr = Test{t:1}..Test{t:10};
        if tr.contains(&Test{t:3}) {
            println!("Im Bereich");
        }
    }
```

In der nun folgenden `main()`-Funktion erzeugen wir zuerst eine `Range`-Instanz über Ganzzahlen (i32), über den wir im nächsten Schritt in einer `For`-Schleife iterieren. Da wir die Methode `step_by()` mit dem Wert 2 für die Iteration verwenden, wird in dieser Schleife nur jeder zweite Wert ausgegeben.

Dann definieren wir unter Verwendung der Notation für ein geschlossenes Intervall einen Bereich über die Buchstaben von `a` bis `h` und geben Start und Ende aus.

Im nächsten Schritt iterieren wir in einer `For`-Schleife über dieses Intervall und geben die einzelnen Elemente der `Range`-Instanz aus.

Zum Schluss definieren wir eine `Range`-Instanz über den gerade definierten Datentyp und weisen sie der Variablen `tr` zu. Wir benutzen die Methode `contains()`, um zu prüfen, ob eine Instanz unseres Datentyps `Test` im durch `tr` definierten Bereich liegt.

Die Ausgabe sieht wie folgt aus:

```
1 3 5 7 9
a-h
a b c d e f g h
Im Bereich
```

11.3 Closures

Rust bietet uns zur Strukturierung unseres Quelltextes Funktionen. Zudem können wir Referenzen auf Funktionen verwenden und erreichen damit eine extrem hohe Funktionalität.

Es gibt aber zwei Dinge, die wir uns manchmal wünschen, die Funktionen in Rust aber nicht bieten können. Zum einen ist der Aufwand zur Definition einer Funktion in vielen Fällen hoch, wenn wir nur eine Kleinigkeit implementieren wollen. Zum anderen wäre es oft geschickt, wenn wir auf den umgebenden Gültigkeitsbereich, den Kontext zum Zeitpunkt der Definition, zugreifen könnten. Für diese beiden Zwecke bietet uns Rust Closures an.

Eine Closure wird sehr simpel über zwei senkrechte Striche definiert. Diese zwei Striche können Parameternamen enthalten. Weiterhin können wir darauf folgend einen Rückgabetyp und wiederum danach einen Anweisungsblock in geschweiften Klammern angeben. Wir können den Rückgabetyp auch auslassen und eine Anweisung ohne geschweifte Klammern angeben.

Die damit erzeugte Instanz können wir bei Bedarf einer Variablen zuweisen (gefolgt von einem Semikolon) und die Closure danach einfach über den Variablennamen aufrufen (wie wir das schon bei Funktionsreferenzen kennengelernt haben). Im einfachsten Fall sieht dies wie folgt aus:

```
let mal_drei = | x | x * 3 ;
let res = mul_drei(val);
```

Wir definieren eine Variable `mal_drei`, der wir eine Closure zuweisen. Diese akzeptiert einen Parameter `x`, multipliziert diesen mit 3 und gibt das Ergebnis zurück. Wir können diese wie in der Folgezeile dargestellt aufrufen.

Die gezeigte Notation ist die simpelste, allgemein gibt es einige Möglichkeiten, Closures zu notieren. Diese sehen aus wie folgt:

```
| x: i32 | -> i32 { x * 3 }
| x      |        { x * 3 }
| x      |          x * 3
| x | x * 3
```

All diese Schreibweisen einer Closure erzeugen als Ergebnis eine anonyme Instanz eines instanzspezifischen, nicht benennbaren Datentypen. Dabei ist die letzte Variante an Einfachheit kaum noch zu überbieten.

Ein weiterer Vorteil dieser einfachen Notation ist, dass wir in der Parameterdeklaration bereits eine Dereferenzierung vornehmen können. Nehmen wir an, dass wir eine Closure für einen Wert vom Typ `&i32` definieren. Dann sind die beiden folgenden Notationen äquivalent:

```
|  x | *x * 3
| &x |  x * 3
```

Im ersten Fall akzeptieren wir einen Parameter `x` vom Typ `&i32` und dereferenzieren ihn in der Closure. Im zweiten Fall erwarten wir den Typ `&i32` und dereferenzieren ihn in die Variable `x` vom Typ `i32`. Dies macht Closures extrem elegant, wenn wir auf Referenzen arbeiten, was insbesondere bei Iteratoren sehr häufig ist (siehe nächstes Unterkapitel).

Einen Nachteil dürfen wir allerdings nicht verschweigen: Closures können sich nicht direkt rekursiv aufrufen, da sie über keinen Namen verfügen, der zum Definitionszeitpunkt existiert. Da rekursive Algorithmen meist aber eine höhere Komplexität und Closures als implizites Ziel eine niedrige Komplexität haben, verlieren wir hierdurch nicht wirklich etwas. In diesem Fall verwenden wir Funktionen.

Hintergrund

Tatsächlich ist das Resultat der Übersetzung von Closure und Funktion im Ergebnis sehr ähnlich. Damit ist auch das Laufzeitverhalten von Closure und Funktion vergleichbar. Und da Closures im Normalfall kurz sind, wird der Rust-Compiler hier meist sogar eine Inline-Ersetzung durchführen können.

11.3.1 Verwendung als anonyme Funktion

Es gibt verschiedene Arten von Closures. Die erste und simpelste ist die Variante, die auf den umgebenden Gültigkeitsbereich nicht zugreift. In diesem Fall haben wir eine Lambda- oder anonyme Funktion.

Wir starten mit einem sehr einfachen Beispiel, in dem wir zwei Closures definieren und den beiden Variablen `mul_zwei` und `plus_eins` zuweisen. Die erste multipliziert den übergebenen Parameter x mit dem Wert 2, die zweite addiert 1 zum Parameter. Beide liefern das Ergebnis ihrer Berechnung zurück.

Listing 11–13
Verwendung einer Closure als anonyme Funktion

```
fn main() {
    let mul_zwei  = | x: i32 | -> i32 { x * 2 } ;
    let plus_eins = | x | x + 1 ;

   let val = 3;
   let res = mul_zwei(val);
    println!("{} ", res);
    println!("{} ", plus_eins(2));
}
```

Dann rufen wir die Closure `mul_zwei()` auf der Variablen `val` auf, weisen das Resultat der Variablen `res` zu und geben diese aus. Zum Schluss rufen wir die Closure `plus_eins()` auf einem Literal auf und geben das Ergebnis aus. Die Ausgabe lautet:

```
6
3
```

Verwendung als Parameter und Rückgabewert

Wir sehen, wie einfach sowohl die Definition als auch die Verwendung von Closures ist. Für Closures, die nicht auf den umgebenden Gültigkeitsbereich zugreifen, gilt zudem, dass der Compiler die Abbildung auf Funktionsreferenzen mit dem Datentyp `fn` erlaubt, sodass wir diesen in Parameter- und Rückgabetypdeklarationen verwenden können.

Im nun folgenden Beispiel definieren wir zuerst eine Funktion `provide()`, die anhand des Parameters `i` entscheidet, was für eine Closure zurückgeliefert wird. Wenn die Zahl ungerade ist, liefern wir die Closure `mul_zwei()` zurück, andernfalls die Closure `plus_eins()`, die beide lokal in der Funktion definiert sind. Wir verwenden hier den Rückgabetyp `fn(i32)->i32`, in den beide Closures abgebildet werden können.

```
fn provide(i: i32) -> fn(i32) -> i32 {
    let mul_zwei = | x: i32 | -> i32 { x * 2 } ;
    let plus_eins = | x | x + 1 ;
    if i % 2 != 0 {
        mul_zwei
    } else {
        plus_eins
    }
}

fn main() {
    let calc = |f: fn(i32) -> i32, x | f(x);

    for i in 1..10 {
        let f = provide(i);
       let res = calc(f, i);
        print!("{} ", res);
    }

   let res = calc(| x | x * 3, 3);
    println!("- {} ", res);
}
```

Listing 11-14
Closures als Parameter und Rückgabetypen

In der `main()`-Funktion definieren wir zuerst eine Closure `calc()`, die als Parameter eine Funktion (oder Closure) `f` mit der Signatur `fn(i32)->i32` und einen Wert im Parameter `x` akzeptiert, dann `f()` mit `x` aufruft und das Ergebnis zurückliefert.

Im nächsten Schritt iterieren wir mit einer `For`-Schleife über die Zahlen 1–9. Für jede Zahl rufen wir die Funktion `provide()` auf, die je nach aktuellem Wert eine der beiden Closures zurückliefert. Dann rufen wir die Closure `calc()` auf, der wir als Argumente die jeweils zurückerhaltene Closure `f()` und den aktuellen Wert der Schleifenvariablen `i` übergeben. Dies bewirkt, dass innerhalb der Closure `calc()` die übergebene Closure in `f` mit dem aktuellen Wert aufgerufen und das Ergebnis zurückgeliefert wird. Dieses weisen wir der Variable `res` zu und geben es im Folgeschritt aus.

Zum Schluss rufen wir ein letztes Mal `calc()` auf und übergeben eine neue Closure als direktes Argument. Diese Art der Verwendung von Closures ist sehr häufig, gerade im Zusammenhang mit Iteratoren, die wir im nächsten Unterkapitel kennenlernen werden.

Die Ausgabe ist wie folgt:

```
2 3 6 5 10 7 14 9 18 - 9
```

11.3.2 Der umgebende Gültigkeitsbereich

Wir können aus einer Closure auf den umgebenden Gültigkeitsbereich, den Kontext, zugreifen. Hierbei gibt es drei verschiedene Varianten des Zugriffs, den lesenden Referenzzugriff, den schreibenden Referenzzugriff und den Zugriff mit Eigentumsübergang in die Closure.

Rust realisiert dies, indem für jede Closure ein eigener Datentyp erzeugt wird, der den Zugriffen entsprechend Elemente enthält, die die Variablen des umgebenden Gültigkeitsbereiches referenzieren. Die eigentliche Closure wird dann in eine Methode für diesen Datentyp geschrieben. Beim Aufruf wird dann tatsächlich dieser Datentyp verwendet. Da wir es hier mit einer Methode zu tun haben, ist der erste Parameter die eigene Instanz mit dem Namen `self`. Der Zugriff hierauf wird je nach Variante unterschiedlich gestaltet: `&self` für rein lesenden Zugriff, `&mut self` für schreibenden Referenzzugriff und `self` für Eigentumsübergang.

Dies erfordert unterschiedliche Behandlung durch den Compiler, und die verschiedenen Varianten werden hierbei durch die Implementierung von drei verschiedenen Traits für Closures gekennzeichnet: `Fn`, `FnMut` und `FnOnce`. `Fn` implementiert hierbei auch `FnMut`, und `FnMut` auch `FnOnce`. Damit können wir zum Beispiel eine rein lesende Closure in der gleichen Umgebung verwenden wie eine Closure mit Modifikation oder Eigentumsübergang, da ja die Änderungen durch die rein lesende Closure geringer sind als bei den anderen. Die folgende Tabelle beschreibt die drei Trait-Varianten:

Tab. 11–3
Closures: die verschiedenen Traits

Trait	Supertrait	Erklärung
`Fn`	`FnMut` `FnOnce`	**Implementierung:** Verwendet maximal Lesereferenzen, keine Modifikation und kein Eigentumsübergang für den umgebenden Gültigkeitsbereich (`&self`). **Aufruf:** Kann ohne Einschränkungen beliebig oft aufgerufen werden.
`FnMut`	`FnOnce`	**Implementierung:** Kein Eigentumsübergang, aber Modifikation des umgebenden Gültigkeitsbereichs möglich (`&mut self`). **Aufruf:** Kann beliebig oft aufgerufen werden, aber nur mit exklusivem Zugriff, da veränderbare Referenz verwendet wird.
`FnOnce`	-	**Implementierung:** Eigentumsübergang aus dem umgebenden Gültigkeitsbereich ist erlaubt, genau wie Schreib- und Lesereferenzen (`self`). **Aufruf:** Es kann nur einmaliger Aufruf garantiert werden, da ein Eigentumsübergang irreversible Änderungen im umgebenden Gültigkeitsbereich zur Folge haben kann.

Um die verschiedenen Varianten besser kennenzulernen, verwenden wir alle drei im folgenden Beispiel.

Wir beginnen mit der Definition von drei Funktionen `f_lese()`, `f_schreibe()` und `f_transfer()`, die als Parameter Closures akzeptieren, die den Trait `Fn`, den Trait `FnMut` und den Trait `FnOnce` implementieren. Wir benutzen Typparameter, die wir mit dem Schlüsselwort `where` einschränken, da dies die für längere Traits deutlich lesbarere Variante ist. In allen drei Funktionen rufen wir die übergebene Closure auf und geben das Ergebnis vom Typ `i32` zurück.

Die erste Funktion `f_lese()` verwendet die als Referenz übergebene Closure, um lesend auf den Kontext der Closure zuzugreifen (den umgebenden Gültigkeitsbereich zum Zeitpunkt der Definition). Der Einfachheit halber geben wir den erhaltenen Wert direkt zurück.

Die zweite Funktion `f_schreibe()` macht prinzipiell genau das Gleiche, aber mit einer als Referenz übergebenen Closure, die `FnMut` implementiert. Wir haben an dieser Stelle allerdings nicht nur eine dementsprechende Änderung des Traits zur Einschränkung des Typparameters, sondern zusätzlich ist unser Parameter `f` jetzt mit `mut` als veränderlich deklariert. Dies ist folgerichtig, da ja die Instanz des Datentyps, die die Zugriffe unserer Closure implementiert, auch veränderlich ist (siehe Tabelle, `&mut self`).

Die dritte Funktion akzeptiert eine Closure, die den Trait `FnOnce` implementiert (durch den Eigentumsübergang können wir nicht mit einer Referenz arbeiten). Hier verwenden wir eine Closure, die einen geboxten `i32`-Wert zurückliefert (wir erinnern uns, `Box` erlaubt uns die Platzierung von Daten auf dem Heap), um einen Eigentumsübergang sicherzustellen. Das Ergebnis des Aufrufs (eine `Box`-Instanz) dereferenzieren wir und geben den enthaltenen `i32`-Wert zurück.

In allen drei Fällen exponieren wir in extrem kontrollierter Weise einen Teil des Kontextes der Closure, was Closures auch jenseits der Verwendung als simple anonyme Funktion sehr attraktiv macht.

Listing 11–15
Die verschiedenen Zugriffsarten auf den Gültigkeitsbereich

```
fn f_lese<F>(f: & F) -> i32 where F: Fn() -> i32 { f() }

fn f_schreibe<F>(f: &mut F) -> i32 where F: FnMut() -> i32 { f() }

fn f_transfer<F>(f: F) -> i32 where F: FnOnce() -> Box<i32> {
   *(f())
}

fn main() {
   let lesen = &1;
   let schreiben  = &mut 2;
   let uebergang = Box::new(3);

   let cls_lese_ref = ||->i32 { *lesen };
   let mut cls_schreib_ref = ||->i32 { *schreiben += 1; *schreiben
};
   let cls_transfer = || { let transfer = uebergang; transfer };

   println!("Lesen in f_lese(): {}", f_lese(&cls_lese_ref));
   println!("Schreiben in f_schreibe(): {}",
      f_schreibe(&mut cls_schreib_ref));
   // schreiben += 1;                               // Fehler
   println!("Schreiben in f_schreibe(): {}",
      f_schreibe(&mut cls_schreib_ref));
```

```
    println!("Transfer: {}", f_transfer(cls_transfer));
    // println!("Übergang: {}", uebergang);           // Fehler
    // println!("Erneut: {}", f_transfer(transfer));  // Fehler
}
```

In der `main()`-Funktion definieren wir drei Variablen, die die verschiedenen Arten des Kontextzugriffs symbolisieren. Die Variable `lesen` erhält eine Referenz für einen Lesezugriff, die Variable `schreiben` eine Referenz für Schreibzugriff und die Variable `uebergang` erhält einen geboxten `i32`-Wert.

Im nächsten Schritt definieren wir drei Closures: `cls_lese_ref()`, die einen Lesezugriff auf den Inhalt der Referenz `lesen` durchführt, `cls_schreib_ref()`, die den Inhalt der Referenz `schreiben` inkrementiert (deshalb als veränderliche Referenz) und dann das Ergebnis zurückliefert, und zuletzt `cls_transfer()`, die das Eigentum der Variable `uebergang` auf eine lokale Variable transferiert und diese dann zurückgibt.

Nachdem wir jetzt die Vorarbeiten abgeschlossen haben, rufen wir die Funktion `f_lese()` auf und übergeben die Closure `cls_lese_ref` als Argument. Dies führt in der Funktion `f_lese()` über den Aufruf von `lese_ref()` zum Lesezugriff auf die Referenz `lesen` und die Rückgabe des Wertes, den wir ausgeben.

Dann rufen wir die Funktion `f_schreibe()` mit der Closure `cls_schreib_ref` auf. Dies führt dazu, dass in der Funktion `f_schreibe()` über den Aufruf der Closure `schreib_ref()` der Inhalt der Referenz `schreiben` inkrementiert wird. Wir machen dies zweimal, um zu demonstrieren, wie die Variable `schreiben` weiter erhöht wird. Sollten wir versuchen, zwischen diesen beiden Aufrufen der Closure einen Schreibzugriff auf die Variable `schreiben` durchzuführen, so würde der Compiler dies mit einem Fehler quittieren, denn die exklusive Schreibreferenz ist ja noch nicht wieder freigegeben.

Hintergrund

Wir könnten die Funktion `f_schreibe()` prinzipiell genauso mit der Closure `cls_lese_ref` aufrufen, da diese die gleiche Signatur hat und auch den Trait `FnMut` implementiert (siehe Tabelle). Allerdings müssten wir dann die Closure genau wie `cls_schreib_ref` als veränderlich definieren, um der Parameterdefinition in `f_schreibe()` zu genügen.

Zum Schluss rufen wir die Funktion `f_transfer()` mit der Closure `cls_transfer` auf. Den zurückgelieferten Wert geben wir aus. Da wir in der Closure `transfer()` einen Eigentumsübergang von der Variable `uebergang` zur lokalen Variable `transfer` haben, ist die Variable `uebergang` nicht mehr gültig. Den Versuch eines Zugriffes würde der Compiler mit einem Fehler markieren, genau wie einen erneuten Aufruf der Closure `cls_transfer()`. Wir können also diese Closure tatsächlich nur ein einziges Mal ausführen.

Die Ausgaben sind wie folgt:

```
Lesen in f_lese(): 1
Schreiben in f_schreibe(): 3
Schreiben in f_schreibe(): 4
Transfer: 3
```

Erzwungener Eigentumsübergang mit move

Es gibt Situationen, in denen wir einen Eigentumsübergang benötigen, auch wenn der Compiler dies nicht eigenständig macht. Dies passiert insbesondere dann, wenn Closures ihren umgebenden Gültigkeitsbereich verlassen. Ein typisches Beispiel ist eine Closure, die auf ihren Kontext zugreift und aus diesem zurückgegeben wird.

Rust ist (nicht nur) an dieser Stelle sehr zurückhaltend und erwartet von uns eine explizite Kennzeichnung, dass wir den Eigentumsübergang auch tatsächlich wünschen.

Hintergrund

Dies hängt damit zusammen, dass Rust in dem Datentyp, den die Closure für den Zugriff verwendet, immer die geringstmögliche Zugriffsvariante (`&` vor `&mut` vor Eigentumsübergang) verwendet. Dadurch haben wir unter Umständen eine Referenz auf eine Instanz auf dem Stack, die nach dem Verlassen des umgebenden Gültigkeitsbereiches (zum Beispiel einer Funktion) nicht mehr gültig ist. Anstatt jetzt einfach unter der Haube die Zugriffsvariante zu ändern, geht Rust davon aus, dass dies auch ein Fehler in der Programmierung sein könnte, und greift deshalb nicht automatisch ein.

Um den Eigentumsübergang für die aus dem Kontext referenzierten Variablen zu erzwingen, bietet Rust uns das Schlüsselwort `move`, das wir vor die Definition der Closure schreiben. Damit weiß Rust, dass wir einen Eigentumsübergang der referenzierten Variablen wünschen. Dieser findet mit der Definition der Closure statt. Wir haben also in Folge im Kontext keinen Zugriff mehr auf die referenzierten Variablen.

Da der erzwungene Eigentumsübergang nur dann notwendig ist, wenn die definierte Closure `Fn` oder `FnMut` implementiert (also nicht sowieso schon einen Eigentumsübergang erzwingt), haben wir die interessante und für uns vorteilhafte Situation einer Closure mit Trait-Implementierung für `Fn` oder `FnMut` und Eigentumsübergang. Wir können die Closure beliebig oft aufrufen trotz eines eigenen, exklusiven Kontextes, der dynamisch erzeugt werden kann.

Um dies zu demonstrieren, definieren wir in unserem folgenden Beispiel zuerst eine Funktion `provide()` mit einem Parameter `x`. Diese Funktion liefert eine Closure zurück, die den Trait `Fn` implementiert. Für die Notation des Rückgabetyps können wir hierbei die einfache `impl`-Notation verwenden. In der Funktion erzeugen wir eine Closure, die auf ihren Kontext zugreift (auf den Parameter `x` der umgebenden Funktion), eine Multiplikation durchführt und das Ergebnis zurückliefert.

Wenn wir jetzt die Funktion `provide()` aufrufen wollen, dann erhalten wir eine Closure zurück, die einen nicht mehr existierenden Kontext referenziert. Deshalb verwenden wir das Schlüsselwort `move`, um einen Eigentumsübergang zu erzwingen und damit den Wert über das Ende der die Closure erzeugenden Funktion hinaus zu erhalten.

Listing 11–16
Verwendung des Schlüsselworts move

```
fn provide(i: i32) -> impl Fn(i32) -> i32 {
    move | x: i32 | -> i32 { x * i }
}

fn main() {
    let calc = |f: &dyn Fn(i32) -> i32, x: i32 | f(x) ;

    for i in 1..10 {
        let f = provide(i);

        let res = calc(&f, i);
        print!("{} ", res);
    }
    println!();
}
```

In der `main()`-Funktion definieren wir zuerst eine Closure `calc`, die als Parameter eine Referenz auf eine Closure in Form eines Trait-Objekts, das den `Fn`-Trait implementiert, und einen `i32`-Wert akzeptiert. Als Ergebnis liefert `calc` das Ergebnis des Aufrufs der übergebenen Closure mit dem als zweiten Parameter übergebenen Wert zurück. Wir könnten dies natürlich auch in einer Funktion wie im letzten Beispiel tun. Die Definition der Closure als Parameter für eine andere Closure ist aber interessant, weil wir im Vergleich zu Funktionen Einschränkungen haben: Wir haben keine Typparameter zur Verfügung. Deshalb verwenden wir die Referenz auf ein Trait-Objekt, deren Größe zur Übersetzungszeit bekannt ist, auch wenn das Trait-Objekt selbst noch unbekannt ist.

Dann iterieren wir in einer `For`-Schleife über die Zahlen von 1 bis 9 und erzeugen für jeden Wert mit der Funktion `provide()` eine neue Closure. Diese verwendet den jeweils aktuellen Wert `i` als Argument. Wir erhalten also eine Closure zurück, die ihr jeweiliges Argument mit dem aktuellen Wert multipliziert.

Wir rufen die Closure `calc()` mit einer Referenz auf diese zurückerhaltene Closure und wiederum den aktuellen Wert `i` des Schleifendurchlaufs auf. Dies führt dazu, dass wir als Ergebnis das Quadrat von `i` erhalten. Die zugehörige Ausgabe sieht wie folgt aus:

```
1 4 9 16 25 36 49 64 81
```

Komplexere Interaktionen mit Closures

Dass wir Closures einen Kontext mitgeben können, der den erzeugenden Gültigkeitsbereich überdauert, führt uns zu einer eleganten Form des *instanzspezifischen Speichers* für Closures, den wir für unsere Zwecke nutzen können. Hierfür ist die Kombination einer erzeugenden Funktion mit Rückgabe einer Closure, die die lokalen Variablen der Funktion verwendet, eine elegante Form der Kapselung.

In unserem ersten Beispiel definieren wir eine Closure, die aufeinanderfolgende Zahlen der Fibonacci-Folge produziert. Wir beginnen mit der Methode `create_fibonacci()`, die unsere Closure zurückliefert. In der Funktion definieren wir zuerst ein Feld mit zwei Werten, die den aktuellen und den vorherigen Wert unserer Kalkulation enthalten (der aktuelle Fibonacci-Wert ist immer die Summe der vorherigen beiden Werte). Darauf folgt eine Variable `current`, die den Index des aktuellen Wertes im Feld enthält (und damit immer entweder den Wert 0 oder 1). Die zurückgelieferte Closure übernimmt das Eigentum der verwendeten Variablen, da wir das Schlüsselwort `move` verwenden. Wir initialisieren eine Closure-lokale Variable `old` mit dem Wert von `current` und ändern den Wert für `current` auf den anderen Index mit der Modulo-Berechnung, also auf 0, wenn 1, und auf 1, wenn 0. Abschließend addieren wir den alten Wert auf den aktuellen und liefern das Ergebnis zurück.

Listing 11–17
Eine Closure zur Erzeugung der Fibonacci-Folge

```
fn create_fibonacci() -> impl FnMut() -> i32 {
   let mut fib = [0, 1];
   let mut current = 0;
   move || {
      let old = current;
      current = (current + 1) % 2;
      fib[old] += fib[current];
      fib[current]
   }
}

fn main() {
   let mut fibonacci = create_fibonacci();
   for _ in 1..=10 {
      print!("{} ", fibonacci());
   }
   println!();
}
```

In der `main()`-Funktion erzeugen wir die Closure durch Aufruf von `create_fibonacci()` und weisen diese der Variablen `fibonacci` zu. Darauf folgt eine `For`-Schleife mit 10 Durchläufen. Wir ignorieren den Schleifenwert durch Verwendung des Platzhalters _ und geben den jeweiligen Rückgabewert des Aufrufs der Closure aus. Das Ergebnis lautet wie folgt:

```
1 1 2 3 5 8 13 21 34 55
```

In unserem zweiten, komplexeren Beispiel berechnen wir Primzahlen mit Closures; wir ignorieren hierbei der Einfachheit halber die Werte 1 und 2. Hierzu definieren wir zuerst eine Funktion `create_counter()`, die zwei Parameter `start` und `inc` erwartet und eine Closure zurückliefert. Diese liefert beginnend mit dem Wert in `start` mit jedem Aufruf um `inc` erhöhte Werte zurück. Hierzu verwenden wir eine lokale Variable `counter`, die den aktuellen Wert in unserer Zahlenreihe repräsentiert. Die Closure übernimmt das Eigentum für diese Variable und den Parameter `inc` und liefert mit jedem Aufruf diesen Wert zurück, nachdem sie den Wert in `inc` aufaddiert hat.

Listing 11–18
Berechnung von Primzahlen mit Closures

```
fn create_counter(start: i32, inc: i32) -> impl FnMut() -> i32 {
   let mut counter: i32 = start;
    move | | -> i32 { counter += inc; counter }
}

fn create_prim() -> impl FnMut() -> i32 {
   let mut zaehler = create_counter(1, 2);
   let mut prim_cache = Vec::new();
   move || -> i32 {
      'naechste_zahl: loop {
         let current = zaehler();
         for val in &prim_cache {
            if *val > current / 2 {
               continue;
            }
            if (current % *val) == 0 {
               continue 'naechste_zahl;
            }
         }
         prim_cache.push(current);
         return current;
      }
   }
}

fn main() {
   let mut prim = create_prim();
   for _ in 1..=20 {
      print!("{} ", prim());
   }
   println!();
}
```

In der zweiten Funktion `create_prim()` erzeugen wir die eigentliche Closure zur Berechnung der Primzahlen. Dazu erzeugen wir zuerst eine Instanz der gerade definierten Closure, die uns eine Folge der ungeraden Zahlen beginnend bei 3 zurückliefert (eine kleine Optimierung, da wir wissen, dass alle Primzahlen größer 2 ungerade sind). Dann erzeugen wir einen Vektor `prim_cache`, der unsere bereits berechneten Primzahlen aufnimmt.

Nun folgt die eigentliche Closure, wieder mit Eigentumsübernahme der referenzierten Variablen aus dem Kontext. Wir beginnen mit einem `Loop`-Konstrukt mit einem Label `naechste_zahl`, das wir verwenden, sobald wir erkannt haben, dass eine Zahl teilbar ist.

Im `Loop`-Konstrukt erzeugen wir im ersten Schritt die nächste Zahl (ungerade und größer als die letzte Primzahl). Für jeden Wert im Primzahlen-Cache prüfen wir nun im ersten Schritt, ob die zu prüfende Zahl kleiner ist als das Doppelte der aktuellen Primzahl. Falls ja, wissen wir, dass wir eine Primzahl haben, und verlassen die `For`-Schleife (eigentlich können wir auf die Wurzel testen, aber diese zu berechnen ist deutlich aufwendiger). Im nächsten Schritt prüfen wir, ob unser Kandidat durch die aktuelle Primzahl teilbar ist. Falls ja, verwerfen wir die Zahl und springen zum nächsten Durchlauf des `Loop`-Konstrukts. Falls nein, testen wir mit der nächsten Primzahl.

Hintergrund

Falls Sie sich wundern, warum wir eine Referenz auf den `prim_cache` verwenden und daraufhin mit den resultierenden `&i32`-Werten in `val` operieren müssen: Da wir eine Closure erzeugen, die `FnMut` implementiert, und dann den Eigentumsübergang mit `move` erzwingen, haben wir in dem für die Closure erzeugten Datentyp veränderliche Referenzen und müssen mit diesen arbeiten. Bei den vorherigen Beispielen ist uns dies nicht aufgefallen, da alle referenzierten Instanzen eine Copy-Semantik hatten. Beim Vektor, der auf dem Heap angelegt wird, haben wir dies nicht.

Wenn die aktuelle Zahl alle Prüfungen erfolgreich bestanden hat, speichern wir sie im Cache und liefern sie als Ergebnis zurück.

In der `main()`-Funktion erzeugen wir eine Instanz unserer Closure und weisen sie der Variable `prim` zu. Es folgt eine `For`-Schleife mit 20 Durchläufen; auch hier ignorieren wir den Schleifenwert durch Verwendung des Platzhalters _ und geben den jeweiligen Rückgabewert des Aufrufs der Closure aus. Das Ergebnis ist wie folgt:

```
3 5 7 11 13 17 19 23 29 31 37 41 43 47 53 59 61 67 71 73
```

Hintergrund

Die Geschwindigkeit ist interessanterweise recht hoch. Der Grund hierfür liegt in den (erfolgreichen) Versuchen des Compilers, Closures durch Inline-Ersetzung zu optimieren. Versuchen Sie doch einfach mal, die ersten 10.000 Primzahlen berechnen zu lassen.

11.4 Iteratoren

Iteratoren kennen wir bereits aus vielen anderen Sprachen, hier deshalb nur eine sehr kurze Erklärung.

Anstatt über eine Sammlung von Elementen direkt zu iterieren, was Detailkenntnisse des Containers erfordert, der diese Elemente enthält, verwenden wir einen Iterator, der von diesen Details abstrahiert und uns eine einfache Schnittstelle für den Zugriff bietet. Als ein klassisches Entwurfsmuster (*design pattern*) sorgt ein Iterator für eine sehr saubere Trennung von Verantwortlichkeiten (*separation of concerns*).

Rust bietet Iteratoren als Traits an, und tatsächlich haben wir Iteratoren schon sehr häufig verwendet. Die `For`-Schleife, die wir schon sehr häufig benutzt haben, ist in Wirklichkeit nichts anderes als eine schlanke Abstraktion über der Iterator-Schnittstelle. Datentypen wie `Range`, aber auch zum Beispiel Sprachelemente wie Felder stellen Iteratoren zur Verfügung, die wir mit der `For`-Schleife verwenden können. Iteratoren werden hierbei verzögert initialisiert (*lazy initialization*), was geringstmöglichen Aufwand für die Erzeugung sicherstellt. Ein Iterator fängt auch nicht an, eigenständig über die Daten zu laufen, sondern ist passiv und wird durch unsere Aufrufe gesteuert.

11.4.1 Erzeugung von Iteratoren

Wir können drei verschiedene Methoden verwenden, um Iteratoren zu erzeugen. Diese unterscheiden sich in den Zugriffsrechten und dem Eigentumsübergang. Alle gängigen Kollektionsdatentypen implementieren diese über eigene Trait-Implementierungen. Der wichtigste ist `std::iter::IntoIterator`. Dieser stellt die Methode `into_iter()` zur Verfügung, auf die die anderen Methoden abgebildet werden können.

Tab. 11–4
Methoden zur Erzeugung eines Iterators

Methode	Funktion
`iter()`	Erzeugt einen Iterator über eine Lesereferenz des Datentyps. Wird zum ausschließlichen Lesen verwendet.
`iter_mut()`	Erzeugt einen Iterator über eine veränderliche Referenz des Datentyps. Hiermit können wir die Elemente der Kollektion modifizieren.
`into_iter()`	Erzeugt einen Iterator über die Instanz des Datentyps. Hiermit können wir Elemente und die Instanz selbst modifizieren. Erzwingt einen Eigentumsübergang. Wenn das Eigentum nicht bei uns liegt, dann wird automatisch `iter()` aufgerufen.

Die `For`-Schleife nutzt die Methode `into_iter()`, wir können aber in der `For`-Schleife auch explizit einen Iterator über eine Referenz erzeugen und über diesen iterieren.

11.4.2 Erste Verwendung von Iteratoren

Die Basisimplementierung von `std::iter::Iterator` bringt sehr viele Standardmethoden mit und verlangt nur die Implementierung einer einzigen Methode. Deshalb ist die Implementierung eines eigenen Iterators vergleichsweise einfach.

Es muss ausschließlich die Methode `next()` implementiert werden, die das nächste Element zurückliefert. Ein zweiter häufiger Iterator-Trait ist `std::iter::DoubleEndedIterator`, der zusätzlich die Methode `next_back()` verlangt. Hierdurch wird eine Menge an Methoden zur Verfügung gestellt, mit denen wir uns sowohl parallel zur Vorwärtsbewegung als auch rückwärts durch den Iterator bewegen können. Einzige Bedingung ist, dass die Anzahl der durch den Iterator repräsentierten Elemente endlich ist, was für die Standardkollektionen gilt. Beide Methoden liefern eine Instanz von `Option` zurück, den Namen `Some` mit dem Element oder `None`, wenn es kein Element mehr gibt.

Unser Beispiel beginnt mit einem Vektor `vec` mit vier Elementen, für den wir einen Lese-Iterator mit der Methode `iter()` erzeugen. Da für diesen Datentyp die Menge der Elemente bekannt ist, können wir nicht nur vom Beginn aus, sondern auch vom Ende aus iterieren. Wir machen dies mit wechselnden Aufrufen von `next()` und `next_back()` und den zugehörigen Ausgaben. Da wir fünf Aufrufe haben, aber nur vier Elemente, erhalten wir mit dem letzten Aufruf `None` und damit die Information zurück, dass wir alle Elemente gelesen haben.

Listing 11–19
Die grundlegende Verwendung von Iteratoren

```
fn main() {
    let mut vec = vec![3, 1, 4, 1];

    let mut it = vec.iter();
    println!("V: {:?}", it.next());
    println!("R: {:?}", it.next_back());
```

```
    println!("V: {:?}", it.next());
    println!("R: {:?}", it.next_back());
    println!("V: {:?}", it.next());

    for val in vec.iter_mut() {
        *val *= 2;
    }

    for val in vec {              // ruft vec.into_iter() auf
        print!("{} ", val);
    }
    // println!("- {:?}", vec); // Fehler
    println!();
}
```

Im nächsten Schritt verwenden wir eine For-Schleife über einen explizit mit der Methode iter_mut() erzeugten Iterator, der uns die Veränderung der Elemente erlaubt, und zwar ohne Eigentumsübergang, da wir ja nur auf einer Referenz operieren.

Im letzten Schritt verwenden wir die normale Syntax der Iteration über den Vektor vec mit der For-Schleife. Dies ist exakt das Gleiche wie die Verwendung der Methode into_iter(). Wir haben also einen Eigentumsübergang. Sollten wir nach dieser Schleife noch mal versuchen, auf die Variable vec zuzugreifen, würde dies mit einem Übersetzungsfehler quittiert. Die Ausgabe lautet wie folgt:

```
V: Some(3)
R: Some(1)
V: Some(1)
R: Some(4)
V: None
6 2 8 2
```

11.4.3 Weitere Verarbeitungsmöglichkeiten

Wir haben gesehen, wie wir Iteratoren mit der For-Schleife und mit den Methoden next() und next_back() nutzen können. Dies ist aber nur ein Bruchteil der Methoden, von denen die meisten deutlich mächtiger und eleganter sind.

Suche von Elementen

Wir beginnen mit den Methoden, die es uns erlauben, einzelne Elemente unserer Kollektion zu identifizieren. Alle diese Methoden liefern eine Option-Instanz zurück, die entweder das gefundene Element in einem Some enthält oder den Wert None, wenn kein Element gefunden wurde. Der verwendete Iterator wird dabei (bis zum gefundenen Element oder vollständig) konsumiert. In den Methoden mit Closure können die besuchten Elemente modifiziert und, abgesehen von der find()-Methode, gleichfalls konsumiert werden.

Die folgende Tabelle listet die wichtigsten dieser Methoden auf:

Tab. 11-5
Methoden zur Identifikation einzelner Elemente im Iterator

Methode	Funktion
`find()`	Die übergebene Closure liefert `true` zurück, wenn ein gesuchtes Element gefunden wurde. **Wichtig:** `find()` übergibt eine Referenz auf das Element an die Closure. Das erste gefundene Element wird zurückgeliefert.
`find_map()`	Die übergebene Closure berechnet Wert auf Basis des Elements und liefert eine `Option`-Instanz zurück. Sobald diese nicht `None` ist, wird das Ergebnis zurückgeliefert.
`last()`	Liefert das letzte Element des Iterators zurück.
`max()`	Das Maximum wird zurückgegeben.
`min()`	Das Minimum wird zurückgegeben.
`nth()` `nth_back()`	Das n-te Element wird zurückgegeben. Bei `nth_back()` wird das n-te Element vom Ende aus zurückgegeben.
`position()`	Sucht nach der Position eines Elements vom Beginn. Die übergebene Closure liefert `true` zurück, wenn das Element gefunden wurde. `position()` gibt den Index zurück.
`rposition()`	Sucht nach der Position eines Elements vom Ende. Die übergebene Closure liefert true zurück, wenn das Element gefunden wurde. `rposition()` gibt den Index zurück.

Im folgenden Beispiel verwenden wir diese Methoden eines Iterators, den wir auf einem Vektor mit Ganzzahlen in der Variablen `vec` erzeugen. Da die Methoden den Iterator konsumieren, erzeugen wir jedes Mal eine neue Iteratorinstanz. Wir legen einen Suchwert in der Variable `such_wert` an, um von den folgenden Closures aus auf den Kontext zuzugreifen, und rufen dann die Methode `position()` und die Methode `rposition()` auf jeweils einem neuen Iterator auf. Diesen erzeugen wir mit der Methode `iter()`. Da `iter()` eine Lesereferenz auf unseren Vektor erzeugt, erhalten wir Referenzen auf unsere Elemente. In beiden Fällen verwenden wir jetzt die Dereferenzierung im Parameter, die wir bei den Closures diskutiert, aber bisher nicht angewendet haben.

Listing 11-20
Identifikation einzelner Elemente des Iterators

```
fn main() {
   let vec = vec![3, 1, 4, 1, 5, 9, 2];

   let such_wert = 1;
   let pos = vec.iter().position(|&x| x == such_wert);
   let rpos = vec.iter().rposition(|&x| x == such_wert);
   println!("Pos, RPos: {:?}, {:?}", pos, rpos);

   let min = vec.iter().min();
   let max = vec.iter().max();
   println!("Min, Max: {:?}, {:?}", min, max);

   let found = vec.iter().find(|x| **x == 5) ;
   let not_found = vec.iter().find(|&x| *x == 7) ;
   println!("Find: {:?}, {:?}", found, not_found);

   let c = | &x| {
```

```
        if x < 3 { Some( x * 2 ) }
        else     { None }
    };
    let find_map = vec.iter().find_map(c);
    println!("Find_Map: {:?}", find_map);
}
```

Im nächsten Schritt verwenden wir die beiden Methoden `min()` und `max()` unseres Iterators und geben die Ergebnisse aus. Weiter geht es mit zwei Aufrufen der Methode `find()`, einmal mit der Suche nach einem existierenden Element, einmal mit einem nicht existierenden Element in der jeweiligen Closure. Hier ist wichtig, dass `find()` auf (veränderbaren) Referenzen operiert und wir deshalb in der Closure dereferenzieren müssen. Da wir mit `iter()` eine Referenz auf die Kollektion erhalten, haben wir die seltene Situation, zweimal dereferenzieren zu müssen, um unseren eigentlichen Wert zu erhalten. Die zwei häufigsten Varianten – zweifache Dereferenzierung in der Closure und einmal in der Parameterdeklaration und einmal in der Closure – sind dargestellt. Übrigens ist natürlich auch die zweifache Dereferenzierung in der Parameterdeklaration möglich.

Es folgt die Definition einer Closure für die Methode `find_map()`. Diese führt auf jedem Element die Closure aus, bis ein `Option`-Wert ungleich `None` zurückgegeben wird. Hier prüfen wir, ob der (wieder als Referenz) übergebene Wert größer 3 ist. In diesem Fall führen wir eine Berechnung auf dem Element durch und geben `Some` mit diesem Wert zurück. Abschließend verwenden wir diese Closure in der Methode `find_map()` und geben das Ergebnis aus.

Die Ausgabe sieht aus wie folgt:

```
Pos, RPos: Some(1), Some(3)
Min, Max: Some(1), Some(9)
Find: Some(5), None
Find_Map: Some(2)
```

Operationen auf allen Werten des Iterators

Nun kommen wir zu den Methoden, mit denen wir alle Werte einer Kollektion betrachten. Es gibt Methoden zum Zählen, zum Prüfen, ob eine Bedingung erfüllt ist, zur Ausführung von einer Closure für jeden Wert oder für die Akkumulation beliebiger Werte auf Basis der Elemente. Auch hier wird der Iterator konsumiert (vollständig oder bis zum gefundenen Element).

Die folgende Tabelle listet die gebräuchlichsten dieser Methoden auf:

Tab. 11-6
Operationen auf allen Elementen eines Iterators

Methode	Funktion
`all()`	Liefert `true` zurück, wenn die Closure für alle Elemente `true` zurückgibt.
`any()`	Liefert `true` zurück, wenn die Closure für mindestens ein Element `true` zurückgibt.
`count()`	Gibt die Anzahl der Elemente zurück.
`for_each()` `try_for_each()`	Führt die übergebene Closure für alle Elemente aus. `try_for_each()` gibt eine `Result`-Instanz zurück, das Erfolg oder Fehler der Closure enthält, bei `for_each()` ist das Resultat `()`.

`fold()`
`try_fold()`
`rfold()`
`try_rfold()`
	Akzeptiert einen Initialwert und eine Closure. Die Closure erhält für jedes Element einen Akkumulator und das Element. Das von der Closure zurückgegebene Ergebnis der Berechnung wird als Akkumulator für den nächsten Aufruf der Closure verwendet. Beim ersten Aufruf wird der Initialwert als Akkumulator verwendet. `try_fold()` gibt ein Resultat zurück, das Erfolg (mit dem letzten Ergebnis) oder Fehler der Closure enthält; bei `fold()` ist das Resultat das letzte Ergebnis. Die `rfold()`-Varianten sind rechtsassoziativ, beginnen also vom Ende der Kollektion.

`product()`	Berechnet das Produkt aller Elemente.
`reduce()`	Funktioniert wie `fold()`, der Initialwert ist das erste Element und die Berechnung beginnt mit dem zweiten Element (dies ist die tatsächliche Implementierung in der Standardbibliothek). Das Resultat ist eine `Option`-Instanz (mit Wert `None`, wenn kein Ergebnis berechnet werden kann).
`sum()`	Berechnet die Summe aller Elemente.

In unserem Beispiel beginnen wir erneut mit der Definition eines Vektors. Es folgt eine Closure, die prüft, ob der übergebene Wert größer als 3 ist. In den nächsten beiden Aufrufen der Methoden `all()` und `any()` verwenden wir diese Closure und geben die Resultate aus. Die Methode `count()` liefert die Anzahl zurück, die Methode `product()` berechnet das Produkt. Wir geben explizit den Typ an, den wir erwarten, sodass die Methode `product()` die Berechnung entsprechend durchführt. Das Gleiche gilt für die Methode `sum()`, die wir danach aufrufen.

Listing 11-21
Operationen auf allen Elementen eines Iterators

```
fn main() {
    let vec = vec![3, 1, 4, 1, 5, 9, 2];

    let c = |&x| x > 3 ;
    println!("All: {}", vec.iter().all(c));
    println!("Any: {}", vec.iter().any(c));

    println!("Count: {}", vec.iter().count());
    let res: i32 = vec.iter().product();
    println!("Product: {}", res);
    println!("Sum: {}", vec.iter().sum::<i32>());
```

```
    vec.iter().for_each(|x| print!("{}",x));
    println!("\nFold: {}", vec.iter().fold(0, |akk, x| akk + x));

    let c_max = | akk, x | {
       if akk > x { akk } else { x }
    };
    println!("Reduce: {:?}", vec.iter().reduce(c_max));
}
```

Es folgt die Methode `for_each()` mit einer Closure, die jeden Wert ausgibt, und die Methode `fold()` mit einer Closure, die die Summe der übergebenen Werte berechnet und damit das Ergebnis der Methode `sum()` dupliziert.

Dann definieren wir eine Closure `c_max()`, die das Maximum der beiden übergebenen Werte zurückgibt. Diese verwenden wir im folgenden Aufruf der Methode `reduce()`, um den maximalen Wert unserer Kollektion zu bestimmen. Dies repliziert die Funktionalität der Methode `max()`.

```
All: false
Any: true
Count: 7
3141592
Fold: 25
Product: 1080
Reduce: Some(9)
Sum: 25
```

Vergleiche von Iteratoren

Wir haben weiterhin die Möglichkeit, die Elemente zweier Iteratoren miteinander zu vergleichen. Hier gibt es zwei Gruppen von Methoden: Die erste Gruppe gibt einen boolschen Wert zurück, die zweite eine Instanz vom Typ `Ordering`, der das Verhältnis der beiden Iteratoren angibt. Alle Methoden verlangen einen zweiten Iterator als Parameter. Beide Iteratoren werden hierbei konsumiert.

Die folgende Tabelle enthält diese Methoden:

Tab. 11–7 *Vergleiche auf Iteratorebene*

Methode	**Funktion**

`eq()`
`ge()`
`gt()`
`le()`
`lt()`
`ne()`
	Vergleicht zwei Iteratoren und gibt einen boolschen Wert zurück. Wenn die Elemente des ersten Iterators gleich `eq()`, größer-gleich `ge()`, größer `gt()`, kleiner-gleich `le()`, kleiner `lt()` oder ungleich `ne()` sind, wird `true` zurückgegeben, andernfalls `false`.

`cmp()` `partial_cmp()`	Vergleicht zwei Iteratoren mit Elementen, die eine volle Ordnung (`Ord`) oder eine partielle Ordnung (`Partial_Ord`) implementieren. Das Ergebnis ist eine Instanz von `std::cmp::Ordering`. Die Methode `cmp()` liefert diese direkt zurück, `partial_cmp()` in einer `Option`-Instanz `Some`, oder `None`, wenn kein Vergleich möglich ist.

In unserem Beispiel definieren wir zwei Vektoren vec1 und vec2 mit Ganzzahlen.

Listing 11–22
Vergleiche von Iteratorebenen

```
fn main() {
   let vec1 = vec![3, 1, 4, 1, 5, 9, 2];
   let vec2 = vec![2, 7, 1, 8, 2, 8, 1];
   println!("Eq: {}", vec1.iter().eq(vec2.iter()));
   println!("Le: {}", vec1.iter().le(vec2.iter()));
   println!("Cmp: {:?}", vec1.iter().cmp(vec2.iter()));
   println!("PCmp: {:?}", vec1.iter().partial_cmp(vec2.iter()));
}
```

Auf diesen erzeugen wir jeweils neue Iteratoren mit `iter()`, rufen die Methode `eq()`, `le()`, `cmp()` und `partial_cmp()` auf und geben die Ergebnisse aus. Die Ausgabe lautet wie folgt:

```
Eq: false
Le: false
Cmp: Greater
PCmp: Some(Greater)
```

11.4.4 Erzeugung von Iteratoren aus Iteratoren

Wir haben viele Möglichkeiten kennengelernt, um Operationen auf einem Iterator auszuführen. Bevor wir dies tun, haben wir aber die Möglichkeit, aus einem Iterator einen neuen Iterator zu erzeugen, der die Elemente transformiert. Einen ersten Eindruck haben wir bereits bei der Methode `find_map()` erhalten, die die gefundenen Elemente transformiert hat. Der Vorteil der nun folgenden Methoden ist, dass wir viele hintereinander ausführen können, um die Iteratortransformation zu erreichen. Diese Transformationen benötigen wir, um dann eine der schon bekannten Methoden zu verwenden und schließlich die Ergebnisse zu berechnen.

Methoden bezüglich des Eigentums

Die ersten Methoden, die wir betrachten, erlauben uns die Änderung des Eigentums entweder durch Transformation in eine Referenz oder durch Anwendung der Copy- oder Clone-Semantik. Die Methoden liefern jeweils einen neuen Iterator mit der gewünschten Semantik zurück. Die folgende Tabelle zeigt diese:

Tab. 11-8 Ownership-Transformation

Methode	Funktion
`by_ref()`	Erzeugt aus einem Iterator mit Eigentum der unterliegenden Kollektion einen Iterator, der auf einer Referenz operiert. Dies sorgt dafür, dass für die Elemente kein Eigentumsübergang stattfinden kann.
`cloned()`	Erzeugt neue Elemente unter Verwendung der Clone-Semantik für jedes Element, sodass wir garantiert Elemente in unserem Eigentum haben (auch wenn die unterliegende Kollektion nur als Referenz zur Verfügung steht).
`copied()`	Erzeugt neue Elemente unter Verwendung der Copy-Semantik für jedes Element, sodass wir garantiert Elemente in unserem Eigentum haben (auch wenn die unterliegende Kollektion nur als Referenz zur Verfügung steht).

Tatsächlich könnten wir für die Erzeugung von Kopien prinzipiell immer die Methode `cloned()` verwenden, die Rust normalerweise abbilden kann auf `copied()`. Die Voraussetzung hierfür ist, dass die Elemente der Copy-Semantik folgen. Dies ist aber nicht angeraten, da wir hierdurch eine mögliche Änderung der Semantik verschleiern, wenn wir Änderungen an unserem Quelltext vornehmen. Wir sollten also wann immer möglich `copied()` verwenden. Dadurch kann uns der Compiler aufmerksam machen, wenn wir höhere Kosten durch Wechsel auf die Clone-Semantik erzeugen.

Transformation der Menge der Elemente

Rust bietet uns die Möglichkeit, Iteratoren zu erzeugen, die die Originalmenge von Elementen manipulieren. Die folgende Tabelle führt diese auf:

Tab. 11-9 Transformation der Menge der Elemente

Methode	Funktion
`cycle()`	Wiederholt die Elemente des Iterators unendlich lang. Sobald das Ende erreicht ist, wird wieder von vorne begonnen.
`flatten()`	Bei verschachtelten Kollektionen entfernt `flatten()` eine Ebene der Verschachtelung. Nicht verschachtelte Elemente werden direkt zurückgeliefert, bei Verschachtelungen wird jedes Element der verschachtelten Struktur zurückgegeben.
`rev()`	Verarbeitet die unterliegende Kollektion vom Ende beginnend.
`skip()`	Überspringt die ersten n Elemente und startet mit dem n+1-ten Element.
`skip_while()`	Überspringt die Elemente, solange die übergebene Closure `true` zurückliefert.
`step_by()`	Beginnend beim ersten Element werden die Elemente mit der übergebenen Schrittweite zurückgeliefert. Die dazwischenliegenden Elemente werden ignoriert.
`take()`	Verwendet die ersten n Elemente für den Iterator.
`take_while()`	Verwendet die Elemente, solange die übergebene Closure `true` zurückliefert.

Im folgenden Beispiel definieren wir zwei Vektoren vec1 und vec2, die wir in einen dritten Vektor vec3 einbetten. Wir benutzen die Methode flatten(), um einen neuen Iterator zu erzeugen, der über die einzelnen Elemente von vec1 und vec2 iteriert. Mit der Methode for_each() geben wir die Elemente aus.

Listing 11–23
Transformation der Menge der Elemente

```
fn main() {
   let vec1 = vec![3, 1, 4, 1];
   let vec2 = vec![2, 7, 1, 8];
   let vec3 = vec![vec1, vec2];

   vec3.iter().flatten().for_each(|x|print!("{} ", x));
   println!();

   let vec = vec![1, 6, 0, 2, 1];
   vec.iter().rev().for_each(|x|print!("{} ", x));
   println!();

   let it = vec.iter().cycle().step_by(2).take(6);
   it.for_each(|x|print!("{} ", x));
   println!();

   let it = vec.iter().take_while(|&x| *x != 2);
   it.for_each(|x|print!("{} ", x));
   println!();
}
```

Im nächsten Schritt erzeugen wir einen neuen Vektor vec und verwenden die Methode rev() auf einem Iterator, um die Elemente in umgekehrter Reihenfolge auszugeben.

Dann kombinieren wir die Methoden cycle(), step_by() und take(), um einen Iterator zu erzeugen, der aus einer unendlichen Folge der Elemente der unterliegenden Kollektion jedes zweite Element entnimmt und von diesen die ersten 6 verwendet. Für diesen Iterator geben wir die einzelnen Werte aus.

Zuletzt erzeugen wir mit take_while() einen Iterator, der Elemente zurückliefert, solange diese ungleich der Zahl 2 sind.

Listing 11–24
Transformation der Elemente

```
3 1 4 1 2 7 1 8
1 2 0 6 1
1 0 1 6 2 1
1 6 0
```

Die Methoden, die wir am häufigsten verwenden, sind die Methoden, die Iteratoren zur Transformation einzelner Elemente erzeugen. Die folgenden Methoden stehen uns zur Verfügung:

Tab. 11–10
Transformation der Elemente

Methode	Funktion
`enumerate()`	Erzeugt einen Iterator, der ein Tupel mit Index und eigentlichem Wert `(index, wert)` zurückliefert.
`filter()`	Verwendet eine Closure zur Entscheidung, welche Elemente zurückgegeben werden (wichtig, `filter()` übergibt eine Referenz auf das Element an die Closure).
`map()`	Transformiert mithilfe der übergebenen Closure alle Werte eines Iterators.
`inspect()`	Erlaubt Inspektion der Werte in einer Iteratorkette. Die übergebene Closure erhält eine Referenz auf den aktuellen Wert und kann nichts zurückgeben.
`filter_map()`	Kombiniert `filter()` und `map()`. Verwendet die übergebene Closure zur Filterung (wenn diese `None` zurückgibt) oder zur Transformation des übergebenen Wertes (wenn wir `Some` zurückgeben mit dem Ergebnis).
`flat_map()`	Kombiniert `flatten()` und `map()`. Zuerst werden mit `map()` die Daten transformiert und dann wird bei Bedarf durch `flatten()` die Verschachtelung reduziert.

In unserem Beispiel erzeugen wir zunächst einen Vektor in der Variable vec und verwenden dann die Methode `enumerate()`, um einen Iterator zu erzeugen, der uns Tupel mit Index und Wert liefert. Dann nutzen wir die `filter()`-Methode und erzeugen einen Iterator, der nur Werte kleiner als 2 zurückliefert. Darauf folgt die Erzeugung eines Iterators mit der Methode `map()`, der die übergebenen Werte verdoppelt. Im nächsten Schritt benutzen wir die Methode `inspect()`, um für diesen Iterator die ursprünglichen Werte auszugeben.

Listing 11–25
Transformation der Elemente eines Iterators

```
fn main() {
    let vec = vec![1, 6, 0, 2, 1];
    vec.iter().enumerate().for_each(|x| print!("{:?} ", x));
    println!();
    vec.iter().filter(|&x| *x < 2).for_each(|x| print!("{} ", x));
    println!();
    vec.iter().map(|&x| x * 2).for_each(|x| print!("{} ", x));
    println!();
    vec.iter().inspect(|x|print!("{} ", x)).map(|&x| x * 2)
        .for_each(|x| print!("{} ", x));
    println!();

    let fmc = | &x | {
        if x < 6 { Some(x * 2) }
        else { None }
    };
    vec.iter().filter_map(fmc).for_each(|x| print!("{} ", x));
    println!();

    vec.iter().flat_map(|x| 0..=*x).for_each(|x| print!("{} ", x));
    println!();
}
```

Wir definieren eine Closure fmc, die für alle Werte kleiner 6 den Wert verdoppelt und in eine Option-Instanz verpackt zurückgibt. Diese verwenden wir für die Methode filter_map() und geben die Ergebnisse aus.

Zum Schluss nutzen wir die Methode flat_map(), um für jeden Wert eine Range-Instanz von 0 bis zu diesem Wert zu erzeugen und im nächsten Schritt die hierdurch entstehende Verschachtelung zu reduzieren.

Die Ausgabe lautet wie folgt:

```
(0, 1) (1, 6) (2, 0) (3, 2) (4, 1)
1 0 1
2 12 0 4 2
1 2 6 12 0 0 2 4 1 2
```

Verknüpfung von Iteratoren

Als Nächstes beschäftigen wir uns mit der Möglichkeit, Iteratoren miteinander zu verknüpfen. Wir haben mit der Methode chain() die Möglichkeit, die Werte von zwei Iteratoren in einem neuen Iterator aneinanderzuhängen. Mit der Methode zip() können wir aus zwei Iteratoren einen neuen machen, der Tupel zurückliefert, die je ein Element aus dem einen und ein Element aus dem anderen enthalten.

Tab. 11–11
Verknüpfung von Iteratoren

Methode	Funktion
chain()	Erzeugt aus den Elementen des eigenen Iterators und den Elementen des übergebenen Iterators einen neuen Iterator, der zuerst die eigenen Elemente und dann die des anderen Iterators liefert.
zip()	Erzeugt einen neuen Iterator, der 2-Tupel zurückliefert, die je ein Element des eigenen Iterators und ein Element des übergebenen Iterators enthalten. Der Iterator stoppt, sobald einer der beiden unterliegenden Iteratoren kein Element mehr liefert.

In unserem Beispiel definieren wir zuerst zwei Vektoren vec1 und vec2. Wir erzeugen einen neuen Iterator mit chain(), der über die Elemente der beiden Vektoren nacheinander iteriert.

Listing 11–26
Verknüpfung von Iteratoren

```
fn main() {
   let vec1 = vec![3, 1, 4, 1];
   let vec2 = vec![2, 7, 1];

   vec1.iter().chain(vec2.iter())
      .for_each(|x| print!("{} ", x));
   println!();

   vec1.iter().zip(vec2.iter())
      .for_each(|x| print!("{:?} ", x));
   println!();
}
```

Dann verwenden wir die Methode `zip()`, um die Elemente der beiden Vektoren in einem Iterator zu Tupeln zusammenzufassen. Da `vec2` weniger Elemente hat als `vec1`, stoppt der Iterator, nachdem alle Elemente von `vec2` konsumiert wurden. Die Ausgabe sieht wie folgt aus:

```
3 1 4 1 2 7 1
(3, 2) (1, 7) (4, 1)
```

11.4.5 Erzeugung neuer Kollektionen

Es gibt auch die Möglichkeit, aus einem Iterator eine Kollektion zu erzeugen. Dies wird durch den Trait `std::iter::FromIterator` mit der Methode `from_iter()` implementiert, die aber nur selten explizit genutzt wird. Der normale Weg ist die Verwendung der Methode `collect()`, die der Iterator-Trait anbietet.

Weiterhin gibt es die Methode `partition()`, die die Referenzen auf die Elemente eines Iterators anhand der übergebenen Closure in zwei neue Kollektionen verteilt, die als Tupel zurückgeliefert werden, und die Methode `unzip()`, die aus einem Iterator mit 2-Tupeln (wie durch `zip()` erzeugt) zwei Kollektionen macht, die in der einen Kollektion die ersten Einträge der Tupel enthalten und die zweiten Einträge in der anderen Kollektion.

Zusätzlich bieten uns Kollektionen mithilfe des Traits `std::iter::Extend` die Methode `extend()`, die als Argument einen Iterator akzeptiert und dessen Elemente an die Kollektion anhängt.

Tab. 11–12 *Erzeugung neuer Kollektionen*

Methode	Funktion
`collect()`	Erzeugt aus einem Iterator eine Kollektion.
`partition()`	Erzeugt zwei Kollektionen aus einem Iterator. Die übergebene Closure entscheidet hierbei, ob ein Element in der ersten (Rückgabewert `true`) oder der zweiten (Rückgabewert `false`) Kollektion landet (wichtig, `partition()` übergibt eine Referenz auf das Element an die Closure).
`unzip()`	Erzeugt zwei Kollektionen aus einem Iterator mit 2-Tupeln. Die erste Kollektion enthält alle ersten Werte der Tupel, die zweite Kollektion alle zweiten Werte der Tupel.
`extend()`	Methode von Kollektionen, die die Elemente eines übergebenen Iterators anhängt

Unser Beispiel demonstriert diese Methoden. Wir beginnen mit der Erzeugung eines Vektors in `vec1` und verwenden die Methode `partition()` zur Erzeugung zweier neuer Vektoren, die Elemente kleiner 3 oder größer gleich 3 enthalten. Hier müssen wir wieder zweimal dereferenzieren, da wir durch die Methode `iter()` auf einer Referenz auf den Vektor arbeiten und partition() Referenzen auf die Elemente verarbeitet. Die Methode liefert ein Tupel mit den zwei Kollektionen zurück, deren Datentypen wir deklarieren müssen. Hier können wir beliebige (auf Elementtyp kompatible) Kollektionstypen wählen. Beide Elemente des Tupels müssen allerdings den gleichen Typ haben. Wir geben die beiden Vektoren aus.

Listing 11-27
Erzeugung neuer Kollektionen mit Iteratoren

```
fn main() {
   let vec1 = vec![3, 1, 4, 1, 5, 9, 2];
   let (a, b): (Vec::<i32>, Vec::<i32>)
      = vec1.iter().partition(|&x| *x < 3);
   println!("{:?} - {:?}", a, b);

   let mut vec2: Vec<i32>;
   vec2 = vec1.iter().map(|x| x * 2).collect();

   let vec_zip = vec![(3, 2), (1, 7), (4, 1), (1, 8)];
   let (a, b): (Vec::<i32>, Vec::<i32>)
      = vec_zip.into_iter().unzip();
   println!("{:?} - {:?}", a, b);

   vec2.extend(vec1.iter());
   println!("{:?}", vec2);
}
```

Dann erzeugen wir eine Variable vec2, und auch hier können wir den Zieltyp unserer Kollektion wählen. Wir erzeugen einen neuen Iterator, verdoppeln die Werte mit map() und verwenden die Methode collect(), um die Elemente in eine Vektor-Instanz zu schreiben.

Im nächsten Schritt definieren wir einen Vektor vec_zip, der Tupel von Zahlen enthält. Die folgende Methode unzip() erzeugt zwei neue Kollektionen, die jeweils die ersten und die zweiten Elemente enthalten. Wir verwenden into_iter(), um das Eigentum an den Elementen für die neuen Kollektionen zu übernehmen – alternativ könnten wir auch eine Kombination von iter() und copied() nutzen. Wir geben die beiden Vektoren aus.

Zum Schluss verwenden wir die Methode extend(), um die Elemente eines Iterators über den ursprünglichen Vektor vec1 an den Vektor vec2 anzuhängen. Die Ausgabe sieht wie folgt aus:

```
[1, 1, 2] - [3, 4, 5, 9]
[3, 1, 4, 1] - [2, 7, 1, 8]
[6, 2, 8, 2, 10, 18, 4, 3, 1, 4, 1, 5, 9, 2]
```

12 Makros

Makros sind ein interessantes Mittel, um der Sprache Flexibilität hinzuzufügen, und wir haben bereits einige verwendet. Wir werden in diesem Kapitel nicht nur weitere typische Makros kennenlernen, sondern auch erfahren, wie wir eigene, deklarative Makros schreiben können.

12.1 Bekannte Makros

Wir haben Makros bereits an verschiedenen Stellen verwendet, Beispiele hierfür sind die Makros `println!` und `vec!`. Diese erzeugen zusätzlichen Code zur Übersetzungszeit und vereinfachen damit wiederkehrende Aufgaben oder erweitern die Funktionalität der Sprache. Ein Beispiel für die Vereinfachung wiederkehrender Aufgaben sind die `#[derive]`-Makros, die zusätzlichen Code erzeugen, um Trait-Implementierungen zur Verfügung zu stellen. Das klassische Beispiel für Funktionalitätserweiterung ist das Makro `println!`. Auf der einen Seite haben wir die Einschränkung der Sprache Rust, nur eine feste Anzahl von Parametern zu unterstützen, auf der anderen Seite unseren Wunsch, Ausgaben mit variabler Anzahl von Argumenten (je nach Formatzeichenkette) zu nutzen. Hier generiert das Makro zusätzlichen Code, um diese Lücke zu schließen.

12.2 Beispiele für weitere Makros

Es gibt eine große Anzahl von Makros, die insbesondere durch externe Crates zur Verfügung gestellt werden, zum Beispiel um die eigene Funktionalität flexibler und einfacher nutzbar zu machen.

Aber auch Rust selbst stellt uns einige Makros zur Verfügung, die wir noch nicht kennengelernt haben. Einige Beispiele aus den Bereichen Laufzeitinvarianten und Zeichenkettenverarbeitung betrachten wir jetzt.

12.2.1 Assertionen

Eine in vielen Sprachen unterstützte Möglichkeit zur Prüfung von Laufzeitinvarianten sind Assertionen (*assertions*). Diese können zur Laufzeit Bedingungen in Form von Ausdrücken ausführen, um bestimmte Zusicherungen oder Vorbedingungen zu prüfen. Nur wenn diese zu einem bestimmten Ergebnis evaluiert werden, wird die Ausführung des Programms fortgesetzt. Andernfalls wird das Programm sofort beendet, optional mit einer erklärenden Meldung.

Mit diesen Anweisungen können wir sicherstellen, dass die einer Funktion übergebenen Werte im erlaubten Definitionsbereich sind oder logische Vorbedingungen für die Ausführung erfüllt sind, aber auch, dass Instanzen einen konsistenten Zustand haben. Assertionen haben so viele Anwendungen, dass sie aus der Programmierung kaum wegzudenken sind.

Rust unterstützt dies durch die Makros `assert!()`, `assert_eq!()` und `assert_ne!()`. Alle drei verlangen als erstes Argument einen Ausdruck, der evaluiert wird. Bei dem Makro `assert!()` wird geprüft, ob dieser Ausdruck zu `true` evaluiert. Bei `assert_eq!()` wird das Ergebnis dieses Ausdrucks mit einem zweiten Argument verglichen und es wird geprüft, ob beide gleich sind. Entsprechend prüft `assert_ne!()`, ob Ergebnis und zweites Argument ungleich sind. Wenn die Überprüfung erfolgreich ist, wird der Programmfluss fortgesetzt. Andernfalls wird ein nicht behebbarer Fehler ausgelöst. Ein optionales letztes Argument für alle drei Makros ist eine Zeichenkette, die zur Erklärung des Fehlers ausgegeben wird.

Es gibt lange Diskussionen, ob Assertionen auch nach der Entwicklung im fertigen Programm verbleiben sollen. Um die Entscheidung hierüber uns zu überlassen, bietet Rust eine zweite Gruppe von Makros `debug_assert!()`, `debug_assert_eq!()` und `debug_assert_ne!()` an, die die exakt gleiche Funktionalität wie die normalen `assert`-Makros haben, aber nur dann verwendet werden, wenn im Debug-Modus übersetzt wird.

Das folgende Beispiel demonstriert den Aufruf der Makros:

Listing 12–1
Verwendung der assert-Makros

```
fn main() {
    let pi = 3.14159;
    assert!(pi == 3.14159, "Ergebnis ist falsch");
    debug_assert!(pi == 3.14159, "Ergebnis ist falsch");

    assert_eq!(pi, 3.14159, "Wert ist nicht pi");
    debug_assert_eq!(pi, 3.14159, "Wert ist nicht pi");

    assert_ne!(pi, 2.71828, "Wert ist e");
    debug_assert_ne!(pi, 2.71828, "Wert ist e");

}
```

Wir sehen zuerst die Verwendung eines Ausdrucks bei der Verwendung der Makros `assert!()` und `debug_assert!()`, dann die Nutzung von `assert_eq!()` und `debug_assert_eq!()` zur Prüfung, ob der übergebene Ausdruck (in unserem Fall einfach die Variable `pi`) den Wert 3.14159 hat, und zum Schluss den Aufruf der Makros `assert_ne!()` und `debug_assert_ne!()`, um sicherzustellen, dass der übergebene Ausdruck ungleich dem Wert 2.71828 ist.

Einen weiteren Einsatz von Assertions sowie Alternativen zu den Standardmakros schauen wir uns im Kapitel 17 an.

12.2.2 Makros für Zeichenketten

Wir haben bereits sehr häufig das Makro `println!()` verwendet, um Variablen formatiert auszugeben. Die eigentliche Formatierung wird hierbei durch ein weiteres Makro `format!()` implementiert, das wir auch für unsere eigenen Zwecke verwenden können. Das Makro bietet ähnlich der C-Implementierung von `printf()` sehr viele Möglichkeiten, um Ergebnisse von Ausdrücken nahezu beliebig zu formatieren, die den Rahmen des Buchs sprengen würden. Wir haben aber mit der Verwendung von `println!()` bereits eine Übersicht über die Möglichkeiten bekommen. Die sehr klare und gute Modul-Dokumentation enthält alle Optionen mit Beispielen unter:

https://doc.rust-lang.org/std/fmt/index.html

Das Makro `format!()` evaluiert alle übergebenen Ausdrücke, bevor es die resultierenden Werte formatiert. Es gibt Situationen, in denen wir dies nicht wollen, und hierfür bietet Rust uns das Makro `stringify!()` an.

Dieses wandelt einen beliebigen übergebenen Ausdruck zur Übersetzungszeit in ein Literal vom Typ `&str` um. Dies funktioniert, indem der übergebene Ausdruck in einzelne Wörter der Sprache (Tokens im AST) umgesetzt wird, die dann zu einer Zeichenkette zusammengesetzt werden.

Das folgende Beispiel illustriert dies:

Listing 12–2
Makros für Zeichenketten

```
fn main() {
    let str = stringify!(hallo +-+- 42);
    println!("|{}|", str);
    let fmt = format!("Der Wert ist: {}", val);
    println!("{}", fmt);
}
```

Wir starten mit der Verwendung des Makros `stringify!()`, dem wir einen Ausdruck übergeben. Dieser ist kein gültiger Rust-Quelltext: Der Name `hallo` ist keine gültige Variable, und die aufeinanderfolgenden Plus- und Minuszeichen sind auch nicht gültig. In der folgenden Ausgabe sehen wir, dass diese Plus- und Minuszeichen durch Leerzeichen getrennt sind. Dies zeigt an, dass tatsächlich die erste Analysephase des Rust-Compilers durchgelaufen ist, bevor das Makro mit der Verarbeitung beginnt.

Dann verwenden wir das `format!()`-Makro, um in der uns vertrauten Weise eine Zeichenkette zu formatieren, die wir dann im nächsten Schritt ausgeben.

Das Ergebnis lautet wie folgt:

```
|hallo + - + - 42|
Der Wert ist: 3.14159
```

12.3 Arten von Makros

Rust bietet uns zwei verschiedene Arten von Makros an: deklarative und prozedurale. Deklarative Makros sind einigermaßen einfach beherrschbar, dafür jedoch weniger mächtig. Sie reichen aber in sehr vielen Fällen aus, um elegante Erweiterungen der Sprache zu implementieren. Prozedurale Markos hingegen bieten alle Möglichkeiten, werden aber sehr schnell unübersichtlich und/oder verwirrend. Es besteht der Plan, deklarative Makros mittelfristig durch einen verbesserten Nachfolger zu ersetzen, der aber in weiten Teilen kompatibel sein soll.

Deklarative Makros

Deklarative Makros führen basierend auf dem Quelltext eine Form von Musterabgleich (*pattern matching*) ähnlich dem des Match-Konstruktes durch, um zusätzlichen Quelltext zu erzeugen, der anstelle des Makros eingefügt wird. Während es für die verschiedenen Makros bevorzugte Schreibweisen für die Klammern nach dem Makro gibt (die die Parameter enthalten), sind runde, eckige und geschweifte Klammern gleichermaßen erlaubt. Deklarative Makros operieren auf ihren Argumenten. Eines der vielen Beispiele für deklarative Makros ist `vec!`.

Prozedurale Makros

Prozedurale Makros hingegen operieren auf einem Token-Stream, der den Quelltext repräsentiert. Es gibt drei Varianten (funktionsbasiert, attributbasiert, Derive-basiert), die aber alle in Essenz Funktionen darstellen, die den Eingabe-Token-Stream auf einen Ausgabe-Token-Stream abbilden. Für alle drei gilt, dass die Ausgabe die Eingabe vollständig ersetzt. Ein von uns schon mehrfach genutztes Beispiel für prozedurale Makros ist das Derive-Makro.

Die Implementierung prozeduraler Makros geht über den Rahmen dieses Buches hinaus. Das »Little Book of Macros« erklärt hervorragend beide Varianten im Detail:

https://veykril.github.io/tlborm/

12.4 Ein eigenes deklaratives Makro

Eine kleine Warnung vorweg: Dieser Abschnitt ist etwas komplexer und damit schwerer nachzuvollziehen. Da es zudem für den Rest des Buches nicht notwendig ist, können Sie es im Zweifel auch überspringen. Wir finden es aber sehr interessant, auch ein bisschen unter die Haube von Rust zu schauen, um zu sehen, wie Makros implementiert werden und wie wir eigene definieren können.

Wir implementieren im folgenden Beispiel ein sehr simples prozedurales Makro, das für `HashSet`-Instanzen die einfache Erzeugung mit Elementen ähnlich wie das Makro `vec!` definiert. Auch hier sei für erweiterte Hintergrundinformationen auf das »Little Book of Macros« verwiesen.

Wir beginnen mit dem Schlüsselwort `macro_rules!`, auf das der Makroname `create_hash_set` folgt. Darauf folgen in den geschweiften Klammern ähnlich wie beim Match-Konstrukt einzelne Muster und die zugehörigen zu erzeugenden Quelltextfragmente. Die Form ist hierbei grundsätzlich `( Muster ) => { Ersetzung }`.

In unserem Makro definieren wir nur ein Muster `($($x:expr),*)`, das wir im Folgenden in seine Einzelteile zerlegen (siehe auch die Kommentare im Beispiel). Die äußersten Klammen kennzeichnen die Mustergrenzen. Darauf folgt ein wiederholtes Muster gekennzeichnet durch `$(...)`. Dieses Muster besteht aus einem Ausdruck `expr` (neben `expr` gibt es einige weitere Definitionen für Metainformationen), den wir in einer Metavariable `$x` sammeln. Die Grenzen sind hierbei gekennzeichnet durch die Klammern. Dies wird gefolgt von einem Komma als Separator zwischen den Ausdrücken und der Anzahl der Wiederholungen. Wir verlangen mindestens ein Element (das Pluszeichen notiert dies), da sonst das Makro wenig Sinn hat. Bevor die Ersetzung ausgeführt wird, haben wir damit den gesamten Aufruf unseres Makros abgearbeitet und haben in der Metavariablen `$x` alle dem Makro übergebenen Werte gesammelt.

Listing 12–3
Ein eigenes prozedurales Makro

```
macro_rules! create_hash_set {
    (                   // Start des Gesamtmusters
      $(                // Start des wiederholten Teilmusters
         $x:expr        // erwarteter Ausdruck
      )                 // Ende des wiederholten Teilmusters
      ,                 // Trennzeichen
      +                 // Anzahl der Wiederholungen
    )
    => {                // Beginn der Ersetzung
        {               // neuer Gültigkeitsbereich
            let mut hs_tmp = std::collections::HashSet::new();
            $(          // Beginn der Iteration über Elemente
                hs_tmp.insert($x);
            )*          // Ende der Iteration
```

```
            hs_tmp      // Rückgabewert des Gültigkeitsbereichs
        }               // Ende des Gültigkeitsbereichs
    };
}

fn main() {
   let hs = create_hash_set!(3, 4, 5);
   println!("{:?}", hs);
}
```

Zu Beginn der Ersetzung definieren wir einen eigenen Gültigkeitsbereich, sodass unsere Definition einer temporären Variablen `hs_tmp` keinen Seiteneffekt haben kann. Dies ist allgemein eine gute Idee bei der Definition eigener Makros. Dann erzeugen wir eine neue Instanz des Typs `HashSet` und weisen diese der Variablen `hs_tmp` zu.

Auch im Ersetzungsteil wird eine Iteration durch `$(...)` gekennzeichnet. Wir iterieren über alle in der Metavariablen $x gesammelten Elemente und erzeugen einen Aufruf der `insert()`-Methode für den jeweiligen Wert. Nach Ende der Iteration verwenden wir `hs_tmp` als Rückgabewert aus unserem temporären Gültigkeitsbereich, sodass das Ergebnis weiterverarbeitet werden kann.

In der `main()`-Funktion rufen wir dieses Makro auf und geben das Ergebnis aus. Die erfolgte Ersetzung unseres Makros im Beispiel sieht hierbei wie folgt aus:

Listing 12–4
Der transformierte Quelltext (ohne println!)

```
fn main() {
    let hs = {
        let mut hs_tmp = std::collections::HashSet::new();
        hs_tmp.insert(3);
        hs_tmp.insert(4);
        hs_tmp.insert(5);
        hs_tmp
    };
    ...
}
```

Wir sehen, dass die Ersetzung genauso durchgeführt wurde, wie wir das beabsichtigt hatten. Der temporäre Gültigkeitsbereich enthält nach der Erzeugung der `HashSet`-Instanz für jedes unserer Elemente einen Aufruf der `insert()`-Methode und am Ende `hs_tmp` als Rückgabewert.

Tipps und Tricks

Rust stellt uns Funktionalität zur Verfügung, um uns dieses Ergebnis ausgeben zu lassen. Der einfachste Weg hierzu ist die Verwendung des Befehls `cargo expand`. Um diesen Befehl nutzen zu können, brauchen wir allerdings anders als sonst die `Nightly`-Version des Compilers.

Diese wählen wir aus, indem wir sie zuerst mit `rustup install nightly` installieren und dann als Voreinstellung wählen mit `rustup default nightly`. Daraufhin können wir den Befehl `cargo expand` verwenden und erhalten eine Version unseres Quelltextes, bei der alle Makros expandiert sind. Wir stellen wieder zurück auf den normalen Compiler mit `rustup default stable`.

Durch `rustup` sind derartige Wechsel sehr schnell und problemlos durchführbar, sodass wir auch zwischendurch zwischen den verschiedenen Release-Versionen wechseln können, um neue Funktionalität auszuprobieren, ohne dass wir die Zuverlässigkeit unserer Übersetzungsumgebung in irgendeiner Weise gefährden.

13 Strukturierung von Projekten

In diesem Kapitel beleuchten wir zusätzliche Möglichkeiten, die wir haben, um unserem Projekt Bibliotheken oder weitere ausführbare Programme hinzufügen zu können.

Um größere Projekte strukturieren zu können, bietet uns Rust die Konzepte des Crates und des Packages. Wir haben beide schon genutzt, allerdings bisher noch, ohne die damit verbundenen Möglichkeiten zu kennen.

Wir haben bereits bei unserer initialen Diskussion des Build-Systems `Cargo` gelernt, dass wir mit `cargo new` ein neues Paket (oder Package) erzeugen. Ein Package kann aus verschiedenen Crates bestehen, die entweder ein ausführbares Programm erzeugen (bin) oder eine Bibliothek (lib). In einem Package können wir maximal eine Bibliothek und beliebig viele ausführbare Programme haben.

Wenn wir `cargo new` ohne weitere Parameter aufrufen, dann wird ein `Crate` mit einem ausführbaren Programm in `src/main.rs` erzeugt. Alternativ können wir mit dem Argument `--lib` ein neues Package erzeugen, das eine Bibliothek enthält mit der initialen Datei `src/lib.rs`.

Unabhängig davon, wie wir ein Package erzeugt haben, können wir immer eine Datei `src/main.rs` oder `src/lib.rs` zu unserem Package hinzufügen. Dies bewirkt die zusätzliche Erzeugung eines entsprechenden Crates.

Wenn wir weitere ausführbare Programme hinzufügen wollen, dann können wir dies unter `src/bin` machen. Alle Quelltextdateien, die direkt in diesem Verzeichnis liegen, repräsentieren ein weiteres Crate mit einem ausführbaren Programm.

Wenn wir in den ausführbaren Programmen unsere Bibliothek verwenden wollen, dann müssen wir hierfür den vollständig qualifizierten Namen verwenden, der mit dem Package-Namen beginnt. Ansonsten ist die Benutzung aber genauso einfach wie bisher.

13.1 Konfiguration des Packages

Metainformationen zu dem Package sowie Abhängigkeiten zu externen Bibliotheken werden in der Datei `Cargo.toml` abgespeichert, wie wir bereits bei der Diskussion des Build-Systems gesehen haben. Hier können wir sowohl für unsere Bibliothek als auch für die verschiedenen ausführbaren Programme spezifische Konfigurationen hinterlegen – die detaillierte Erklärung führt für dieses Buch aber zu weit. Weitere Informationen hierzu finden Sie unter:

https://doc.rust-lang.org/cargo/index.html

14 Zusammenfassung

Wir haben in dieser Tour de Force viele Eigenschaften von Rust kennengelernt und sind nun in der Lage, in Rust zu programmieren. Wir haben gelernt, wie wir bereitgestellte Crates von anderen in unsere eigenen Programme einbinden und nutzen können, und wir haben gesehen, wie wir unsere Programme so strukturieren können, dass auch größere Projekte kein Problem darstellen. Dies rüstet uns für die nächsten Kapitel, in denen wir tiefer in die eigentliche Verwendung einsteigen.

Es gibt aber natürlich viele Bereiche, die wir nur gestreift oder völlig ausgelassen haben. Für diese Bereiche steht uns die exzellente Dokumentation von Rust zur Verfügung. Hierzu gehört das Rust Book, das leider immer etwas in der Aktualität den Versionen von Rust selbst hinterherhinkt, aber vor allem die Dokumentation der Standardbibliotheken, die Sprachreferenz und das Rustonomicon, das sich mit der Low-Level-Programmierung, die meist unsichere Funktionalität enthält, beschäftigt. Alle diese Dokumente finden Sie in vorbildlicher Weise auf der Website der Rust Foundation im Unterbereich Learn unter:

https://www.rust-lang.org/

Werkzeuge

Hier können Sie auch die aktuelle Version von Rust erhalten. Es gibt verschiedene Werkzeuge, die bei der Entwicklung helfen, und vor allem den Rust Playground, der einen Editor, Rust-Compiler, Debugger und Ausführungsumgebung im Browser anbietet, falls Sie erste Schritte machen möchten, ohne Rust auf Ihrem Computer zu installieren.

Teil 2

Fortgeschrittene Techniken

15 Ownership im Detail

Das Ownership-System stellt in Rust gleichermaßen die Grundlage der Sicherheitseigenschaften der Sprache dar, aber auch eine der größten Einstiegshürden für neue Rust-Programmierer. Deswegen erklären wir in diesem Kapitel die erweiterten Ownership-Paradigmen anhand von Beispielen, sodass Sie sich vor dem berüchtigten Kampf gegen den Borrow Checker (engl. *fighting the borrow checker) bewahren können. Wir unterscheiden zwischen Abstraktionen mit und ohne Laufzeit-kosten und vergleichen deren Eigenschaften mit denen bekannter Sprachen wie Java.*

Nach der Lektüre dieses Kapitels können Sie sichere und performante Anwendungen schreiben. Weiter wissen Sie bereits vor der Implementierung, welche Garantien die Sprache einem in welchen Situationen geben kann, und können somit zielstrebiger entwickeln.

Hintergrund

Die Konzepte des Ownership-Systems sind in Rust von zentraler Bedeutung. Womöglich werden Sie nach der ersten Lektüre des Kapitels die Konzepte bereits als verstanden abhaken. Doch Vorsicht, bei vielen der Details macht es sich erst in der Anwendung bemerkbar, ob sie wirklich verstanden sind. Implementieren Sie also kleinere Programme mit den hier aufgeführten, aber auch mit den bereits bekannten Mechanismen, um das Verständnis für das Ownership-System zu festigen. Haben Sie aber auch Geduld mit sich selbst, wenn sich die Programmierung hier anfangs wie ein Kampf gegen den Borrow Checker anfühlt. Manche Fehler müssen wir alle selbst einmal gemacht haben, um sie vollends zu verstehen.

15.1 Näheres zum bekannten Ownership-Modell

In diesem Abschnitt werden wir das bereits bekannte Ownership-Modell noch detaillierter betrachten. Zum einen, indem wir die Semantiken von Move, Borrow, Copy und Clone ausführlich einander gegenüberstellen. Zum anderen werden wir ein weiteres Konzept einführen: Lifetimes. Damit wären alle Konzepte erklärt, die wir brauchen, um die Sicherheitseigenschaften der Sprache zu verstehen.

15.1.1 Move, Copy, Clone, Borrow

Immer wenn wir eine Variable duplizieren möchten, wird implizit oder auch explizit `Copy` oder `Clone` verwendet. Aber auch bei einem Move kann implizit ein Copy stattfinden. Wann dies der Fall ist, was das für unsere Anwendung bedeutet und worin sich Clone und Copy unterscheiden, erfahren Sie in den nachfolgenden Abschnitten.

15.1.1.1 Copy und Clone

In diesem Abschnitt geht es um die Unterschiede zwischen den beiden Traits `std::marker::Copy` und `std::clone::Clone`. Zuerst betrachten wir das einfacher zu verstehende Trait `Clone`: Mit `clone()` wird eine Variable dupliziert, indem die Implementierung der Funktion `clone(&self) > Self` ausgeführt wird. Die Details des Clone-Vorgangs können vom Programmierer durch Implementierung der `clone()`-Funktion gesteuert werden.

Ein Beispiel zur Verwendung von Clone: Es wird ein Vektor `a` erstellt, von dem ein Klon `b` angefertigt wird. Das Original und der Klon sind danach unabhängig voneinander. Wird also `a` verändert, ändert sich `b` nicht.

Listing 15–1
Veränderungen auf dem Klon beeinflussen das Original nicht.

```
let mut a = vec![1,2,3];
let mut b = a.clone();
a[0]=7;
println!("a: {:?}",a);
println!("b: {:?}",b);
```

Hier ist `clone()` ein expliziter Aufruf, was sich intuitiv richtig anfühlt, da ein Vektor ein vergleichsweise komplexer Datentyp ist. Dieser muss intern verschiedene Aufgaben erledigen, bevor wir daraus einen zweiten, geklonten Vektor erstellen können.

Wollen wir den Trait Clone für eigene Datentypen verwenden, so können wir diesen entweder explizit implementieren oder, wie wir bereits zuvor gelernt haben, mit dem Makro `#[derive(Clone)]` vom Compiler automatisch implementieren lassen. Dieses Makro erzeugt Code zur Übersetzungszeit, welcher `clone()` bei allen enthaltenen Feldern aufruft. Daraus wird auch klar, dass das nur bei Typen funktioniert, bei denen alle Felder wiederum `Clone` implementieren.

Bei `Copy` hingegen ist das Duplizieren der Variable ein impliziter Vorgang, der intern durch das Kopieren von Speicherbereichen realisiert ist. Bei primitiven Datentypen entspricht das vermutlich dem Verhalten, das Sie erwarten.

Listing 15–2
Bei einem impliziten Copy wirken sich Änderungen am Original nicht auf das Duplikat aus.

```
let mut x = 7;
let y = x;
x = 99;
println!("x: {}",x); // x: 99
println!("y: {}",y); // y: 7
```

Obwohl das wohl keiner von uns machen würde, können wir dennoch `x.clone()` aufrufen, da auch der Trait `Clone` implementiert wird. Aufpassen müssen wir hier allerdings bei komplexeren Typen, die auch `Copy` implementieren, wie wir im nachfolgenden Beispiel zeigen.

Listing 15–3
Der Datentyp Xerox ist Copy und Clone und kann damit überraschende Semantiken haben.

```
#[derive(Copy, Clone)]
struct Xerox{
    val: u32
}

fn test_copy(){
    let mut foo = Xerox{ val: 2 };
    let bar = foo;
    foo.val =7;
    println!("Foo: {}", foo.val); // Foo: 7
    println!("Bar: {}", bar.val); // Bar: 2
}
```

Hier wurde implizit ein `copy()` durchgeführt, und `bar` ist nicht an `foo` gebunden. Da nun Änderungen an `foo` keinen Einfluss auf `bar` haben, kann eine als »temporäres Umbenennen« gedachte Zuweisung der Variable eine andere Semantik haben als erwartet. Wäre kein `Copy` implementiert, so würde das »Umbenennen« zum Compiler-Fehler führen.

Für komplexe Typen wie `Vec`, die mehr als nur das Kopieren von Speicherplatz fürs Duplizieren benötigen, ist kein `Copy` implementiert. `Copy` kann im Gegensatz zu `Clone` nicht selbst implementiert werden: Das Kopieren von Speicher wird für alle Typen gleich umgesetzt.

Hintergrund

Überlegen Sie sich an der Stelle, welche Typen bewusst nicht Clone implementieren sollen. Als Beispiel könnte ein Datentyp für Konfigurationen dienen. Wenn diese Einstellungen nur aus ein paar Zahlen bestehen, würde technisch nichts gegen `Clone` oder sogar `Copy` sprechen. Allerdings ermöglichen Sie dadurch, dass Ihr Struct aus einer Referenz heraus geklont werden kann und Sie damit eine komplett entkoppelte Instanz erzeugen. Das ist weiter nicht schlimm, solange die Konfiguration unverändert bleibt. Planen Sie, später die Konfiguration zur Laufzeit zu ändern, würde eine Änderung am originalen Struct keine Änderungen an den Klonen auslösen und Ihr Programm würde unterschiedliche Werte an mehreren Stellen verwenden.

Doch auch in diesem Beispiel können wir nicht pauschalisieren: Soll eine Konfiguration beispielsweise für die Dauer einer Sitzung eines Benutzers für diesen konstant bleiben und wir nehmen bewusst die Existenz von Klonen mit unterschiedlichen Werten in Kauf, wäre Clone genau das Richtige.

15.1.1.2 Methodenaufrufe

Bei Methodenaufrufen können Parameter entweder als Referenz ausgeliehen werden (*borrow*) oder abgegeben werden (*move*). Wie uns bereits bekannt ist, können wir Variablen, die mit einem Move verschoben wurden, nicht mehr weiter verwenden. Das hat eine große Auswirkung auf Rusts Speichermanagement: Die Variable wird auf dem Stack in den Stackframe der aufgerufenen Methode kopiert, und der bisherige Speicherbereich ist ungültig. Der Compiler verhindert hier automatisch Zugriffe auf diesen Bereich zur Übersetzungszeit. Das bedeutet aber auch, dass Funktionen mit Signaturen wie `fn do_ stuff(e: X) -> X` zu vermeiden sind, wenn sie die gleiche Semantik wie ein Mutable Borrow haben. Zum einen wird `X` hier unnötigerweise kopiert, zum anderen wird dadurch ein wichtiges Feature der Sprache umgangen, und die Semantiken der Funktion sind nicht so klar, wie sie sein könnten. In diesem Fall wäre `fn do_stuff(e: &mut X)` oder `fn do_ stuff(e: &X) -> &X` besser, wenn sich damit die gleiche Funktionalität abbilden lässt.

Hintergrund

Bereits während des Verfassens des Buches hat sich das Verhalten etwas geändert: Für Releasebuilds wird der Compiler, sofern dies möglich ist und sich lohnt, nicht immer Variablen kopieren, sondern intern mit Pointern arbeiten oder gar die Variable von alleine auf den Heap legen. Sollten wir also in die Verlegenheit kommen, unsere Releasebuilds mit einem Disassembler zu betrachten, sollten wir uns nicht wundern, wenn wir hier in zukünftigen Versionen inkonsistentes Verhalten feststellen.

15.1.1.3 Move

Die Implementierung eines Move ist standardmäßig das Kopieren von Bytes auf dem Speicher. Das verhindert, dass Code unübersichtlich wird, indem komplizierte Semantiken in Copy-Konstruktoren gepackt werden, was beispielsweise in C++ möglich ist. Rusts Ownership-Modell stellt sicher, dass Speichersicherheit gewährleistet ist. Beispielsweise dürfen keine Referenzen mehr auf eine Variable zeigen, wenn diese bewegt werden soll. Betrachten wir das Speichermodell, leuchtet uns das ein: Würde die Variable wegbewegt, würde die Referenz auf ungültigen Speicherplatz zeigen, was sich in anderen Sprachen als *Dangling Pointer* äußert. Auch wenn Rust intern nicht in jedem Fall die Daten bei einem Move kopiert, so können wir trotzdem von dieser Semantik ausgehen, ungeachtet der tatsächlichen Interna.

15.1.1.4 Funktionen in std::mem

Angenommen wir implementieren eine Funktion, die die Werte zweier Referenzen austauscht. Dies wollen wir so bewerkstelligen, dass der Wert nicht kopiert wird, sondern ein tatsächliches Austauschen stattfindet. Leider können wir das nicht wie folgt machen:

```
fn wechsel(s1: &mut String, s2: &mut String){
    let temp = *s1;
    *s1 = *s2;
    *s2 = temp;
    // std::mem::swap(s1, s2);
}
```

Listing 15–4
Fehlerhaftes Austauschen des Wertes hinter einer Referenz

Hier beschwert sich der Compiler, dass er nicht aus `s1` herausbewegen kann, da sich das hinter einer schreibbaren Referenz (`&mut s1`) befindet. Da aber nach den oben beschriebenen Ownership-Regeln das Austauschen einer Variablen in diesem Fall eigentlich keine Verletzung der Speichersicherheit darstellt,[1] sollte dies doch möglich sein, oder? Tatsächlich bietet Rust mit der Funktion `std::mem::swap<T>(x: &mut T, y: &mut T)` exakt diese Funktionalität an. Hierbei werden die Ziele der Referenzen getauscht. Somit ist der Tausch der Werte verglichen mit einem Clone sehr günstig. Dies ist ein Beispiel für die vielen Operationen, die durch die strengen Regeln des Ownership-Systems durchgeführt werden können, ohne Gefahr zu laufen, mit invalidem Speicher zu arbeiten.

Wie wir die Funktion verwenden und wie wir überprüfen können, ob Werte tatsächlich nicht kopiert werden, sehen wir im nachfolgen-

1. Da wir eine schreibbare Referenz haben, kann keine andere Referenz auf die Variable bestehen, und nach einem Tausch des Wertes ist der Speicherplatz immer noch valide.

den Beispiel. Hier verwenden wir in der oben angedeuteten Funktion wechsel die Funktionalität aus der Standardbibliothek. Ob alles wie erwartet funktioniert, verifizieren wir mit zwei Strings, s1 und s2.

Die Adresse einer Referenz (und somit die Position der Daten) können wir uns mit {:p} in hexadezimaler Form ausgeben. Das machen wir einmal vor und einmal nach dem Wechsel. Es wird s1 so verändert, dass es danach die Daten von s2 enthält und umgekehrt.

Listing 15–5
Code zum Tauschen eines Strings über die Referenz und dessen Ausgabe

```
fn main(){
    let mut s1 = String::from("Test");
    let mut s2 = String::from("Lorem");
    print_string_location ("S1:",&s1);
    print_string_location ("S2:",&s2);
    wechsel(&mut s1, &mut s2);
    print_string_location ("S1:",&s1);
    print_string_location ("S2:",&s2);
}

fn wechsel(s1: &mut String, s2: &mut String){
    println!("Wechsel!");
    std::mem::swap(s1, s2);
}


fn print_string_location(name: &str, s: &String){
    println!("[{}]: Slice: {:p}, Value: {}",name, s, &s[..], s);
}

[S1:]: Slice: 0x559ff2db29d0, Value: Test
[S2:]: Slice: 0x559ff2db29f0, Value: Lorem
Wechsel!
[S1:]: Slice: 0x559ff2db29f0, Value: Lorem
[S2:]: Slice: 0x559ff2db29d0, Value: Test
```

Wie wir der Ausgabe entnehmen können, haben sich die Adressen der Daten in den Strings nicht geändert, sondern wurden nur getauscht.

15.1.2 Lifetimes

Lifetimes geben an, in welchem Bereich eine Referenz gültig ist. In den meisten Fällen müssen wir die Lifetime nicht explizit angeben. Der Rust-Compiler kann meist automatisch entscheiden, wie lange eine Referenz lebt. Prinzipiell gilt, dass eine Ressource lebt, bis sie den Gültigkeitsbereich verlässt. Das Problem im folgenden Beispiel sollte mit dem Wissen der vorherigen Kapitel erkennbar sein:

```
let x;
{
    let y = 7;
    x = &y;
} // Ende der Lifetime von y
println!("x: {}",x); // error[E0597]
```

Listing 15–6
Beispiel zur Illustration einer zu kurzen Lifetime

Hier kann der Compiler die Lifetime von x und y automatisch bestimmen. Da x auf y zeigt, muss y so lange leben wie x. Sollte Ihnen nach den Grundlagenkapiteln nicht intuitiv klar sein, warum keine Referenz länger existieren darf als die Variable, auf die sie zeigt, schlagen Sie dies bitte in Kapitel 7 nach.

Das bedeutet aber auch, dass wir keine Referenzen auf eine Variable verwenden, wenn wir die Ownership dieser Variablen abgeben wollen (*move*). Im nächsten Beispiel ist genau das der Fall. Die Variable a referenziert auf x, welche abgegeben wurde.

```
let x = "Test".to_string();
let a = &x;                //--+
my_fn_owned(x);            //  | `a` existiert länger
println!("a is {}",a);     //<-+
```

Listing 15–7
Veranschaulichung der Lifetime einer Variablen

Durch das Verwenden von Lifetimes kann der Compiler exakt bestimmen, wann eine Variable nicht mehr gebraucht wird. In diesem Beispiel endet für x die Lifetime am Ende der my_fn_owned. Somit ist die Lifetime von a zu lange, und der Compiler beschwert sich.

Bisher konnte der Compiler die Lifetimes immer selbst bestimmen. Mit expliziten Lifetimes haben wir in zwei Fällen zu tun: in Funktionssignaturen und in Structs.

15.1.2.1 Lifetimes in Funktionen

In Funktionen können Referenzen an zwei verschiedenen Stellen auftauchen, als Parameter und als Rückgabewert. Diese Fälle werden nachfolgend getrennt behandelt.

15.1.2.2 Parameter

Treten Referenzen nur in Parametern auf, so muss deren Lifetime nicht explizit angegeben werden. Die Referenzen müssen bis zum Ende der Funktion existieren. Wie wir bereits wissen, dürfen wir an uns ausgeliehene Referenzen nicht an Funktionen abgeben, die Ownership erwarten. Dadurch können wir bei der Implementierung einer Funktion die Lebensdauer der uns übergebenen Referenz auch nicht vorzeitig beenden.

Im nächsten Beispiel wird klar, dass shout die Referenz phrase wieder unverändert zurückgeben muss.

Listing 15-8
Beispiel zur Lebensdauer von Parametern von Funktionen ohne Rückgabewert

```
let s = "Test".to_string();
shout(&s);
println!("s is {}",s);
...

fn shout(phrase: &String){
    println!("shouting: {}",phrase.to_uppercase());
}
```

Komplizierter wird es, wenn Referenzen im Rückgabewert von unseren Funktionen auftauchen.

15.1.2.3 Rückgabewert

Wird eine Referenz von einer Funktion zurückgegeben, kann die Lifetime des Rückgabeparameters einfach bestimmt werden, sofern genau eine Referenz als Argument vorliegt. Die Lifetime ist dieselbe wie die des Arguments. Dieses Beispiel soll das verdeutlichen:

Listing 15-9
Der Rückgabewert lebt maximal so lange wie das übergebene Argument.

```
let v = vec![42,9,7,1];
let f = extract_favourite(&v);
println!("v is {:?}",v);
println!("f is {:?}",f);
...

fn extract_favourite(input: &Vec<u8>) -> &u8{
    &input[0]
}
```

Hier darf der Rückgabewert von `extract_favourite` (und somit `f`) maximal so lange leben wie v, auf welches verwiesen wird. Dies liegt daran, dass der Rückgabewert selbst eine Referenz in das Argument hinein sein kann (was im obigen Beispiel der Fall ist).

Warum kann nicht aus Funktionen ohne Referenz als Eingabeparameter eine Referenz zurückgegeben werden, beispielsweise wie im nachfolgenden Code?

Listing 15-10
Eine Funktion, die versucht, eine Referenz auf eine lokale Variable zurückzugeben

```
fn extract_favourite() -> &u8{
    let x = 5;
    &x// error, s.u.
}
error[E0515]: cannot return reference to local variable `x`
```

Wie der Compiler sich bereits beschwert, verweist `&x` auf eine lokale Variable, die genau wie alle besessenen Parameter mit dem Ende der Funktion aufhört zu existieren. Somit ist eine darauf verweisende Referenz nicht nach dem Ende der Funktion gültig. Abhilfe schaffen die später vorgestellten *Smart-Pointer*-Typen.

Schwieriger wird es für uns, wenn wir es mit mehreren Eingabeparametern zu tun haben. Hier können wir uns aussuchen, wie lange das Resultat leben soll. Dies müssen wir allerdings in den meisten Fällen mit expliziten Lifetimes dem Compiler mitteilen. Zuvor führen wir kurz die im Rust-Ökosystem verwendeten Begriffe ein:

Lifetime Elision und Coercion

Lifetime elision (Auslassung) bedeutet, dass die Lifetime nicht explizit angegeben, also ausgelassen, wird. *Lifetime coercion* (Erzwingung) bedeutet, dass explizit eine potenziell längere Lifetime zu einer kürzeren Lifetime gezwungen wird. Das geschieht, indem sie in eine Gruppe mit anderen Lifetimes gepackt wird, die eine gemeinsam limitierte Lifetime haben.

Lifetimes werden in spitzen Klammern deklariert, ähnlich wie generische Typparameter. Allerdings beginnen sie mit einem Hochkomma(`'`). Sobald die Lifetime deklariert ist, kann sie verwendet werden:

```
fn something<'a>(x: &'a i32, y: &'a i32) -> &'a i32{...
```

In diesem Beispiel wird implizit eine Lifetime Coercion vorgenommen: Die Lifetime `'a` entspricht der minimalen Lifetime aller mit der gleichen Lifetime markierten Symbole. Hier ist die resultierende Lifetime das Minimum von `x` und `y`. Wichtig ist, dass das Minimum anstelle des Maximums gewählt wird. Das liegt daran, dass der Rückgabewert der Funktion gerade so lange leben darf, bis die erste Lifetime der Parameter endet. Beispielsweise könnte der Rückgabewert eine Referenz auf die Parameter sein. Also wählen wir im Beispiel die kürzere Lifetime von `x` und `y` als die Lifetime, die mit `'a` bezeichnet wird.

Wollen wir für `x` und `y` unterschiedliche Lifetimes haben, so können wir diese gesondert deklarieren. Dabei dürfen wir aber im Rückgabewert nur von der Variablen mit der gewählten Lifetime borrowen. Folgendes ist demnach verboten:

```
fn something<'a,'b>(x: &'a i32, y: &'b i32) -> &'a i32{
    y //error[E0623]: lifetime mismatch
      // `x` wäre ok
}
```

Listing 15–11
Verbotenerweise wird versucht, eine Variable mit der falschen Lifetime zurückzugeben.

Da für den Rückgabetyp die Lifetime `'a` verwendet wird, können wir ausschließlich `x` zurückgeben. Die Rückgabe von `y` führt zu einem *Lifetime Mismatch*, da wir `y` die Lifetime `'b` zugeordnet haben.

Um genauere Kontrolle über die Lifetimes zu haben, können wir mittels Coercion explizit Abhängigkeiten zwischen den Lifetime-Parametern definieren: `<'a,'b: 'a>` bedeutet, dass `b` mindestens so lange lebt wie `a`.

Ein häufig auftretendes Konstrukt ist das folgende: Verwenden wir in einer Funktion, die eine Referenz eines Datentyps implementiert, wiederum Referenzen als Rückgabewert, beispielsweise `fn foo(&self) -> &T`, so wird für die Lebensdauer des Rückgabewertes automatisch die Lifetime von `&self` gewählt. Dies gilt auch, wenn weitere Referenzen als Parameter übergeben wurden. Dies ist im nachfolgenden Beispiel illustriert.

```
struct Foo(String);
impl Foo{
    fn get_tuple(&self, i: & usize) -> &str{
        self.0.get(*i..(i+2)).unwrap()
    }
}
```

Würde man `get_tuple()` als »normale« Funktion außerhalb des Structs deklarieren, würde der Compiler eine benannte Lifetime fordern.

15.1.2.4 Lifetimes in Structs

Wir können auch Referenzen in Structs speichern. Dazu muss die Lifetime der Referenz explizit angegeben werden. Dabei müssen wir sicherstellen, dass die Lifetime der Referenz mindestens so lang ist wie die des Structs. Andernfalls wäre die Speichersicherheit nicht gegeben. Auch bei einem Struct wird die Lifetime mit einer ähnlichen Syntax wie generische Typparameter verwendet.

```
struct Holder<'a>{
    owned: String,
    borrowed: &'a String
}

#[test]
fn test_lifetime_struct() {
    let a = "A".to_string();
    let b = "B".to_string();
    let holder = Holder{ owned: a, borrowed: &b };
    // drop(b); illegal
    println!("borrowed is {}",holder.borrowed);
}
```

Im obigen Beispiel muss die Referenz `borrowed` so lange wie das Struct leben, in dem sie enthalten ist. Dadurch dürfen wir nicht, wie im Kommentar angedeutet, das an `holder` übergebene `b` frühzeitig bewegen, zum Beispiel indem `drop()` damit aufgerufen wird.

15.1.2.5 Besondere Lifetimes

Konstanten, definiert mit `const`, haben eine Lifetime, die außerhalb der normal verwendeten Lifetimes liegt. Dies liegt daran, dass Konstanten weder auf den Stack noch auf den Heap gelangen, sondern im Read-only-Bereich des Speichers liegen.

```
const BASE_TEN: u32 = 10;
```

Globale Variablen können mit `static` definiert werden und sind unveränderbar. Diese Variablen haben die Lifetime `'static`.

Die Lifetime `'static` ist für Referenzen und Typen reserviert, die während der ganzen Programmausführung gelten. Wir können auch String-Literale als `static` deklarieren, da deren Wert auch bereits zur Übersetzungszeit bekannt ist.

Um veränderbare globale Variablen umzusetzen, müssen wir in Rust auf die später vorgestellten Smart Pointer oder `unsafe` zurückgreifen: Da mehrere Threads auf globale Variablen zugreifen können, kann der Compiler nicht ohne Weiteres Garantien über die Verwendung der Variablen geben. Deswegen raten wir dringend davon ab, diese Funktionalität zu nutzen, es sei denn, es gibt sehr gute Gründe dafür. Eine Alternative hierfür ist die Verwendung des Crates `lazy_static` in Kombination mit interner Veränderbarkeit.

15.1.2.6 Das Crate lazy_static

Statische Variablen durch Funktionen zu initialisieren ist in Rust nur möglich, wenn diese *constant* sind. Die genauen Semantiken behandeln wir nicht. Es ist lediglich interessant, dass man beispielsweise Folgendes nicht darf, da `new()` nicht *constant* ist:

```
static NICE_VEC: Vec<u32> = Vec::new();
```

Das Crate `lazy_static` schafft hier Abhilfe: Es erlaubt, statische Variablen mithilfe von Funktionen zu generieren. Die genauere Verwendung wird aber erst in Kapitel 4 erklärt, wenn wir mehr über Nebenläufigkeit erfahren haben, da Konzepte der Nebenläufigkeit für die Lifetime hier eine Rolle spielen.

15.1.2.7 Ausblick

Die Möglichkeiten und Feinheiten von Lifetimes sind so umfassend, dass in diesem Buch bei weitem nicht für alles Platz ist. Bisher haben wir die wichtigsten Konzepte und typische Anwendungsmöglichkeiten von Lifetimes gesehen. Wenn Sie mehr darüber erfahren möchten, möchten wir Sie an die offizielle Dokumentation, das Reference-Manual der Sprache[2], sowie das Nomicon verweisen. Allerdings reichen die hier beschriebenen Konzepte aus, um im nächsten Abschnitt nicht nur die Sicherheitsgarantien zu verstehen, sondern sogar ein Gefühl dafür zu entwickeln, ob das eigene Vorhaben eine gute Idee in Rust ist.

15.1.3 Die Sicherheit von Rust

Nachdem wir in den vorherigen Kapiteln alle notwendigen Konzepte für die Sicherheit von Rust behandelt haben, können wir nun die Garantien der Sprache durch Betrachten der Regeln herleiten.

Fangen wir damit an, die wichtigsten Möglichkeiten aufzulisten, wie wir eine ungültige Referenz erhalten, deren Verwendung zu Problemen wie der Dereferenzierung eines Null-Pointers führen würde.

1. Wir deklarieren eine Variable, weisen ihr aber keinen Wert zu (uninitialisierter Speicher).
2. Wir geben eine Variable auf dem Heap manuell frei und verwenden diese danach noch einmal (Dangling Pointer, speziell *use after free*).
3. Wir verwenden eine Referenz, die auf eine bereits automatisch freigegebene Variable auf dem Stack zeigt (Dangling Pointer).
4. Wir verwenden eine Referenz, deren Adresse von Anfang an illegal ist (Wild Pointer, Null-Pointer).
5. Wir vergessen, Speicher freizugeben (Leak).
6. Wir geben Speicher mehrfach frei (Double Free).

Rust erzwingt, dass jeder Variable vor Verwendung ein Wert zugewiesen wird. Dadurch schließt Rust Probleme des ersten Falls aus. Das bedeutet, jede verwendbare Variable muss vor der ersten Verwendung einen Wert zugewiesen haben. Falls der Wert zum Zeitpunkt der Deklaration noch nicht bekannt ist, können wir den Datentyp `Option` verwenden. Im Gegensatz zu einem Null-Pointer, beispielsweise bei Java, müssen wir beim Datentyp `Option` explizit den `None`-Fall behandeln. Verwenden wir `unwrap()`, verhält sich das Programm ähnlich wie ein in Java geschriebenes, wenn eine `NullPointerException` auftritt. Allerdings ist hier ein großer Unterschied: `unwrap()` aufzurufen ist ein bewusster Vorgang des Programmierers, und eine Variable kann nicht unerwarteterweise `None` sein, wie es bei Java mit `null` der Fall ist.

Im zweiten Fall kommt das Ownership-System ins Spiel: Jede Variable hat genau einen Besitzer. Verlässt die Variable ihren Gültigkeitsbe-

---

2. *https://doc.rust-lang.org/stable/reference/*

reich, so kann sie nicht weiterverwendet werden, und der Compiler kann automatisch Instruktionen einfügen, um die Ressource freizugeben. Wenn der Gültigkeitsbereich einer Variablen endet, werden darauffolgende Zugriffe als Compiler-Fehler behandelt und verboten.

Der dritte Fall ist ebenfalls vom Ownership-System abgedeckt: Eine Variable muss mindestens so lange leben wie die Referenzen darauf. Somit haben alle Referenzen eine Lifetime, die (mit Ausnahme von *static*) irgendwann endet. Nach dem Enden der Lifetime einer Referenz darf diese nicht mehr verwendet werden. Keine Variable mit noch gültigen Referenzen darf bewegt werden und somit auch nicht freigegeben werden. Bis zum Ende der Lifetime zeigt jede Referenz also auf eine noch gültige Variable.

Jede Variable hat einen gültigen Wert, da der Wert anfangs gesetzt werden muss und jede destruktive Operation voraussetzt, dass wir die Ownership erst besitzen und dann explizit aufgeben, womit wir nicht mehr auf die Variable zugreifen können. Variablen dürfen nur bewegt werden, wenn keine Referenzen mehr auf sie zeigen. Somit zeigt jede Referenz zu jeder Zeit auf einen gültigen Wert.

Für Fall 4 reicht es zu wissen, dass in Safe Rust Referenzen nur aus bestehenden Variablen erzeugt werden können.

Fall 5 ist dadurch abgedeckt, dass der Compiler automatisch am Ende des Gültigkeitsbereichs einer Variablen deren Speicherbereich freigibt. Dies passiert automatisch, daher kann der Benutzer hier keine Fehler machen. Da es weiterhin immer nur genau einen Besitzer einer Variablen gibt, ist auch eindeutig festgelegt, an welcher Stelle die Ressource freigegeben wird. Dadurch wird das Problem in Fall 6 verhindert.

Wie wir im nächsten Kapitel 16 sehen werden, erstrecken sich diese Garantien auch über mehrere Threads hinweg.

Durch das gezielte Verwenden von Referenzen lassen sich außerdem APIs mit klareren Semantiken entwickeln: Wenn beispielsweise eine Funktion `build()` eines Builders einen Parameter `Configuration` übergeben bekommt und die Ownership übernimmt, können wir uns sicher sein, dass die `Configuration` nicht dazu gedacht ist, erneut verwendet zu werden. Wird hingegen nur eine lesende Referenz übergeben, so können wir die Konfiguration für mehrere Aufrufe von `build()` verwenden. Dies führt dazu, dass in anderen Sprachen in der Dokumentation aufgeführte Empfehlungen in Rust vom Compiler forciert werden.

Durch das strenge Typsystem wird weiter dafür gesorgt, dass keine Speicherfehler oder Ausnahmen beim Umwandeln von Variablen in andere Typen vorkommen. Beispielsweise kann es nicht zu dem Problem kommen, das sich im Java-Umfeld als `ClassCastException` äußert.

Hierbei wird beim Umwandeln eines Typs zu einem anderen erst während der Laufzeit festgestellt, dass die Umwandlung illegal ist. Im Rust-Typsystem ist bereits bei der Übersetzung bekannt, welche Typen ineinander umgewandelt werden können.

15.2 Smart Pointer

Smart Pointer ermöglichen es uns, Konstrukte umzusetzen, die das Ownership-System uns sonst verweigern würde. In diesem Abschnitt wird detailliert beschrieben, wie wir mit diesen Typen sicheren und performanten Code schreiben können.

Ein Smart Pointer ist ein Datentyp, der einen Pointer mit weiterer Logik ausstattet, um mehr Funktionalität als eine bloße Referenz zu bieten. Hierbei wird durch interne Verwendung von `unsafe` in sehr kleinen und gut getesteten Bereichen erreicht, dass Entscheidungen, die der Compiler zur Übersetzungszeit nicht treffen könnte, zur Laufzeit getroffen werden können. Beispielsweise kann ein Smart Pointer durch das Zählen der ausgegebenen Referenzen zur Laufzeit entscheiden, wann eine Variable freigegeben werden kann.

15.2.1 Box

Datentypen wie `Vec` werden automatisch auf dem Heap allokiert, da ihre Größe variabel ist und sie somit nicht für den Stack geeignet sind. Die Referenz auf die Daten hingegen hat eine konstante Größe und befindet sich auf dem Stack.

Um in Rust Daten explizit auf dem Heap zu allokieren, können wir `Box<T>` verwenden. Dabei dient `Box` als Smart Pointer, welcher günstig verschoben und kopiert werden kann, während die dahinterliegenden Daten sich nicht bewegen müssen. Wir demonstrieren im nachfolgenden Beispiel gleichzeitig die Verwendung von Box und das Verhalten des Speichers. Wir erstellen zwei Boxen, `a` und `b`, sowie eine lokale Variable `c`. Die Variablen `a` und `b` sind vom Typ `Box<i32>` und `c` ist vom Typ `i32`. Wie wir bei der Ausführung des Programms feststellen werden, verhalten sich die Variablen unterschiedlich. Die genaue Verwendung von Box ist im nächsten Beispiel erklärt. Am besten konzentrieren wir uns hier vorerst auf die dahinterliegende Semantik.

Listing 15–12
Beispielhafte Verwendung einer Box

```
pub fn test_box_semantics() {
        let a = Box::new(43);
        println!(" a: {:p}", a);
        let (b,c) = my_function(&a);
        println!(" a: {:p}", a);
        println!(" b: {:p}", b);
        println!(" c: {:p}", &c);
    }

    fn my_function(a: &i32) -> (Box<i32>, i32){
        let b = Box::new(7);
        let c = 11;
        println!(">a: {:p}", a);
        println!(">b: {:p}", b);
        println!(">c: {:p}", &c);
        (b,c)
    }
```

Um die Variablen näher zu betrachten, geben wir die Adressen der Pointer mit `{:p}` aus. Wie wir bereits aus einem vorigen Kapitel wissen, wird `c` auf dem Stack der Funktion `my_function` erstellt. Das setzt aber voraus, dass die Variable am Ende der Funktion an ihren Platz als Rückgabewert kopiert werden muss, damit sie danach noch verwendbar ist. Wir sprechen hierbei von einem *move*. Dass es sich hier nicht um ein *borrow* handelt, können wir einfach verifizieren: Ändern wir den Rückgabewert von `c` auf `&i32` und deuten die Fehlermeldung des Compilers. In der Ausgabe unten sehen wir, dass `c` bei den beiden Ausgaben, einmal in der Funktion und einmal außerhalb, zwei verschiedene Adressen hat. Da die Adressen mit 0x07ff beginnen, können wir in erster Näherung davon ausgehen, dass der Pointer wie erwartet auf den Stack zeigt. Ebenso wie `c` wird auch `b` in `my_function` erzeugt. Allerdings sehen wir hier in der Ausgabe, dass sich die Adresse von `b` nicht ändert, obwohl wir im Tupel `b` auch per *move* bewegen. Zwar wird die Box bewegt, allerdings bleiben die Daten, auf die sie zeigt, am gleichen Platz. Das gleiche gilt für `a`: Diese Variable wird an `my_function()` ausgeliehen und hat vor, während und auch nach dem Methodenaufruf die gleiche Adresse. Hier können wir aber noch eine andere interessante Eigenschaft einer Box betrachten: Wir können eine Referenz auf eine Box direkt als eine Referenz auf die darin enthaltenen Daten verwenden, weswegen `a: &i32` als Methodenparameter direkt funktioniert.

```
 a: 0x55d119480ba0
>a: 0x55d119480ba0
>b: 0x55d119480c30
```

```
>c: 0x7fffe75062b4
 a: 0x55d119480ba0
 b: 0x55d119480c30
 c: 0x7fffe750647c
```

Da Box ein sehr wichtiger Bestandteil der Sprache ist, schauen wir uns nachfolgend noch ein paar weitere Anwendungsmöglichkeiten an.

Eine Box<T> können wir mit der Funktion Box::new() erzeugen. Dabei übernimmt die Box die Ownership des übergebenen Parameters. Die Box selbst hat neben den Mehrkosten für eine Heap-Allokation keine Kosten zur Laufzeit. Das ist durch die *zero cost abstractions* von Rust realisiert, wodurch bereits zur Übersetzungszeit die Abstraktion entfernt wird. Die Verwendung der Variable hinter einer Box klappt genau so, als würde die Variable direkt verwendet werden. Die allermeisten Funktionen von Box sind transparent.

Die Verwendung von Box gestaltet sich somit recht einfach, wie im nächsten Beispiel demonstriert:

Listing 15–13
Verwendung eines Slice zum Zugriff auf die Daten einer Box

```
fn box_slice_simple(len: usize) {
        let bx  = vec![0;len].into_boxed_slice();
        println!("n0: {}", bx[0]);
        call_slice_simple(&bx)
    }
    fn call_slice_simple(var: &[u8]){
        println!("n1: {}",var[1]);
    }
```

Wir verwenden ein Slice auf dem Heap und übergeben eine Referenz auf das Slice einer Funktion.

Zur Verdeutlichung der Typen zu jedem Zeitpunkt schauen wir uns nun das gleiche Beispiel mit den exakten Typen erneut an:

Listing 15–14
Verwendung eines Slice zum Zugriff auf die Daten einer Box Inklusive expliziter Typen

```
fn box_slice(len: usize) {
    // illegal: let slice = [0;len];
    let bx : Box<[u8]> = vec![0;len].into_boxed_slice();
    let n0 : u8 = bx[0];
    println!("n0: {}", n0);
    let slice: &[u8]= &*bx;
    call_slice(slice)
}
fn call_slice(var: &[u8]){
    println!("n1: {}",var[1]);
}
```

In diesem Beispiel sehen wir gleich mehrere Eigenschaften von Box. Dabei haben wir alle Typangaben nur zur Verdeutlichung angegeben. Zum einen wäre es illegal, ein Slice dynamischer Größe zu erstellen, wie im Kommentar angedeutet. Alle lokalen Variablen brauchen einen Platz im Stackframe. Da das Slice aber eine dem Compiler unbekannte

Größe hat, können wir es nicht in das Stackframe legen. Abhilfe schafft hier ein Vektor, dessen Inhalt wir in ein `Box<[u8]>` packen. Da `Box` eine bekannte Größe hat, darf `bx` im Stackframe gespeichert werden. Das transparente Lesen durch `Box` hindurch ist mit `n0` gezeigt. Wir können ohne Probleme und weitere Syntax auf die Elemente des Slice zugreifen. Des Weiteren können wir uns aus der Box eine Referenz auf die dahinterliegenden Daten ausleihen. Das kann mit dem Sternoperator (`*`) erreicht werden. Da `*` direkt das Slice zurückgibt, müssen wir hier die umständliche Kombination von `&*` verwenden. Wie im Funktionsaufruf gezeigt, ist natürlich die Verwendung der resultierenden Referenz wie gewohnt möglich.

Wollen wir große Datenmengen abspeichern, so sollten wir diese auf den Heap legen. In der Regel bedeutet jedes `move` das Kopieren der Bytes im Speicher. Das können wir mit einer Heap-Allokation verhindern. Damit wir performante Anwendungen schreiben können, ist also unser Verständnis von Box unerlässlich.

Hintergrund

Viele kleine Allokationen und Deallokationen auf dem Heap sind problematisch, da dadurch eine Fragmentierung des Speichers entstehen kann. Sofern dies möglich ist und die Semantik erhalten bleibt, ziehen wir `Box<[T]>` einem Konstrukt wie `[Box<T>]` vor. Insbesondere bei `Box<[T]>` bietet sich in sehr vielen Anwendungsfällen die Verwendung von `Vec<T>` an.

Da die Größe einer Box selbst bekannt ist, sie aber auf Datenstrukturen unbekannter Größe zeigen kann, kann Box auch für selbstreferenzierende Structs, Arrays oder Trait Objects verwendet werden, die allesamt eine zur Übersetzungszeit unbekannte Größe hätten. Eine solch selbstreferenzierende Struktur kann wie der folgende Enum aussehen:

__Listing 15–15__
Ein selbstreferenzierender Datentyp, der die Ownership der Elemente annimmt

```
enum BoxChain{
  End(u32),
  More(u32,Box<BoxChain>)
}
impl BoxChain{
  fn aggregate(&self) -> u32 {
    match self{
      BoxChain::More(val,more) => val + more.aggregate(),
      BoxChain::End(val) => *val
    }
  }
}
#[test]
fn test_box_chain() {
    let a = Box::new(BoxChain::End(7));
```

```
    let b = Box::new(BoxChain::More(6, a));
    let chain = BoxChain::More(5, b);

    let result = chain.aggregate();
    println!("test_box_chain result: {}",result);
    assert_eq!(result,5+6+7)
}
```

In diesem Beispiel definieren wir einen Datentyp `BoxChain`, der die Elemente einer verketteten Liste darstellt. Jedes Element ist entweder `More` oder `End`, falls es das letzte Element in der Kette ist. Sollte es `More` sein, so enthält es den eigenen Wert und eine Box des Nachfolgeelements. In der Funktion `test_box_chain()` erstellen wir eine Verkettung solcher Elemente und fügen diese zu `chain` zusammen. Die Methode `aggregate()` von `BoxChain` können wir dazu verwenden, rekursiv die Summe aller Elemente in einer Kette zu bilden. Dabei wird entweder (im Fall des letzten Werts) der eigene Wert oder die Summe aus dem eigenen Wert und allen Folgewerten zurückgegeben.

Würden wir hier keine `Box` verwenden, müsste der Compiler für `BoxChain` eine potenziell unendliche Größe reservieren, was offensichtlich zu Problemen führt. Wichtig ist, dass je nach Anwendungsfall auch Referenzen verwendet werden könnten, da diese ebenfalls eine bekannte Größe haben. Die Box hat aber den Vorteil, dass sie den Inhalt besitzt, was den Umgang mit Lifetimes erleichtert und klarer macht. Würden wir lediglich Referenzen verwenden, so wäre die Verwendung der Datenstruktur an die Lifetimes der Elemente gebunden. Das würde beispielsweise das Erstellen und Zurückgeben der Datenstruktur aus einer Funktion verhindern.

Wir möchten hier noch einmal darauf hinweisen, dass `Box` und die im weiteren Verlauf des Kapitels beschriebenen Typen für guten Rust-Code unerlässlich sind. Das soll nicht heißen, dass Sie diese sofort verinnerlichen müssen oder gar überall ungeachtet der Notwendigkeit verwenden sollen. Vielmehr empfiehlt es sich hier, dass Sie bei kleinen Projekten, wenn Sie in einer Sackgasse stecken und der Compiler sich weigert, Ihren Code zu akzeptieren, überlegen, ob einer der hier beschriebenen Typen Ihr Problem lösen würde. Das führt nicht notwendigerweise zu optimalem Code, Sie können aber ein Gefühl dafür entwickeln, welches Werkzeug aus der Standardbibliothek für welchen Zweck gedacht ist. Dadurch wird es Ihnen später leichterfallen, von Anfang an abzuschätzen, was gebraucht wird, und Ihr Code wird performanter und wartbarer.

15.2.1.1 Die Grenzen des Ownership-Systems

Das Ownership-System stellt uns vor eine Herausforderung: Wie sollen wir eine Datenstruktur implementieren, bei der eine Variable keinen eindeutigen Besitzer hat? Ein Beispiel hierfür ist ein gerichteter Graph, bei dem ein Knoten zwei eingehende Kanten hat. Wem seiner Vorgänger gehört der Knoten? Wann darf der Knoten freigegeben werden?

Dieses und ähnliche Probleme werden von Smart-Pointern in der Standardbibliothek gelöst. In diesem Kapitel wollen wir die Verwendung der Smart Pointer beschrieben. Die exakten Implementierungen, die Ownership-Probleme durch `unsafe` Code lösen, werden wir beispielhaft im Abschnitt 20.1 zeigen. Diese sind hier nicht von Bedeutung.

Smart Pointer sind so gestaltet, dass die üblichen Ownership-Regeln für ihre API ausreichen. Das heißt, dass beispielsweise eine Shared-Ownership-Referenz den normalen Lifetime-Regeln unterliegt. Dadurch kann der Zeitpunkt zur Freigabe der Daten durch das normale Ownership-System bestimmt werden. Deswegen empfehlen wir die Lektüre von Abschnitt 7.5, bevor Sie dieses Kapitel bearbeiten.

Um die Grenzen des Ownership-Systems zu erläutern, wird das im letzten Abschnitt angesprochene Problem mehrerer Besitzer eines Knotens in einer Graphstruktur verwendet. Hierbei sind Knoten mit gerichteten Kanten untereinander verbunden. Wenn mehr als eine eingehende Kante für einen Knoten existiert, ist nicht klar, wem der Zielknoten gehört, wer also die Ownership der Variablen bekommt. In diesem Beispiel wollen wir der Übersicht halber nur eine ausgehende Kante pro Knoten erlauben. Die Knoten sollen Textbausteine enthalten, die je nach Startpunkt im Graphen ausgegeben werden können. Eine solche Struktur kann wie folgt aussehen:

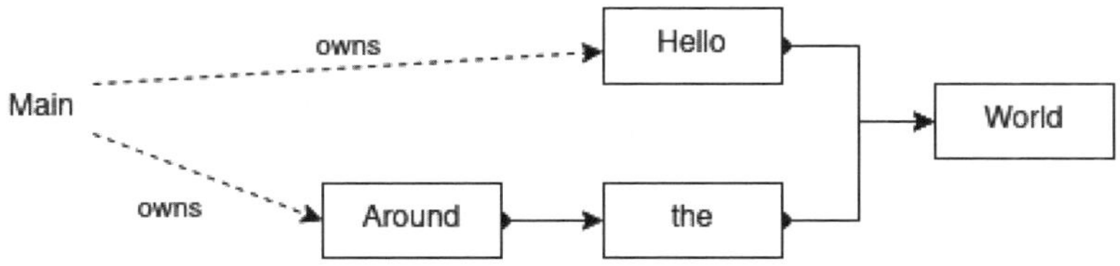

Bevor wir das Problem mit der Verwendung von `Rc` lösen, wollen die Problematik verdeutlichen, indem wir einen nicht erfolgreichen Lösungsansatz ohne `Rc` skizzieren. Zuerst das unvollständige Struct für den Knoten:

Listing 15–16 *Erster Ansatz für einen Knoten unseres gerichteten Graphen*

```
pub struct Node{
        next: Option<Box<Node>,
        value: String
    }
```

Hier besitzt der Knoten seinen Nachfolger `next`, das heißt, wie oben in der Grafik dargestellt, können wir mehrere eingehende Kanten nicht realisieren. Ersetzen wir Besitzen durch Ausleihen, müssen wir mit expliziten Lifetimes arbeiten. Dadurch lässt sich der obige Graph aufbauen:

Listing 15–17 *Ein Ansatz für einen Knoten mit Referenzen*

```
pub struct Node<'a>{
    next: Option<&'a Box<Node<'a>>>,
    value: String
}
```

Nun können wir den Graphen stückweise zusammensetzen:

Listing 15–18 *Konstruktion des Graphen mit Referenzen*

```
let mut hello  = Node::new("Hello".into());
let mut around = Node::new("Around".into());
let mut the    = Box::new(Node::new("the".into()));
let world       = Box::new(Node::new("World".into())); //X
hello.set_next(&world); //X
the.set_next(&world);//X
around.set_next(&the);
print_acyclic_graph(&hello);
print_acyclic_graph(&around);
```

Die verwendeten Funktionen `set_next()` und `print_acyclic_graph()` sind hier nicht relevant und werden entsprechend im nächsten Abschnitt vorgestellt. Dieses Programm kann sogar erfolgreich übersetzt werden, da wir als `main()`-Funktion noch alle Variablen besitzen. Nehmen wir nun aber an, wir wollen den Knoten `world` in einer Funktion anhängen. Hierbei werden die oben mit `//X` markierten Zeilen in die folgende Funktion ausgelagert:

Listing 15–19 *Funktion zum Anfügen des Knotens World*

```
append_world(&mut hello, &mut the);
```

Leider macht uns der Compiler hier einen Strich durch die Rechnung: Die Semantik von `append_world` sieht nicht vor, dass der Knoten `world` aus der Funktion zurückgegeben wird, schließlich ist der Knoten bereits auf dem Heap gespeichert, und es bestehen in den Vorgängerknoten zwei Referenzen darauf. Wir wollen erreichen, dass die Graphstruktur den Knoten besitzt und nicht die aufrufende Funktion. Nun endet die Lifetime des Knotens aber mit dem Ende der Funktion, obwohl noch Referenzen darauf existieren. Der Compiler stellt fest, dass der Knoten nicht lange genug lebt, und verzeichnet einen Fehler.

Sollte Ihnen nicht klar sein, weswegen es hier zu einem Fehler kommt, schauen Sie vor dem nächsten Abschnitt noch den Anfang dieses Kapitels an. Zusätzlich empfehlen wir, das obige Codebeispiel im

Begleitrepository zur Ownership des Knotens `world` in der `append_world()`-Funktion zu verfolgen. Insbesondere das Ende der Lifetime ist hier wichtig.

15.2.2 Rc

Mit `Rc` kann eine Ressource auf dem Heap gespeichert werden, zu der man eine Referenz besitzt. Diese Referenz ist nicht ein ausgeliehenes `&T`, sondern ein `Rc<T>`. In `Rc` steckt Logik, die zur Laufzeit sicherstellt, dass die Ownership-Regeln von Rust eingehalten werden. `Rc` zählt die Anzahl der ausgegebenen Referenzen, daher auch der Name, Reference counted. Klonen wir eine `Rc`-Instanz, erhalten wir eine neue Instanz, welche auf dieselben Daten auf dem Heap zeigt. Erst wenn der letzte `Rc` freigegeben wird, dürfen auch die auf dem Heap gespeicherten Daten freigegeben werden. Der Typ `Rc` ist ein Reference-Counting Pointer, welcher die Anzahl der Referenzen auf die enthaltenen Daten intern in einer einfachen, nicht synchronisierten Variablen zählt. Fällt diese auf 0, verhält sich `Rc` wie eine normal im Eigentum befindliche Variable, die den Gültigkeitsbereich verlässt: Die enthaltene Variable wird von der letzten bestehenden `Rc`-Instanz freigegeben und dann der `Rc` selbst.

Um die Verwendung von `Rc` zu erklären, wird das im letzten Abschnitt angesprochene Problem mehrerer Besitzer eines Knotens in einer Graphstruktur verwendet. Zuerst betrachten wir die Definition des Structs `Node` und die Implementierung der Methoden darauf:

Listing 15–20
Grundlegende Verwendung von Rc

```
pub struct Node{
    next: Option<Rc<Node>>,
    value: String
}

impl Node{
    fn new(value: String) -> Self{
        Node{ next: None, value}
    }
    fn set_next(&mut self, next: Rc<Node>){
        self.next = Some(next)
    }
}
```

Da ein Knoten nicht notwendigerweise einen Nachfolger hat, müssen wir das Feld `next` als optional deklarieren. Der Nachfolgerknoten wird weiter nicht direkt im Struct gespeichert (was ohne `Box` zusätzlich auch illegal wäre), sondern es wird ein `Rc<Node>` verwendet. Dadurch können wir Referenzen von mehreren Knoten auf einen anderen Knoten haben, wie im oberen Beispiel der Knoten `world`. Die auf `Node` implementierten Funktionen dienen lediglich dazu, dessen Verwendung ergonomischer zu gestalten.

Um einen Graphen aus solchen Knoten auszugeben, wird folgende Methode verwendet:

Listing 15–21
Funktion zum Traversieren des Graphen

```
fn print_acyclic_graph(entry: &Node){
    print!("{} ",entry.value);
    match &entry.next{
        Some(next) => print_acyclic_graph(next),
        None => {print!("\n")}
    }
}
```

Hier müssen wir beachten, dass hier kein `Rc` mehr verwendet wird. Dies liegt daran, dass wir die in einem `Rc` befindlichen Daten durch automatische Dereferenzierung bei Smart-Pointern transparent verwenden können.

Einen `Rc` können wir mit der assoziierten Funktion `Rc::new(…)` erzeugen. Diese übernimmt dann die Ownership der übergebenen Variablen. Hier liegt eine Heap-Allokation vor, da der Stack nach Ende der Funktion aufgelöst wird, wodurch keine Referenzen auf die Variable bestehen dürfen.

`Rc` bietet keine Thread-Sicherheit, da die Referenzzählung mit einem einfachen Integer implementiert ist. Deswegen dürfen wir einen `Rc` nicht über die Grenzen eines Threads hinwegbewegen, was durch den Compiler forciert wird. Da aber die Referenzzählung nicht synchronisiert wird, ist die Verwendung von `Rc` mit nur sehr geringen Laufzeitkosten verbunden. Um das Besitzen einer Ressource über mehrere Threads hinweg zu teilen, können wir das später behandelte `Arc` verwenden, welches eine Atomic-Variable zum Zählen der Referenzen verwendet.

Die von `Rc` zurückgegebenen Referenzen sind nur lesbar. Dies deckt sich mit dem normalen Ownership-Modell, da nicht mehrere schreibende Referenzen zur gleichen Zeit bestehen dürfen.

Wenn wir die Variable hinter dem `Rc` wieder besitzen und dazu die einzige ausgegebene Referenz auf den `Rc` haben, der Referenzzähler also 1 ist, können wir weitere Funktionalitäten nutzen. Da sichergestellt ist, dass keine andere Referenz besteht, können wir wie beim normalen Ownership-System eine schreibende Referenz oder gar die Ownership erhalten. Für die Ownership können wir den `Rc` mit `try_unwrap()` auflösen und die bei der Erstellung abgegebene Variable zurückerhalten. Um den `Rc` bestehen zu lassen, können wir mit `get_mut()` eine `Option<&mut T>` erzeugen, durch welche die Daten im `Rc` bearbeitet werden können.

Damit wir die dargestellte Graphstruktur aufbauen können, muss jeder Knoten, auf den verwiesen wird, fertiggestellt und in einen `Rc` gesteckt werden. Hier ist wichtig, dass bereits der Nachfolger festgelegt wurde, bevor der `Rc` geklont wird: `Rc` ermöglicht per se keinen schreibenden Zugriff auf die enthaltenen Daten. Dazu aber später mehr.

```
let world = Node::new("World".into());
let world = Rc::new(world);

let mut hello =  Node::new("Hello".into());
hello.set_next(Rc::clone(&world));
```

Listing 15–22
Erzeugen des ersten Pfades im Graphen

Dies kann für den zweiten Pfad im Graphen wiederholt werden. Um den Code übersichtlich zu halten, wird von *shadowing* Gebrauch gemacht: Wir überschreiben ausnahmsweise die Namen der Node-Variablen mit den Rc-Variablen.

```
let mut the =  Node::new("the".into());
the.set_next(Rc::clone(&world));
let the = Rc::new(the);

let mut around =  Node::new("Around".into());
around.set_next(Rc::clone(&the));
```

Listing 15–23
Erzeugen des zweiten Pfades im Graphen

Wird nun der Graph ausgehend von `hello` und `around` ausgegeben, so entstehen die beiden Zeilen in der Ausgabe:

```
Hello World

Around the World
```

unter Verwendung dieser print-Anweisungen:

```
print_acyclic_graph(&hello);
print_acyclic_graph(&around);
```

Die Variable `world` wird hier also sowohl von `hello` als auch von `the` besessen. Erst wenn diese beiden Variablen den Gültigkeitsbereich verlassen, wird durch das Freigeben von `next` im Struct der Zähler im `Rc` auf 0 gesetzt, und schließlich wird auch `world` freigegeben. Um das Verhalten zu beobachten, können wir mit dem Aufruf von `strong_count()` die Anzahl der Referenzen auf den `Rc` erhalten.

Um das Problem bei unserer Implementierung ohne `Rc` wieder aufzugreifen, das Auslagern der Erstellung des Knotens »World«, wird auch diese Änderung hier durchgeführt. Die resultierende Funktion ist die folgende:

Listing 15–24
Mit Rc ist das oben problematische Anhängen des Knotens in einer Funktion möglich.

```
fn append_world(hello: &mut Node, the: &mut Node) {
    let world = Node::new("World".into());
    let world = Rc::new(world);                    // 1
    hello.set_next(Rc::clone(&world));
    the.set_next(Rc::clone(&world));
}
```

Da der Knoten »World« in (1) in einen Rc verschoben wird, dieser dann nachfolgend geklont wird, besteht *Shared Ownership* des Knotens, und die set_next()-Funktionen bekommen die Ownership der entstehenden Rcs. Dies steht im Gegensatz zu den ausgeliehenen Referenzen in der Implementierung ohne Rc. Somit endet die Lifetime von world nicht am Ende der Funktion.

15.2.2.1 Referenzzyklen

Bei zyklischen Graphen ergibt sich aber ein weiteres Problem: Die Anzahl der Referenzen eines Knotens eines zyklischen Pfades wird nie 0 erreichen, obwohl wir womöglich nicht mehr auf einen Knoten des Zyklus zugreifen können. Folgende Struktur enthält einen Zyklus:

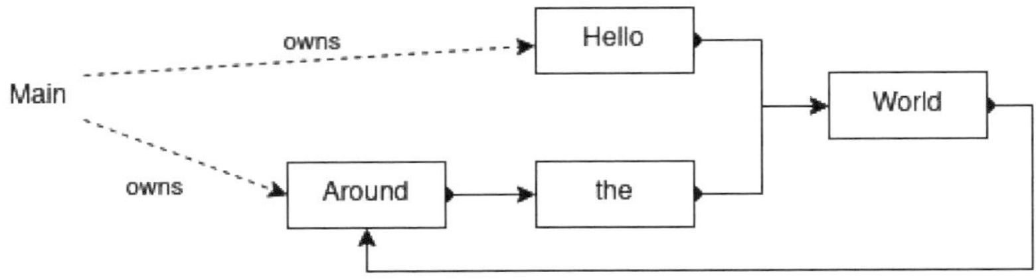

Wird nun hello und around (aus main) freigegeben, bleibt der Refcount bei around bei 1.

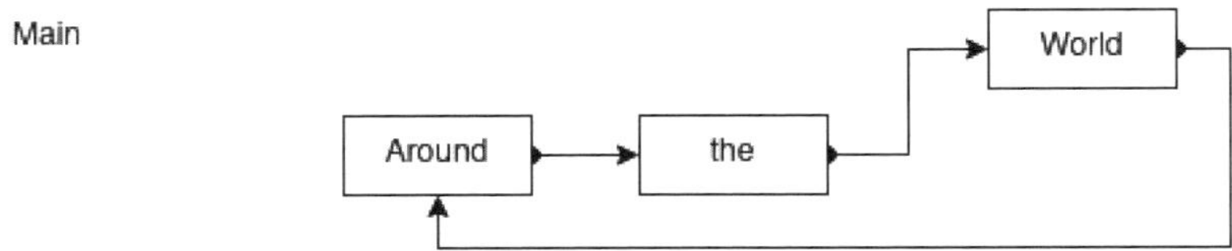

Dadurch können around, the und world nicht freigegeben werden. Um dies zu vermeiden, kann eine weitere Version des Rc verwendet werden: Weak. Diese Variante stellt keine besitzende Referenz auf die Variable dar und steht somit dem Erreichen des Refcount 0 nicht im Wege. Da somit aber Weak-Referenzen auf freigegebene Variablen bestehen können, kann eine Weak-Referenz nicht direkt dereferenziert werden, sondern gibt mit upgrade eine Option zurück, die einen »echten« Rc enthält, wenn die Variable noch nicht freigegeben wurde.

15.2.3 RefCell und Cell

Während `Rc` uns erlaubt, eine Variable an mehreren Stellen zu besitzen, können wir den enthaltenen Wert dennoch nicht ändern. Mit `RefCell` wird dies durch interne Veränderlichkeit (*interior mutability*) ermöglicht. Hierbei ist es uns möglich, durch eine nicht veränderliche Variable oder Referenz Änderungen an darin enthaltenen Variablen/Feldern vorzunehmen. Die genauen Semantiken von `Cell` und `RefCell` erklären wir nachfolgend.

15.2.3.1 RefCell

Eine `RefCell` kann mit `new()` erzeugt werden, wobei sie die Ownership der ihr übergebenen Variable übernimmt. Mit `borrow` oder `try_borrow` erhalten wir eine lesende Referenz auf die enthaltenen Werte, sofern keine schreibende Referenz ausgegeben ist. Der Unterschied zwischen `borrow` und `try_borrow` ist, dass `borrow` eine Panic auslöst, sofern keine Referenz ausgegeben werden kann, `try_borrow` hingegen gibt lediglich ein Result zurück.

Da sich RefCell zur Laufzeit an die Regeln des Ownership-Systems hält, kann keine lesende Referenz ausgegeben werden, wenn bereits eine schreibende Referenz ausgegeben wurde.

Die schreibbaren Gegenstücke sind `borrow_mut` und `try_borrow_mut`. Sie geben eine schreibbare Referenz zurück, sofern keine andere Referenz ausgegeben ist.

Es werden nicht direkt die Typen `&T` und `&mut T` zurückgegeben, sondern `Ref<T>` und `RefMut<T>`. Diese Typen enthalten zwar die normalen Referenzen, ermöglichen es aber (durch eine besondere Implementierung von `Drop`), die Anzahl der ausgegebenen Referenzen beim Verlassen des Gültigkeitsbereiches wieder zu verringern. `Ref<T>` und `RefMut<T>` können allerdings gleich wie die entsprechenden `&T` und `&mut T` verwendet werden.

Die Semantiken des Ownership-Modells gelten auch für `Ref<T>` und `RefMut<T>`. Es darf maximal ein `RefMut` oder ein oder mehrere `Ref` einer `RefCell` existieren. Das bedeutet aber auch, wir sollten die von RefCell ausgegebenen Typen nur so kurz wie möglich speichern.

Listing 15–25
Grundlegende Verwendung von RefCell

```
fn ref_cell_basics(){
    let c = RefCell::new(7);
    {
        let mut borrow = c.borrow_mut();
        *borrow +=1;
        // illegal: let borrow2 = c.borrow_mut();
        // illegal: let borrow3 = c.borrow();
    } // borrow geht out of scope
    println!("c: {}", c.borrow());
}
```

`RefCell` wird oft mit dem zuvor behandelten `Rc` verwendet. Um Änderungen an Variablen mit mehreren Besitzern zu ermöglichen, wird eine `RefCell` in ein `Rc` gepackt: `Rc<RefCell<T>>`.

Um dies zu illustrieren, dehnen wir das vorherige Beispiel des Wort-Graphen aus, um nachträgliche Änderungen an den Worten zu ermöglichen. Zuerst packen wir im `Node` Struct den ursprünglichen String in eine `RefCell`, sodass wir diese später verändern können.

Listing 15–26
Erweiterung unseres Knotens um interne Veränderbarkeit

```
pub struct MutableNode{
    next: Option<Rc<MutableNode>>,
    value: RefCell<String>
}
```

Wir müssen beachten, dass die Struktur des Graphen trotzdem nicht mehr verändert werden kann: Das Feld `next` ist nicht von einer `RefCell` umgeben und kann so hinter einer lesenden Referenz aus einem `Rc` nicht bearbeitet werden. Erstellen wir einen Graphen wie im vorherigen Beispiel, können wir im Knoten `world` das anzuzeigende Wort auch später noch ändern:

```
*RefCell::borrow_mut(&goal.value) = "Clock".into();
```

Wie `Rc` ist auch `RefCell` nicht *thread-safe*. Die entsprechende synchronisierte Alternative `Mutex` stellen wir später vor. Ebenfalls wie `Rc` hat auch `RefCell` geringe Laufzeitkosten: Da sichergestellt werden muss, dass immer nur die richtige Anzahl an Referenzen ausgegeben wird, muss deren Anzahl beim Ausgeben und Verlassen des Gültigkeitsbereiches verändert werden. Da dies aber nicht synchronisiert werden muss, ist der Aufwand hierfür sehr gering. Wie durch * im obigen Beispiel angezeigt, können wir die von `borrow_mut` ausgegebene Referenz wie eine normale schreibbare Referenz verwenden. Ist der Zugriff über eine Referenz für uns ungünstig, können wir zu Cell greifen, das wir im nächsten Abschnitt vorstellen.

15.2.3.2 Cell

`Cell` funktioniert ähnlich wie `RefCell`, mit dem Unterschied, dass keine Referenzen ausgegeben werden. Stattdessen werden die internen Werte durch das Bewegen der Variablen verändert.

So bietet `Cell` die Methoden `set()` und `get()`, die je lesenden und schreibenden Zugriff auf lesbaren Referenzen erlauben. Da `Cell` nie eine Referenz auf die eigentlichen Daten herausgibt, ist die Semantik bedeutend einfacher als bei `RefCell`. Das nachfolgende Beispiel demonstriert exemplarisch die Verwendung von `Cell`. Ein ausgedehnteres Beispiel finden wir im nächsten Abschnitt.

```
let c = Cell::new(7u8);
let c0 : &Cell<u8> = &c;
let c1 = &c;
let c2 = &c;
Cell::set(c0, 0);
Cell::set(c1, 1);
Cell::set(c2, 2);
println!("c: {}" ,  c.get());
println!("c0: {}", c0.get());
println!("c1: {}", c1.get());
println!("c2: {}", c2.get());
```

Listing 15–27
Verändern der Daten in einer Cell

Wir erzeugen eine `Cell` `c` und darauf lesende Referenzen vom Typ `&Cell<u8>`. Die Typangabe nutzen wir nur zur Verdeutlichung. Mit je einer der lesenden Referenzen auf die `Cell` verändern wir den jeweiligen Wert. Schließlich geben wir die Werte (oder besser den einen Wert) der `Cell` aus.

15.2.3.3 Interne Veränderlichkeit

Es kann für uns beim Gestalten von APIs interessant sein, interne Veränderlichkeit vor dem Anwender zu verstecken. Dies ermöglicht es uns, sowohl dem Benutzer klar zu zeigen, dass eine manuelle Mutation nicht vorgesehen ist, als auch die Komplexität der eigentlichen Mutation zu verstecken und sich eine Änderung der Implementierung trotz API-Kompatibilität offen zu halten. Um dies zu veranschaulichen, schauen wir uns ein beispielhaftes Ticketsystem für ein Konzert an, bei dem jedes ausgegebene Ticket nur einmal eingelöst werden darf, dessen `id` aber nicht vom Benutzer nach der Erzeugung verändert werden soll.

Listing 15–28
Code für Ticket und Envelope samt Methoden zum Erzeugen und Einlösen

```
pub struct Ticket {
    pub id: u32,
    used: Cell<bool> // kein pub
}

impl Ticket{
    pub fn spend(&self) -> Result<(),()>{
        match self.used.replace(true){
            false => Ok(()),
            true => Err(())
        }
    }
}

pub struct Envelope{
    pub ticket: Rc<Ticket>
}

impl Envelope{
    pub fn order_ticket() -> Self{
        let ticket = Ticket::new(...);
        Envelope{ ticket: Rc::new(ticket) }
    }
}
```

Wurde ein Ticket erstellt, kann seine `id` zwar gelesen, jedoch nicht mehr verändert werden.

Listing 15–29
Felder in nicht veränderbaren Datentypen können per se nicht verändert werden.

```
let Envelope{ ticket } = Envelope::order_ticket();
//ticket.id=9090; das wäre verboten
println!("Ticket_id: {}",ticket.id);
```

Hingegen kann man problemlos das Ticket (einmalig) ausgeben, was dessen internen Zustand verändert.

```
ticket.spend().expect("Ticket has been used before");
```

Bei diesem Beispiel ist besonders hervorzuheben, dass wir exakt steuern können, welche Teile eines Datentyps zu verändern sind, indem nur diese in `Cell` gepackt werden.

15.2.4 Zusammenfassung

Wie wir oben bereits erwähnt haben, verwenden die Typen `Rc`, `Cell` und `RefCell` Überprüfungen zur Laufzeit, um sicherzustellen, dass die Ownership-Regeln eingehalten wurden und somit die Speichersicherheit gegeben ist.

Dies hat gegenüber den zur Übersetzungszeit ausgeführten Überprüfungen mehrere Nachteile bei normalen Referenzen und Variablen.

Zum einen können diese Smart Pointer bei verschiedenen Ausführungen zu unterschiedlichem Auftreten von Fehlern führen: Verwenden wir von `RefCell` ausgegebene Referenzen unsachgemäß, kann es sein, dass dies nur in manchen Ausführungspfaden zu Problemen führt. Bei normalen Referenzen, die zur Übersetzungszeit geprüft werden, kann diese Art von Fehler nicht auftreten.

Zum anderen entstehen durch die Laufzeitüberprüfungen auch Laufzeitkosten. Diese sind verhältnismäßig gering. Ist das Problem aber mit der normalen Ownership bereits zur Übersetzungszeit lösbar, sollten wir aufgrund des Geschwindigkeitsvorteils diese Chance ergreifen. In einem späteren Kapitel werden wir diese Kosten mit dem Verhalten von alternativen Ansätzen wie zum Beispiel Garbage Collection vergleichen.

In diesem Kapitel haben wir verschiedene Smart Pointer angesehen. Deren Semantiken erscheinen Ihnen auf den ersten Blick möglicherweise unnötig komplex oder gar redundant, wenn Sie Sprachen wie Java oder Go gewöhnt sind. Allerdings ist es von entscheidender Wichtigkeit, die Anwendungsmöglichkeiten und auch Nachteile von Smart-Pointern zu verstehen, um Rust effektiv zu lernen und wartbaren Code zu schreiben. Generell gilt: Bevor wir versuchen, uns von einer Compiler-Warnung zur nächsten zu tricksen oder gar vermeidbaren *unsafe* Code zu verwenden, führt eventuell das Verwenden eines Smart-Pointers schneller und sicherer zum Ziel (und das auch mit weniger Frustration).

15.3 Vergleich mit anderen Sprachen ohne Ownership

Die von uns betrachteten Methoden, um die Speichersicherheit zu gewährleisten, erscheinen auf den ersten Blick sehr umfangreich und möglicherweise zu umständlich. Wie können wir Rust mit anderen Sprachen, die solche Konstrukte nicht besitzen, vergleichen?

In diesem Abschnitt vergleichen wir einige Aspekte von Rust mit Java und C. C haben wir ausgewählt, da Rust Ihnen ähnlich genaue Kontrolle über die Speicherorganisation erlaubt. Obwohl Rust auch für Anwendungsentwicklung verwendet werden kann, braucht die Sprache keinen Garbage Collector (GC). Deswegen vergleichen wir Rust auch mit Java, als Repräsentant aus der Klasse der Sprachen, die eine Runtime mit Garbage Collection verwenden und sich an Anwendungsentwickler richten. Wir hätten auch Sprachen wie C# oder Kotlin auswählen können.

Rust kann durch die Lifetimes exakt bestimmen, wann eine Ressource freigegeben werden kann. C hat dieses Feature nicht und verlangt von uns, die Freigabe selbst zu übernehmen: Weder dürfen wir Speicher zu früh freigeben, noch dürfen wir es vergessen oder gar doppelt tun.

In Java gibt es keine Ownership, und wir müssen Objekte auch nicht manuell freigeben. Wie ist also das Aufräumen von alten, nicht mehr verwendeten Objekten realisiert? Die JVM verwendet hierfür einen *Garbage Collector* (GC). Dessen Vorgehensweise ist nachfolgend stark vereinfacht beschrieben. Zum tatsächlichen GC und dessen Verhalten wurden Bücher verfasst, deren Länge die dieses Buches bei weitem übersteigt. Der GC wird bei gewissen Events, unter anderem periodisch, ausgeführt. Dabei werden nicht mehr erreichbare Objekte freigegeben, und durch Verschieben von noch benutzten Objekten wird einer Fragmentierung des Heaps vorgebeugt. Hierbei wird je nach Operation und Implementierung die Ausführung des Programms oder Teilen davon kurz pausiert.

Diese Pausen sind für manche Anwendungen nicht tolerierbar, da diese unerwartet auftreten können und eventuell zum Verpassen von Deadlines im System oder in der Interaktion mit anderen Systemen führen. Während die Pausen in Echtzeitsystemen inakzeptabel sind, so sind sie auch in anderen Anwendungen unerwünscht. In Verbindung mit dem erhöhten Aufwand für den GC bei sehr vielen kleinen Objekten haben hochperformante Anwendungen wie Apache Flink sich dazu entschlossen, Teile ihres Speichers im *Off-Heap* zu halten. Der Off-Heap ist ein Speicherbereich, der außerhalb der Kontrolle des GC liegt und bei dem wir wie bei C selbst für die korrekte Verwaltung verantwortlich sind.

Da Sprachen mit GC über einfachere Konzepte verfügen können als Rust, sind diese für uns oftmals müheloser zu erlernen. Das Gleiche gilt oftmals für Sprachen, die uns das Speichermanagement überlassen, da sie ebenfalls weniger Konzepte benötigen als Rust. Für uns bedeutet das aber nicht, dass es uns automatisch leichterfällt, korrekten Code zu schreiben. Während wir ein C-Programm mit vergleichsweise wenig Aufwand zum Übersetzen bringen, heißt das nicht, dass wir auch das Speichermanagement korrekt implementiert haben. Ob dem so ist, stellt sich oft erst später heraus, womöglich erst nach mehreren Jahren. Mysteriöse Abstürze oder Sicherheitslücken, die durch fehlerhaftes Speichermanagement ausgenutzt werden können und jahrelang unentdeckt bleiben, sind eine Folge.

Aber auch Sprachen mit GC haben Probleme, die von Rust zumindest teilweise gelöst werden. So kann Rust beispielsweise NullPointer-

Exceptions, wie sie in Java auftreten, komplett verhindern. Während Sprachen wir Kotlin ebenfalls Null-Sicherheit ermöglichen, so erstrecken sich die Sicherheitsgarantien von Rust auch bis zu Themen wie Race Conditions.

Leider kann Rust nicht alle Fehler verhindern – spätestens wenn fachliche Fehler im Code sind, können uns nur gute Tests oder ausgefeilte Prozesse wie ernsthafte Peer-Reviews helfen.

16 Nebenläufige und parallele Programmierung

Dieses Kapitel behandelt nebenläufige und parallele Programmierung mit Threads und `async/await` in Rust. Wenn Sie bereits eine moderne Sprache kennen, sollte das Konzept von Threads bekannt sein. Allerdings dürften Ihnen die in Rust vorkommenden Beschränkungen und damit erreichten Garantien neu sein.

Eine der Design-Grundlagen von Rust ist es, geteilten Zustand weitestgehend zu vermeiden. Deswegen wird im ersten Teil des Kapitels gezeigt, wie wir als Anwender von Rust mit mehreren Threads arbeiten können, ohne uns über geteilten Zustand Gedanken machen zu müssen. Weiter sehen wir, wie man durch die starken Sicherheitsgarantien von Rust auch mit geteiltem Zustand einfach zuverlässigen Code schreiben kann. Im zweiten Teil des Kapitels wird dann auf Nebenläufigkeit gesondert eingegangen.

16.1 Grundlagen

Ein Thread kann in Rust mit `std::thread::spawn` gestartet werden. Der Methode übergeben Sie eine Closure, die im Thread ausgeführt wird, und erhalten dafür ein `JoinHandle` zurück. Über das `JoinHandle` können Sie auf das Beenden des Threads mit `join()` warten. Von der Closure erhalten Sie außerdem das Ergebnis des Threads, sofern eins zurückgegeben wird. Im nächsten Beispiel wird ein Thread gestartet, der eine Berechnung ausführt und das Ergebnis zurückgibt:

```
let handle = thread::spawn(||{
    7+11
});
let result = handle.join().unwrap();
assert_eq!(result,18);
```

Listing 16–1
Unser erster Thread, der eine Berechnung durchführt

Hier ist die Verwendung von Threads nur für Demonstrationszwecke nützlich, da das Erstellen des Threads teurer ist als die Berechnung an sich. Im Beispiel wird kein Zustand zwischen Threads geteilt. Ist dies aber notwendig, so wird man sich mit einigen Hindernissen in Rust konfrontiert sehen. Warum sträubt sich Rust aber gegen die Verwendung von *shared memory*? Die Rust Community geht sogar so weit, in das Rust-Buch folgenden Satz zu schreiben:

Shared mutable state is the root of all evil.
(Veränderbarer, geteilter Speicher ist der Ursprung alles Bösen.)

Obwohl das etwas überspitzt formuliert ist, verbirgt sich dahinter doch eine ganze Kategorie an Fehlern. Um dies zu verdeutlichen und um die Notwendigkeit der später erläuterten Restriktion von Rust in dem Bereich zu verstehen, stellen wir die Problematik nachfolgend detailliert dar.

Fangen wir damit an, ein unproblematisches Programm in Rust zu schreiben. Obwohl das Programm kurz ist, veranschaulicht es aber bereits, weswegen wir uns hier überhaupt Gedanken machen müssen: Aus zwei Threads heraus soll 10-mal deren Thread-Nummer ausgegeben werden.

Bei der Ausführung dieses Codes werden Sie feststellen, dass nicht bei jeder Ausführung die Threads nacheinander ihre Nummer ausgeben:

Listing 16–2
Ausgabe der Thread-Nummer von mehreren Threads gleichzeitig

```
let mut handles = Vec::new();
for i in 0..4 {
    handles.push(thread::spawn(move || {
        for _ in 0..10{
            println!(" Thread {} hier!",i);
        }
    }));
}
handles.into_iter().for_each(|h|h.join().unwrap());
println!("Threads done");
```

Im Beispielcode übergeben wir wie im vorherigen Code eine Closure an einen Thread. Die Verwendung der `handles` stellt hier lediglich sicher, dass alle Threads beendet sind, bevor wir das Programm beenden. Die Verwendung des JoinHandle werden wir später im Detail betrachten.

Das von Ihnen bei der Ausführung möglicherweise beobachtete Phänomen nennt sich Verschachtelung (*interleaving*): die Ausführung von Anweisungen mehrerer Threads im Wechsel. In diesem Beispiel ist das Phänomen zwar gut zu beobachten, allerdings unproblematisch. Ganz im Gegensatz zum nächsten Beispiel: paralleles Zählen. Wir wollen mit 16 Threads gemeinsam eine Variable inkrementieren. Das mag auf den ersten Blick ein sehr synthetisches Beispiel sein, doch bildet es ein Problem ab, das bei unachtsamer, paralleler Programmierung schnell auftritt: verlorene Aktualisierungen (*lost updates*).

Das nachfolgende Beispiel in Java zeigt das Problem bei parallelem Zählen. Falls Sie sich fragen, warum wir nicht bei Rust bleiben: In Rust würde ein solches Programm nicht kompilieren.

```
class Counter{
    int count;
    public void increment(){
        this.count+=1;
    }
}

for(int i = 0; i<16 ; i++){
    Thread t = new Thread(new CountRunnable(counter));
    threads.add(t);
    t.start();
}

class CountRunnable implements Runnable {
    Counter counter;
    @Override
    public void run() {
        for(int i = 0; i<512 ; i++){
            counter.increment();
        }
    }
}
```

Listing 16–3
Java-Code zum unsynchronisierten Inkrementieren einer Variablen mit mehreren Threads

Bei 16 Threads und je 512 Inkrementierungen müsste nach der Beendigung aller Threads der Counter einen Wert von 8192 haben. Allerdings gibt das Programm je nach Ausführung verschiedene Werte aus. Bei mir war es 7902, bei Ihnen werden vermutlich andere Werte ausgegeben werden. Das liegt daran, dass die Threads auf demselben Stück Speicher arbeiten und die Leseoperation eines Threads A vor der Schreiboperation eines anderen Threads B ausgeführt wird und erst danach die Schreiboperation von Thread A. Dadurch geht die von B durchgeführte Änderung verloren. Dieses Problem können wir auf viele Weisen lösen, beispielsweise indem wir zum bloßen Zählen (in Rust und in Java) eine atomare Variable verwenden.

Um die oben beschriebenen Probleme komplett zu umgehen, sieht Rust aber einen anderen Ansatz vor: Wir sollten wann immer möglich vollständig auf zwischen Threads geteilten Zustand verzichten. Im nächsten Unterkapitel werden wir diesen Ansatz beleuchten und dessen Vor- und Nachteile abwägen. Die hierfür verwendeten *Channel* nutzen intern selbstverständlich auch eine Art von geteiltem Speicher. Glücklicherweise sorgt Rust hier dafür, dass bei der Verwendung die meisten Fehler ausgeschlossen sind.

16.2 Channels

Ein Channel ist ein unidirektionaler Kanal zwischen zwei Threads. Über diesen Kanal können Nachrichten gesendet werden. Channels können eine feste Kapazität haben, sodass maximal eine gewisse Menge an Nachrichten zu jeder Zeit zwischengespeichert ist.

Die grundlegende Verwendung von Channels ist hier dargestellt:

Listing 16–4
Exemplarische Verwendung von Channels

```
let (task_tx, task_rx) = std::sync::mpsc::channel();
let handle = thread::spawn(move || {
    println!("Thread läuft");
    let input:String = task_rx.recv().expect("Receive failed");
    println!("Input: {}",input.to_uppercase());
});
thread::sleep(time::Duration::from_millis(10));
println!("Erzeuge Eingabe");
let work = String::from("Miezekatze");
task_tx.send(work).expect("Could not submit work");
handle.join();
```

Ein Channel besteht aus zwei Arten von Endpunkten, Receiver (`task_rx`) und Sender (`task_tx`). Es kann immer nur einen Receiver geben, Sender hingegen beliebig viele. Daher stammt auch der Name des Moduls: `mpsc` (Multiple Producer Single Consumer). Der Receiver wird in den gestarteten Thread bewegt (`move`), welcher die Ownership übernimmt. Danach können wir mit `recv()` auf ankommende Nachrichten warten. Diese Methode blockiert, bis neue Nachrichten verfügbar sind. Es gibt andere Methoden, die nicht blockieren, hierfür möchten wir Sie auf die Dokumentation der Standardbibliothek verweisen. Im obigen Beispiel wird künstlich mit `sleep()` gewartet, um zu sicherzustellen, dass der Thread bereits läuft, wenn dann zum Senden einer Nachricht `send()` aufgerufen wird.

Da das Erstellen eines Threads recht teuer ist, bietet es sich an, Threads länger zu verwenden. Wollen wir mehrere Berechnungen auf einem eigenen Thread durchführen, so können wir diesem die »Aufgaben« schicken und auf das Ergebnis an anderer Stelle warten. Dieses Vorgehen bietet sich nicht nur an, wenn man versucht, Berechnungen parallel ablaufen zu lassen: Auch nebenläufige Programme, beispielsweise bestehend aus einer Benutzeroberfläche und einem Hintergrund-Thread lassen sich mit Channels realisieren. Für die Benutzeroberfläche ist es besonders wichtig, dass sie weiter dem Benutzer antwortet, während im Hintergrund berechnet wird.

Im nachfolgenden Beispiel wird ein solcher Hintergrund-Thread mit Aufgaben über einen Channel versorgt (`task_tx`) und gibt über einen anderen (`result_tx`) das Ergebnis zurück.

```
let (task_tx, task_rx) = std::sync::mpsc::channel();
let (result_tx, result_rx) = std::sync::mpsc::channel();

thread::spawn(move || task_rx.into_iter().for_each(|mut input
:String|{
    let upper: String = input.to_uppercase();
    std::mem::replace(&mut input,upper);
    result_tx.send(input).unwrap();
}));
let work = String::from("Miezekatze");
task_tx.send(work).expect("Could not submit work");
let result = result_rx.recv().expect("Could not receive result");
println!("Result {}",result);
```

Listing 16–5
Kommunikation mit einem zweiten Thread über Channels

Diese Lösung bietet sich insbesondere dann an, wenn wir die Threads weiterverwenden wollen, nachdem eine Berechnung durchgeführt wurde.

Die hier vorgestellten Channel nehmen die Ownership der über sie gesendeten Variablen an sich. Dadurch können keine Referenzen auf diese Variablen bestehen und somit kann nur von einem Thread gleichzeitig auf den zugrunde liegenden Speicher zugegriffen werden. Somit sollte klar sein, dass gleichzeitige Veränderungen (*concurrent modifications*) bei Variablen, die über einen Channel gesendet wurden, nicht auftreten können.

Wie man Zustand zwischen Threads teilt, den man nicht über Channel schicken möchte, wird anschließend erklärt.

16.3 Shared State

In diesem Abschnitt wird darauf eingegangen, wie Shared State von Rust gehandhabt wird und welche Mittel Ihnen an die Hand gegeben werden, um sicheren Code zu schreiben. Durch die vergleichsweise hohe Komplexität der nachfolgenden Konzepte sind Channels der hier vorgestellten Lösungen im Regelfall vorzuziehen.

16.3.1 Arc

Um von mehreren Threads auf eine Variable referenzieren zu können, kann der von Rust zur Verfügung gestellte Datentyp `Arc` verwendet werden. Hierbei steht »Arc« für *Atomically Reference Counted*, also atomare Referenzzählung. Dieser ist die threadsichere Variante des `Rc` und bietet eine ähnliche API an. Durch Klonen des `Arc` kann die Kopie über Thread-Grenzen hinweg verschoben werden. Dabei zeigt der Arc selbstverständlich noch auf die gleichen Daten. `Arc` ermöglicht wie `Rc` generell nur lesenden Zugriff auf die dahinterliegende Ressource.

Die Verwendung von Arc ohne Veränderbarkeit bietet sich bei der Parallelisierung von Berechnungen an, bei denen auf statischen Eingabedaten gerechnet wird. Wie Arc dafür verwendet wird, ist hier gezeigt:

Listing 16–6
Exemplarische Verwendung von Arc auf zu lesenden Daten

```
let vec = vec![0u32; 4096];
let data = Arc::new(vec);
let mut handles = Vec::new();

for i in 0..16 {
    let my_data = data.clone();
    handles.push(thread::spawn(move || {
      // simulate processing
        println!("[{:2}]: {}", i, my_data[i]);
    }));
}
handles.into_iter().for_each(|h| h.join().unwrap())
```

Hierbei wird der Arc data für jeden Thread geklont und diesem übergeben. Über die eigene my_data-Kopie kann der Thread nun beliebige Werte aus dem dahinterstehenden Vektor lesen und daraus ein Ergebnis berechnen. Stellvertretend für die Berechnung wird im obigen Code ein Element des Vektors ausgegeben.

Hintergrund

Könnte man in diesem Beispiel nicht einfach eine Referenz verwenden? Während wir uns bewusst sind, dass die Lebensdauer des Threads nach dem Aufruf von join() sicher zu Ende ist, so ist das doch recht schwer dem Compiler beizubringen. Prinzipiell können Threads nämlich länger laufen als ihre erstellende Funktion, und deswegen fordert Rust hier prinzipiell 'static Lifetimes für Referenzen. Wenn Sie eine solche Referenz durch eine Konstante erzeugen, so kann diese auch an andere Threads vergeben werden:

```
const target : u32 = 7;
let rf = &target;
thread::spawn( move || println!("rf:{}",rf) );
```

Mit viel Aufwand ist es möglich, diese Limitierung zu umgehen; hierzu kann beispielsweise Scope aus dem Crate crossbeam verwendet werden.

16.3.1.1 Arc für parallelen lesenden Zugriff

Wollen wir in einem Thread ein Ergebnis berechnen, können wir das auf mehrere Weisen tun, von denen hier im Buch zwei vorgestellt werden, die keinen Mutex benötigen: Wir können ein Result aus der gespawnten Funktion oder Closure am Ende des Threads zurückgeben oder das Ergebnis über einen Channel schicken. Wie die Umsetzung mit Channels aussieht, haben wir bereits zu Beginn des Kapitels beschrieben. Das Zurücksenden des Ergebnisses am Ende des Threads können Sie wie folgt bewerkstelligen: Die Closure gibt einen Wert am Ende des Threads zurück und dieser kann dann an dem beim Erstellen des Threads erhaltenen `JoinHandle` abgegriffen werden. Das nachfolgende Beispiel illustriert anhand des Aufsummierens von Slices eines gemeinsamen Vektors, wie mit dieser Methode sehr einfach parallele Berechnungen ausgeführt werden können:

Listing 16–7
Teilen eines Arc zwischen mehreren Threads und Rückgabe über das JoinHandle

```
let data = … // generate Arc<Vec<u32>>
let mut handles = Vec::new();

// spawn 16 threads to calculate the sum of each section in parallel
for i in 0..16 {
    let my_data = data.clone();
    handles.push(thread::spawn(move || {
        let sum =
            my_data[i*10..(i+1)*10]
                .iter()
                .sum::<u32>();
        sum
    }));
}
let total = handles
    .into_iter()
    .filter_map(|h|h.join().ok())
    .sum::<u32>();
println!("Result is {}",total);
```

Da keine der `my_data`-Instanzen die dahinterliegenden Daten verändern kann, muss der Compiler sich nicht um etwaige Synchronisation kümmern und kann sich sicher sein, dass keine illegalen Zugriffe stattfinden. Im obigen Beispiel werden die einzelnen Slices in den Threads transparent durch den Arc hindurch erzeugt, wodurch diese direkt im Iterator aufsummiert werden können. Nachdem alle Threads ihre Ergebnisse zurückgegeben haben, muss schlussendlich nur noch die Summe aus den Zwischenergebnissen gebildet werden.

16.3.1.2 Zwischenübung: Threads und Iteratoren

Bei der Verwendung von Threads und Iteratoren gibt es ein paar Details zu beachten. Wir haben das obige Beispiel nun mit Iteratoren nachgebaut. Bevor Sie weiterlesen, betrachten Sie den Code und überlegen Sie sich, was für ein Verhalten Sie erwarten.

Listing 16–8
Beispiel für möglicherweise unerwartete Semantik bei der Verwendung von Threads und Iteratoren

```
let data = Arc::new(vec![vec![0,1,2,3,4,5,6,7,8,9];16]
    .into_iter().flatten().collect::<Vec<u32>>());
let total = (0..16)
    .map(|i|(i,data.clone()))
    .map(|(i,data)| thread::spawn(move || {
        thread::sleep(Duration::from_secs(1));
        data[i*10..(i+1)*10].iter().sum::<u32>()
    }))
    .filter_map(|h|h.join().ok()).sum::<u32>();
```

Kurz zusammengefasst: Die erste Kette von Anweisungen erstellt einen Vektor aus 16 Wiederholungen der Zahlenfolge 0 bis 9. Die zweite Kette von Anweisungen erstellt auf einer Zahlenfolge von 0 bis 16 erst einen Klon von `data`, welcher mit der Zahl selbst als Tupel weitergegeben wird. Dann wird für jedes Tupel ein Thread gestartet, der die Berechnung des vorherigen Beispiels ausführt und eine Sekunde wartet. Zum Schluss wird gewartet, bis alle Threads fertig sind, dann wird deren Rückgabewert aufsummiert. Wie lange wird das Programm für die Ausführung brauchen? Bei 16 Threads, die parallel je eine Sekunde warten, sollte das Programm in einer Sekunde beendet sein. Wenn Sie das Programm aber ausführen, werden Sie feststellen, dass die Ausführung 16 Sekunden dauert.

Das zeigt einen Vorteil der Iteratoren in Rust, der uns hier zum Problem wird: Iteratoren sind *lazy*. Das heißt, dass bevor der zweite Thread gestartet wird, auf das Ergebnis des ersten gewartet wird. Das ist auch gut so, sonst könnte man keine Iteratoren auf unendlichen Intervallen, beispielsweise `(0..)`, ausführen. Wie können wir das Problem also lösen? Überlegen Sie sich gerne eine Lösung und testen Sie diese, bevor Sie weiterlesen. Eine Möglichkeit wäre es, die `JoinHandles` der Threads als Zwischenergebnisse zu aggregieren und dann darauf weiter den Strom auszuführen. Damit sähe der Programmcode wie folgt aus:

Listing 16–9
Eine mögliche Lösung für das beobachtete Problem

```
let total = (0..16)
    .map(|i|(i,data.clone()))
    .map(|(i,data)| thread::spawn(move || {
        thread::sleep(Duration::from_secs(1));
        data[i*10..(i+1)*10].iter().sum::<u32>()
    })).collect::<H>().into_iter()
    .filter_map(|h|h.join().ok()).sum::<u32>();
```

Eine andere Alternative ist das später vorgestellte Crate *rayon*, das parallele Iteratoren mit sich bringt.

16.3.1.3 Arc für das Teilen von atomaren Variablen

Eine weitere Anwendungsmöglichkeit für Arc ist das Teilen von atomaren Variablen mit mehreren Threads. Typen wie AtomicU64 erlauben Modifikation durch interne Veränderlichkeit über Threads hinweg. Die atomaren Typen können direkt transparent durch den Arc hindurch verwendet werden, wie das nächste Beispiel zeigt:

Listing 16–10
Die Verwendung eines atomaren Datentyps für das parallele Zählen

```
let ctr = AtomicU64::new(0);
let data = Arc::new(ctr);

let mut handles = Vec::new();

for i in 0..16 {
    let data = data.clone();
    handles.push(thread::spawn(move || {
        data.fetch_add(1, Ordering::SeqCst);
    }));
}
handles.into_iter().for_each(|h|h.join().unwrap());
println!("Result is {}",data.load(Ordering::SeqCst));
```

Das Verhalten von atomaren Typen könnte Ihnen aus anderen Sprachen wie Java bekannt sein. Diese erlauben ohne weitere Synchronisation Modifikationen aus mehreren Threads. Neu hingegen dürfte aber Ordering sein. Die Varianten von Ordering legen fest, welche Garantien erhalten sein sollen, wenn der Compiler oder der Prozessor die Anweisungen neu ordnet. Die Optionen und deren Bedeutung sind in der Dokumentation des Ordering-Typs in der Standardbibliothek ausführlich beschrieben. Hier kann man durch das Eingehen von Kompromissen bezüglich der erhaltenen Eigenschaften Verbesserungen der Laufzeiteigenschaften erzielen.

Wenn die atomaren Typen interne Veränderlichkeit mit mehreren Threads nutzen können, können wir das dann auch einfach mit Cell und RefCell erreichen? Versuchen wir dies beim obigen Code durch Ersetzen des AtomicU64 und der Zugriffsmethoden:

```
let ctr = RefCell::new(0);
...
*data.borrow_mut() += 1;
```

Hier bemängelt der Compiler Folgendes:

```
std::cell::RefCell<i32>` cannot be shared between threads safely
F: Send + 'static,
   ---- required by this bound in `std::thread::spawn`
the trait `std::marker::Sync` is not implemented for
`std::cell::RefCell<i32>`
```

Diese Fehlermeldung beschreibt eindeutig, welche Traits wir als Nächstes behandeln müssen: Send und Sync.

16.3.2 Send und Sync

Rust kennt zum Sicherstellen der Thread-Sicherheit zwei Semantiken, die in je einem gleichnamigen Trait abgebildet sind, *Send* und *Sync*. Ein Typ `T` ist `Send`, wenn er zwischen Threads transferiert werden kann. Ein Typ `T` ist `Sync` genau dann, wenn `&T Send` ist. Das heißt, es ist sicher, Referenzen zu `T` über Threads hinweg zu bewegen. Die primitiven Typen (`i32`, Arrays, ...) sind `Sync`. Konstrukte wie Enums, Structs, Box und Vec sind ebenfalls `Sync`, sofern ihre Komponenten `Sync` sind.

Das heißt, man kann Typen, die mit `Send` markiert sind und somit die Send-Semantik vorweisen, problemlos in neue Threads verschieben. Im nachfolgenden Beispiel zeigen wir das exemplarisch:

Listing 16–11
Die Variablen number und bx werden in je einen Thread bewegt.

```
let number = 4;
thread::spawn(move || println!("number:{}",number));
let bx = Box::new(7);
thread::spawn(move || println!("bx:{}",bx));
```

Das gilt auch für Referenzen zu solchen Typen. Allerdings ist hier auf die Lifetime zu achten: Wird eine Referenz in einen Thread verschoben, so muss die Lifetime `'static` sein. Dies ist dadurch begründet, dass der gestartete Thread länger leben kann als der aktuelle Gültigkeitsbereich.

`RefCell` ist nicht `Sync` und nicht `Send`, da `RefCell` interne Mutabilität zulässt, ohne dies in einem threadsicheren Rahmen zu tun. Somit können wir keine `RefCell` über Thread-Grenzen hinweg bewegen. Es ist wichtig, dies auch für eigene spezialisierte Implementierungen sicherzustellen, die interne Mutabilität zulassen und dabei nicht auf Mutex zurückgreifen: Diese müssen `UnsafeCell` für die veränderbare Variable benutzen, andernfalls ist das Verhalten nicht definiert. Da `UnsafeCell` »`!Sync`« implementiert, ist jedes Struct, das `UnsafeCell` verwendet, auch automatisch nicht `Sync`.

Daraus folgern wir: Um komplexere Variablen aus mehreren Threads heraus zu **verändern**, müssen wir einen anderen Ansatz verwenden. Erreicht wird das durch den Typ `Mutex`. Diesen behandeln wir im nächsten Abschnitt.

16.3.3 Mutex

Mutex steht für *Mutual Exclusion*, also gegenseitigen Ausschluss. Wie der Name vermuten lässt, sorgt der Typ Mutex dafür, dass immer nur ein Thread auf eine Ressource zugreift. Alle anderen Threads werden währenddessen ausgeschlossen. Mutex ermöglicht somit, dass zu jeder Zeit nur eine verwendbare Referenz existiert. Das steht im Einklang mit dem bereits bekannten Ownership-System.

Bei der Verwendung eines Mutex bekommen wir durch das Sperren (*lock*) des Mutex ein `MutexGuard` zurück. Über diesen (und nur diesen) können wir auf die geschützte Ressource zugreifen. Dies funktioniert so lange, wie der `MutexGuard` im Gültigkeitsbereich ist. Sobald der `MutexGuard` den Gültigkeitsbereich verlässt, wird das Mutex automatisch wieder freigegeben.

Für das Locking stellt Mutex zwei wichtige Funktionen bereit: `lock()` und `try_lock()`. Bei `lock` blockiert der Thread, bis entweder das Mutex gesperrt wird oder ein Fehler auftritt. Die Funktion `try_lock` hingegen wird nicht blockieren und gibt anstelle dessen einen Error-Typ zurück.

Im nachfolgenden Beispiel wird von 16 Threads aus dieselbe Variable jeweils um eins erhöht. Hierbei konkurrieren die Threads stark um den Mutex, es wird jedoch sichergestellt, dass kein Update verloren geht.

Listing 16–12
Beispielhafte Verwendung eines Mutex zum Teilen von schreibbarem Zustand zwischen Threads

```
let data = Arc::new(Mutex::new(8));
let mut handles = Vec::new();

for i in 0..16 {
    let data = data.clone();
    handles.push(thread::spawn(move || {
        *data.lock().expect("poisoned")+=1;
    }));
}
handles.into_iter().for_each(|h|h.join().unwrap());
let result = {
    data.lock().unwrap().clone()
};
println!("Result: {}",result);
assert_eq!(result,8+16)
```

Hier blockieren wir den aktuellen Thread mit dem Aufruf von `lock()` so lange, bis dieser an der Reihe ist und mit einem `MutexGuard` Zugriff auf die geschützte Ressource erhält. Dann kann der enthaltene Wert durch Dereferenzierung inkrementiert werden. Beachten Sie, dass im obigen Beispiel der Mutex nirgendwo explizit wieder freigegeben wird. Weswegen der Aufruf von `lock()` fehlschlagen kann, erfahren Sie im übernächsten Kapitel.

In Rust ist der Mutex (neben dem `RwLock`) die einzige Möglichkeit, mit der Standardbibliothek Zustand sicher zwischen Threads zu teilen. Da jede durch einen Mutex geschützte Ressource nur durch diesen erreichbar ist (`Mutex::new(…)` übernimmt die Ownership), kann nicht vergessen werden, ein Lock vor dem Zugriff auf die Ressource zu verlangen. Da der Mutex automatisch wieder freigegeben wird, sobald der `MutexGuard` den Gültigkeitsbereich verlässt, ist sichergestellt, dass man als Entwickler das nicht vergisst. Somit ist ein höherer Grad an Sicherheit gegeben als bei Implementierungen anderer Sprachen, die manuelles Freigeben erwarten.

Da ein Mutex erst wieder freigegeben wird, wenn der `MutexGuard` den Gültigkeitsbereich verlässt, ist es wichtig, dessen Lifetime möglichst kurz zu halten. Speichert man den `MutexGuard` irgendwo ab, riskiert man, dass andere Threads nie auf die Ressource zugreifen können. Um den Guard explizit zu zerstören, kann `drop()` verwendet werden.

Obwohl ein Mutex viele Probleme von Locks in anderen Sprachen löst, vermag er es dennoch nicht, Deadlocks zu verhindern. Sie können als Übung ein solches Programm schreiben, indem Sie aus zwei Threads heraus auf zwei Mutex-Instanzen warten, aber noch während der erste `MutexGuard` Gültigkeit besitzt, auf dem zweiten Mutex `lock()` aufrufen.

16.3.4 RwLock

Wollen wir mehreren Lesern Zugriff auf eine Variable geben, die aber auch (zu anderen Zeitpunkten) modifiziert werden soll, so können wir ein `RwLock` verwenden. Ein `RwLock` erlaubt mehreren Lesern gleichzeitigen Zugriff auf die Ressource. Es ist aber zu jedem Zeitpunkt nur ein Schreiber erlaubt, während keine Leser Zugriff haben. Dadurch kann ein feineres Locking erreicht werden als bei einem Mutex, was in manchen Fällen bessere Laufzeiteigenschaften ermöglicht.

16.3.4.1 Poison

Die Funktionen `lock` und `try_lock` können fehlschlagen, in dem Fall wird als Result ein `PoisonError` zurückgegeben. Dieser tritt auf, wenn ein Thread, der gerade das Lock hält, eine Panic auslöst. Ist ein Mutex erst einmal vergiftet, so werden alle zukünftigen Aufrufe auf `lock()` und `try_lock()` mit demselben Fehler fehlschlagen. Hier ist dann der Mutex als verloren zu betrachten, und wir können diesen nicht weiter verwenden. Da ein Panic aber sowieso das (hoffentlich kontrollierte) Beenden des Programms nach sich ziehen sollte, stellt das Verhalten normale Fehlerbehandlung dar. Auf die im Mutex enthaltenen Daten können Sie im Fehlerfall über die Methode `into_inner()` des `PoisonError` zur Fehlerbehandlung zugreifen.

16.3.4.2 Das Crate lazy_static

Wie bereits in Abschnitt 3.2 erwähnt, können Sie statische Variablen in Rust nur durch Funktionen initialisieren, wenn diese »*constant*« sind. Aufbauend auf dem Beispiel aus Abschnitt 3.2, in dem wir versucht haben, einen Vektor als statische Variable zu erzeugen, versuchen wir das nun mit dem in diesem Kapitel erlernten Wissen über Nebenläufigkeit. Leider ist das folgende Beispiel immer noch nicht von Rust erlaubt.

```
static NICE_VEC: Arc<Mutex<Vec<u32>>>
    = Arc::new(Mutex::new(Vec::new()));
```

Das Crate `lazy_static` schafft hier Abhilfe: Das Crate erlaubt, Instanzen der Gültigkeit `static` mit Funktionen zu generieren. Nachfolgend ein Beispiel, das das Gleiche versucht wie im vorherigen Beispiel: einen global veränderbaren Vektor zu erzeugen, allerdings mit dem Vorteil, dass es funktioniert.

```
lazy_static! {
    static ref NICE_VEC: Mutex<Vec<u32>>
        = Mutex::new(Vec::new());
}
```

Auffallend hier ist, dass der Mutex nicht noch einmal in einen Arc eingepackt wird. Dies hat den Grund, dass `lazy_static` das automatisch für alle dadurch erzeugten `statics` macht. Ist man sich dessen allerdings nicht bewusst, kann das sehr starke Performanceeinbußen nach sich ziehen. Das ist dadurch bedingt, dass Arc synchronisiert und somit vergleichsweise teuer ist.

16.4 Einfache Parallelisierung mit Rayon

Vielleicht erinnern Sie sich an das Beispiel, bei dem wir versucht haben, einen mit einem `Arc` geteilten Vektor parallel aufzusummieren. Dabei haben wir in einem Iterator eine Reihe an Threads gestartet, die unabhängig voneinander Teilsummen berechnen. Bei der Verwendung von Iteratoren sind wir dabei auf Probleme gestoßen.

Glücklicherweise müssen wir das nicht von Hand machen und können auf ein Crate zurückgreifen, das dieses und viele andere Probleme löst: *Rayon*. Das obige Beispiel kann mit Rayon zu folgendem Code zusammengefasst werden:

```
let total = (0..16)
    .into_par_iter()
    .map(|i| data[i*10..(i+1)*10].iter().sum::<u32>())
    .sum::<u32>();
```

Listing 16–13
Paralleles Summieren mit Rayons parallelen Iteratoren

Gerne können Sie wieder den `sleep`-Befehl einbauen, um sich von der parallelen Ausführung zu überzeugen. Hier wird mit `par_iter` ein paralleler Iterator aufgebaut, der auf einem von Rayon kontrollierten Thread-Pool ausgeführt wird. Je nach Anwendungsfall können Sie mit Rayon enorme Verbesserungen in der Geschwindigkeit Ihrer Anwendung erzielen.

Da Performanceeigenschaften schwer im Text zu vermitteln sind, möchten wir mit dem nachfolgenden Screenshot das Potenzial verdeutlichen: Der obere Teil zeigt die CPU-Auslastung pro CPU-Kern unseres Beispielsystems, wenn eine Workload als normaler Iterator ausgeführt wird. Sie erkennen, dass ein CPU-Kern, hier Nummer 10, die komplette Arbeit verrichten muss und die anderen Kerne ungenutzt sind. Im unteren Teil wurde durch Rayon lediglich `.iter()` zu `.par_iter()` geändert, wodurch alle Kerne im System genutzt werden konnten. In diesem speziellen Fall wurde die Anwendung dadurch ca. 40-mal schneller.

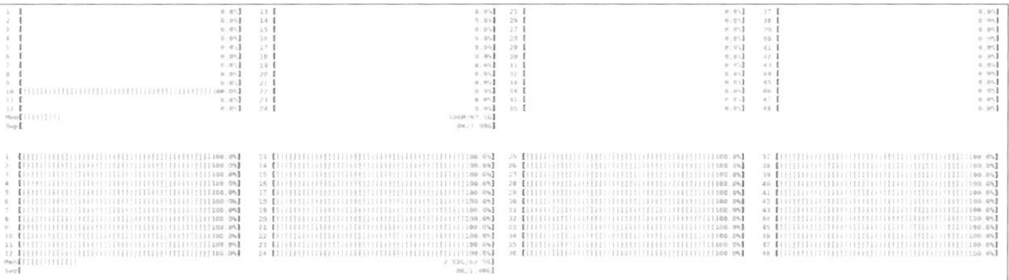

Abb. 16–1
Oben: Auslastung eines einzelnen CPU-Kerns; Unten: Auslastung aller CPU-Kerne

Leider ist Parallelisierung nicht die Lösung für alle Probleme. Wenn sich Ihr Problem schlecht parallelisieren lässt, macht der Mehraufwand der Synchronisation möglicherweise die Vorteile der parallelen Ausführung zunichte, und Ihr Programm läuft langsamer, als wenn nur ein Thread verwendet werden würde.

16.5 Sicherheit trotz Parallelität

Die Speichersicherheit von Rust ist auch bei mehreren Threads gegeben. Das können Sie sich wie folgt herleiten: Jede Ressource hat exakt einen Besitzer (*owner*). Wird eine Variable an einen anderen Thread übergeben (beispielsweise über einen Channel oder ein `move` beim Erstellen des Threads), so ist der neue Thread der neue Owner. `Rc`, ein Smart Pointer welcher im Kontext eines einzelnen Threads mehrere Besitzer erlaubt, kann nicht über Thread-Grenzen bewegt werden, da er keine Send-Semantik aufweist. Das threadsichere Pendant `Arc` ermöglicht lesenden Zugriff auf eine Ressource von mehreren Threads, indem intern atomare Variablen zum Zählen der ausgegebenen Referenzen verwendet werden. Sobald deren Anzahl 0 ist (und nur dann), wird die Ressource freigegeben. Da durch einen `Arc` nur gelesen werden darf, kann Aliasing betrieben werden. Es wird aber verhindert, dass schreibbare Referenzen existieren. Wollen wir interne Veränderbarkeit erreichen, so ist dies durch einen Mutex oder ein RwLock zu realisieren. Diese stellen zur Laufzeit sicher, dass jeweils nur ein Thread eine schreibbare Referenz zu jedem Zeitpunkt besitzen kann.

Nehmen wir also an, dass die oben genannten Konstrukte korrekt implementiert sind, dann steht für jede Ressource die exakte Lebensdauer entweder zur Übersetzungszeit oder zur Laufzeit fest. Lesende und schreibende Zugriffe schließen sich entweder per Ownership zur Übersetzungszeit oder per Mutex zur Laufzeit aus.

16.6 Async/Await

Insbesondere in Kapitel 18, bei der Implementierung eines Webservice, werden wir mit `async` und `await` in Verbindung kommen. Diese beiden Schlüsselwörter erlauben eine andere Art der nebenläufigen Programmierung als die bisher beschriebene Verwendung von Threads. Da Async/Await sehr umfangreich ist, werden wir hier einige Aspekte auslassen müssen. Wenn Sie mehr darüber wissen möchten, möchten wir Sie auf das »async book« verweisen.

Sie müssen, um Kapitel 18 bearbeiten zu können, die Konzepte von Async/Await nicht notwendigerweise verstehen, doch wird es Ihnen leichterfallen, die Vorzüge von Rust in dem Gebiet umfassend zu begreifen. Nachfolgend werden kurz die benötigten Konzepte vorgestellt, um den Code im Kapitel 18, und dessen Vorzüge zu verstehen. Durch die erhöhte Komplexität des Themas ist leider mehr Lektüre als dieses Buch erforderlich, um schnellen und korrekten asynchronen Code mit Async/Await zu schreiben.

Um die Vor- und Nachteile der beiden Ansätze zu verstehen, müssen wir noch kurz zwei Begrifflichkeiten unterscheiden: Nebenläufigkeit und Parallelität.

Das Konzept der Nebenläufigkeit in der Informatik beschäftigt sich mit der Frage, ob zwei Programmteile vollständig voneinander entkoppelt laufen können, es also egal ist, in welcher Reihenfolge die Ausführung der Instruktionen stattfindet. Volle Nebenläufigkeit bedeutet hierbei, keinen geteilten Zustand zwischen den Programmteilen zu haben. Oftmals werden allerdings Teile des Zustandes zwischen den Programmstellen geteilt. Wenn die Programmteile zum gleichen Zeitpunkt von mehreren Verarbeitungseinheiten (meist Threads) abgearbeitet werden, sprechen wir von Parallelität.

Haben wir also eine einzige physische CPU, auf der mehrere Threads laufen, dann haben wir Nebenläufigkeit. Wenn wir mehrere CPUs haben, die unsere Programmteile ausführen, haben wir unter Umständen zusätzlich Parallelität. Das Konzept der Nebenläufigkeit ist also das allgemeinere, das die Parallelität umfasst. Nebenläufigkeit stellt geringere Anforderungen an das unterliegende System, aber auch an die Stärke der Entkoppelung. Wenn wir beispielsweise zwischen zwei parallelen Programmteilen veränderbaren Zustand teilen, dann müssen wir bei jedem Zugriff die aktuelle Version aus dem gemeinsamen Speicher holen (und das in einem atomaren Zugriff). Wenn wir Nebenläufigkeit ohne Parallelität haben, dann reicht es, wenn wir zu einem Kontextwechsel alle geteilten Werte zurück in den Speicher schreiben. Da wir aus Compiler-Sicht nicht wissen, wie die Zielarchitektur aussieht, müssen wir generell von den stärkeren Einschränkungen der Parallelität ausgehen.

Hier setzt Rust mit Async/Await an: Während bei mehreren Threads das Scheduling dem Betriebssystem überlassen wird, das keine Interna des ausgeführten Codes kennt, so erlaubt Async/Await die explizite Verwendung von Nebenläufigkeit auf Anwendungsebene.

Wenn beispielsweise eine Anwendung auf andere Komponenten im Systeme warten muss, wie das Schreiben auf die Festplatte oder die Verfügbarkeit neuer Daten in einer TCP-Verbindung, so kann man Nebenläufigkeit auf Anwendungsebene verwenden. Die I/O-Operationen beanspruchen keine CPU-Leistung, insbesondere wenn wir darauf warten, dass die Gegenseite Daten sendet. Sie können also die Ausführung der Anwendung an der Stelle so lange pausieren, bis Daten vorliegen. In Rust wird dies mit `async`/`await` und der Unterstützung der entsprechenden Bibliotheken gemacht.

Während Rust inzwischen Async/Await in der Sprache selbst verankert hat, werden wir die Verwendung davon am Beispiel von Tokio behandeln. Tokio ist eine asynchrone Runtime. Rust hat sich entschlossen, keine Runtime direkt in die Standardbibliothek aufzunehmen, um diese leichtgewichtig und flexibel zu halten. Deswegen müssen Sie `tokio` als externes Crate einbinden.

Hintergrund

Rust selbst definiert Async/Await mit dem `Future` Trait. Sie können sich ein Future-Objekt als einen Wert vorstellen, der jetzt möglicherweise noch nicht fertig berechnet ist. Da wir direkt Tokio benutzen, können wir *Task* als Abstraktion einsetzen. Tokio selbst verwendet intern auch `Future`, versucht dies aber bei normaler Verwendung vor Ihnen bestmöglich zu verstecken, um weniger komplexen Code zu ermöglichen.

Tokio organisiert asynchrone Codeeinheiten als *Tasks*. Tasks kann man sich in erster Näherung als leichtgewichtige Threads vorstellen. Sollten Ihnen Tasks aus Erlang oder Coroutinen aus Kotlin ein Begriff sein, so können Sie diese Konzepte vergleichen.

Tasks werden auf einer *Runtime* ausgeführt, die in unserem Falle Tokio bereitstellt. Das nächste Beispiel zeigt, wie man aus einer `async`-Funktion neue Tasks mit `spawn()` starten kann. Dabei gibt es aber einige Probleme.

Listing 16–14
Starten eines Tasks mit Problemen

```
async fn basics_task_needs_polling(){
    println!("A");
    task::spawn(async {println!("B");}); // never appears
    thread::sleep(time::Duration::from_secs(1));
    println!("C");
}
```

Wenn Sie das Programm ausführen, werden Sie feststellen, dass nur »A« und »C« auf der Konsole erscheinen. Das hat den Grund, dass in Rust asynchroner Code nur Fortschritt machen kann, wenn der Task explizit danach »gefragt« wird (Poll). Ohne die komplexen Konzepte des Traits `Future` aufzugreifen, können Sie sich das als explizites Interesse am Ergebnis des Tasks vorstellen. Hierfür kann das Keyword `await` verwendet werden. Alle anderen Möglichkeiten, den Fortschritt eines Tasks voranzutreiben, beispielsweise asynchrone Streams, werden wir hier nicht behandeln. Die Verwendung von `await` wird nachfolgend gezeigt. Eine genauere Erklärung, was bei `await` passiert, schauen wir uns später in diesem Kapitel an.

Listing 16–15
Spawnen des Tasks und Vorantreiben der Ausführung mit await

```
async fn basics_task_is_polled(){
        println!("A");
        let t = task::spawn(async {println!("B");});
        thread::sleep(time::Duration::from_secs(1));
        let _ = t.await;
        println!("C");
    }
```

Im obigen Beispiel wurde die Funktion mit `async` markiert. Ebenso wurde unser als Task auszuführender Codeblock damit markiert. Dies hat den Grund, dass nur asynchroner Code auf einer Runtime gestartet werden kann. Dies soll aber nicht heißen, dass Sie aus asynchronen Funktionen heraus nur wieder andere asynchrone Funktionen aufrufen können: Sie können jede beliebige Funktion aufrufen, allerdings sind diese Aufrufe wiederum blockierend. Im Gegensatz zum ersten Beispiel wurde hier `await` aufgerufen. Damit passieren zwei Dinge: Zum einen signalisieren wir der Runtime, dass wir am Ergebnis von `t` interessiert sind. Zum anderen weisen wir die Runtime an, erst mit der Ausführung des aktuellen Tasks (die Funktion `basics_task_is_polled()`) weiterzumachen, wenn das Ergebnis von `t` fertig ist. Sollten noch andere Tasks auf der Runtime registriert sein, kann es vorkommen, dass zuerst diese bis zu einem `await` oder ihrem jeweiligen Ende weiter ausgeführt werden, bevor unsere Funktion weiterläuft.

Wenn aber nur asynchroner Code Tasks starten kann, wie konnte dann der erste asynchrone Task gestartet werden? Hier gibt es eine Ausnahme: Sollten Sie eine Referenz zu einer explizit erstellten Runtime haben, können Sie darauf aus normalem Code heraus Tasks starten. Dieses Beispiel verdeutlicht das:

Listing 16–16
Erstellen der Runtime für unseren Task

```
#[test]
fn schedule_from_outside(){
    let my_task = async {
        println!("hello");
        task::spawn(async {println!("world");});
    };
    let mut rt = Runtime::new().unwrap();
    rt.spawn(my_task);
    thread::sleep(time::Duration::from_secs(1));
}
```

Hier erstellen wir die Runtime `rt` in synchronem Code und starten anschließend den asynchronen Task `my_task`. Eine Alternative hierfür ist das Makro `#[tokio::main]`, das unsere Funktion `main` asynchron macht und auf einer automatisch erstellten Runtime, ähnlich der eben von Hand erstellten, startet. Beispiele für die Verwendung des Makros finden Sie in den nachfolgenden Abschnitten.

Bevor Sie in Kapitel Kapitel 18, ein ausführliches praktisches Beispiel zu sehen bekommen, wollen wir hier jedoch anhand eines kleinen Beispiels ausführen, wie sich `async` und `await` verhalten.

Listing 16–17
Beispiel zur Verdeutlichung der Semantiken von async und await

```
#[test]
    fn sample_scenario(){
        let rt = … // Runtime erstellen
        rt.spawn(async {
            for i in {0 .. 10}{
                tokio::spawn(handle_workload(i));
                sleep(Duration::from_millis(200)).await;
```

```
            }
        });
        thread::sleep(time::Duration::from_secs(6));
    }
    async fn handle_workload(wl: u32){
        match wl%2 {
            0 => long_task().await,
            _ => short_task().await
        }
    }
    async fn short_task(){
        sleep(Duration::from_millis(100)).await;
        println!("Short done")
    }
    async fn long_task(){
        sleep(Duration::from_secs(1)).await;
        println!("Long done")
    }
```

Dieses Beispiel simuliert ankommende Anfragen, beispielsweise von einem Webserver. Hier verwenden wir eine Schleife, um diese Anfragen zu simulieren, und anstatt das Netzwerk zu belasten, warten wir mit dem Aufruf von `sleep()`. Für jede ankommende Anfrage wird ein *Task* gespawnt, in diesem Fall alle 200 Millisekunden. Wir haben zwei Typen von Tasks zur Verfügung, die von unseren »Anfragen« verwendet werden: `short_task` und `long_task`. Der kurze Task dauert 100 Millisekunden und der lange Task eine Sekunde. Diese werden abwechselnd angefragt, beginnend mit einem langen Task. Hierbei verwenden wir eine Runtime mit nur einem einzigen Worker-Thread. Würden wir kein `async` verwenden, würde nach dem Starten des ersten `long_task` eine Sekunde nichts passieren, bis der `short_task` ausgeführt wird.

Wenn Sie das Programm starten, werden Sie allerdings feststellen, dass bereits nach 300 Millisekunden der erste `short_task` Erfolg vermeldet. Das liegt daran, dass die Tasks auf der Runtime gestartet wurden und eine nicht blockierende Version von `sleep` verwenden. Hier im Beispiel haben wir mit `sleep` nutzloserweise Zeit verbraucht. Das ist einer echten Anwendung gar nicht mal so unähnlich: Während Ihr Code auf ankommende Netzwerkdaten, Schreibzugriffe der Festplatte oder gar komplette Datenbankanfragen wartet, kann mit asynchroner Programmierung andere Arbeit ausgeführt werden. Das bringt natürlich nichts bei Aufgaben, bei denen die CPU der limitierende Faktor ist.

Während Sie im obigen Beispiel zuschauen konnten, wie die Threads für Sie gearbeitet haben, ist beim abschließenden Beispiel in diesem Kapitel Ihre Mithilfe gefragt: Wir schreiben einen TCP Echo Server. Das Konzept dafür ist sehr einfach: Es wird ein `TcpListener` gestartet, der ankommende Verbindungen annimmt. Für jede Verbindung werden unabhängig von allen anderen gesendete Daten zurückgesendet. Ohne Async/Await wird das kompliziert. Wollen Sie mehr als eine Verbindung gleichzeitig unterstützen, so gibt es prinzipiell zwei Möglichkeiten: Sie können für jede Verbindung einen Thread starten oder sich vom Betriebssystem über verfügbare Nachrichten benachrichtigen lassen. Die erste Lösung funktioniert bis zu einer kleinen Anzahl von Verbindungen ganz gut. Wird aber die Anzahl der Verbindungen und somit Threads zu groß, treten Probleme auf. Die zweite Variante, sich vom Betriebssystem in einem oder mehreren Threads zentral über verfügbare Arbeit benachrichtigen zu lassen, ist vergleichsweise kompliziert. Falls Sie sich dafür interessieren, sei Ihnen das Crate `mio` empfohlen.

Glücklicherweise kapselt uns Tokio diese Aufgabe weg: Unser Code kann mit Async/Await auf das Verfügbarwerden von Daten auf Tausenden von Verbindungen gleichzeitig warten und wird dann pro Verbindung ausgeführt. Anhand des nachfolgenden Beispiels wird hier noch einmal das Verhalten von Async/Await vertieft:

Listing 16–18
Ein minimaler Echo-Server mit Tokio

```
let listener
  = TcpListener::bind(&"127.0.0.1:8080").await?; //1
loop {
    let (mut socket, _) = listener.accept().await?; //2
    tokio::spawn(async move {//3
        let mut buf = vec![0; 1024];
        loop {
            let n = socket.read(&mut buf).await?; //4
            if n == 0 { break; }

            socket.write_all(&buf[0..n]).await?; //5
        }
        io::Result::Ok(0)
    });
}
```

Wie eingangs beschrieben, wird zuerst ein TcpListener gestartet (1). Dessen Verfügbarwerden ist bereits als asynchrone Operation realisiert, das ist hier aber nicht von Bedeutung. Dann wird in einer äußeren Schleife auf das Ankommen neuer Verbindungen »gewartet« (2). Warten in diesem Kontext bedeutet asynchron warten. Wie sich das äußert, werden Sie gleich sehen. Ist eine neue Verbindung angefragt, so wird ein neuer Task gestartet und die Verbindung darin behandelt (3): Eine innere Endlosschleife »wartet« darauf, dass neue Daten verfügbar werden (4), und »wartet« anschließend darauf, dass diese Daten gesendet werden (5).

Hier braucht das Programm nun Ihre Mithilfe: Ohne Interaktion passiert hier nämlich nicht viel. Erst wenn Sie mit dem Programm interagieren, beispielsweise mit `netcat`, können Sie feststellen, dass mehrere Verbindungen gleichzeitig abgearbeitet werden können, selbst wenn Sie das Programm in nur einem Thread starten. Hier kommt die Eleganz von Async/Await zum Vorschein: Jede Verbindung hat einen Task, der nur dann von der Runtime weiter vorangetrieben wird, wenn auch mehr Arbeit (neue Daten) zur Verfügung steht und der Task als bereit markiert wurde. Alle anderen Tasks, die darauf warten, dass Sie ihnen Daten zusenden, werden nicht ausgeführt. Dieses System skaliert so gut, dass Sie eher an die Grenzen der Skalierbarkeit Ihres Betriebssystems geraten, als dass Ihnen Tokio Probleme macht. Mit etwas geschickter Konfiguration können Sie problemlos hunderttausende TCP-Verbindungen verwalten, vorausgesetzt, Sie haben ausreichend Bandbreite und verwenden einen eigenen IP-Raum dafür.

16.7 Zusammenfassung

Sie haben in diesem Kapitel gesehen, wie sich die Konzepte von Rusts Ownership-System auch auf mehrere Threads anwenden lässt. Da die Lebensdauer eines jeden Speicherbereichs bekannt ist, kann Rust auch hier für Speichersicherheit sorgen und Ihnen Aufgaben abnehmen, wie zum Beispiel das Freigeben eines Mutex. Mit Bibliotheken wie Rayon ist es einfach, parallelen Code zu schreiben, um die Möglichkeiten Ihrer Hardware auszunutzen.

Durch die Verwendung von Tokio und Async/Await steht Ihnen ein mächtiges Werkzeug bereit, um sicheren und sehr performanten nebenläufigen Code zu schreiben. Da Tasks nur dann Rechenzeit kosten, wenn sie auch ausgeführt werden, skaliert Tokio ausgezeichnet und bietet eine sehr leichtgewichtige Alternative zu Threads, die insbesondere in Verbindung mit IO-Operationen nützlich ist.

Im nächsten Kapitel entwickeln wir eine Webanwendung mit einem Framework, das auf Tokio und Async/Await basiert. Dort werden Sie die Eigenschaften der in diesem Kapitel besprochenen Konzepte anhand praxisnaher Beispiele vertiefen können.

17 Testen

Zu moderner Entwicklung robuster Software gehören automatisierte Tests. Die Definition von Test-Driven Development oder gar eine Diskussion um die Abgrenzung dieses Ansatzes wollen wir uns an dieser Stelle sparen. Vielmehr wollen wir uns Problemstellungen aus der Praxis konkreter Umsetzungen anschauen.

Vorausschicken wollen wir zudem, dass Tests keine Garantie für fehlerfreie Software geben. Tests stellen im Idealfall sicher, dass eine Funktionalität, ein Verhalten auch bei Änderung der Software weiterhin bestehen bleibt – nicht mehr, aber auch nicht weniger.

17.1 Arten von Tests

Bevor wir uns die Entwicklung konkreter Tests in Rust anschauen, wollen wir versuchen, eine Definition und Abgrenzung zu finden.

Viele Testbegriffe

Die bekannteste Art der automatisierten Tests sind *Unit-Tests*. Wahrscheinlich haben Sie diesen Begriff bereits gehört und auch schon Unit-Tests geschrieben. Weitere Begriffe wie *Systemtest*, *Akzeptanztest*, *Oberflächentest*, *UI-Test*, *Komponententest*, *Regressionstest* begegnen uns im Alltag. Diese wollen wir zunächst einsortieren. Um das zu erreichen, beginnen wir mit einem Blick auf die Testpyramide.

Die Testpyramide hat sich in der Softwareentwicklungsbranche etabliert und wird auch von uns als Referenz herangezogen. Diese zeigt zum einen auf, welche grundlegenden Arten von Tests existieren und zum anderen, wie groß die Anzahl an geschriebenen und zur Verfügung stehenden Tests in einem Softwareprojekt sein sollte. Die Testpyramide unterscheidet drei Arten von Tests.

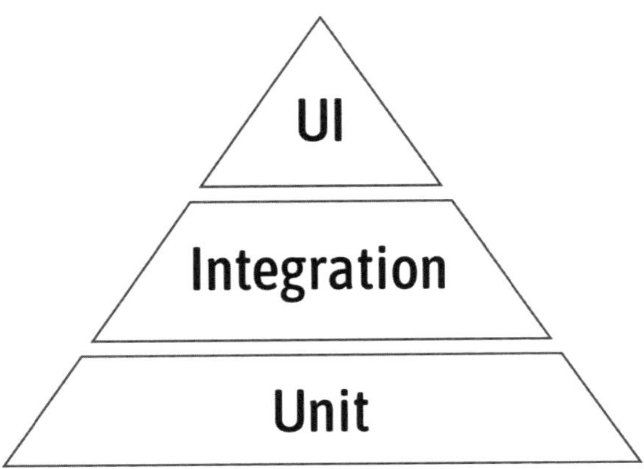

Abb. 17–1
Testpyramide

17.1.1 Unit-Tests

Von unten gesehen beginnen wir mit Unit-Tests. Bei diesen geht es darum, eine Unit (Einheit) aus ihrem produktivem Einsatzgebiet herauszuziehen (Isolierung) und das erwartete Verhalten dieser Einheit zu überprüfen.

Ein Unit-Test schmiegt sich im Idealfall an den produktiven Code derart an, dass aus dem Test der produktive Code beinahe vom Test abgeleitet werden kann. Er ist wie eine Negativform bei Gipsarbeiten oder besser ausgedrückt wie eine Backform, in der ein speziell geformter Kuchen, wie zum Beispiel ein Gugelhupf, gebacken werden soll.

Tipps und Tricks

Unit-Tests sind wie Backformen, mit denen produktiver Code gebacken werden könnte.

Um die eben erwähnte Isolierung zu erreichen, versorgen wir den produktiven Code innerhalb der Tests mit immer gleichen Daten und gegebenenfalls auch mit immer dem gleichen Programmcode, den unsere Unit zum Laufen braucht. So stellen wir sicher, dass bei jedem Testlauf derselbe Zustand herrscht und das Testergebnis nicht verfälscht wird. Salopp ausgedrückt: Wir nehmen immer die gleiche Backform und immer die gleiche Menge an Butter, sodass wir auch immer das gleiche Ergebnis erhalten.

Durch die oben erwähnte Isolierung gewinnen wir mehrere Vorteile für unsere Tests. Zum einen können wir uns auf nur einen (kleinen) Teil unseres Systems konzentrieren. Zum anderen können wir bei einem fehlschlagenden Test sehr schnell feststellen, an welcher Einheit sich eine Änderung ergeben hat und unserer Aufmerksamkeit bedarf.

In der Praxis sind wir oft darauf angewiesen, den Programmcode, von dem unser produktiver Code abhängig ist, durch einen Mock zu ersetzen. Um bei unserem Beispiel des Backens zu bleiben: Es müssen nicht unbedingt echte Schokostücke aus Zartbitter in den Teig hinein. Zum Füllen der Form können es auch Glasmurmeln sein. Hauptsache ist, sie verteilen sich im Teig, füllen mit ihm zusammen die Form aus, und wir können das Gesamtbild nach dem Stürzen begutachten. Mehr dazu beschreiben wir in Abschnitt 17.4.

17.1.2 Integration-Tests

Nachdem wir mit Unit-Tests einzelne Stücke isoliert und getestet haben, kombinieren wir diese im nächsten Schritt miteinander und überprüfen, ob diese Kombination auch nach unseren Vorstellungen funktioniert. Wir bringen somit den Teig mit dem Schokoguss und den Schokolinsen zusammen. Unter diesem Test verstehen wir den Integration-Test.

Bei dieser Definition könnten wir uns fragen, welche einzelne Stücke wir nun kombinieren. Sind es einzelne Klassen, einzelne Module oder einzelne Crates? Wo fängt der Integration-Test an und wo hört er auf? Unserer Ansicht nach sind alle Tests – unabhängig von der Integration – eben Integration-Tests. Es ist aus unserer Sicht unerheblich, welche Einzelstücke zusammengefügt werden. Viel wichtiger sollte uns sein, dass wir bei einem Integration-Test ausschließlich das Zusammenspiel und damit die Protokolle (API, Funktionssignaturen, Konstruktoren und so weiter) der betrachteten Einzelstücke testen. Dabei sollten wir darauf achten, das erneute Testen der Einheit selbst zu vermeiden.

Tipps und Tricks

Integration-Tests testen ausschließlich die Verbindung und damit die Protokolle (Schnittstellen) der Einzelstücke (Units).

Schauen wir noch einmal auf die Testpyramide, so stellen wir fest, dass die Integration-Tests in dieser weniger Platz einnehmen. Das hat den Grund, dass wir beim Testen der Einzelstücke in der Regel deutlich mehr Tests schreiben als beim Testen der Verbindungen oder Zusammenschaltungen. Somit fällt die Anzahl der Integration-Tests auch niedriger aus als die der Unit-Tests.

Diese Beobachtung der Testpyramide wird in der Softwaregemeinschaft des Öfteren diskutiert. Uns begegneten in der Praxis Ansätze, durch den Integration-Test alle Einheiten mit zu testen und dadurch den Aufwand zu sparen. Wie wir aber weiter oben schon ausgeführt haben, führt dieser Ansatz in der Praxis zu einer längeren Suche des Fehlers/der Änderung, da der Test viele einzelne Einheiten mit abdeckt und wir diese erst einmal identifizieren müssen. Meistens passiert diese Suche auch zu einem Zeitpunkt, an dem wir es gerade überhaupt nicht gebrauchen können. Insofern können wir nur dazu raten: Die Integration-Tests sind ein Zu- und kein Ersatz.

Im Hinblick auf Rust werden wir sehen, dass Integration-Tests die Einzelstücke gar nicht mehr betrachten, sondern dass nur ein komplettes Crate an sich getestet werden kann. Dazu mehr in Abschnitt 17.1.2.

17.1.3 UI-Tests

Die Spitze und damit der kleinste Teil repräsentiert jenen Teil, über den Software-Entwicklungsteams sich immer wieder den Kopf zerbrechen. Das liegt an Fragen wie:

1. Wie sollen wir das denn testen?
2. Wie schaffen wir es, die Tests aktuell zu halten?
3. Was genau ist die UI?

Auch hier versuchen wir pragmatische Antworten zu finden und möchten Ihnen folgenden Leitfaden für UI-Tests vorschlagen:

4. Die UI ist das, womit der Benutzer interagiert. Das kann das dargestellte HTML im Browser bei einer Webanwendung, es können aber auch die verschiedenen Schalter (engl. *switches*) bei einer Konsolenanwendung (CLI = Command Line Interface) sein.
5. UI-Tests sollten lediglich als Ergänzung zu den Unit- und Integration-Tests dienen.
6. UI-Tests testen nur die kritischsten Bereiche. UI-Tests sind fragil, da sie durch eine kleine Änderung im System fälschlicherweise fehlschlagen – und damit ein *false negative* auslösen – können. Daraus folgt auch, dass wir eher weniger als zu viele UI-Tests empfehlen.

End2End-Tests

In der Literatur und im Web finden wir auch die Bezeichnung Ende-zu-Ende-Test (oder auch End2End, E2E). Wir fassen diese Bezeichnung als Synonym auf. Wichtig bei dem Thema ist uns weniger die Bezeichnung als vielmehr das Ziel hinter und damit die jeweilige Abdeckung der UI- oder E2E-Tests. Es geht um einen Test des vollständigen Systems, in dem wir den Nutzer simulieren. Die Fragilität und die Komplexität bleiben davon unberührt.

Tipps und Tricks

Aufgrund der Fragilität und der hohen Spezifität von UI-Tests sollten wir uns darauf konzentrieren, mit UI-Tests wenige, geschäftskritische Fälle abzudecken. Haben wir die Möglichkeit, ein Zusammenspiel mehrerer Systemkomponenten über Integration-Tests abzudecken, sollten wir diese in jedem Fall UI-Tests vorziehen.

17.1.4 Testpyramide, Nachwort

Die Testpyramide ist umstritten. Von ihr existieren auch Abwandlungen, wie zum Beispiel die invertierte (also um 180° gedrehte Variante) oder ein Testdiamant (viele Integration-Tests und sonst wenig andere Tests). Diese Abwandlungen werden als Alternative oder als etwas, was wir unbedingt vermeiden sollten (Anti-Pattern), vorgestellt. Des Öfteren beschreibt die Testpyramide auch die angestrebte Theorie, während die invertierte Variante die Realität widerspiegelt. Somit gibt es das Ziel, viele Unit-Tests zu schreiben, aber aufgrund von Zeitdruck, fehlendem Wissen oder organisatorischen Konflikten wird doch das meiste manuell getestet. Dieses Thema hinreichend zu beleuchten sprengte den Rahmen dieses Buchs. Wir wollen dennoch festhalten, dass die Idee der Dreifaltigkeit an Tests – und ihre Häufigkeit an der Testpyramide abzulesen – aus unserer Sicht sinnvoll und anzustreben ist.

17.2 Rust, Cargo und Tests

Rust und Cargo kennen von Haus aus nur Unit- und Integration-Tests und unterscheiden diese strikt. So liegen die Unit-Tests direkt bei der Unit im selben Modul. Sie werden laut Konvention als Untermodule vom Hauptmodul getrennt. Mehr dazu in Abschnitt 17.2.1.

Integration-Tests hingegen betrachten das Crate von außen und werden daher auch außerhalb des `src`-Verzeichnisses in einem separaten Verzeichnis namens `test` in einem Cargo-Projekt abgelegt.

17.2.1 Platzierung von Testcode

Unit-Tests

Mit jeder Änderung am Produktionscode sollte sich der Test anpassen – und umgekehrt. Insofern ist es eine gute Idee, den Testcode auch so nah wie möglich am produktiven Code zu platzieren. Durch die Möglichkeit, Module verschachteln (Modul in Modul) und diese mit Attributen markieren zu können, hat sich ein De-facto-Standard zur Platzierung des Unit-Test-Codes durchgesetzt.

Tipps und Tricks

Unit-Test-Code kommt in ein Submodul namens `tests`.

Schauen wir uns das kurz an:

Listing 17–1
Einfachstes Testbeispiel

```
pub fn hello() -> String {
    String::from("Hello")
}

#[cfg(test)]
mod tests {
    use super::*;

    #[test]
    fn test_hello() {
        assert_eq!(hello(), "Hello");
    }
}
```

Wir definieren im ersten Schritt eine einfache Funktion `hello()`, welche die Zeichenkette `Hello` zurückgibt.

Weiter erstellen wir im aktuellen Modul – oder auch in der `main.rs` oder `lib.rs` – ein weiteres Modul mit dem Namen `tests`. Dieses markieren wir `#[cfg(test)]`. Damit wird der Quelltext im Modul `tests` für den produktiven Bau ignoriert und nur beim Aufrufen von `cargo test` aufgerufen. In diesem Modul importieren wir alle Elemente aus dem Supermodul, in unserem Fall dadurch lediglich `hello()`. Wenn wir uns dieses Import-Statement angewöhnen, haben wir für die zukünftigen Tests alle Elemente schon importiert. Wir können alternativ auch lediglich `use super::hello;` verwenden.

Welcher Weg der bessere ist, hängt nicht nur vom Geschmack, sondern auch von dem von uns verwendeten Editor ab. Bei der Verwendung einer IDE wie IntelliJ oder Eclipse sind einzelne Imports einfacher zu erreichen. Bei einem Text-Editor wie vim oder Sublime sind Asterisk-Imports sicher einfacher. Entscheiden Sie gerne selbst.

Die eigentliche Testfunktion schreiben wir als Nächstes und markieren diese mit dem Attribut `#[test]`. Den Namen der Funktion können wir frei wählen. Dazu später mehr in Abschnitt 17.3.2. Innerhalb der Funktion vergleichen wir mit dem Makro `assert_eq!` den Rückgabewert von `hello()` mit der Zeichenkette `Hello`. Auch auf die Assertions gehen wir später in Abschnitt 17.3.1 detaillierter ein. Für jetzt ist nur wichtig, dass wir mit diesen drei Schritten (Submodul `tests`, Attribut `#[test]` und Verwendung von `assert_eq!`) alles zusammengestellt haben, was wir für einen Unit-Test benötigen.

Integration-Tests

Nachdem wir den Code von Unit-Tests so nah wie möglich am produktiven Code platziert haben, drehen wir das für den Integration-Test um und platzieren ihn so weit weg wie möglich. Die Idee hierbei ist, dass der Integration-Test den produktiven Code so betrachtet, als wäre der Integration-Test ein separates Crate.

Angenommen wir erstellen ein Bibliothek-Crate namens `rustbuch_testing` und füllen die `lib.rs` mit folgender, öffentlich verfügbarer Funktion:

Listing 17–2
Einfache Funktion, die wir später mit einem Integration-Test testen wollen

```
pub fn hello_outside_world() -> String{
    String::from("Hello, outside world!")
}
```

Wir erstellen im Wurzelverzeichnis des Projektes ein Verzeichnis namens `tests`. Wir legen eine Datei an, die wir des einfachen Verständnisses halber `integration.rs` nennen. Die Datei füllen wir mit folgendem Code:

Listing 17–3
Integration-Test von hello_outside_world()

```
#[test]
fn test_hello_outside_world() {
    assert_eq!(rustbuch_testing::hello_outside_world(),
               "Hello, outside world!");
}
```

Wir rufen die oben definierte Funktion mit dem Präfix `rustbuch_testing::` auf, was dem Namen des Crates entspricht, auf. Angenommen, die Funktion wäre nicht mit `pub` markiert, könnten wir sie nicht im Integration-Test aufrufen.

Die Verzeichnis- und Dateistruktur sieht damit wie folgt aus:

Listing 17–4
Verzeichnisstruktur inklusive Integration-Test

```
.
├── Cargo.lock
├── Cargo.toml
├── src
│   ├── lib.rs
└── tests
    └── integration.rs
```

17.3 Ausführung

cargo test

Um alle Tests eines Crates auszuführen, verwenden wir `cargo test`. Als Ergebnis erhalten wir folgende Ausgabe:

Listing 17–5
Ausgabe von cargo test

```
running 1 test
test test_hello_outside_world ... ok

test result: ok. 1 passed; 0 failed; 0 ignored; 0 measured;
  0 filtered out; finished in 0.00s
```

Ausführung eingrenzen

Um die auszuführenden Tests einzugrenzen, können wir einen Parameter mitgeben: `cargo test el`. Hierbei wird der String `el` in dem Namen der Testfunktion gesucht. Da `el` in `test_hello_outside_world` vorkommt, wird der Test auch ausgeführt.

Ausführung eines dedizierten Tests

Mit dem Ergänzen von `-- --exact` und der Angabe des kompletten Pfades kann auch exakt eine Funktion ausgeführt werden: `cargo test test_hello_outside_world -- --exact`.

Hintergrund

Weitere Möglichkeiten können wir im *Book* unter *Unit Testing* oder in der cargo-Dokumentation unter *cargo test* nachschlagen.

17.3.1 Erwartungen der Testergebnisse (Assertions)

Ein Test wird zu einem Test, indem er eine von uns zuvor formulierte Erwartung prüft. Die Standardbibliothek von Rust bietet zwei Makros an, um erwartete Werte mit den tatsächlichen Ergebnissen zu vergleichen: `assert!`, `assert_eq!`und `assert_ne!`.

Schauen wir uns ein klassisches Beispiel an, in dem wir in einem Test eine bestimmte Zeichenkette erwarten:

```
fn return_string() -> &'static str {
    "Hello"
}

#[cfg(test)]
mod tests {
    use super::*;

    #[test]
    fn pretty_assertions() {
        assert_eq!("Hello", return_string());
    }
}
```

Für den Fall, dass die Erwartung nicht zutrifft, kann auch eine Nachricht mitgegeben werden, welche Aufschluss über die Erwartung geben kann. Dazu geben wir neben den beiden Werten, die wir vergleichen, eine Zeichenkette mit:

Nachrichten bei fehlgeschlagenen Tests

```
assert_eq!("Hello", return_string(), "Hier klappt etwas\
 nicht. Ich erwarte {} - bekomme jedoch {}",
          "Gude", return_string());
```

Listing 17–6
assert_eq! mit einer beschreibenden Nachricht

Wir haben die Zeichenkette der Nachricht mit zwei Platzhaltern versehen, die wir mit den vorne verglichenen Werten versehen. Das ist leider nicht elegant, aber immer noch der Standardweg.

Schönere Assertions

Wir empfehlen als Ergänzung den Einsatz des Crates *pretty_assertions*. Das Crate bringt die oben genannten Makros `assert_eq!` und `assert_ne!` mit und erweitert sie mit einer farblichen Hervorhebung der Unterschiede bei fehlschlagenden Tests. Ein Beispiel können Sie in unserem git-Repository[1] ausprobieren.

17.3.1.1 Erweiterte Assertions mit K9

Ergänzend zum Crate `pretty_assertions`, das die Standard-Makros verschönert, können wir mit dem Crate namens `K9` sogar erweiterte Erwartungen formulieren. Als Beispiel nehmen wir die Prüfung, ob ein `Err` mit einer bestimmten Zeichenkette zurückgegeben wird:

```
fn return_error() -> Result<&'static str, &'static str> {
    return Err("Das klappt nicht!");
}

#[cfg(test)]
mod tests {
    use super::*;
    use k9::assert_err_matches_regex;

    #[test]
    fn test_error() {
        assert_err_matches_regex!(return_error(), "kl.* nicht");
    }
}
```

Listing 17–7
Verwendung von k9::assert_err_matches_regex

Besonders schön sind hierbei die Ausgaben, sobald die Assertion nicht mehr zutrifft. Hier ein Beispiel mit der Prüfung auf den regulären Ausdruck `klappt.*doch`. In der Ausgabe werden die Abweichungen in den Farben grün und rot dargestellt. Da das Buch in Schwarz-Weiß-Druck vorliegt, markieren wir die entsprechenden Stellen in **fett** und legen Ihnen ans Herz, das entsprechende Beispiel[1] in unserem Repository auszuprobieren:

1. *https://www.rust-buch.de/repository/05_testing/src/testing_3_1_1_k9.rs*

Listing 17–8
Verwendung des Makros k9::assert_err_matches_regex als Text

```
assert_err_matches_regex!(return_error(), "klappt doch");

Assertion Failure!

Expected Result<T, E> to be Err(E) that matches
regex when formatted with `format!("{:?}", error)`,

Regex: klappt doch
Formatted error: "Das klappt nicht!"
```

Weitere assert-Makros können wir in der *Dokumentation* nachschlagen.

17.3.2 Benennung der Testfunktionen

Die Namen der Funktionen können wir genau wie andere Funktionen in Rust benennen. Theoretisch könnten wir in dem separaten Modul `tests` der Testfunktion den gleichen Namen geben wie der getesteten Funktion. In unserem Unit-Test-Beispiel haben wir die Funktion mit einem Präfix `test_` versehen und damit `test_hello` genannt. Das hat folgende Vorteile:

1. Wir können alle Funktionen aus dem Supermodul mit `use super::*;` im Testmodul zur Verfügung stellen.
2. Wir müssen im Testcode kein Präfix angeben, um eine eventuelle doppelte Benennung auszuschließen.

Dieses Präfix finden wir auch in mehreren Beispielen von Rust-Code, wie zum Beispiel bei *Rust by Example*[2] oder auch beim Framework *Rocket*.

Neben den Spezifika von Rust sollten wir uns darüber hinaus bewusst entscheiden, wie wir die Testfunktionen und -methoden benennen, um den unter Abschnitt 17.1.1 erläuterten Vorteil zu maximieren. Wir wollen bei einem fehlgeschlagenen Test so schnell wie möglich herausfinden, an welcher Stelle unter welcher Bedingung eine Änderung oder ein Fehler passiert ist. Somit können wir den Namen der Funktion dazu nutzen, uns auch Aufschluss über unsere Erwartung zu geben. Gerade bei Tests, die verschiedene Konstellationen oder Logikverzweigungen abdecken, kann uns ein gut gewählter Name enorm helfen. Dazu möchten wir eine Variante ausführlich besprechen.

Einheit_Voraussetzung_Verhalten

Diese Variante setzt die Idee um, indem wir drei Informationen im Namen unterbringen und diese Informationen durch einen Unterstrich (_) trennen. Wir beginnen mit dem Namen der Einheit, die wir testen. Meistens ist das der Name der zu testenden Funktion/Methode. Nehmen

2. *https://doc.rust-lang.org/stable/rust-by-example/*

wir als Beispiel unsere Methode `greet()`. Mit der Idee, die Testfunktion mit `test_` beginnen zu lassen, starten wir also mit `test_greet_`.

Als Zweites definieren wir eine Voraussetzung (oder auch ein Szenario), die wir in unserem Test herstellen. Oft betrifft diese Voraussetzung die Argumente, die wir einer Funktion übergeben. In unserem Beispiel mit greet() könnten wir ein Objekt vom Typ Option übergeben und damit einen Test schreiben, der den Fall von `Option::None` abdeckt.

Als Letztes beschreiben wir das erwartete Verhalten. In unserem Beispiel erwarten wir, anonym begrüßt zu werden, und hätten einen Namen zusammengestellt, der `test_greet_none_greetedanonymously` lautet.

Damit wir uns das im Zusammenhang besser vorstellen können, schauen wir es uns noch mal in einem kompletten Beispiel an. In diesem implementieren wir die eben angedeutete Funktion sowie zwei Tests.

Listing 17–9
Beispiel zur Benennung von Testfunktionen

```
fn greet(greeted: Option<String>) -> String {
    return match greeted {
        Some(greeted) => return format!("Hello {}!", greeted),
        None => "Hello anonymous!".into(),
    };
}

#[cfg(test)]
mod tests {
    use super::*;

    #[test]
    fn test_greet_somename_greetedbyname() {
        assert_eq!(greet(Option::Some(String::from("Marcel"))),
        "Hello Marcel!");
    }

    #[test]
    fn test_greet_none_greetedanonymously() {
        assert_eq!(greet(Option::None), "Hello anonymous!");
    }
}
```

Neben dieser Variante gäbe es noch weitere, wie zum Beispiel das Verhalten in einem Satz (`test_greet_supportsanonymousgreetings`), zu beschreiben. Solange es dem leichten Verständnis dient, können wir es nur unterstützen. Welche Variante wir auch anstreben: Wir sollten stets prüfen, ob es uns hilft. In den Beispielen oben haben wir der Einfachheit halber von diesem Ansatz abgesehen, da es uns nicht geholfen hätte.

17.4 Mocking

Sobald wir uns in der Softwareentwicklung mit Tests auseinandersetzen, lässt das Thema *Mocking* nicht lange auf sich warten. Hierbei tauschen wir im Rahmen von Tests abhängige Codestrukturen, um Logik des zu testenden Codes in jedem Testlauf verlässlich abschreiten zu können.

Weitere Definitionen wollen wir uns an diesem Punkt sparen und verweisen auf den Wikipedia-Artikel *Mock-Objekt*.

Wir wollen uns nun anschauen, wie wir den oben beschriebenen Austausch in Rust bewerkstelligen können.

17.4.1 Erste Schritte ohne Framework

Beim Thema Mocking denken wir Softwareentwickler schnell an die Verwendung einer Bibliothek, wie z. B. *Mockito*, *Powermock* oder *Jest*, die das Mocken vereinfachen soll. Jedoch ist die Einbindung einer solchen nicht immer notwendig. Das gilt auch für die Entwicklung in Java oder JavaScript. Im Folgenden wollen wir uns das autarke Mocken ansehen.

Bei der Verwendung von Java hat es sich etabliert, ein Mock-Objekt mit einem Interface und einer jeweiligen Mock-Implementierung umzusetzen, zum Beispiel:

Listing 17–10
Verwendung von Interfaces in Java

```
interface Greeter {
  public String greet();
}

class GreeterImpl implements Greeter {
  public String greet() {
    return "Hello";
  }
}
```

Ein Trait könnten wir als ein Pendant zum Interface in Java, C# oder PHP auffassen. So liegt es für uns nahe, anzunehmen, dass wir in Rust die Vorgehensweise kopieren können. Leider ist das nicht ganz der Fall.

Bei der Angabe des Typs können wir nicht einfach den Trait angeben. Der Rust-Compiler kann durch eine reine Angabe des Traits nicht die Größe des Objekts bestimmen. Wir können zwar auf Trait-Objekte setzen. Diese sind aber schwerer zu handhaben und haben auch einen (kleinen) Performancenachteil. Einfacher für unser Beispiel ist die Verwendung von generischen Datentypen. Damit wir den Code kompakter anschauen können, teilen wir das Beispiel in zwei Listings auf und beginnen mit den Imports und dem (fiktiven) produktiven Code:

Listing 17–11
Definition, Implementierung und Verwendung von Greeter

```
pub trait Greeter {
    fn greet(self) -> String;
}

struct GreeterImpl {}

impl Greeter for GreeterImpl {
    fn greet(self) -> String {
        String::from("Hello world!")
    }
}

#[allow(dead_code)]
pub fn use_greeter<G: Greeter>(greeter: G) -> String {
    greeter.greet()
}
```

Zunächst definieren einen Trait namens `Greeter`. Dieser enthält die Methode `greet()`, die nichts entgegennimmt, aber eine Zeichenkette, den Gruß, zurückgibt.

Wir definieren einen leeren strukturierten Datentyp namens `GreeterImpl`, um den Trait implementieren zu können.

Eben diese Implementierung erfolgt als Nächstes. Wir implementieren dabei `greet()`, indem wir mit dem allseits bekannten `Hello world!` grüßen.

Dann verwenden wir wie angekündigt den Typ `Greeter` in einem generischen Parameter. Dadurch sind wir gleich in der Lage, jedes Objekt, das den Trait `Greeter` implementiert, zu übergeben. In `use_greeter()` machen wir genau das, was der Funktionsname sagt, und rufen auf dem übergebenen Objekt `greet()` auf. Diese Funktion werden wir gleich durch einen Unit-Test abdecken. Das Attribut `#[allow(dead_code)]` setzen wir, damit der Compiler bei der Übersetzung diese ungenutzte Funktion nicht anstreicht.

Wir machen weiter mit den Tests und damit auch mit der Erstellung des Mocks.

Listing 17–12
Manuelles Mocken von Greeter

```
#[cfg(test)]
mod tests {
    use super::*;

    struct MockGreeter {}

    impl Greeter for MockGreeter {
        fn greet(self) -> String {
            String::from("Hello from the mock!")
        }
    }

    #[test]
```

```
    fn test_greeter() {
        assert_eq!(use_greeter(MockGreeter{}),
                   "Hello from the mock!");
    }

    #[test]
    fn test_greeter_productive_code() {
        assert_eq!("Hello world!",
                   use_greeter(GreeterImpl {}));
    }
}
```

Wie oben beginnen wir mit der Definition eines separaten Moduls `tests`, markieren es mit dem Attribut `#[cfg(test)]` und importieren alles aus dem Supermodul.

Ähnlich der vorherigen Implementierung im produktiven Code implementieren wir `Greeter` als `MockGreeter`. Allerdings geben wir als Gruß `Hello from the mock!` zurück.

Anschließend testen wir die Funktion `use_greeter()`, indem wir den Mock instanziieren und übergeben. Wir erwarten mit der Verwendung des Markos `assert_eq!`, dass auch der Mock verwendet wird.

Abschließend ergänzen wir noch einen Test, um den produktiven `Greeter` auch noch mal zum Einsatz zu bringen.

17.4.2 Einsatz eines Frameworks: Mockall

In der Rust-Community haben sich mehrere Mocking-Crates hervorgetan. Eine gute Auflistung dieser finden wir unter dem sogenannten *mock_shootout*[3].

Um es kurz zu machen: Der Autor dieser Gegenüberstellung kam zu dem Schluss, dass keines der Frameworks alle Features abdeckt, die er sich gewünscht hat. So schrieb er sein eigenes und nannte es *Mockall*.

Wir können nach Prüfung des Vergleichs sowie aller Details von *Mocktopus* und *Mock-It* den Ausgang des Shootouts bestätigen. Ausschlaggebend dafür war, dass trotz der großen Möglichkeiten, Mocks zu verwenden, Mockall die Übersetzung von produktiven Code gegen die normale Version von Compiler und Bibliotheken (*stable*) unterstützt. Das war aus unserer Sicht mit anderen Crates mit diesem Funktionsumfang nicht möglich.

Im Folgenden wollen wir auf typische Anwendungsfälle eingehen und die Beispiele aus der Doku um komplette und funktionierende Beispiele ergänzen.

---

3. *https://asomers.github.io/mock_shootout/*

17.4.2.1 Traits

Um uns langsam an den Einsatz von Mockall heranzuwagen, schauen wir uns erst einmal das Beispiel an, welches wir zuvor ohne Mockall umgesetzt haben: `Greeter`. Vorab wollen wir festhalten, dass wir die Verwendung von Mockall in vier grobe Schritte aufteilen können:

1. Mockall importieren
2. Trait mit Attribut `#[automock]` markieren
3. Instanz des Mocks erstellen: `Mock[Name des Traits]::new();`
4. Methode des Traits über `expect_[name]()` mit einem Rückgabewert versehen

Schauen wir uns das im Detail an. Zuerst wieder der produktive Code:

```
use mockall::automock;

#[automock]
pub trait Greeter {
    fn greet(self) -> String;
}

struct GreeterImpl {}

impl Greeter for GreeterImpl {
    fn greet(self) -> String {
        String::from("Hello world!")
    }
}

#[allow(dead_code)]
pub fn use_greeter<G: Greeter>(greeter: G) -> String {
    greeter.greet()
}
```

Wir importieren das Makro/das Attribut `automock` und markieren damit den uns bekannten Trait `Greeter`.

Danach geht es mit der Implementierung, wie wir sie bereits von oben kennen, weiter.

Auch hier fahren wir weiter fort mit den Tests.

```
#[cfg(test)]
mod tests {
    use super::*;

    #[test]
    fn test_greeter() {
        let mut mock = MockGreeter::new();
        mock.expect_greet()
            .return_const("Hello from the mock!");
```

```
        assert_eq!("Hello from the mock!", use_greeter(mock) );
    }

    #[test]
    fn test_greeter_productive_code() {
        assert_eq!("Hello world!",
                    use_greeter(GreeterImpl {}));
    }
}
```

Das Submodul tests kennen wir schon, genauso wie den Import aus dem Supermodul.

Wir schreiben allerdings den Mock nicht selbst, sondern gehen direkt zur ersten Testfunktion über. In dieser können wir durch die Verwendung von #[automock] auf eine Implementierung des Traits (in unserem Fall Greeter) mit einem zusätzlichen Präfix Mock zugreifen. So ergibt sich der Typ MockGreeter. Über dessen assoziierte Methode new() instanziieren wir mock. Für jede Methode des ursprünglichen Traits stehen uns über Mock Pendants mit dem Präfix expect_ zur Verfügung. In diesem Fall verwenden wir expect_greet(). Diese Methode gibt uns ein Objekt vom Typ *Expectation* zurück, über den wir das Verhalten des Mocks festlegen können. Wir geben hier einen konstanten Wert zurück. Alternativ könnten wir auch eine Funktion definieren, welche die Rückgabewerte erzeugt. Im Fall von Funktionsargumenten könnten wir diese auch überprüfen und so verschiedene (konstante) Werte zurückgeben. Dazu später in Abschnitt 17.4.2.8 mehr.

17.4.2.2 Strukturierte Datentypen

Nicht für alle Programmlogik möchten oder können wir Traits erstellen. Auch wenn es deutlich einfacher ist, Traits zu mocken, können wir mit Mockall auch strukturierte Datentypen (*struct*) mocken. Dazu muss der produktive Code in einem Submodul gekapselt werden, sodass der gemockte Datentyp mit demselben Namen im produktiven Code verwendet werden kann. Das folgende Beispiel verdeutlicht die etwas komplexe Vorgehensweise:

```
use mockall_double::double;

mod greeter {
    use mockall::automock;

    pub struct Greeter {}

    #[automock]
    impl Greeter {
        pub fn greet(&self) -> String {
            String::from("Hello productive code!")
```

```
            }
        }
    }

    #[double]
    use greeter::Greeter;

    fn say_hello(greeter: &Greeter) -> String {
        greeter.greet()
    }
```

Wir importieren zunächst das Makro/Attribut `#[double]`, zu dem wir später kommen.

Schauen wir uns erst einmal das Modul `greeter` an. Dort finden wir wieder `#[automock]` und ansonsten ein ganz normaler und überschaubarer strukturierter Datentyp namens `Greeter`. `Greeter` kommt uns sehr bekannt vor. Diesmal ist es aber kein Trait, deckt jedoch genau die gleiche Idee ab: eine Methode, die eine Zeichenkette zurückgibt.

Nun kommen wir zu `#[double]`. Wir hängen es an den Import von `greeter::Greeter`. Dies sorgt dafür, dass der von Mockall erzeugte Mock namens `MockGreeter` im Submodul `greeter` als Typ `Greeter` zur Verfügung gestellt wird. Dadurch haben wir in unserem produktiven Code, in unserem Beispiel die Funktion `say_hello()`, in jedem Fall einen Typ mit dem Namen `Greeter` zur Verfügung. Bei einem Testdurchlauf ist es der Mock, andernfalls ist es der produktive Code.

Schauen wir uns als Letztes noch den Test an:

```
#[cfg(test)]
mod tests {
    use super::*;

    #[test]
    fn test_greet() {
        let mut mock = Greeter::default();
        mock.expect_greet()
            .return_const(String::from("Hello from mock!"));
        let result = say_hello(&mock);

        assert_eq!("Hello from mock!", result);
    }
}
```

Hierbei ist die einzige Änderung gegenüber dem Test gegen den Trait, dass wir nicht `MockGreeter` aufrufen, sondern durch den Einsatz von `#[double]` stets den Typ `Greeter` verwenden. Unter diesem stellt Mockall eine Implementierung des Traits `Default` aus der Standardbibliothek zur Verfügung. Wir können somit einfach `default()` aufrufen und können wieder das Verhalten des Mocks festlegen.

17.4.2.3 Generische Traits (und strukturierte Datentypen)

Neben normalen Traits können wir auch generische Traits mocken. Wir gehen dazu genauso vor wie bei nichtgenerischen Traits – mit einem Unterschied: Wir müssen bei Erstellung der Mock-Instanz den generischen Typ festlegen. So könnte unser `Greeter` etwas variabler gestaltet werden und könnte zum einen Personen direkt ansprechen und zum anderen einen generischen Typ unterstützen.

Listing 17–13
Mocken eines generischen Traits

```
Use mockall::automock;

#[automock]
trait Greeter<T: 'static> {
    fn greet(self, t: T) -> String;
}

#[cfg(test)]
mod tests {
    use super::*;

    #[test]
    fn test_greet() {
        let mut mock = MockGreeter::<&'static str>::new();
        mock.expect_greet()
            .returning(|t| format!("Hello {}!", t));
        assert_eq!("Hello reader!", mock.greet("reader"));
    }
}
```

In diesem Fall erweitern wir den Trait `Greeter` um den generischen Typ `T`. Zudem nimmt die Methode `greet()` nun auch einen Parameter von eben diesem generischen Typ entgegen.

Bei der Instanziierung des Mocks legen wir den Typ auf `&'static str` fest. Das ermöglicht es uns, ein statisches Zeichenkettenliteral (*string literal*) beim Aufruf von `greet()` zu verwenden.

Da wir den übergebenen Wert auch in die Rückgabe einbauen wollen, legen wir für die Rückgabe nun keinen konstanten Wert fest, sondern legen unter Verwendung von `format!` eine fixe Zeichenkette mit dem übergebenen Wert zusammen.

Abschließend rufen wir `greet()` mit dem Argument `reader` auf und erwarten das Ergebnis `Hello reader!`.

17.4.2.4 Externe Traits

Selten werden wir in Rust Bibliotheken oder Applikationen ohne externe Abhängigkeiten schreiben. Somit gelangen wir schnell an den Punkt, an dem wir auch in unseren Unit-Tests verwendete Traits mocken wollen.

Externe Traits zu mocken wird von Mockall auch unterstützt. Allerdings sind wir gezwungen, einen Umweg über einen strukturierten Datentyp zu gehen, mit dem der externe Trait implementiert wird.

In unserem Beispiel schauen wir uns den Trait `Debug` an. Wir werden sehen, dass wir in diesem Fall anstatt des Attributs #[`automock`] ein Makro mit dem Namen `mock!` verwenden müssen. Mit diesem öffnen wir einen neuen Programmblock, definieren unseren strukturierten Datentyp als Hilfsmittel und auch die Traits, die wir mit diesem mocken wollen.

Schauen wir uns das mal im Detail an:

Listing 17–14
Mocken des Traits Debug

```
#[cfg(test)]
mod tests {
    use mockall::mock;
    use std::fmt;

    mock! {
        MyStruct { }

        impl fmt::Debug for MyStruct {
            fn fmt<'a>(&self, f: &mut fmt::Formatter<'a>)
                -> fmt::Result {
                f.write_str("MyStruct")
            }
        }
    }

    #[test]
    fn test_fmt() {
        let mut mock = MockMyStruct::new();
        mock.expect_fmt()
            .returning(|f| f.write_str("MyMock"));

        assert_eq!("MyMock", format!("{:?}", mock));
    }
}
```

Wir müssen hierbei beachten, dass das Makro `mock!` keinen normalen Rust-Code annimmt, sondern eine speziell definierte Variante. Darauf gehen wir im Detail in Abschnitt 17.4.2.5 ein. Für unser Beispiel müssen wir Folgendes wissen:

1. Wir definieren einen strukturierten Datentyp ohne die Angabe des Keywords `struct`.
2. Die leeren geschweiften Klammern bedeuten, dass wir diesem Datentyp keine weiteren Methoden hinzufügen wollen. Wir wollen lediglich das Trait `Debug` implementieren.

3. Die Implementierung eines Traits erfolgt wie gewöhnlich, hier mit `impl fmt::Debug for MyStruct` usw.

Nachdem wir den Datentyp zum Mocken vorbereitet haben, implementieren wir unseren Test. In diesem erstellen wir zunächst eine Instanz unseres Datentyps. Weiterhin definieren wir über den Aufruf eine Closure-Funktion, die als Debug-Information immer `MyMock` schreibt.

Als Abschluss wollen wir herausfinden, ob der Wert `MyMock` auch beim Erfragen von Debug-Information ausgegeben wird, und verwenden dafür die Formatter-Syntax `{:?}`.

17.4.2.5 Eingeschränkte Syntax für mock!

Wie oben bereits angekündigt schauen wir uns jetzt noch mal die Syntax an, die wir beim Einsatz von `mock!` verwenden müssen. Wir müssen dabei Folgendes angeben:

1. Name eines strukturierten Datentyps
2. Methoden des Datentyps innerhalb eines Blocks (geschweifte Klammern) direkt nach dem Namen
3. eine oder mehrere Trait-Implementierungen nach bekanntem Aufbau

Neben dem Beispiel in Abschnitt 17.4.2.4 schauen wir uns jetzt noch mal ein weiteres an:

Listing 17–15
Verwendung von mock!

```
mock! {
        MyStructWithMethod {
            fn provide_number(&self) -> u16;
        }

        impl fmt::Debug for MyStruct {
            fn fmt<'a>(&self, f: &mut fmt::Formatter<'a>) ->
fmt::Result {
                f.write_str("MyStructWithMethod")
            }
        }
    }
```

In diesem definieren wir einen strukturierten Datentyp mit dem Namen `MyStructWithMethod` und direkt danach einen Block mit einer Methode `provide_number()`, die eine Zahl mit dem Typ `u16` zurückgibt. Natürlich können wir in unserem Test den Rückgabewert dieser Methode festlegen:

```
#[test]
fn test_provide_number() {
    let mut mock = MockMyStructWithMethod::new();
    mock.expect_provide_number()
        .return_const(333u16);

    assert_eq!(333u16, mock.provide_number());
}
```

Listing 17–16
Verwendung des mit mock! definierten Mocks

Mehr dazu können wir in der *Mockall-Dokumentation* nachschauen.

17.4.2.6 Funktionen

Reine Funktionen außerhalb von Traits werden durch Mocken von Modulen abgedeckt. Dieses Thema behandeln wir im nächsten Abschnitt.

17.4.2.7 Module

Als letztes konkretes Beispiel schauen wir uns das Mocken von Modulen an, die reine Funktionen enthalten. Da wir in Rust anders als in Java auch die Freiheit genießen, eigenständige Funktionen ohne Bezug auf eine Klasse (oder in unserem Fall auf einen strukturierten Datentyp) codieren zu können, ist das auf jeden Fall einen Blick wert.

Wie auch bei strukturierten Datentypen im Abschnitt 17.4.2.2 werden wir das Makro/Attribut `#[double]` einsetzen, sodass wir uns auf den gleichbleibenden Namen des Moduls verlassen können.

```
use mockall_double::double;

mod outer {
    use mockall::automock;
    #[automock]
    #[allow(dead_code)]
    pub mod a_module {
        pub fn return_string() -> &'static str {
            "Hello from productive code"
        }
    }
}

#[double]
pub use outer::a_module;
```

Listing 17–17
Mocken von Modulen – Teil 1

Wie wir sehen, ist nichts Besonderes an der Implementierung des produktiven Codes. Sollten Sie die Funktionsweise von `#[double]` noch nicht kennen, schauen Sie am besten in den Abschnitt 17.4.2.2.

Bei der Implementierung des Tests gibt es jedoch eine Besonderheit:

Listing 17–18
Mocken von Modulen – Teil 2

```
#[cfg(test)]
mod tests {
    use super::*;

    #[test]
    fn test_mocked_return_string() {
        let ctx = a_module::return_string_context();
        ctx.expect()
            .return_const("Hello from mock!");
        assert_eq!("Hello from mock!", a_module::return_string());
    }
}
```

Da wir kein Objekt zur Verfügung haben, auf das wir uns beim Bereitstellen eines fixen Wertes beziehen können, bietet Mockall ein Kontextobjekt an. Dieses holen wir uns über den Aufruf von `return_string_context()`. Alles andere ist uns bereits bekannt.

17.4.2.8 Spying (oder »Der Spion, der mich überprüfte«)

Predicate

Neben dem reinen Mocken kann Mockall auch die Parameter einer gemockten Funktion überprüfen. Diese Funktion wird bei Mockall mit dem Typ *Predicate* (Prädikat) umgesetzt. Wir können sie mit verschiedenen *Hilfsfunktionen* komfortabel erstellen und der Methode `with()` übergeben. Ein Beispiel ist die Hilfsfunktion `eq()`.

Listing 17–19
Verwendung eines Predicates, erstellt mit der Hilfsfunktion eq()

```
mock.expect_foo()
    .with(eq(42))
    .return_const(());
```

Mit dieser Codierung drücken wir aus, dass die Methode (oder Funktion) `foo()` mit dem Argument `42` aufgerufen wird, ehe wir die Konstante eines leeren Tupels zurückgeben. Wird `foo()` niemals mit `42` aufgerufen, wird das Programm mit einer Panic abbrechen.

Anzahl der erwarteten Aufrufe

Weiterhin können wir die Anzahl der Aufrufe überprüfen.

Listing 17–20
Verwendung eines Predicates, erstellt mit der Hilfsfunktion eq()

```
mock.expect_foo()
    .times(42)
    .return_const(());
```

Verwendung von times()

Hier verlangen wir, dass die Methode `foo()` 42-mal aufgerufen wird. Alles andere kennen wir schon.

17.4.3 Abschließendes zu Mockall

Das war nur ein Einstieg.

Abschließend möchten wir explizit erwähnen, dass wir hier nur einen Teil der Funktionalitäten von Mockall gezeigt haben. Wir wollen hiermit nicht die Doku kopieren oder gar alles abdecken. Wir wollen einen Fingerzeig auf Mockall liefern und den Einstieg in der Verwendung erleichtern.

Partielles Mocken ist nicht möglich.

Benutzer von Bibliotheken wie Mockito im Java-Umfeld haben sich schon längst daran gewöhnt, ein tatsächliches Objekt einer Klasse durch einen Mock wrappen zu können. Das ist aufgrund des sehr statischen Aufbaus von Rust nicht möglich.

17.5 Snapshot-Tests mit `insta`

Im Programmieralltag können wir vor der Situation stehen, dass einfache Vergleiche von Zeichenketten und numerischen Werten nicht ausreichen und wir eine komplexe Struktur im Ganzen vergleichen wollen. Gute Beispiele sind die Ergebnisse von textuellen Renderings wie HTML auf Basis von Template-Engines oder auch ein generiertes JSON-Dokument. Hierbei bietet sich die Anwendung sogenannter Snapshot-Tests an. Die grundlegende Idee ist denkbar einfach: Wir speichern unser Ergebnis in eine Textdatei, der Snapshot (zu Deutsch Schnappschuss) und vergleichen bei der nächsten Ausführung die Testergebnisse mit der gespeicherten Variante. Ergibt sich hierbei ein Unterschied, hat sich entweder das Ergebnis korrekterweise geändert oder es ist ein Fehler. Diese Entscheidung müssen wir als Entwickler treffen.

Ein Crate, welches das Thema Snapshot-Testing aufgegriffen hat, nennt sich *Insta*. Insta bietet sowohl die Möglichkeit, die Snapshot-Dateien in verschiedenen Formaten wie YAML, JSON oder CSV abzuspeichern, als auch ein Kommando, um die Entscheidung, ob ein Fehler oder Absicht vorliegt, treffen zu können. Sollte es sich um eine absichtliche Änderung handeln, können wir durch dieses Werkzeug die Snapshots aktualisieren lassen. Auch hier schauen wir uns wieder ein kleines Beispiel an:

Listing 17–21
Einfache Verwendung von insta::assert_snapshot

```
#[test]
fn test_hello_world() {
    insta::assert_snapshot!("Ich bin ein Snapshot, wenn auch \
    nur ein kleiner!");
}
```

Führen wir dieses Beispiel aus, werden wir eine Meldung ähnlich der folgenden ausgegeben bekommen. Wir haben aufgrund des beschränkten Platzes in der Buchseite noch ein paar Umbrüche hinzugefügt.

Listing 17–22
Ausgabe des Snapshot-Tests der Datei testing_5_snapshots_mit_insta.rs

```
stored new snapshot [...]/rust-buch/05_testing/src/snapshots/
rustbuch_testing__testing_5_snapshots_mit_insta_
_hello_world.snap.new
test testing_5_snapshots_mit_insta::test_hello_world ... FAILED

failures:

---- testing_5_snapshots_mit_insta::test_hello_world stdout ----
─────────────────────── Snapshot Differences ───────────────────────
Snapshot file: src/snapshots/rustbuch_testing__testing_5_
snapshots_mit_insta__hello_world.snap
Snapshot: hello_world
Source: src/testing_5_snapshots_mit_insta.rs:3
+new results
────────────────────────────────────────────────────────────────────
"Ich bin ein Snapshot, wenn auch \
    nur ein kleiner!"
────────────────────────────────────────────────────────────────────
0 | +Ich bin ein Snapshot, wenn auch nur ein kleiner!
────────────────────────────────────────────────────────────────────
To update snapshots run `cargo insta review`
```

In epischer Breite bekommen wir die Rückmeldung, dass der Snapshot-Test fehlgeschlagen ist. Weiterhin bekommen wir mitgeteilt, dass Insta einen neuen Snapshot `rustbuch_testing__testing_5_snapshots_mit_insta__hello_world.snap.new` angelegt hat. Diesen müssen wir nun überprüfen und abnehmen. Dazu sollen wir, so die Ausgabe, das bereits oben angesprochene Tool verwenden. Es wird als Erweiterung von Cargo angeboten und wird mit `cargo insta` aufgerufen. Vor der Verwendung müssen wir es installieren:

Listing 17–23
Installation von cargo insta

```
> cargo install cargo-insta
```

Anschließend führen wir, wie oben vorgeschlagen, Folgendes aus:

Listing 17–24
Ausführen von cargo insta wie oben vorgeschlagen

```
> cargo insta review
```

Als Ausgabe bekommen wir eine Übersicht über die Änderungen und unsere Optionen:

Listing 17–25
Ausgabe von cargo insta review

```
Reviewing [1/1]:
Package: rustbuch_testing (0.1.0)
Snapshot file: src/snapshots/rustbuch_testing_
_testing_5_snapshots_mit_insta__hello_world.snap
Snapshot: testing_5_snapshots_mit_insta__hello_world
Source: src/testing_5_snapshots_mit_insta.rs
+new results
```

```
"Ich bin ein Snapshot, wenn auch \
    nur ein kleiner!"
```

```
        0 | +Ich bin ein Snapshot, wenn auch nur ein kleiner!
```

```
  a accept   keep the new snapshot
  r reject   keep the old snapshot
  s skip     keep both for now
```

Mit der Taste *a* bestätigen wir den neuen Snapshot. Dieser dient damit für zukünftige Ausführungen als Blaupause.

Die Einführung zeigt uns, wie leicht es ist, mit Insta einfache Unit-Tests in Snapshot-Tests zu verwandeln. Wir wollen explizit darauf hinweisen, dass Snapshot-Tests nur in seltenen Fällen eine gute Idee sind. Wenn wir aber keine oder nur eine sehr aufwendige Alternative zur Verfügung haben, kann Insta sehr gut eingesetzt werden. Gute Einsätze von Snapshots sind Ergebnisse von Template-Renderings oder Serialisierungen, wie zum Beispiel HTML, JSON oder XML.

17.6 Der Rust-Compiler sieht viel, aber nicht alles

Wie wir oben bereits gelernt haben: Tests sollten das Verhalten einzelner Units (bei Rust *Crates*) oder zusammenspielender Systemkomponenten abdecken. Hierbei sollte es uns nicht um eine absolute Freiheit von Bugs gehen. Vielmehr schaffen wir uns dadurch die Gewissheit, dass eine Logik als Gegenstück wie eine Schablone immer wieder auf den neuesten Code gelegt werden und damit überprüft werden kann, dass bisherige Funktionalität auch weiterhin besteht. Diese Haltung gilt für sämtliche Programmiersprachen, egal, ob es sich dabei um klassisches C oder um eine Skriptsprache handelt.

Bei Letzterer kann es sinnvoll sein, in den Tests auch Typen mit Tests abzudecken. Dies ist bei Rust dank des sehr strikten Compilers nicht vonnöten.

Tipps und Tricks

Sobald Sie die strengen Regeln des Compilers gemeistert haben, können Sie sich entspannen und die Stabilität und Performance genießen.

Dennoch gibt es Szenarien, die nicht vom Compiler abgedeckt werden können. Die uns bekannten wollen wir uns gemeinsam ansehen. Dabei zeigen wir sowohl das Szenario als auch, sofern möglich, Alternativen auf, sodass der Rust-Compiler uns helfen kann. Diese Szenarien betreffen Überläufe, OutOfBoundChecks und Deadlocks.

17.6.1 Überläufe (Overflows)

Wie wir bereits im Abschnitt 4.1.1 gelernt haben, können wir uns bei Überläufen nicht auf den Rust-Compiler verlassen, sondern müssen explizite Vorkehrungen treffen. Zur Erinnerung: Überläufe kommen vor, sobald mehr Speicherplatz verwendet werden soll, als für einen Datentyp vorgesehen wurde. Wir können es uns wie ein Fass vorstellen, in das wir mehr Wasser hineingenießen, als das Fass aufnehmen kann. Mehr Wasser und in unserem Fall mehr Daten bringen das Fass zum Überlaufen. Wenn wir zum Beispiel einer Variable `fass` den Datentyp u8 (ein eher kleines Fass) und Benutzereingaben dieser Instanz zuweisen, kann ein Überlauf passieren. Falls der Benutzer eine Zahl eingibt, die größer als 255 ist, läuft unser `fass` über. Dabei fasst es nur einen Wert, der in einen 8-Bit-Strang passt. Gibt der Benutzer eine 257 ein, ergibt sich dadurch ein 9-Bit-Strang, nämlich 100000001. Das vorderste Bit läuft über, und übrig bleibt der 8-Bit-Strang 00000001. Somit hält unser `fass` den Wert 1 statt 257.

Rust beendet das Programm im *debug*-Modus per Standardverhalten mit einer Panic. Im *release*-Modus hingegen gestattet uns der Compiler uns den möglichen Overflow. Es gibt auch Fälle, in denen wir Überläufe bewusst verwenden wollen. Ein Beispiel hierfür ist das *Bit Shifting* in der Mikro-Controller-Programmierung. Wollen wir das Standardverhalten anpassen, können wir es über den Schalter *overflow-checks* verändern.

Um diese Fälle für unsere konkreten Anwendungsfälle explizit auszudrücken und auch für unsere Teamkollegen festzuhalten, empfehlen wir, Codestellen, die numerische Benutzereingaben handhaben, mit Tests zu versehen. Als Alternative stehen uns (wie wir aus dem Abschnitt 4.1.1 wissen) für alle arithmetischen Operationen Methoden wie `checked_add()` für Additionen oder `checked_sub()` für Subtraktionen zur Verfügung. Welche Variante für Sie günstiger ist, müssen Sie in der Praxis entscheiden. Wir möchten Ihnen aber gerne den Tipp geben: Im Zweifel lieber zu explizit als zu implizit.

17.6.2 OutOfBoundsCheck

Als Java-Entwickler kennen wir Szenarien, in denen auf ein Element in einer Liste zugegriffen werden soll, das es nicht gibt. Genau das Gleiche kann uns trotz des Rust-Compilers und einer Instanz von `Option` passieren. Ein Beispiel ist der Zugriff auf ein Element in einem Vektor über die Syntax mit eckigen Klammern.

Auch hier können wir Zugriffe über einen Unit-Test absichern. Wir empfehlen jedoch bei einem Zugriff in jedem Fall die Methode `get()` vorzuziehen. Diese gibt ein Objekt vom Typ `Option` zurück, das wir im weiteren Codeverlauf prüfen können.

17.6.3 Stockungen (Deadlocks)

Stockungen können passieren, wenn Teil A eines Systems einen exklusiven Zugriff auf eine Ressource hat, dabei auf eine andere von Teil B des Systems blockierte Ressource wartet. Teil B wartet wiederum auf die Ressource von A. Übertragen wir dieses abstrakte Bild auf ein konkretes Beispiel, könnte Person A eine Schere in der Hand halten und würde sie gegen ein Gummibärchen tauschen. Person B würde genau ein Gummibärchen abgeben, braucht aber zum Öffnen der Tüte die Schere, da die Tüte mit der bloßen Hand nicht zu öffnen ist. Im Volksmund sagen wir: »Die Katze beißt sich in den Schwanz.«

Solch eine Stockung passiert in der Praxis nur in speziellen Fällen. Diese können wir meistens nicht wie das Gummibärchen-Beispiel durchdringen. Auch sind diese Fälle nur sehr schwer zu provozieren, sodass sie durch einfache Unit-Tests nicht abgedeckt werden können.

Als Alternative zu Unit-Tests können wir mit *Fuzzy Testing* (oder *Fuzzing*) dem Problem begegnen. Hierbei wird eine Masse zufällig generierter Daten auf das System geschickt, und im besten Fall wird ein Szenario aufgedeckt, das wir durch manuelles Testen nur schwer finden können. Um in Rust Fuzzing durchzuführen, empfehlen wir die Verwendung von *cargo fuzz*.

Weiterhin sollten wir bei der Entwicklung darauf achten, keine exklusiven Zugriffsrechte zu vergeben. Im Zweifel gibt es noch die Möglichkeit, Konzepte wie *Pooling*, *Scheduling* oder *Queuing* umzusetzen. Es ist wie im Umgang mit Kindern: Am besten sollten wir unseren Systemkomponenten immer etwas anbieten können – und wenn es die Zusicherung ist, dass es in 5 Minuten weitergeht (oder es gibt eben statt einem zwei Gummibärchen).

17.7 Fazit

Wir haben eine allgemeine Definition von Tests festgelegt und auf die Bordmittel von Cargo übertragen. Außerdem haben wir sowohl Unit- als auch Integration-Tests geschrieben und in einer Crate-Ordnerstruktur verortet. Des Weiteren haben wir uns mit Mockall ein Crate angesehen, das uns im Praxisalltag mit Rust das Testen unseres Codes deutlich vereinfacht. Ergänzend zu Mockall finden wir mit Insta eine gute Möglichkeit, um Ergebnisse von Renderings oder Serialisierungen testen zu können. Abschließend haben wir uns Szenarien in Erinnerung gerufen, die wir unter Umständen besonders mit Tests abdecken müssen.

Damit sind wir gerüstet für die konkrete Anwendung und steigen im nächsten Kapitel in die Webprogrammierung ein.

18 Webprogrammierung

In diesem Kapitel entwickeln wir iterativ eine Webanwendung mit Ihnen. Hierbei werden die im ersten Teil gelernten Konzepte wieder aufgegriffen, vertieft und es wird deren praktische Anwendbarkeit mit praxisrelevanten Bibliotheken und Frameworks gezeigt. Wir gehen davon aus, dass Sie mit den grundlegenden Konzepten der Webprogrammierung vertraut sind. Deswegen werden diese nicht ge«sondert behandelt. Vielmehr werden die Besonderheiten von Rust – sowohl Vorteile wie erhöhte Sicherheit als auch Nachteile wie größere Komplexität – in dem Gebiet hervorgehoben. Wir orientieren uns hier an einem modernen Framework aus dem Rust-Umfeld. Wir erklären die Verwendung und die zugrunde liegenden Konzepte aus der Perspektive eines Entwicklers, der bereits Erfahrung mit Webframeworks anderer Sprachen hat, sei es Spring, Phoenix, Flask oder Express.

Im Verlauf des Kapitels werden wir einen Service erstellen, der das Backend für ein Kontaktformular darstellt. Wir beginnen mit einfachen Beispielen, um die Bibliotheken kennenzulernen, und erweitern den Funktionsumfang stückweise, bis am Schluss Authentifizierung, Tests und Persistenz komplett sind.

18.1 Einführung

Bevor wir uns auf das verwendete Framework stürzen, wollen wir in diesem Unterkapitel die behandelten Themengebiete abstecken und das Für und Wider der Verwendung von Rust für die Webprogrammierung aufführen. Die Entscheidung, ob Rust die richtige Sprache für das betrachtete Projekt, Team und Umfeld ist, sollten wir wie bei jeder Technologie nicht pauschalisieren, sondern individuell treffen.

18.1.1 Warum Rust für Webprogrammierung?

Durch die bisherige Lektüre des Buches dürfte uns bereits klar geworden sein, dass Rust viel vom Entwickler erwartet und unter Umständen insbesondere am Anfang die Entwicklung ausbremst. Des Weiteren ist Rust mit seinem sehr expliziten Typsystem bei weitem nicht so kompakt wie zum Beispiel Elixir Code.

Warum also sollten wir Webanwendungen mit Rust entwickeln? Im Verlauf des Kapitels werden wir diese Frage ausführlich klären, aber bereits mit den bisher vorgestellten Eigenschaften der Sprache lassen sich folgende Aspekte hervorheben:

Die starke Typsicherheit verhindert viele Probleme verbunden mit der Konvertierung von Daten. Des Weiteren wird dadurch eine bessere Lesbarkeit des Codes gewährleistet, da man sofort sehen kann, welche Typen beispielsweise von Request-Handlern erwartet oder zurückgegeben werden. Hierdurch können wir genauer über die Korrektheit des Codes diskutieren.

Die expliziten Result-Typen zwingen uns bei der Programmierung dazu, jedes unerwartete Ergebnis bewusst zu behandeln. Somit können wir nicht vergessen, Exceptions abzufangen.

Sichere parallele Programmierung ist besonders hilfreich, um bei Webanwendungen, bei denen viele Anfragen gleichzeitig behandelt werden, eine ganze Klasse von Fehlern zu verhindern. Mit dem async/await-Framework wird Rust auch der asynchronen Natur von verteilten Systemen gerecht.

Die hervorragende Performance von Rust ist in manchen Anwendungsfällen entscheidend, sollte aber gegenüber dem größeren Entwicklungsaufwand abgewogen werden.

Im nachfolgenden Beispiel, einer Funktion aus dem in diesem Kapitel entwickelten Kontaktformular, sollen all diese Aspekte konzeptuell aufgezeigt werden. Bei der Funktion handelt es sich um einen Handler, der ankommende Anfragen behandelt. Solche Funktionen werden üblicherweise auch in anderen Frameworks verwendet. Sollten Sie nicht auf Anhieb alle Teile des Handlers verstehen, sorgen Sie sich nicht, im Verlauf des Kapitels werden wir alle verwendeten Mechaniken im Detail betrachten.

Listing 18–1
Beispiel eines Handlers

```
#[get("/requests/<id>")]
pub async fn get_request_by_id(
con: DbCon,
_user: User,
id: i32) -> Result<Option<ContactRequest>,String> {
    request_repo::get_by_id(&con, id).await
}
```

Wir beginnen mit einem Makro `#[get]`, mit dem wir einen Handler zur Beantwortung von GET-Anfragen unter dem Pfad `"/requests/<id>"` definieren. Hierbei wird `<id>` beim Aufruf auf das Argument `id` der nun folgenden Funktion `get_request_by_id()` abgebildet. Durch die Definition als `i32` stellen wir sicher, dass alle Aufrufe gültige i32-Werte enthalten. Aufrufe, die nicht auf das Schema passen, beispielsweise weil der Parameter `id` nicht als `i32` gelesen werden kann, werden diesen Handler erst gar nicht erreichen. Die anderen beiden Parameter sind die Datenbankverbindung `con` und der Benutzer `_user` (den wir nicht verwenden).

Das Schlüsselwort `async` zu Beginn der Funktionsdefinition haben wir bereits in Kapitel 16 kennengelernt. Weiter signalisiert das Schlüsselwort der zugrunde liegenden Runtime, wie die Funktion aufgerufen werden muss. Wir können problemlos `async` verwenden, da alle Parameter der Funktion durch die Definition eines Handlers im verwendeten Framework threadsicher sein müssen. So müssen wir uns beim Implementieren des Handlers keine Gedanken über die Thread-Sicherheit der verwendeten Typen machen.

Der Rückgabewert ist explizit definiert als ein `Result`, wobei der `Ok`-Typ eine `Option` eines `ContactRequest` ist und der `Error`-Typ ein String. Hier ist `Option` in `Result` gepackt, da wir sowohl die Nichtexistenz eines `ContactRequest` ausdrücken wollen (die `Option` ist `None`) als auch einen tatsächlichen Fehler. Ein Beispiel hierfür wären unzureichende Berechtigungen des Benutzers, die sich anders als die Nichtexistenz äußern sollen. Somit ist ganz klar definiert, was diese Funktion zurückgeben wird. Das unterscheidet sich von Sprachen wie Java, die das frühzeitige Verlassen einer Methode durch Exceptions zulassen und somit von außen nicht erkenntliche Objekte zurückgeben.

Sollte eine Webschnittstelle verwendet werden, können sich andere Programme sicher sein, welche Art von Daten sie erwarten können.

Die einzige Zeile im Methodenrumpf ist der Aufruf der Persistenzschicht, wobei wir versuchen, eine einzelne Kontaktanfrage anhand ihrer `id` zu finden. Das »`await`« wartet mit der Ausführung der restlichen Funktion (hier lediglich das Zurückgeben), bis die Datenbankabfrage fertig ist. Dabei wird der Thread, auf dem das Framework die Funktion ausführt, nicht blockiert. Stattdessen wird die Ausführung der Funktion hier unterbrochen, und der Scheduler führt andere Tasks aus. Erst wenn die Daten vorliegen, wird mit der Ausführung der Funktion fortgefahren. Der Aufruf der Persistenz gibt in diesem Fall den gleichen Typ zurück wie der Handler, weswegen kein Mapping benötigt wird.

18.1.2 Warum nicht Rust für Webprogrammierung?

Obwohl wir als Autoren natürlich Rust als unsere Lieblingssprache ins Herz geschlossen haben, so sind wir uns dennoch bewusst, dass Rust nicht immer das richtige Werkzeug für jeden Anwendungsfall ist. Insbesondere im Vergleich zu mächtigen Frameworks wie Spring fehlen im Rust-Ökosystem doch an vielen Stellen die vorbereiteten Lösungen, und wir sind gezwungen, viel von Hand selbst zu erledigen. Während die Integration von *JSON Web Tokens* (JWT) in Spring mit Spring Boot und Spring Security mit ein paar Zeilen Konfiguration und einer Projektabhängigkeit erledigt ist, müssen wir in Rust selbst die benötigten Header suchen, diese an eine JWT-Bibliothek und je nach verwendetem Framework den momentan authentifizierten Benutzer in die Handler übergeben. Funktionalitäten wie Dependency Injection oder Autoconfiguration suchen wir im Rust-Umfeld vergeblich. Aber die Frameworks aus dem Rust-Umfeld streben nicht an, eine Alternative zu Spring darzustellen. Vielmehr verfolgen sie den Ansatz, uns möglichst viele Freiheiten zu lassen, wie wir unsere Anwendung aufbauen und aus Bibliotheken zusammensetzen wollen.

Als Anwendungsentwickler werden Sie vermutlich anfangs viele der Konstrukte der Sprache als unnötig kompliziert betrachten. Die großen Vorteile der Sprache zeigen sich eher später: Das größere Vertrauen in den Compiler müssen wir uns erst angewöhnen und erfahren, um die dadurch entstehende schnellere Entwicklung auskosten zu können. Auch hier gilt: Solange wir gegen den Borrow-Checker ankämpfen, werden wir langsamer entwickeln als in anderen Sprachen. Die durch strikte Typen und expressive Ausdrucksweise verbesserte Wartbarkeit unserer Anwendung wird sich natürlich nicht gleich zu Beginn der Entwicklung zeigen.

18.1.3 Themen in diesem Kapitel

Fangen wir mit dem an, was wir nicht behandeln. Alles, was wir nicht im Aufgabengebiet des Webframeworks sehen, wird entweder in einem späteren Kapitel behandelt (beispielsweise das Erstellen von Docker-Containern speziell für Rust) oder wir verweisen auf externe Literatur.

Des Weiteren setzen wir voraus, dass Sie über ein Grundverständnis für HTTP verfügen und bereits erste Erfahrungen mit einem Webframework gemacht haben. Außerdem behandeln wir in diesem Kapitel nicht den Code für das Frontend, auch wenn im Begleit-Repository ein minimales Frontend mitgeliefert ist.

18.1.4 Eine kleine Warnung vorab

Während wir dieses Buch verfasst haben, ist die Entwicklung im Rust-Ökosystem nicht stehengeblieben. *Async/await* wurde glücklicherweise noch vorher in der Sprache stabilisiert, aber Rocket hat erst während des Verfassens des Buches die Möglichkeiten für async/await in Version 5 geschaffen. Seien Sie sich dessen auch in Ihren eigenen Projekten bewusst: Solange Sie mit einer modernen, sich entwickelnden Sprache arbeiten, wird es immer wieder Änderungen in der Sprache und im Ökosystem geben.

18.2 Grundlagen von Rocket

In diesem und späteren Kapiteln wird das Rocket-Framework verwendet. Um Sie mit der Funktionsweise des Frameworks vertraut zu machen, erläutern wir nachfolgend die Grundlagen von Rocket. Wie im gesamten Buch fokussieren wir uns bei der Verwendung von Rocket darauf, Ihnen eine Möglichkeit aufzuzeigen, Ihr Ziel zu erreichen. Anders als der offizielle Guide stellen wir nicht alle Funktionen des Frameworks vor, sondern vermitteln Ihnen ein Minimum an benötigten Informationen, damit Sie sich schnell ein Bild davon machen können, ob das Framework Ihren Anforderungen entspricht. Für mehr Details und alternative Lösungsmöglichkeiten verweisen wir Sie an die offizielle Dokumentation.

Um Rocket in unserer Anwendung verwenden zu können, müssen wir das Framework als Abhängigkeit in der `Cargo.toml` eintragen. Während frühere Versionen Unterprojekte von Rocket verwendet haben, bietet die Version 0.5 alles in einem Crate an. Für die ersten Beispiele reicht uns das Feature `json`, weswegen der einzige Eintrag in der `Cargo.toml` folgender ist:

```
rocket = { version ="0.5.0-rc.1", features=["json"]}
```

Wie viele andere Webframeworks ist Rocket um Handler organisiert, die Anfragen an den Webserver behandeln. Diese Handler sind als Funktionen gestaltet, die vom Framework oder von registrierter Middleware Argumente übergeben bekommen. Ein Handler wird mittels eines Makros ausgezeichnet, wodurch auch weitere Parameter wie HTTP-Verben oder -Pfade definiert werden können. Damit diese Makros verwendet werden können, müssen diese zunächst mit `macro_use` aktiviert werden.

Ein minimales Beispielprogramm sieht wie folgt aus:

Listing 18–2
Ein minimales Beispiel mit Rocket

```
#[macro_use]
extern crate rocket;

#[get("/hello")]
fn my_handler() -> String {
    "world".into()
}

#[launch]
fn entry_point() -> _ {
    rocket::build().mount("/", routes![my_handler])
}
```

Zuerst fällt uns auf, dass dieses Programm keine `main()`-Methode besitzt. Diese wird durch das `launch`-Makro erzeugt. Das heißt aber auch, dass das Programm keine `main()`-Methode besitzen darf, andernfalls wird sich der Compiler über zwei definierte `main()`-Methoden beschweren.

Die Funktion `my_handler` ist unser erster registrierter Handler und wird `GET`-Anfragen unter `/hello` entgegennehmen. Der Rückgabetyp spricht ebenso für sich wie die Abwesenheit von Funktionsparametern. Die `entry_point()`-Methode verwendet den Builder von Rocket, um eine neue Rocket-Instanz zu erzeugen. Dabei werden Routen unter dem Pfad / eingehängt (*mount*). Das Makro `routes` ermöglicht es dann, die Handler-Funktion hierfür zu definieren.

Wenn wir den Code starten, erhalten wir wie erwartet das `"world"` als Antwort auf einen GET-Request an die Ressource `/hello`.

```
> curl 127.0.0.1:8000/hello
world
```

Obwohl das minimale Beispiel anschaulich ist, so ist es doch gänzlich unbrauchbar für die Praxis: Es wird für alle Anfragen nur ein statischer String zurückgegeben. Das wollen wir jetzt ändern.

18.2.1 Handler

Handler können Argumente entgegennehmen. Diese können unter anderem aus dem Request-Body, aus Pfadvariablen oder aus der Middleware kommen. Woher diese Parameter kommen und wie sie erzeugt werden, ist durch das verwendete Makro und den Typ des Parameters geregelt. Jeder Typ, der als Parameter verwendet werden kann, muss den Trait `FromRequest` implementiert haben. In den meisten Fällen ist das durch die verwendeten Bibliotheken abgedeckt. Ein Sonderfall mit manueller Implementierung wird später mit Guards gezeigt.

Parameter im Pfad können wir im Makro mit `<identifier>` auszeichnen, wobei `identifier` der Name eines Parameters der Funktion ist.

Listing 18–3
Ein Handler mit einem Parameter im Pfad

```
#[get("/item/<id>")]
fn get_item_handler(id: u32) -> String {
    format!("item: {}", id)
}
```

Wollen wir Funktionsparameter als Parameter im Request haben, so lässt sich das ebenso einfach bewerkstelligen.

Listing 18–4
Ein Handler mit einem Parameter, der als HTTP-Parameter realisiert ist

```
#[get("/item?<id>")]
fn get_item_handler_param(id: u32) -> String {
    format!("item: {}", id)
}
```

Parameter können auch optional sein. Dies wird durch die Verwendung von `Option<T>` erreicht.

Listing 18–5
Ein Handler mit einem optionalen Parameter

```
#[get("/search?<start>")]
fn search_handler_param_optional(start: Option<u32>)
-> String {
    format!("start: {:?}", start)
}
```

Wollen wir Parameter aus dem Request erhalten, so können wir diese als Parameter der Funktion verwenden und das Makro entsprechend anpassen. Hier wollen wir in den meisten Fällen eigene Typen verwenden, die komplexer sind als ein einfacher `u32`. Die Voraussetzung ist jedoch, dass Parameter der Funktion den Trait `FromRequest` implementieren. Glücklicherweise gibt es Typen wie `Json`, die für jeden *deserialisierbaren* Datentyp automatisch `FromRequest` implementieren. Die eigenen Typen müssen so lediglich den `Deserialize`-Trait implementieren. In vielen Fällen ist das mit `#[derive(Deserialize)]` erledigt. Der Trait `Deserialize` und das zugehörige Makro entstammen den Crates `serde` und `serde-json`. Diese bieten für alle gängigen Typen und aus diesen zusammengesetzten Typen fertige Serialisierung an. Damit das funktioniert, müssen wir aber die entsprechenden Crates einbinden.

Listing 18–6
Handler mit komplexerem Datentyp als Parameter

```
#[derive(Serialize, Deserialize)]
struct Item{
    id: u32,
    name: String
}

#[post("/item", format = "json", data = "<item>")]
fn post_item_handler(item: Json<Item>) -> String {
    format!("item_id: {}", item.id)
}
```

Da das Datenformat auf json festgelegt wurde, ist es wichtig, in Anfragen den entsprechenden Content-Type-Header zu setzen.

```
curl -X POST -H "Content-Type: application/json"
"127.0.0.1:8000/item" -d '{"id":7,"name":"Hans"}'
```

Wir wollen hier noch einmal hervorheben: Ist ein Parameter in der Funktionssignatur angegeben, so wird die Funktion nur aufgerufen, wenn die entsprechenden Requests den Parameter in einer Form enthalten, die den Anforderungen entspricht. Das heißt aber auch, dass wir uns innerhalb der Funktion sicher sein können, dass alle verwendeten Parameter auch valide Daten enthalten. Soll anstelle von JSON eine Form Submission verwendet werden, so können Typen den Trait FromForm implementieren. Ein Beispiel hierfür folgt an passender Stelle.

18.2.2 Return Types

Bisher haben wir nur Plaintext mit unseren Handlern zurückgegeben. Das ist natürlich nicht der Sinn unseres Webservice. Rocket ermöglicht es einem, komplexe Konstrukte aus Typen als Rückgabewerte zu verwenden. Rückgabewerte aus Handlern müssen den Trait Responder implementieren. Hier können wir beispielsweise wieder den Typ Json verwenden oder den Trait selbst implementieren. Beide Varianten werden hier gezeigt:

Listing 18–7
Handler mit einem Rückgabewert vom Typ Json

```
#[derive(Serialize, Deserialize)]
struct Item{
    id: u32,
    name: String
}
#[get("/item/<id>")]
fn get_item_handler_json(id: u32) -> Json<Item> {
    let item = Item{id: id, name: "Hans".into()};
    Json(item)
}
```

Hier haben wir im Handler direkt unsere Variable vom Typ Item in einen Container vom Typ Json eingepackt. Dies ist erlaubt, da wir in der ersten Zeile mit den derive-Makros automatisch Serialize und Deserialize für unseren Typ implementieren. Der Rückgabetyp der Funktion zeigt dies explizit an. Wir könnten also nicht direkt einen String selbst zusammenbauen und diesen zurückgeben, ohne die Methodensignatur anzupassen. Da keines der Felder in Item vom Typ Option<T> ist, können wir uns sicher sein, dass das resultierende JSON immer alle aufgeführten Felder ausgefüllt hat. Das Rocket-Framework erlaubt mit dem Datentyp Json, direkt jeden Typ, der Serializeable ist, richtig formatiert zurückzugeben. Möchten wir unseren Typ Item direkt zurückgeben, so ist dies auch möglich – diese zweite Variante ist nachfolgend gezeigt:

```
#[derive(Serialize, Deserialize)]
struct Item2{
    id: u32,
    name: String
}
impl<'r> Responder<'r, 'static> for Item2 {
    fn respond_to(self, req: &'r Request<'_>)
    -> response::Result<'static> {
        content::Plain(
          format!("Item2 hat ID {}",self.id)
        ).respond_to(req)
    }
}
#[get("/item2/<id>")]
fn get_item_handler_diy(id: u32) -> Item2 {
    Item2{id: id, name: "Hans".into()}
}
```

Listing 18–8
Implementierung von Responder auf Item2 und Verwendung im Handler

Hier wird `Responder` auf Basis einer textuellen Antwort implementiert. Wir können jeden Typ als Ergebnis zurückgeben, solange dieser wieder `respond_to()` implementiert hat. Der Typ `Plain` ist ähnlich wie `Json` ein Container, der uns Aufgaben abnimmt, wie beispielsweise den korrekten Content-Type-Header zu setzen. Weitere solche Typen sowie die Möglichkeit, unsere Implementierung komplett selbst zu gestalten, finden wir in der Rocket-Dokumentation.

Die Lifetimes benötigen hier etwas Erklärung: `'r` beschränkt die Lifetime der an uns ausgeliehenen Referenz auf Request. Die anonyme Lifetime `'_` von Request ist ein Implementationsdetail des Datentyps selbst und für uns uninteressant. Die zweite Lifetime, in unserem Fall `'static`, beschränkt die Lifetime des Rückgabewerts. Sollte der Rückgabewert keine Daten ausleihen, so kann die Lifetime wie hier auf `'static` gesetzt werden. Sollte das `Result` von `Request` Daten ausleihen, so kann diese zweite Lifetime auf `'r` gesetzt werden. Weitere Sonderfälle sind in der Dokumentation von Rocket beschrieben.

Wichtig hierbei ist, dass jeder Typ nur eine Implementierung von Responder haben darf. Das bedeutet, sollten wir unseren Typen aus Handlern als JSON und XML zurückgeben wollen, so ist diese Variante nicht geeignet.

Wollen wir für unsere Requests automatisch einen Responder implementieren, so können wir uns ein Makro schreiben, das für den Typ folgenden Body einer `respond_to`-Funktion erzeugt:

```
Json(self).respond_to(request)
```

18.2.2.1 Statuscodes

Auch spezielle Statuscodes können als Rückgabewerte genutzt werden. Standardmäßig verwendet Rocket hier den Wert 200; wie mit Fehlern umgegangen wird, ist im nächsten Abschnitt erklärt.

Bedarf es anderer Statuscodes, können wir bestehende Responder in Datentypen aus `rocket::response::status` einpacken.

Listing 18–9
Handler mit unserem Item in den Datentyp Created verpackt

```
#[post("/item", format = "json", data = "<item>")]
fn post_item_handler_created(item: Json<Item>)
-> Created<Json<Item>> {
    Created::new("http://example.com").body(item)
}
```

Hier setzt Rocket zusätzlich automatisch den »Location«-Header. Da die Typen so schnell unübersichtlich werden, können wir alternativ auch einen Responder in Verbindung mit dem Newtype-Pattern implementieren.

18.2.2.2 Fehlerbehandlung

Es kann passieren, dass ein Request nicht ordnungsgemäß bearbeitet werden kann. In solchen Fällen kommt wieder einmal das Typsystem von Rust zum Einsatz: Ist ein Element nicht vorhanden, so kann dies als der »None«-Fall eines Option-Typs verstanden werden.

Wir simulieren dies im nachfolgenden Fall mit einem einfachen »match«:

Listing 18–10
Handler mit beispielhafter Fehlerbehandlung

```
#[get("/item3/<id>")]
fn get_item_handler_option(id: u32)
  -> Option<Json<Item>>  {
    match id {
        7 => Some(Json(Item{id: id, name: "Hans".into()})),
        _ => None
    }
}
```

Mit dem Zurückgeben von None wird auch automatisch der entsprechende Statuscode gesetzt, in dem Fall 404.

Tritt ein Fehler auf, beispielsweise weil die Datenbank nicht erreichbar ist oder die angefragte Operation fehlschlug, können wir mit einem `Result`-Typ arbeiten. Hier gibt es sehr viele Möglichkeiten, Typen zu kombinieren, von denen wir im Folgenden zwei Varianten exemplarisch vorstellen.

```
#[get("/item4/<id>")]
fn get_item_handler_err1(id: u32) -> Result<Item2, Status> {
    match id {
        7 => Ok(Item2{id: id, name: "Hans".into()}),
        _ => Err(Status::ImATeapot)
    }
}
```

Listing 18–11
Kombination von Typen zum Definieren eines speziellen Statuscodes im Fehlerfall

Die erste vorgestellte Variante `Result<Item2, Status>` stellt in diesem Fall die Möglichkeit dar, im Fehlerfall einen entsprechenden Statuscode zurückzugeben. Der Typ `Status` kommt hierbei aus dem Rocket Crate. Wollen wir aus dem Handler für den User der API weitere Informationen preisgeben, so können wir dem Status auch eine Begründung mitgeben: `Status::new(400, "Großer Fehler");`.

Der Fokus liegt hier auf Fehlern, die innerhalb der Handler-Funktion auftreten. Alle anderen Fehler, wie beispielsweise das Abprüfen von Zugriffsrechten oder Parsen und Validieren der Argumente, können wir auch außerhalb des Handlers implementieren. Diese betrachten wir später.

Sollen bei `Result` speziellere Typen zum Einsatz kommen, müssen wir uns zuerst genauer ansehen, wie Rocket Result-Typen behandelt. Da Handler eine Implementierung von `Responder` zurückgeben müssen, können wir also die Implementierung von `Responder` auf `Result` betrachten. Diese findet sich in `src/response/responder.rs` des Rocket-Projekts.

```
impl<'r, 'o: 'r, 't: 'o, 'e: 'o, T, E> Responder<'r, 'o> for
Result<T, E>
    where T: Responder<'r, 't>, E: Responder<'r, 'e>
{
    fn respond_to(self, req: &'r Request<'_>)
    -> response::Result<'o> {
        match self {
            Ok(responder) => responder.respond_to(req),
            Err(responder) => responder.respond_to(req),
        }
    }
}
```

Listing 18–12
Ausschnitt aus der Implementierung von Result

Die großzügige Verwendung von Lifetimes werden wir an der Stelle ignorieren und konzentrieren uns auf Folgendes: Der `Error`-Typ `E` muss selbst Responder implementieren. Das heißt, dass wir für die `Error`-Typen genau wie für alle anderen Typen aus Handlern lediglich `Responder` implementieren müssen, damit der `Result`-Typ akzeptiert wird. Wollen wir also spezialisierte Fehlertypen zurückgeben, wäre das ein möglicher Ansatz. Das nächste Beispiel zeigt, wie ein solches Konstrukt aussehen könnte:

Listing 18-13
Funktionskopf eines Handlers mit eigenem Fehlertyp

```
#[get("/item5/<id>")]
fn get_item_handler_err2(id: u32)
-> Result<Option<Json<Item>>, ItemError> {
    ...
}
```

Spätestens hier sollte klar werden, dass die Rückgabetypen der Handler sehr wichtig sind, allerdings auch unübersichtlich werden können. Unter Umständen kann hier ein Typalias Abhilfe schaffen, der die Komplexität an eine andere Stelle verschiebt. Geben wir etwas Flexibilität auf, können wir auch einen speziellen Typ einführen, der den Responder-Trait implementiert und ein Wrapper um den obigen Typ ist, beispielsweise »MaybeItem«. Das setzt voraus, dass flächendeckend das gleiche Format, beispielsweise JSON, verwendet wird und wir uns auf den Result-Typ geeinigt haben.

18.2.3 Ein Blick hinter die Kulissen

Bevor wir uns dem nächsten Thema in Rocket widmen, möchten wir Sie hier dazu animieren, einmal hinter die Kulissen von Rocket zu schauen. Bisher haben wir oft Makros verwendet für die Annotation der Handler. Sollten seltsame Fehlermeldungen bei der Entwicklung ausgegeben werden, lohnt sich unter Umständen ein Blick in den Code, den die prozeduralen Makros generieren. Diesen können wir uns mit `cargo expand` anzeigen lassen. Doch Vorsicht, die 100 Zeilen aus dem Response-Beispiel erzeugen 1611 Zeilen an Code. Allein aufgrund der Komplexität und des Umfangs des erzeugten Codes sollte `cargo expand` hier nur im Notfall zum Debugging verwendet werden. Sollten wir nicht genau verstehen, warum sich Rocket seltsam verhält, kann im erzeugten Code die Antwort stecken: Hier findet keine Magie mehr statt, die die Details vor einem versteckt.

18.2.4 Shared State

Inzwischen haben wir die wichtigsten Komponenten des Rocket-Frameworks gesehen. Doch bevor wir im nächsten Abschnitt anfangen, fortgeschrittene Themen anhand eines Beispielprojekts abzuhandeln, müssen wir hier zuerst noch betrachten, wie mit Rocket die Zustandshaltung zwischen Handler-Aufrufen realisiert wird.

Um der Frage des geteilten Zustandes nachzugehen, beginnen wir bei den Handlern: Ein Handler wird für jeden einzelnen Aufruf ausgeführt. Selbst die Instanzen einer einzelnen Handler-Funktion sind voneinander unabhängig. Des Weiteren können diese Handler auf verschiedenen Threads in einem Threadpool ausgeführt werden. Mit

Version 0.5 von Rocket können wir auch von asynchronen Semantiken Gebrauch machen. Hier sehen wir bereits, dass geteilter Zustand threadsicher sein muss. Da wir die Handler nie manuell aufrufen, sondern dies von Rocket übernehmen lassen, müssen wir außerdem die restlichen Anforderungen von Rocket erfüllen.

Rocket versteht unter *Managed State* Zustand, der vom Framework verwaltet wird. Diesen können wir uns in unsere Handler übergeben lassen. Die Verwendung von Managed State ist wie folgt gestaltet: Beim Starten der Rocket-Instanz kann Managed State mit der Funktion `manage()` angelegt werden. Hierbei wird eine Variable übergeben, deren Typ in Rocket registriert wird. Jeder Handler kann nun über den Typ `State<T>` und Angabe des gewünschten Typs `T` Zugriff auf die anfangs übergebenen Daten bekommen. Hier ist zu erwähnen, dass jeder Typ nur einmal in der Rocket-Instanz registriert werden kann. Weiter ist wichtig, dass der Managed State den Anforderungen gerecht wird. Wir haben bereits gesehen, dass unabhängig von Rocket die Handler nur threadsichere Variablen benutzen dürfen. Für die Funktion `manage()`, die Ihre Variable als Typparameter T entgegennimmt, gelten folgende Anforderungen:

```
T: Send + Sync + 'static
```

Hieraus entnehmen wir, dass der Zustandstyp neben einer `static`-Lifetime auch `Send` und `Sync` sein muss, was für die allermeisten Typen sowieso gegeben ist. Eine Ausnahme hierfür, die besonders für Shared State zum Tragen kommt, ist `Rc`, welches explizit nicht `Send` oder `Sync` ist. Das heißt, soll explizit Zustand, den wir weiterhin besitzen wollen, zwischen Handlern und somit Threads geteilt werden, müssen wir das mit einem `Arc` und optional mit einem `Mutex` umsetzen. Dies gilt nicht nur für Rocket, sondern folgt den normalen Regeln von Rust. Wird nur unveränderlicher Zustand benötigt, so können wir leicht eine Referenz auf die allermeisten Datentypen ausgeben: Letztendlich bietet der Datentyp `State` lediglich Zugriff auf eine lesende Referenz.

Anhand eines globalen Zählers wollen wir nachfolgend das Konzept von geteiltem Zustand bei Rocket zeigen. Der Datentyp `MyCounter` ist hier ein simpler Wrapper um `AtomicU64`. Hier wird der atomare Datentyp verwendet, damit Änderungen am Wert des Zählers direkt und ohne Mutex möglich sind.

```
struct MyCounter(AtomicU64);
impl MyCounter{
    fn get_and_inc(&self) -> u64 {
        self.0.fetch_add(1,Ordering::SeqCst)
    }
}
```

Listing 18–14
Definition und Implementierung eines Datentyps zum Halten von Zustand

Weiter kann nun unser Zustand an Rocket beim Start übergeben werden.

Listing 18–15
Registrierung des Managed State bei Rocket

```
let counter = MyCounter(AtomicU64::default());
    rocket::build()
        .manage(counter)
        ...
```

Wichtig hierbei ist, dass `manage()` die Ownership von `counter` übernimmt und wir keinen direkten Zugriff mehr außerhalb von Rocket darauf haben.

Hintergrund

Managed State in Rocket kann bedeutend komplexer sein: Wir können hierüber Kommunikation mit anderen Teilen des Systems, beispielsweise über mpsc, realisieren. In diesem Fall macht es uns die strikte `Send + Sync`-Anforderung leicht, zu entscheiden, ob die eigene Implementierung den Thread-Sicherheitsanforderungen genügt.

Nun können wir den Zähler als normalen Parameter in einem Handler verwenden.

Listing 18–16
Verwendung von Managed State im Handler

```
#[get("/")]
fn get_shared_counter(state: &State<MyCounter>)
-> String {
    let result = state.get_and_inc();
    format!("ctr: {}\n",result)
}
```

Die Implementierung von Rocket kümmert sich nun darum, dass bei einem Aufruf des Handlers eine threadsichere Instanz von `MyCounter` in einem Wrapper zur Verfügung steht.

Hier macht es einem die Sprache besonders schwer, schlechten Code zu schreiben. Während andere Sprachen problematischen Code mit Race Conditions und Ähnlichem zulassen, weigert sich Rust, so etwas zu übersetzen. Aufpassen müssen wir hier allerdings mit Mutex: Während unidirektionale Channels Deadlocks größtenteils verhindern, kann ein Konstrukt aus Mutexen im Shared State auch in Rocket zu einem Deadlock führen. Eine weitere Warnung sei für blockierenden Code ausgesprochen: Da Rocket die Handler im Tokio-Threadpool ausführt, können Handler, die blockieren, das komplette Programm zum Stillstand bringen. Hier sei auf die bereits beschriebene Verwendung von async/await in Kapitel 16 verwiesen.

Auch erwähnen wollen wir, dass wir Structs, die wir gerne im Request Handler verwenden würden, nicht als Managed State implementieren müssen, falls diese sich aus dem Request ableiten lassen. Zu typischen Quellen für den Zustand zählen beispielsweise Cookies. Ein Beispiel für `FromRequest` wird im späteren Verlauf des Kapitels aufgeführt. Wir wählen ein simples Kontaktformular für dieses erste Projekt.

18.3 Das Kontaktformular

Am Beispiel eines Kontaktformulars betrachten wir fortgeschrittene Themen von Rocket. Das Beispiel verwenden wir in späteren Kapiteln weiter, daher hier eine kurze Beschreibung.

Auf einer Website sollen Besucher über ein Formular Kontaktanfragen stellen können. Besucher sollen über ein serverseitig gerendertes Template direkt ein Formular erhalten oder an anderer Stelle, beispielsweise aus einer *Single Page Application* (SPA) heraus, die Kontaktanfragen über einen REST-Endpunkt im JSON-Format aufgeben können. Der dahinterstehende Webservice soll diese abspeichern, einem autorisierten Administrator anzeigen und Optionen zum Bearbeiten und Löschen bieten.

Für die nachfolgenden Abschnitte lohnt es sich besonders, das Begleit-Repository zur Hand zu haben, da wir aus Platzgründen nur die interessantesten Teile des Codes zum Erklären der Konzepte heranziehen können. Im Begleit-Repository finden Sie einen vollständigen Webservice, der die oben genannten Funktionen umsetzt. Anhand dessen können Sie auf einen Blick ein Gefühl für Rocket und Webservices im Allgemeinen mit Rust bekommen.

18.3.1 Routen

Wir teilen den Webservice in Sammlungen von Routen auf, die die einzelnen Handler beherbergen. Die Handler hierfür sind in einzelne Rust-Module ausgelagert. Eine weitere Unterteilung wäre bei komplexeren Anwendungen sinnvoll. Beginnen werden wir mit der Route `public`, welche die für die Besucher der Website gedachten Handler enthält. Für den Administrator wird eine Route `auth` definiert, unter der sich ein Anmeldeprozess befindet. Zum Ansehen und Bearbeiten bestehender Anfragen ist für angemeldete Benutzer auch die Route `admin` erreichbar.

18.3.2 Formulare

Da wir Kontaktanfragen aus Formularen und einer Single Page Application (SPA) in Form von JSON entgegennehmen wollen, lagern wir die Funktionalität zum Erstellen von Kontaktanfragen aus den Handlern aus. In komplexeren Anwendungen würden wir eine Serviceschicht empfehlen. Da wir aber nur eine einzige Funktion haben, können wir diese direkt im Modul für die Route `public` definieren. Die Handler für beide Datenvarianten werden dann diese Funktion aufrufen. Wir definieren die beiden Handler wie folgt:

Listing 18–17
Handler zum Entgegennehmen von Kontaktanfragen in beiden Formaten

```
#[post( "/",
  format = "application/json",
  data = "<request>")]
pub async fn index_json(
    con: DbCon,
    request: Json<NewContactRequest>,
) -> Result<ContactResponse, HTTPContactRequestError> { ...

#[post("/",
  format = "application/x-www-form-urlencoded",
  data = "<request>")]
pub async fn index_form(
    con: DbCon,
    request: Form<NewContactRequest>,
) -> Result<ContactResponse, HTTPContactRequestError> { ...
```

Hier wollen wir ein paar Dinge anmerken: Da wir schlussendlich die Daten in einer Datenbank abspeichern wollen, besitzen beide Funktionen ein Argument, um eine Datenbankverbindung entgegenzunehmen, die wir im nächsten Unterkapitel genauer betrachten. Beide Handler geben den gleichen Result-Typ zurück, wobei `HTTPContactRequestError` als Typalias verwendet wird und einen `Custom` Error mit einer Beschreibung als String enthält. Durch das Übergeben von `NewContactRequest` als generischer Typparameter an `Json` oder `Form` stellen wir sicher, dass nur valide geformte Anfragen in dem Handler bearbeitet werden. Das verwendete `NewContactRequest` muss selbstverständlich die verlangten Typen, `Deserialize` und `FromForm`, implementieren. Dies ist durch ein einfaches `derive` erledigt. Das haben wir bereits eingangs im Kapitel gezeigt.

Die beiden Handler sind jeweils als `async` markiert, was den Umgang mit potenziell blockierenden Datenbankabfragen, wie wir später sehen werden, einfacher macht. Die Funktionen können nun die gemeinsame Businesslogik `new_request` aufrufen (dazu gleich mehr) und dank des gleichen Rückgabetyps das Ergebnis transparent durchreichen.

Jetzt können wir im nächsten Abschnitt der Datenbankverbindung auf den Grund gehen.

18.3.3 Datenbankverbindung

Rocket unterstützt im Crate `rocket_sync_db_pools` verschiedene Datenbanksysteme mithilfe von *Diesel* und anderen Bibliotheken. Um den Rahmen dieses Buches nicht zu sprengen, gehen wir nur kurz auf Diesel ein. Bei näherem Interesse finden Sie in der Dokumentation eine ausführliche Anleitung.

Diesel kurz erklärt

Diesel bietet ORM-Funktionalität und stellt Integrationen für verschiedene Datenbanken zur Verfügung. Im mitgelieferten Code ist als Abhängigkeit `SQLite` ausgewählt. Rocket kann mit dem Crate `R2D2` einen Datenbankpool für die unterstützten Datenbankverbindungen anbieten. Hierzu empfiehlt sich folgendes Vorgehen:

In der `Cargo.toml` müssen die Features für das Crate `rocket_sync_db_pools` für SQLite mit `diesel_sqlite_pool` aktiviert werden. Weiter muss die Abhängigkeit `diesel` mit dem entsprechenden Feature `sqlite` eingebunden werden. Hier stellt `rocket_sync_db_pools` die Implementierung des asynchronen Datenbankpools sowie die Integration in Rocket, das Crate `diesel` stellt die eigentliche ORM-Funktionalität. Wir verwenden weiter das Crate `chrono`, um die Unterstützung von Zeitstempeln ausnutzen zu können.

Die benötigten Abhängigkeiten sind im Folgenden zusammengefasst:

Listing 18–18
Abhängigkeiten für die Datenbankverbindung

```
[dependencies.diesel]
version = "1.4.6"
features = ["sqlite","chrono"]

[dependencies.chrono]
version = "0.4"
features = ["serde"]

[dependencies.rocket_sync_db_pools]
version = "0.1.0-rc.1"
default-features = false
features = ["diesel_sqlite_pool"]
```

Für andere Datenbanken, beispielsweise PostgreSQL, bieten Diesel und Rocket mit entsprechenden Features ebenfalls Unterstützung an.

18.3.3.1 Migrationen (Optional)

Diesel arbeitet mit Migrationen, die Änderungen an der Datenbank vornehmen. Da wir anfangs noch keine Datenbank zur Verfügung haben, werden wir uns eine Datenbankmigration schreiben. Diese finden wir auch im Begleit-Repository. Um den Umgang mit Migrationen zu vereinfachen, unterstützt uns Diesel mit einem Kommandozeilenprogramm, das mit `cargo install diesel_cli` installiert werden kann. Dieses können wir verwenden, um die Verzeichnisstruktur für die Migrationen zu erstellen und später auch in der Datenbank anzuwenden. Dafür tragen wir in einer `.env`-Datei eine Datenbank-URL ein – für uns wäre das `db.sqlite`, da SQLite mit nur einer Datei auskommt. Um beispielsweise eine Verbindung mit Postgres aufzubauen, würde diese Datei den folgenden String enthalten: `postgres://rocket:rocket@localhost/rocket`, um sich mit einem Benutzer `rocket` und Passwort `rocket` auf localhost zu einer Datenbank `rocket` zu verbinden. Dieser String wird uns in der Konfiguration von Rocket später wieder begegnen. Nun können wir mit `diesel setup` die Verzeichnisstruktur erstellen. Wir erstellen für das Beispiel lediglich eine einzelne Tabelle `requests`, die alle Kontaktanfragen enthält.

Listing 18–19
SQL-Ausschnitt aus der Migrationsdatei zum Erstellen der Tabelle

```
CREATE TABLE requests (
    id          INTEGER NOT NULL PRIMARY KEY,
    email       VARCHAR NOT NULL,
    message     VARCHAR NOT NULL
);
```

Ein `up.sql` und `down.sql` mit entsprechendem Zeitstempel kann mittels `diesel migration generate` erzeugt werden. Mit `diesel migration run` werden die Änderungen in die Datenbank geschrieben, und es wird gleichzeitig eine Datei `schema.rs` erstellt. Diese enthält einen Makroaufruf, der unserem Code später die Verwendung der ORM-Funktionalität von Diesel erlaubt.

18.3.3.2 Verwendung von Diesel mit Rocket

Ab hier ist die Verwendung von Diesel sehr angenehm: Wir müssen einen Typ definieren, der mit einem `database`-Makro annotiert wird, damit Rocket hierfür alle Interna vorbereiten kann. Wir nennen den Typ hier `DbCon`.

Listing 18–20
Mit Makro versehener Wrapper-Typ um die Datenbankverbindung

```
use rocket_contrib::databases::diesel;
#[database("sqlite_db")]
pub struct DbCon(SqliteConnection);
```

Der Typ `DbCon` ist lediglich ein Wrapper um `SqliteConnection`, damit das `database`-Makro einen Trait auf dem Struct implementieren kann. Da unser Crate den erzeugten Code »besitzt«, wäre das direkt auf `SqliteConnection` verboten. Damit Rocket weiß, wohin es sich verbinden soll, erstellen wir in der Datei `Rocket.toml` einen entsprechenden Eintrag, der dem Namen der hier verwendeten Datenbankverbindung entspricht, in diesem Fall `sqlite_db`.

```
[global.databases]
sqlite_db = { url = "db.sqlite" }
```

Listing 18–21
Eintrag in der Datei Rocket.toml

Jetzt kann beim Erzeugen der Rocket-Instanz ein *Fairing* (Rocket-Term für Lifecycle-Erweiterungen), welches automatisch auf dem eben erzeugten Typ implementiert wurde, mit `attach()` hinzugefügt werden.

```
rocket::ignite()
        .attach(DbCon::fairing()). …
```

Listing 18–22
Registrieren des Fairings bei Rocket

Das war alles an Vorbereitung, jetzt können wir die Datenbankverbindung wie oben gezeigt in den Handlern als Parameter verlangen.

```
pub async fn index_form(con: DbCon, …
```

Wir haben im Beispielprojekt Funktionalität, welche die Datenbank betrifft, in ein Modul `request_repo` ausgelagert und werden hier exemplarisch die Funktion vorstellen, die beim Erstellen einer neuen Kontaktanfrage aufgerufen wird.

```
pub async fn insert (
con: &DbCon, new_request: NewContactRequest)
-> Result<ContactRequest, String> {
    con.run(move |c| {
        diesel::insert_into(requests::table)
            .values(&new_request)
            .get_result(c)
            .map_err(|e| e.to_string())
    }).await
}
```

Listing 18–23
Die asynchrone insert-Funktion nimmt die Datenbankverbindung als Parameter entgegen.

Die Funktion sollte Ihnen bis auf die scheinbar seltsame Verwendung einer Closure mit den bisher behandelten Themen verständlich sein. Die Closure hier ist nötig, da Diesel zum Zeitpunkt, als das Buch geschrieben wurde, die async/await-APIs noch nicht flächendeckend umgesetzt hatte und deswegen in Rocket die Asynchronität über die oben verwendete Lösung mit der Closure realisiert wurde.

Hier wird ein potenzieller Nachteil von Rust sichtbar: Obwohl wir eigentlich einen `ContactRequest` erstellen möchten, wird der Funktion ein Struct vom Typ `NewContactRequest` übergeben. Dies hat den Grund, dass das Feld `id` im Struct durch die Datenbank eindeutig vergeben und dem Aufrufer nicht bekannt ist. Im Rust-Umfeld nennen wir diese Vorgehensweise das Newtype-Pattern. Hierbei wird für einen Typ `Foo` ein weiterer Typ `NewFoo` erzeugt, der noch nicht alle Felder von `Foo` benötigt. Später wird dann aus dem `NewFoo` ein `Foo` erzeugt, sobald alle Informationen verfügbar sind. Es sollte klar sein, dass solche Typen nicht über API-Grenzen hinweg präsentiert werden sollten.

Hintergrund

Hier stellt sich uns die Frage, ob das Problem der unbekannten `id` nicht anderweitig lösbar wäre. Ein Ansatz, von dem wir abraten würden, wäre, für neue `ContactRequest` Structs das Feld `id` mit einem besonderen Wert zu füllen, um zu verdeutlichen, dass der Wert ungültig ist. Dies kann zu zahlreichen Problemen, mindestens aber zu schwer verständlichem Code führen. Des Weiteren könnten wir das Feld `id` in eine `Option` einpacken. So könnten wir es bei neuen `ContactRequests` auf None setzen. Obwohl dieser Ansatz schon bedeutend besser ist als der erste, sehen wir hier doch ein Problem. Diese Variante verändert die Semantik des `ContactRequests` Structs: Eine Option bedeutet, dass wir uns nicht sicher sein können, ob das Feld gesetzt ist. Ein »richtiger« `ContactRequest` hingegen hat immer eine `id`. Die Variante mit dem Newtype-Pattern erfordert zwar ein weiteres Struct, allerdings kann damit unsere Intention genauer ausgedrückt werden: Jeder `ContactRequest` hat alle benötigten Felder mit validen Daten gefüllt, bei `NewContactRequest` muss das nicht der Fall sein.

18.3.3.3 Die Serviceschicht

Nun haben wir alle Berührungspunkte der Serviceschicht behandelt: Die Persistenz in Form der Datenbankanbindung und die Präsentationsschicht in Form der Handler. Um die beiden Welten miteinander zu verbinden, können wir in der Serviceschicht nun unsere Businesslogik schreiben, auch wenn diese für den Anwendungsfall zugegebenermaßen recht klein ist.

Listing 18–24
Funktion in der Serviceschicht zum Erstellen neuer Anfragen

```
pub async fn new_request(
    con: &DbCon,
    request: NewContactRequest,
) -> Result<ContactResponse, HTTPContactRequestError> {
    validate_new_request(&request)
        .map_err(|e| Custom(Status::BadRequest, e))?;
    request_repo::insert(&con, request).await
        .map(|result|  ContactResponse::new(result.id as usize))
        .map_err(|_| {
            Custom(Status::InternalServerError, "DB Error".into())
         })
}
```

Die Referenz auf die Datenbankverbindung kommt in dem Fall aus dem Handler, ebenso der NewContactRequest. Da die `insert`-Funktion mit `async` markiert ist, können wir auch in ihr selbst von `async` Gebrauch machen. Damit verläuft die komplette Verarbeitung vom Aufrufen des Handlers über die Datenbankabfrage bis hin zum Schreiben der Antwort mit Unterstützung von `async`. Sollte also eine Datenbankabfrage eine Sekunde länger dauern, hat das nur Auswirkungen auf die eine Anfrage am Webservice, welcher sie entstammt.

In `new_request()` stellen wir mit `validate_new_request()` sicher, dass der `NewContactRequest` unseren Anforderungen gerecht wird. Dies könnten wir an sich bereits außerhalb der Funktion erledigen, beispielsweise in der Implementierung von `FromRequest` von `NewContactRequest`. Da wir aber `FromRequest` nicht explizit implementieren, fällt diese Option weg, und die Validierung findet hier statt. Sollte die Validierung fehlschlagen, so wird der Fehler mit `map_err` auf einen `BadRequest` abgebildet und dank der Verwendung von `?` zurückgegeben.

Die Verwendung des Typs Result hier hat gegenüber der aus anderen Sprachen bekannten Verwendung von Exceptions den Vorteil, dass alle möglichen Rückgabetypen exakt bekannt sind. Werden Exceptions verwendet, kann man von außen nicht leicht erkennen, welche Exceptions auftreten können.

Wir rufen `insert()` auf und warten (asynchron) mit `await` auf das Vorhandensein eines Ergebnisses. Nun bilden wir sowohl die `Ok`-Variante als auch die `Error`-Variante ab: Im Fall von `Ok` wird aus dem zurückgegebenen `ContactRequest` eine `ContactResponse` mit der neu erstellten `id` erzeugt, im Fehlerfall wird der Fehler als `InternalServerError` maskiert und der zurückgegebene String dem Anwender explizit vorenthalten. Dieser könnte zu Logging-Zwecken hier verwendet werden.

18.3.4 Was macht Rust bis hierher so besonders?

Bevor wir uns mit den etwas spezielleren Funktionen von Rocket und den damit verbundenen Vor- und Nachteilen von Rust befassen, wollen wir hier kurz zusammenfassen, welche Eigenschaften der Sprache bisher in dem Anwendungsgebiet auffällig sind.

Bereits mehrfach haben wir die expliziten Typen der Handler-Funktionen in Rocket angesprochen. Das betrifft sowohl Funktionsparameter als auch Rückgabewerte. Obwohl die expliziten Typen umständlich und zu ausführlich erscheinen können, stellen sie doch eine der wertvollsten Eigenschaften der Sprache im Umfeld der Webprogrammierung dar: Wenn Sie eine Handler-Funktion implementieren, können Sie sich sicher sein, dass alle Felder des Typs vorliegen. Das heißt, Nullchecks müssen nicht an vielen verschiedenen Stellen im Programm stattfinden und können nicht vergessen werden. Ein ähnliches Argument gilt für Rückgabetypen: Haben wir uns erst einmal mit anderen Teams auf die Rückgabeformate einer API geeinigt, wird durch den Rückgabetyp des Handlers erzwungen, dass exakt dieser

Typ zurückgegeben wird. Das umfasst auch, dass alle benötigten Felder im Typ ausgefüllt sind, und erstreckt sich sogar auf Fehlerfälle. Anstatt dass wir, wie in anderen Sprachen üblich, Exceptions auslösen, die an anderer Stelle mehr oder weniger korrekt abgefangen werden, sind wir bei Rust gezwungen, jeden erlaubten Rückgabetyp anzugeben. Dadurch ist es ausgeschlossen, dass zur Laufzeit unerwartete Exceptions aus anderen Schichten an die Handler oder durch diese hindurch gegeben werden und dann letzten Endes über die API nach außen gelangen.

Am Beispiel der Datenbankverbindung können wir sehen, dass die Variable `con` eine Referenz ist, die der Middleware entstammt. Da diese Referenz unserem Handler übergeben wird, können keine unvernünftigen Ideen umgesetzt werden, die das Speichern der Datenbankverbindung über mehrere Anfragen hinweg zur Folge hätten. Damit fallen zum einen Probleme mit Synchronisierung weg, zum anderen wird damit auch Wildwuchs entgegen der Architektur verhindert. Was in anderen Sprachen Konvention oder manuelle Begutachtung braucht, ist in Rust durch den Compiler sichergestellt.

Hintergrund

Auch wenn Rust es uns schwer macht, unabsichtlich schlechten Code zu schreiben, so schützt das nicht vor Vorsatz. Spätestens wenn `unsafe` verwendet wird, um die »zu strikten« Vorgaben des Compilers zu umgehen, kann nicht mehr für die Sicherheit oder gute Architektur garantiert werden. Glücklicherweise erschwert es uns Rust bei der Implementierung, unvernünftige Dinge zu tun, sodass wir schnell merken, wenn wir uns auf dem Holzweg befinden. Selbiges gilt auch für Code in einem Review: `unsafe` hat in einer fachlichen Anwendung nichts verloren.

Für die oben beschriebenen Vorteile wie verstärkte Sicherheit und klarer, ausdrucksstarker Programmcode mit Aspekten wie sehr gute Performance oder einfaches Deployment müssen wir mit erhöhter Komplexität in der Entwicklung sowie bei der Einarbeitung bezahlen.

18.3.5 Middleware

Eigene Middleware kann die vom Framework bereitgestellte Funktionalität erweitern. Hier gibt es prinzipiell zwei Ansätze in Rocket: Guards und Fairings. Während Fairings ungefähr dem entsprechen, was andere Frameworks als Middleware verstehen, nämlich Code, der jede Anfrage oder Antwort bearbeiten kann, sind Guards in Rocket eine sehr mächtige Alternative. Dadurch können sie viele der Aufgaben von klassischer Middleware übernehmen, haben aber bedeutend einfachere Semantiken und sind viel leichter nachzuvollziehen. Deswegen werden Guards gesondert behandelt.

Wir haben bereits in vorherigen Beispielen Fairings verwendet: In Listing 18–22 wurde die Datenbankverbindung als ein Fairing bei Rocket registriert. Die Verwendung von Fairings wollen wir nachfolgend am Beispiel von `MyFairing` zeigen, welches einen speziellen Header für jede Response setzt:

Listing 18–25
Implementierung eines Fairings

```
struct MyFairing;

#[rocket::async_trait]
impl Fairing for MyFairing{
    fn info(&self) -> Info {
        Info { name: "...", kind: Kind::Response }
    }
    async fn on_response<'r>(
        &self, _req: &'r Request<'_>, res: &mut Response<'r>) {
        res.set_raw_header("X-MyFairing", "Foo");
    }
}
```

Die Definition `MyFairing` in diesem Fall ist trivial, lediglich die Implementierung des `Fairing`-Traits erfordert etwas mehr Aufwand. Anhand der Implementierung von `info()` kann Rocket entscheiden, in welchen Schritten der Anfragebearbeitung das Fairing zum Einsatz kommen soll. Eine Ausführung zum Start der Rocket-Anwendung oder vor dem eigentlichen Handler ist ebenfalls durch die Angabe der entsprechenden `Kind`-Varianten möglich. Das hier gezeigte Beispiel verwendet ausschließlich die Möglichkeit, nach der Ausführung eines Handlers die Antwort zu bearbeiten. Die Implementierung der `on_response`-Funktion benötigt ein paar Lifetimes, da Rocket uns nur Referenzen zum Request und zur Response ausleiht, aber die Ownership dazu behält. Letztlich kann das `async_trait`-Makro für den Moment ignoriert werden. Dieses erlaubt lediglich das Implementieren von `async`-Funktionen in Traits, was eine Übergangslösung darstellt, bis diese in der Sprache als stabil markiert wurden.

Ebenso wie beim Fairing für die Datenbank müssen wir auch unsere eigenen Fairings bei Rocket registrieren, was mit einem Aufruf von `attach` erledigt ist.

```
rocket::build()
    .attach(MyFairing)
    ...
```

Genau wie bei der Implementierung von Handlern ist bei Fairings darauf zu achten, dass diese nicht blockierend arbeiten.

18.3.6 Guards

Um die Verwendung von Request Guards mit Rocket zu demonstrieren und die ausgenutzten Besonderheiten von Rust hier hervorzuheben, fügen wir dem Kontaktformular einen Login-Mechanismus für die administrativen Endpunkte unter `/admin/` hinzu. Dabei wird anhand eines Cookies der zugehörige Benutzer erzeugt. Damit können wir das Struct `User` als Parameter in Handlern als Request Guard verwenden:

Listing 18–26
Verwendung von User als Request Guard im Handler

```
#[get("/requests", format = "application/json")]
pub async fn list_requests(con: DbCon, user: User) -> …
```

Dieser Handler wird nur aufgerufen, wenn ein User erfolgreich aus dem Request erzeugt werden konnte. Andernfalls wird ein Error-Handler die Anfrage beantworten. Damit `User` als Parameter verwendet werden kann, wird darauf `FromRequest` implementiert. Anhand des nachfolgend abgebildeten gekürzten Codes wird das Vorgehen erläutert. Der vollständige Quellcode befindet sich im Begleit-Repository.

Listing 18–27
Gekürzte Implementierung von FromRequest für User

```
#[rocket::async_trait]
impl<'r> FromRequest<'r> for User{
  type Error = String;

  async fn from_request(request: &'r Request<'_>)
  -> Outcome<Self, Self::Error> {
    match request.cookies().get_private(AUTH_COOKIE_NAME){
      Some(user_cookie) => {
        match
request.guard::<&State<SessionStorage>>().await.succeeded(){
          Some(guard) => {
            match guard
              .load_session(&user_cookie.value().to_string())
              .map(|user_name| User{ name: user_name }) {
              Some(user) => Outcome::Success(user),
              None => Outcome::Failure(
                (Status::Unauthorized,
                "Auth Cookie is invalid".to_string())
                )
            }
          }
          None => Outcome::Failure(
            (Status::InternalServerError,
            "Session storage poisoned".to_string())
            )
        }
      } ,
```

```
            None => Outcome::Failure(
              (Status::Unauthorized,
              "Auth Cookie is missing".to_string())
              )
          }
        }
      }
```

Hier macht sich der großzügige Umgang von Rust mit Syntaxelementen bemerkbar. Leider sind zu dem Zeitpunkt, als wir das Buch verfasst haben, `async`-Traits noch nicht komplett in Rust implementiert, weswegen wir auf das Makro `async_trait` zurückgreifen. Dieses ermöglicht es, `async`-Funktionen in Traits zu implementieren. Den Associated Type `Error` setzen wir auf String, damit der generische Typparameter im Rückgabewert bestimmt werden kann. In `from_request()` können wir nun versuchen, einen User aus einem Cookie zu erstellen. Als Nächstes erklären wir den Code getrennt nach normalem Verlauf und Fehlerbehandlung.

Wenn alles richtig funktioniert, werden folgende Schritte abgearbeitet:

1. Ein verschlüsselter und mit einem *keyed-hash message authentication code* (HMAC) gesicherter Cookie wird aus dem Request ausgelesen.
2. Die `SessionStorage` wird aus dem von Rocket verwalteten Zustand angefragt, und es wird mit `await` darauf gewartet, dass die Referenz für uns verfügbar ist.
3. Über die Referenz können wir nun nachschauen, welcher User diesem Session Cookie zugeordnet ist und diesen zurückgeben.

Hierbei sind folgende Fehlerfälle abgedeckt (in der Reihenfolge der `match`-Arme):

- Der Request enthält keinen entsprechenden Cookie.
- Das Mutex für die `SessionStorage` ist vergiftet und es kann kein Lock erzeugt werden. Das kann passieren, wenn der Thread, der aktuell das Lock besitzt, abstürzt.
- Das gefundene Cookie aus dem Request ist nicht im SessionStore enthalten und somit nicht korrekt.

Der Rückgabewert der Funktion, `Outcome`, erlaubt uns, im Fehlerfall einen Status zu setzen, der den Request-beantwortenden Error-Handler bestimmt.

Die Verwendung des Typs User als Request Guard ist dann denkbar einfach. Hier verwenden wir als Beispiel den Endpunkt, der alle bestehenden Kontaktanfragen auflistet.

Listing 18–28
Verwendung von User als Request Guard im Handler

```
#[get("/requests", format = "text/html",rank = 2)]
pub async fn list_requests_template(con: DbCon, user: User) ->
Template {
    info!("Loading requests for user {}",user.name);
    let res = request_repo::get_all(&con)
      .await
      .unwrap_or_default();
    Template::render("requests", &res)
}
```

Hier wird der Parameter in der Funktion lediglich für die Authentifizierung und das Erzeugen eines Log-Eintrags verwendet. Wird der Parameter nur für die Authentifizierung verwendet, so kann er mit einem Präfix _ markiert werden, um dem Compiler und anderen Entwicklern zu verdeutlichen, dass der Parameter nicht weiter verwendet wird. In vielen Fällen wird aber vermutlich eine hinter den Handler geschaltete Serviceschicht Informationen über den Benutzer erwarten.

Insbesondere bei solch zentralen Codestellen – schließlich geht es hier um die Sicherheit des Kontaktformulars – müssen wir uns genau überlegen, wie der eigene Code fehlschlagen kann. Das wird durch das explizite Typsystem von Rust hier sehr stark unterstützt. Dadurch sind potenziell unerwartete Exceptions, wie sie in anderen Programmiersprachen vorkommen, ausgeschlossen. Auch hier zeigt sich wieder, dass wir in Rust für die erhöhte Sicherheit des Programms durch erhöhte Komplexität zahlen.

18.3.7 Fairings oder Guards?

Die beiden vorgestellten Konzepte, Request Guards und Fairings, ermöglichen ähnliche Funktionalität. In diesem Abschnitt soll Ihnen dabei geholfen werden, zu entscheiden, wann welches Konzept besser passt.

Fairings werden für jede Anfrage ausgeführt, das heißt, dass Aufgaben, die jede Anfrage betreffen, darin besser aufgehoben sind als in Guards. Weiter haben Fairings einen Lifecycle-Mechanismus, der von Rocket vorgesehen ist. Dadurch können Aufgaben wie das initiale Erstellen von Verbindungen zu externen Systemen in diesen gut abgebildet werden.

Guards werden nur ausgeführt, wenn der entsprechende Handler diese benötigt. Da ein Guard mit dem Resultat die Anfragenbearbeitung beeinflussen kann, stellen Guards gleichzeitig sowohl eine Möglichkeit zur Validierung als auch zum Eingreifen in die Routing-Logik dar.

Abschließend wollen wir hervorheben, dass nichts dagegenspricht, einen Teil der Aufgaben in einem Fairing unterzubringen, welches danach von einem Request Guard benutzt wird. Das entspricht der Vorgehensweise bei der eingangs gezeigten Datenbankverbindung.

18.3.8 Serverside-Templates

Auch wenn es heutzutage oft zugunsten von Renderings in *Single Page Applications* immer weniger gemacht wird, so gehört doch die Unterstützung von serverseitigen Templates zu jedem guten Webframework dazu. Sie selbst werden sicher Erfahrung in einer Template-Sprache oder einer vergleichbaren Technologie wie *JSP*, *Freemarker*, *ASP*, *Twig*, *HAML*, *Jinja*, *Handlebars* oder *Mustache* gesammelt haben. Template-Engines gibt es unzählige – und jede einzelne hat ihre Vor- und Nachteile. Somit sind wir als Anwender des Frameworks auch gut gestellt, wenn wir mehrere Template-Engines zur Verfügung haben.

Separate Crate rocket_dyn_templates

Rocket unterstützt von Haus aus zwei verschiedene Template-Engines: *Handlebars* und *Tera*. Die Anbindung an die Engines ist in eine separate Crate namens `rocket_dyn_templates` ausgelagert, die wir zusätzlich zum Haupt-Crate `rocket` einbinden müssen. Während wir die Abhängigkeit hinzufügen, müssen wir uns entscheiden, welche Template-Engine(s) wir unterstützen wollen; diese aktivieren wir mit der Angabe des jeweiligen Features. Wollen wir beide, *Handlebars* und *Tera*, unterstützen, so sieht die Einbindung so aus:

```
[dependencies.rocket_dyn_templates]
version = "0.1.0-rc.1"
features = ["handlebars", "tera"]
```

Glücklicherweise ist das Crate gut dokumentiert, und so fiele die Anbindung einer dritten Engine leicht. Der Einsprungspunkt für die Implementierung ist der Trait `Fairing`. Fairings haben wir weiter oben unter Abschnitt 18.3.5 beleuchtet. Die Implementierung des Template-Fairings bekommen wir über eine statische Funktion zurück, und Sie können sie beim Hochfahren der Webapplikation registrieren.

Listing 18–29
Das Template-Fairing registrieren

```
#[launch]
fn rocket() -> _ {
    rocket::build().attach(Template::fairing())
}
```

Als nächsten und letzten Schritt ist dem Handler beizubringen, welches Template für die HTTP-Antwort gerendert werden soll. Als Beispiel schauen wir uns die Rückgabe des HTML-Formulars an, mit dem wir im Rahmen unseres Beispielprojekts die Kontaktanfrage im Browser abschicken können. Der zugehörige Handler sieht wie folgt aus:

Listing 18–30
Verwendung des Templates im Handler

```
#[get("/")]
pub async fn index_template() -> Template {
    Template::render("index", &())
}
```

Neben der Ihnen bereits bekannten Registrierung der URI / auf der GET-Methode enthält die Funktion nur die Aufgabe, das Template anzusprechen und dessen Ergebnis zurückzugeben. Ihnen wird der Rückgabewert `Template` auffallen sowie der Aufruf von `Template::render()`. Letztere Funktion nimmt den Namen des Templates (ohne Dateierweiterung) und zusätzlich ein Objekt, das `Serialize` von `serde` implementiert, mit Parametern für die Platzhalter im Template entgegen. Hier übergeben wir erst mal eine Referenz auf ein leeres Tupel.

Wichtig zu wissen: Das leere Tupel funktioniert nur in Verbindung mit einem *Handlebars*-Template. Bei der Verwendung von *Tera* muss zumindest ein leeres Struct mitgegeben werden. Hierbei können wir uns das `json`-Makro von `serde_json` zu Hilfe nehmen:

```
Template::render("index", json!({}))
```

Gesucht: Templating-Engine zum Rendern

Mit diesem Aufruf sucht Rocket ein Template mit dem Namen `index`. Aber wodurch wird nun die Template-Engine festgelegt? Die Festlegung passiert durch die Dateierweiterung. So können wir bspw. für *Handlebars* die empfohlene Erweiterung `.html.hbs` verwenden und für *Tera* `.html.tera`.[1] Haben wir übrigens beide Engines bzw. Features in der `Cargo.toml` aktiviert, sucht Rocket in der aktuellen Version `0.1.0-rc.1` von `rocket_dyn_templates` erst nach *Tera*- und danach nach *Handlebars*-Templates. Dahinter steckt ein Vektor, dem zuerst *Tera* und danach *Handlebars* zugewiesen und über den danach iteriert wird.

Des besseren Verständnisses halber zeigen wir nun noch zwei Beispiele, die tatsächlich Templates nutzen. Angenommen wir wollen bei unserem Formular die Labels als Parameter ins Template hineingeben:

Listing 18–31
HTML mit Template-Elementen

```
<!DOCTYPE html>
<html>
  <body>
      <form  action="/public/" method="post">
          <label for="email">{{ email }}:</label><br>
          <input type="email" id="email" name="email"><br>
          <label for="message">{{ message }}:</label><br>
          <input type="text" id="message" name="message">
          <input type="submit" value="Submit">
      </form>
  </body>
</html>
```

1. Mehr dazu unter *https://api.rocket.rs/master/rocket_dyn_templates/index.html#discovery*

So könnten wir uns wie oben beschrieben des `json`-Makros bedienen:

```
Template::render("index", json!({"message": "Nachricht", "email":
"E-Mail"}))
```

Wir könnten uns auch ein Struct definieren und für die Implementierung von Serialize sorgen:

Listing 18–32
Verwendung von IndexLabel, welches Serialize implementiert

```
#[derive(Serialize)]
pub struct IndexLabel {
    message: String,
    email: String
}
#[get("/")]
pub async fn index_template() -> Template {
    let labels = IndexLabel {
        message: "Nachricht".into(),
        email: "E-Mail".into()
    };
    Template::render("index", labels)
}
```

18.3.9 Testen mit Rocket

Tests sind ein wichtiger Bestandteil moderner Software. Auch die Sicherheit der Sprache Rust entbindet Softwareentwickler nicht von der Pflicht, den eigenen Code ausgiebig zu testen. Aufbauend auf den in Kapitel 17 gezeigten Methoden zum Testen in Rust bietet Rocket weitergehende Möglichkeiten, auf deren Verwendung wir nachfolgend eingehen werden.

Sofern Sie eine klare Struktur in der Architektur der Anwendung verfolgen, sollte alles außerhalb der Handler und Rocket-Spezifika, beispielsweise die Persistenz- oder Serviceschicht, unabhängig zu testen sein. Wie genau wir die verwendeten Frameworks wie Diesel testen, geht über den Umfang des Buches hinaus. Deswegen konzentrieren wir uns nun auf das Testen der Handler sowie anderer Rocket-spezifischer Komponenten wie Request Guards.

Benötigen die zu testenden Handler-Funktionen keine speziellen Attribute wie Managed State, so können wir diese direkt in Unit-Tests testen. Das kann in Verbindung mit den im entsprechenden Kapitel beschriebenen Methoden zum Mocking geschehen. Das nächste Beispiel zeigt, wie ein simpler Handler in einem Unit-Test verwendet werden könnte.

Listing 18–33
Test zum Überprüfen des Rückgabewertes eines Handlers

```
#[get("/item/<id>")]
fn get_item_handler_path(id: u32) -> String {
    format!("item: {}", id)
}
#[test]
fn test_get_item_handler_path_directly() {
    let result = get_item_handler_path(7);
    assert_eq!(result, "item: 7");
}
```

Hier stört das prozedurale Makro nicht, und die Funktion kann direkt als solche getestet werden. Bevor wir uns einigen Tricks zum Unit-Testen von komplexeren Handlern widmen, ist es ratsam, die in Rocket eingebauten Funktionen zum Testen von Code mit lokalem Dispatching zu betrachten. Der oben verwendete Handler kann wie nachfolgend gezeigt mit einer simulierten Anfrage getestet werden:

Listing 18–34
Test des Handlers über das von Rocket bereitgestellte lokale Dispatching

```
#[test]
fn test_get_item_handler_path_returns_id_as_string() {
    let client = Client::tracked(entry_point()).expect("rocket
test");
    let mut response = client.get("/item/99").dispatch();
    assert_eq!(response.status(), Status::Ok);
    assert_eq!(response.into_string(), Some("item: 99".into()));
}
```

In diesem Test wird nie eine richtige Rocket-Instanz gestartet, weswegen das Framework die Ausführung von solchen Tests problemlos parallelisieren kann, was wiederum zu sehr schnellen Tests führt. Dies ist lediglich ein grundlegendes Beispiel, der `Client` unterstützt noch viele weitere Methoden, um Funktionalität zu testen, beispielsweise das Setzen von Cookies oder direkte Interaktion mit Managed State. Da hier die komplette Rocket-Instanz simuliert wird, können solche Tests auch abprüfen, ob das Routing und die Verwendung von Pfadparametern wie erwartet funktionieren.

Mit diesem Ansatz und der Anwendung von Snapshot-Tests (Schnappschuss-Tests) können auch serverseitige Templates – bekannt aus dem vorherigen Abschnitt 18.3.8 – getestet werden. Das Crate `insta` bietet dazu alles Nötige. Wie im obigen Beispiel kann der lokale `Client` genutzt werden. Die Antwort wird in diesem Fall nicht mit dem `assert_eq` aus der Standardbibliothek verglichen, sondern mit `assert_snapshot`:

Listing 18–35
Verwendung von Snapshot-Tests für ein Template

```
#[test]
fn test_template() {
        let client = Client::tracked(launch()).expect("valid rocket
instance");
      let mut response = client.get("/public").dispatch();
      assert_eq!(response.status(), Status::Ok);
      insta::assert_snapshot!(response.into_string().unwrap());
}
```

Mehr zu Snapshot-Tests können Sie in Abschnitt 17.5 finden. Sollten Sie Handler, die komplexere Argumente wie Managed State benötigen, direkt und ohne den Umweg über den oben gezeigten Client testen wollen, so stellt Rocket hier leider nicht viel zur Verfügung, und wir müssen diese selbst erzeugen. Wir zeigen das generelle Vorgehen am Beispiel der Funktion `get_shared_counter()` aus Listing 18–16. Hierbei wird der zu verwaltende Zustand selbst erstellt, und wir können damit den Handler aufrufen.

Listing 18–36
Testen von Handler-Funktionen mit selbst gebautem State

```
let ctr = MyCounter(AtomicU64::new(7));

let state = State::from(&ctr);
let result_a = get_shared_counter(state);
assert_eq!(result_a, "ctr: 7");

let state = State::from(&ctr);
let result_b = get_shared_counter(state);
assert_eq!(result_b, "ctr: 8");
```

Da `State` nur ein Wrapper um eine lesende Referenz ist, können wir direkt ein `State`-Struct erstellen und dieses weiterverwenden.

18.4 Betrieb

Unabhängig davon, ob Sie Ihre Anwendung als Ein-Personen-Team betreiben, nach dem DevOps-Modell arbeiten oder ein eigenes Team für den Betrieb Ihrer Software haben, muss Ihre Anwendung zuverlässig laufen. Die hier aufgeführten Eigenschaften beschränken sich selbstverständlich nicht nur auf Webservices.

Wir betrachten nachfolgend die Themengebiete Logging, Konfiguration und Deployment ohne Docker. Weitere Themen wie zum Beispiel das Erstellen eines Docker-Containers sowie Tracing werden im Microservice-Kapitel (Kapitel 19) beschrieben.

18.4.1 Logging

Obwohl Rocket bereits Logging-Funktionalität eingebaut hat, wollen wir in diesem Abschnitt das Rust-Ökosystem unabhängig von Rocket betrachten.

Während es viele Crates im Logging-Umfeld gibt, so werden wir uns mit folgender Kombination beschäftigen, da sie einfach zu verstehen ist und häufig verwendet wird: Das Crate `log` als Logging-Facade und `env_logger` als Implementierung. In dieser Konstellation bietet das Crate `log` Makros wie `info!` und `warn!` an, und `env_logger` gibt diese bis hin zu einem als Umgebungsvariable definierten Level auf der Konsole aus. Diese Filterung kann global für die ganze Anwendung, aber auch pro Modul erfolgen. Beispielsweise kann man den globalen Log-Level auf `error` setzen, aber Logs vom Level `warn` für ein spezielles Modul (nachfolgend `hello`), indem man die Umgebungsvariable `RUST_LOG` mit `error,hello=warn` belegt.

Dabei wird standardmäßig eine farbliche Kennzeichnung der Level vorgenommen.

```
2021-06-30T12:15:51Z TRACE 06_logging  log trace
2021-06-30T12:15:51Z DEBUG 06_logging  log debug
2021-06-30T12:15:51Z INFO  06_logging  log info
2021-06-30T12:15:51Z WARN  06_logging  log warn
2021-06-30T12:15:51Z ERROR 06_logging  log error
```

Abb. 18–1 *Farbliche Hervorhebung der Loglevel durch die log Crate*

Wir können ruhigen Gewissens Debug Log Output in unserem Code belassen – sobald diese per Umgebungsvariable deaktiviert sind, sind deren Laufzeitkosten vernachlässigbar.

Hintergrund

Selbstverständlich stehen für Rust auch Möglichkeiten zur Verfügung, um komplexere Logging-Anforderungen umzusetzen. Hier seien log4rs, slog oder fern genannt. Es liegt an Ihnen zu entscheiden, ob Sie die komplexeren Möglichkeiten brauchen.

Zwar bietet env_logger nicht von Haus aus das Schreiben in Dateien an, jedoch können hier wahlweise alternative Bibliotheken verwendet werden oder es kann der `stderr`-Strom mit Werkzeugen wie *systemd* in Dateien oder andere Systeme umgeleitet werden.

18.4.2 Konfiguration

Während Rocket in Form der `Rocket.toml` bereits Möglichkeiten zur Konfiguration mitbringt, wollen wir in diesem Abschnitt einen Überblick geben, welche Bibliotheken und Ansätze für Konfiguration in Rust allgemein zur Verfügung stehen.

18.4.2.1 Kommandozeilenparameter

Um Kommandozeilenparameter in Rust zu verarbeiten, empfehlen wir das Crate `structopt`. Dieses ermöglicht es uns, anhand eines Structs Optionen zu definieren. Die im Folgenden vorgestellten imaginären Optionen erlauben dann dem Benutzer Ihrer Anwendung, diese zu konfigurieren:

Listing 18–37
Definition des Opt-Structs

```
#[derive(StructOpt, Debug)]
#[structopt(name = "07_params")]
struct Opt {

    /// Whether output should be verbose
    #[structopt(short)]
    verbose: bool,

    /// The size of the internal queue
    #[structopt(long, short, default_value = "42")]
    queue_size: u32,

    /// Url used to connect to the database
    #[structopt(long="db")]
    db_url: String,
}
```

Das Erzeugen des `Opt`-Structs ist dann denkbar einfach.

```
    let opt = Opt::from_args();
```

Alle Werte, die kein Boolean sind und keinen Standardwert haben, sind vom User in jedem Fall anzugeben; sie verhindern so ein Starten unserer Anwendung mit unzureichender Konfiguration. Sollten wir optionale Parameter ohne Standardwerte wünschen, so können wir diese wie gewohnt als `Option<T>` definieren, und diese sind damit auch auf der Kommandozeile optional.

Wichtig hierbei ist, dass mit minimalem Aufwand ansprechende Kommandozeilenausgaben, wie unten gezeigt, ermöglicht werden. Die Einfachheit soll Sie motivieren, gut dokumentierte Benutzerschnittstellen zu programmieren. Für alle weiteren Optionen des Crates verweisen wir schon allein des Umfangs wegen an die Dokumentation der Bibliothek.

```
→ rocket_basics git:(master) ✗ ./target/debug/07_params
error: The following required arguments were not provided:
    --db <db-url>

USAGE:
    07_params --db <db-url> --queue-size <queue-size>

For more information try --help
→ rocket_basics git:(master) ✗ ./target/debug/07_params --help
07_params 0.1.0

USAGE:
    07_params [FLAGS] [OPTIONS] --db <db-url>

FLAGS:
    -h, --help       Prints help information
    -V, --version    Prints version information
    -v               Whether output should be verbose

OPTIONS:
        --db <db-url>                Url used to connect to the database [env: DB_URL=]
    -q, --queue-size <queue-size>    The size of the internal queue [default: 42]
→ rocket_basics git:(master) ✗ ./target/debug/07_params --db "pg:example.com" -v
[src/bin/07_params.rs:6] opt = Opt {
    verbose: true,
    queue_size: 42,
    db_url: "pg:example.com",
}
```

Beachten Sie auch, dass die oben verwendeten Dokumentationskommentare hier als Beschreibung der Kommandozeilenparameter verwendet wurden.

Hintergrund

An dieser Stelle möchten wir erwähnen, dass Sie mit `cargo run` ebenfalls Kommandozeilenparameter an Ihre Anwendung übergeben können. Dazu verwenden wir »`--`« und stellen unsere Kommandozeilenparameter hinten an. Um beim Beispiel von oben zu bleiben, würde `cargo run --help` den `--help`-Parameter an Cargo übergeben, `cargo run -- --help` würde den Parameter an unsere Anwendung übergeben.

18.4.2.2 Umgebungsvariablen

Insbesondere wenn sich Parameter je nach der Umgebung ändern, in der das Programm laufen soll, sind Umgebungsvariablen ein beliebtes Mittel zur Konfiguration der Anwendung. Hier kann das oben gezeigte Crate `structopt` weiterverwendet werden. Durch ein einfaches Ergänzen eines `env`-Parameters im prozeduralen Makro, wie unten gezeigt, können Konfigurationsparameter als Umgebungsvariablen gesetzt werden.

```
#[structopt(long="db", env="DB_URL")]
db_url: String
```

In diesem Beispiel kann mit `export DB_URL="..."` der Parameter `db_url` gesetzt werden. Verwenden wir Umgebungsvariablen und Kommandozeilenparameter, haben die auf der Kommandozeile definierten Parameter Vorrang.

18.4.2.3 Konfigurationsdateien

Konfigurationsdateien stellen eine Alternative zu den oben beschriebenen Möglichkeiten zum Konfigurieren unserer Anwendung dar. Da es sehr viele Formate für Konfigurationsdateien gibt, wollen wir hier eine Kombination aus serde und einem entsprechenden Backend vorstellen. Wir haben für das Beispiel das toml-Backend gewählt, serde unterstützt aber viele weitere Formate, beispielsweise yaml oder json.

In serde-üblicher Manier muss lediglich ein Struct mit dem Derive-Attribut Deserialize versehen werden, wie wir nachfolgend exemplarisch zeigen. So kann über die normalen Rust-Methoden eine Datei eingelesen und der resultierende String kann von serde geparst werden.

Listing 18–38
Exemplarisches Verwenden eines Structs als Konfigurationsobjekt

```
#[derive(Deserialize, Debug)]
struct Config{
    api_key: String,
    some_params: Option<String>
}
fn main() -> io::Result<()>{
    let config_string = fs::read_to_string("Config.toml")?;
    let config: Config = toml::from_str(&config_string)?;
    dbg!(config);
    Ok(())
}
```

Der hier gezeigte Ansatz hat den Vorteil, dass wir mit ein und demselben Struct sämtliche unterstützten Konfigurationsdateiformate abdecken und gleichzeitig die volle Flexibilität der Dateisystemabstraktion aus Rust nutzen können. Eine fertige Lösung zur Kombination von Konfigurationsdateien und Kommandozeilenparametern gibt es noch nicht. Wir können jedoch recht einfach solche Funktionalität erreichen, indem wir die Structs aus der Konfiguration und StructOpt manuell zusammenführen.

18.4.3 Deployment

In Abschnitt Kapitel 19 wird das im Microservice-Umfeld übliche Deployment mit Docker gezeigt. Da Rust-Programme einige Vorzüge gegenüber anderen Programmiersprachen haben, die das Betreiben von Anwendungen sehr einfach machen, stellen wir hier das Deployment ohne Docker dar.

Rust-Programme benötigen im Gegensatz zu vielen anderen Technologien keine Runtime. Das bedeutet, dass wir uns beim Betreiben einer Rust-Anwendung keine Gedanken um die richtige Version der Python-Umgebung machen oder uns um eine unterstützte JVM-Implementierung kümmern müssen. Sofern keine Abhängigkeiten im Programmcode selbst verwendet werden, hat ein Rust-Programm nur eine Abhängigkeit: die glibc.

Glücklicherweise können wir selbst diese Abhängigkeit im Betrieb umgehen: Dies werden wir aber erst in Abschnitt zu Microservices zeigen. Für jetzt nehmen wir an, dass auf dem Zielsystem eine kompatible glibc vorhanden ist. Das bedeutet, sollten wir beispielsweise vorhaben, unsere Anwendung auf einem aktuellen Debian-System zu betreiben, so können wir unsere Anwendung auf jedem beliebigen Linux-System bauen, das die gleiche Architektur hat (meistens x86_64) und eine kompatible Version der glibc verwendet (zur Zeit 2.28). Dies kann unser Buildserver sein, aber auch direkt unser Laptop, auf dem wir entwickeln. Nun können wir unseren Produktionsservern die Artefakte bereitstellen; im einfachsten Fall können wir direkt die ausführbare Datei per `scp` auf unseren Server kopieren.

Rust-Anwendungen sind einfache, ausführbare Dateien, das heißt, wir können diese problemlos mit Systemwerkzeugen wie zum Beispiel `systemd` betreiben. Insbesondere `systemd` hat den Vorteil, dass Sie direkt unsere Logs von der Standardausgabe in `journald` überführt bekommen, automatisches Starten und im Fehlerfall Neustarten der Anwendung abgedeckt haben und die normalen im System verbauten Berechtigungsmechanismen verwenden können. Die geringe Anzahl der Abhängigkeiten sowie das einfache und sehr schnelle Starten von Rust-Anwendungen machen den Betrieb sehr einfach, was insbesondere bei kleinen Teams als großer Vorteil angesehen werden kann.

18.5 Fazit

Rust verlangt von Ihnen bei der Entwicklung die Verwendung von vergleichsweise vielen Konzepten. Dies ist auch bei der Webentwicklung der Fall. Hierfür bekommen Sie jedoch von der Sprache sehr starke Garantien. Webanwendungen, die öffentlich erreichbar sind, müssen mit potenziell bösartigen Eingaben sicher und zuverlässig umgehen können. Hier kommt zum Beispiel die strenge Herangehensweise an Fehlerbehandlung von Rust zum Tragen: In Rust können Sie nicht vergessen, eine Exception zu fangen. Ebenso wenig können Sie aus Versehen uninitialisierten Speicher herausgeben oder gar beschreiben. Für alle an eine Funktion übergebenen Typen können Sie sicher sein, dass die Felder mit korrekten Typen gefüllt sind. Im Vergleich zu vielen interpretierten Sprachen ist Rust äußerst performant, und Sie werden deutlich später an Performancegrenzen stoßen als beispielsweise mit NodeJS.

19 Microservices

Um die Komplexität immer größer werdender Softwaresysteme zu meistern, setzen Entwicklerteams vermehrt auf Microservices. Die Frage, ob das immer eine gute Idee ist und was ein Microservice genau ist, könnten wir mit einem separaten Buch diskutieren. Klar ist jedoch, dass wir mit der Einführung von Microservices unter anderem ein aufwendigeres Deployment und höhere inhärente Komplexität akzeptieren müssen, um Entwicklung, Betrieb und Wartung langfristig einfacher zu halten. Wir schreiben hier kein Buch über Architekturstile – was haben also Microservices mit Rust zu tun? Nicht jede Sprache kann die Vorteile einer Microservice-Architektur voll ausnutzen: Systeme wie Erlangs OTP, in denen die Grenzen zwischen Anwendungen und Submodulen fließend sind, profitieren nicht so stark vom Microservice-Ansatz wie andere Sprachen. Deswegen diskutieren wir im ersten Teil des Kapitels, ob sich Rust für Microservices anbietet. Anschließend brechen wir das Kontaktformular aus dem letzten Kapitel in Microservices auf. Wir befassen uns weiter mit Kommunikation zwischen Services, Betrieb, Konfiguration, aber auch mit allgemeineren Themen wie dem Auslagern von Funktionalität in eigene Bibliotheken.

Es gibt viele Definitionen, was ein Microservice ist und wie sich Microservices von verwandten Architekturmustern abgrenzen. Uns ist auch bewusst, dass verwandte Ansätze wie *Verticals* oder *Self-Contained Systems* existieren, die in vielen Situationen eine gute Wahl sind. Für dieses Buch wollen wir der Nachvollziehbarkeit halber die Terminologie einfach halten und verwenden folgende Definition: Ein Microservice ist eine eigenständige Anwendung, die so klein wie möglich geschnitten ist und die mit anderen Komponenten über externe Kanäle kommuniziert. Ein Microservice wird in einem Docker-Container betrieben und per externer Konfigurationsdatei oder Umgebungsvariablen konfiguriert.

Wir fokussieren uns auf die Kommunikation zwischen Anwendungen und deren Betrieb und nähern uns den Anforderungen von 12 Factor Apps. Hinsichtlich der Kommunikation betrachten wir die Anbindung an Apache Kafka, sowohl als synchrone als auch als asynchrone Variante. Für den Betrieb beschäftigen wir uns mit dem Erstellen von Docker-Containern für Rust sowie mit der Verwendung von verbreiteten Technologien für Monitoring und Tracing. Zuletzt schauen wir etwas über den Tellerrand hinaus und diskutieren Aspekte wie die Eignung von Rust für Technologien wie Serverless Computing.

Um über das Kapitel hinweg die Vor- und Nachteile der Sprache unter diesen Gesichtspunkten hautnah zu erfahren, steht Ihnen im Begleitrepository ein vollständiges Beispiel zur Verfügung.

19.1 Eignet sich Rust für Microservices?

Damit wir die Eignung von Rust für Microservices beurteilen können, müssen wir uns zuerst eine Reihe an zu erfüllenden Anforderungen zurechtlegen. Wir werden dies nachfolgend exemplarisch anhand von drei Aspekten durchführen. Für Ihren speziellen Anwendungsfall werden diese Anforderungen zwar nicht vollständig sein, dienen aber zumindest der Inspiration.

Resilienz

Microservices sollen dynamisch und unabhängig skaliert werden können. Das setzt voraus, dass die einzelnen Services wenig bis keinen Zustand vorhalten und mit dem Verschwinden eines anderen Service umgehen können (*Resilience*). Dabei kann es sich um ein Herunterskalieren im Betrieb, einen Absturz im anderen Service oder gar eine Netzwerkpartitionierung handeln. Hierbei sollte der Ausfall eines Systems keinesfalls zu kaskadierenden Ausfällen in anderen Systemen führen. Sollte doch einmal ein nicht behandelbarer Fehler auftreten, so muss die Anwendung sich sicher beenden können, damit sie von einem externen Programm neu gestartet werden kann. Machen Sie sich gerne, bevor Sie weiterlesen, selbst Gedanken dazu, inwiefern diese Anforderungen in Rust abgedeckt sind.

Wir sehen diesbezüglich die erzwungene Behandlung von Fehlerfällen mit Result-Typen in nahezu jeder API als sehr großen Vorteil. Sollten wir in unserer Anwendung einen HTTP-Aufruf, eine Datenbanktransaktion oder das Schreiben einer Nachricht in eine Message-Queue tätigen, können diese Operationen fehlschlagen. Anstatt Exceptions still zu ignorieren oder nach außen zu geben, sind wir mit Rust gezwungen, jeden von der verwendeten Bibliothek abgedeckten Fehlerfall zu behandeln. Sollte ein Fehler auftreten, der ein Weiterlaufen unserer Anwendung unmöglich macht, können wir mit geschickten Bedingungen innerhalb von Event-Loops oder einem simplen `panic!` unsere Anwendung gezielt beenden.

Leichtgewichtigkeit

Anstelle von wenigen Instanzen eines Monolithen auf sehr leistungsstarken Systemen werden Microservices oft mit sehr vielen Instanzen mit potenziell möglichst wenig Ressourcen betrieben. Durch moderne Betriebsmuster in der Cloud ist der Ressourcenverbrauch einer Anwendung ein großer Kostenfaktor. Dies erstreckt sich von RAM und CPU bis hin zu der Größe der Artefakte. Während wir Anwendungen, die vier Mal im Jahr aktualisiert und neu gestartet werden und Startzeiten von mehreren Minuten mit sich bringen, tolerieren können, können wir dies bei Microservices vor dem Hintergrund dynamischer Skalierbarkeit nicht akzeptieren. Gleichermaßen sind Methoden, die ein manuelles Eingreifen in eine laufende Anwendung zu Wartungszwecken ermöglichen, beispielsweise das Aufräumen von übrig gebliebenen Datenbankverbindungen, bei zustandslosen Microservices mit Startzeiten von wenigen Sekunden oder gar Millisekunden hinfällig.

Hier stellen Eigenschaften von Rust wie keine zusätzliche Runtime, die sehr gute Performance und Startzeiten im Millisekundenbereich manch andere Technologie in den Schatten. Das Fehlen von Möglichkeiten wie *Java Management Extensions* (JMX) macht sich bei kurzlebigen Microservices weniger bemerkbar als bei klassischen Anwendungen.

Integration

Während monolithische Anwendungen den Großteil der Kommunikation ihrer Komponenten innerhalb der Anwendung selbst und somit im eigenen Ökosystem behalten, so müssen Microservices über Anwendungsgrenzen hinweg kommunizieren. Bei geschickter Wahl der Kommunikationstechnologie erhalten wir dabei den Vorteil einfacher Integration mit Services anderer Sprachen über die verschiedensten Technologien hinweg. Hier ist es für uns essenziell, dass die gewählte Sprache ein gutes Ökosystem bietet, welches sichere und einfache Integration ermöglicht.

Hier sehen wir einen der Nachteile von Rust für Microservices. Während die meisten der gebräuchlichen Technologien abgedeckt sind, so gibt es doch viele Bibliotheken, die sich in einem frühen Stadium befinden oder nur Teile der Spezifikation erfüllen. Das ist der schnellen Entwicklung der Sprache selbst sowie dem geringen Alter geschuldet. Wir erwarten diesbezüglich stetige Verbesserung in naher Zukunft. Je mehr Entwickler die Sprache verwenden, desto größer sind schließlich auch die Anreize, sehr gute Bibliotheken dafür zu schreiben.

19.2 Aufteilung der Webanwendung in Microservices

Wir bleiben bei unserem bisherigen Beispiel eines Kontaktformulars. Das hat den Vorteil, dass wir unser anfänglich eher knappes Beispiel gut schneiden und erweitern können, ohne fachliche Komplexität hinzuzufügen. Wenn Sie das Verwenden von Microservices für einen solch simplen Anwendungsfall als übertrieben ansehen, geben wir Ihnen recht. Dennoch bleiben wir dabei: Das Beispiel ist einfach und damit gut verständlich. Wir wollen die Funktionalität im Kontaktformular nun auf mehrere Services aufteilen. Die Aufgaben der Anwendung sind die folgenden:

1. Anfrage vom Benutzer entgegennehmen
2. Anfrage in Datenbank speichern
3. E-Mail (Bestätigung) an den Absender schicken
4. E-Mail (Benachrichtigung) an den Bearbeiter schicken

Natürlich könnten wir uns noch weitere Anforderungen ausdenken. Der Kreativität sind besonders bei einem solch einfachem und bekanntem Beispiel eines Kontaktformulars keine Grenzen gesetzt. Wir dachten auch daran, die gespeicherten Daten zu analysieren und zum Beispiel in Lob, Kritik und Beleidigungen einzuordnen. Da wir damit Ihnen unter dem Thema Microservices und Rust keine neuen Funktionen oder Umsetzungen hätten zeigen könnten, beschränken wir uns auf die oben genannten vier Anforderungen.

Unser Konzept sieht nur eine einzige Interaktion des Benutzers mit dem System vor, die eine sofortige Rückmeldung benötigt, nämlich die oben beschriebene 1. Aufgabe. Da bei E-Mail-Versand Verzögerungen geduldet werden, ist es für uns kein Problem, wenn unsere neue Architektur hier ein paar Sekunden länger benötigt. Das gibt uns die Möglichkeit, auch mit wenig Ressourcen viele (theoretische) Benutzer bedienen zu können. Alle anderen Aufgaben sind für den Benutzer nicht sichtbar. Dadurch können wir problemlos eine asynchrone Messaging-Lösung verwenden, um unsere Services zu verbinden.

Das Speichern der Anfrage in der Datenbank und das Versenden von E-Mails gestalten wir voneinander unabhängig.

Nun können wir diese Aufgabe in je einem Service abbilden: einem Service *Web*, der über eine HTTP-Schnittstelle vom Benutzer kommende Anfragen annimmt und als Message-Producer agiert. Weiterhin kommen Services in der Rolle eines *Message Consumer*s dazu, einer für die Datenbank und ein weiterer für das Versenden der E-Mails.

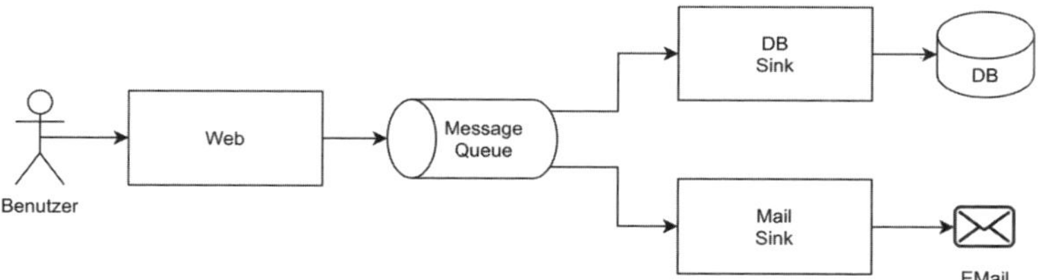

Abb. 19–1
Blockdiagramm der Komponenten der Microservice-Umgebung

Im Vergleich zum vorherigen Kapitel verwenden wir statt *SQLite* eine *PostgreSQL*-Instanz, da sie mächtigere Funktionen bietet und wir die Services in diesem Kapitel in eigenen Docker-Containern betreiben. Da die PostgreSQL-Instanz von mehreren Services verwendet werden kann, könnten wir die Bearbeitung der Kontaktanfragen per Messaging integrieren oder die Datenbank direkt anzapfen.

Im nächsten Abschnitt betrachten wir die ersten Schritte der Umwandlung des Kontaktformulars in die Microservices: die Umstrukturierung des Projekts sowie das Bereitstellen der Infrastruktur.

19.3 Vorbereitungen

Wir werden jeden dieser Microservices in einem Docker-Container betreiben. Daher bietet es sich uns an, auch alle anderen Softwarekomponenten in Docker abzubilden, zumindest für die Entwicklung. Dafür benötigen wir auf unserem Entwicklungsrechner `docker` und für einfachere Handhabung der Container auch `docker-compose`.

Die vollständige Datei `docker-compose.yml` finden Sie im Begleitrepository. Darin definieren wir bis auf Weiteres lediglich drei Container, einen für die PostgreSQL-Datenbankinstanz, einen für Apache Kafka und einen für *Apache Zookeeper*, eine Abhängigkeit von Kafka zur Koordination mehrerer Knoten.

Hier wird die Definition für den Postgres-Container gezeigt:

```
postgres:
  image: postgres
  restart: always
  environment:
    POSTGRES_PASSWORD: supersecure
  ports:
    - "5432:5432"
  volumes:
    - pg_data:/var/lib/postgresql/data
```

Der Container wird im entsprechenden Netzwerk unter dem Hostnamen `postgres` erreichbar sein. Des Weiteren verwenden wir ein persistentes Volume, um uns die Arbeit der Datenmigration beim Neustart zu ersparen. Da wir die Rust-Entwicklungstools sowieso auf unserem

Rechner installiert haben, spricht nichts dagegen, für Testzwecke unsere Anwendung auf unserem lokalen Rechner zu starten und die Datenbank im Docker-Container zu verwenden. Deswegen wird Port `5432` auf unserem System zugänglich gemacht. Die Kafka-Container folgen dem gleichen Schema.

Hintergrund

Es gibt sehr viele Images, um Kafka in Docker zu betreiben. Suchen Sie sich gerne ein anderes als das im Begleitrepository verwendete aus. Achten Sie allerdings in jedem Fall darauf, dass der korrekte Hostname verwendet wird. Bei dem von uns verwendeten Image kann dies über KAFKA_ADVERTISED_HOST_NAME gesteuert werden. Sollten Sie Ihre Anwendung lokal starten, muss die Variable den Wert `localhost` haben. Soll Ihre Anwendung in Docker betrieben werden, verwenden Sie den Namen des Kafka-Services, beispielsweise `kafka`. Alternativ können Sie auf Ihrem Gerät auch entsprechende Host-Einträge setzen.

Mit `docker-compose up postgres` können Sie die Container starten und mit `psql` oder Vergleichbarem überprüfen, ob Ihre Container erreichbar sind.

Bisher war unser Kontaktformular eine einzelne Anwendung. Im Zuge der Umstrukturierung zu Microservices wollen wir das ändern: Jeder Microservice soll eine eigene Anwendung sein. Wir realisieren das über die Verwendung eines Cargo-Workspace mit einigen Subprojekten: je ein Subprojekt pro Microservice und zusätzlich eines für eine kleine Bibliothek gemeinsamer Funktionalitäten.

Die resultierende Verzeichnisstruktur ist wie folgt: Jedes Projekt im Workspace hat eine eigene `Cargo.toml` sowie ein `Dockerfile` nebst dem eigentlichen Quellcode. Ein gemeinsames `target`-Verzeichnis enthält die jeweiligen ausführbaren Dateien. Unsere Bibliothek `kafka-consumer` benötigt kein eigenes Dockerfile.

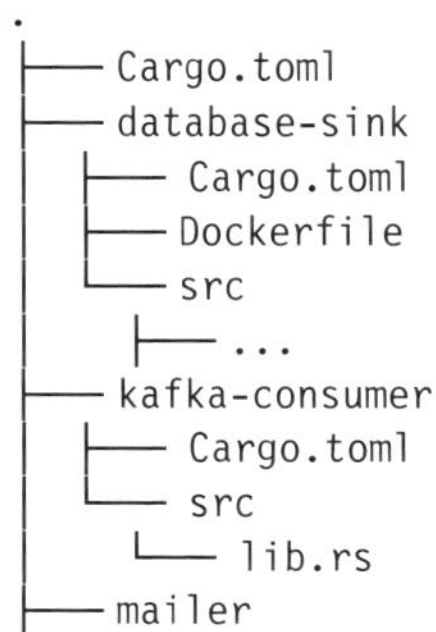

```
.
├── Cargo.toml
├── database-sink
│   ├── Cargo.toml
│   ├── Dockerfile
│   └── src
│       ├── ...
├── kafka-consumer
│   ├── Cargo.toml
│   └── src
│       └── lib.rs
├── mailer
```

```
│   ├── Cargo.toml
│   ├── Dockerfile
│   └── src
│       └── ...
├── target
│   └── release
│       ├── rustbuch_microservices_database-sink
│       ├── rustbuch_microservices_mailer
│       └── rustbuch_microservices_web
└── web
    ├── Cargo.toml
    ├── Dockerfile
    └── src
        └── ...
```

19.3.1 Build mit Docker

Im Gegensatz zum in Kapitel 18 verwendeten Ansatz, die Anwendung direkt als ausführbare Datei auf das Zielsystem zu kopieren und dort auszuführen, wollen wir für die Microservices pro Service einen Docker-Container bereitstellen. Dadurch erzielen wir einen einfacheren Betrieb der Services in für die Cloud typischen Umgebungen.

Damit die einzelnen Microservices jeweils einen eigenen Docker-Container bekommen, müssen wir Container mit den zugehörigen ausführbaren Dateien erstellen. Hierfür gibt es mehrere Möglichkeiten, von denen wir im Folgenden einige in Hinblick auf die Anforderungen von Rust bewerten wollen.

Auf der lokalen Maschine bauen

Die erste Möglichkeit ist der bisherigen Herangehensweise sehr ähnlich: Die Anwendung wird weiter auf dem Host oder gar auf unserem Rechner gebaut und anschließend von uns in einen Container kopiert. Dieser Ansatz hat den Vorteil, dass wir sehr wenige Berührungspunkte mit Docker haben. Allerdings setzt diese Variante voraus, dass die zum Bauen der Anwendung verwendete Umgebung auch der Umgebung im Container ähnelt. Da wir in einem Docker-Container Linux-Systeme verwenden, sollte daher im einfachsten Fall auch die zum Bauen verwendete Umgebung auf Linux basieren. So können wir das gleiche Target verwenden. Alternativ können wir mit Cross Compilation arbeiten. Des Weiteren benötigen wir die korrekten Bibliotheken auf unserem System, wie beispielsweise *OpenSSL*.

Im Docker-Container bauen

Die nächste Variante, die wir vorstellen möchten, baut die Anwendung direkt in einem Docker-Container. Hierbei kann das offizielle Image von Rust verwendet werden. Während dieser Ansatz die bisherigen Probleme mit Anforderungen an die Ähnlichkeit der Bau- und Ausführumgebung dadurch beseitigt, dass diese die gleiche ist, kommen ein paar neue Probleme dazu. Zum einen kann das beim Bau entstehende Verzeichnis `target` von Rust schnell unverhältnismäßig groß werden. Während die Anwendung 60 MB groß ist, sind 3 GB im `target`-Verzeichnis keine Seltenheit. Ein anderes Problem ist, dass die komplette Rust-Installation im Produktiv-Container enthalten ist. Während auch hier ein paar unnötige Gigabyte ausgeliefert werden, haben wir jedoch ein grundsätzlicheres Problem: Wir haben Software in unserem Produktivsystem, die wir dort nicht haben wollen. Während für den Rust-Compiler bisher keine aus der Ferne ausnutzbaren Sicherheitslücken bekannt sind, tun wir gut daran, die Angriffsfläche im Betrieb so klein wie möglich zu halten.

Separater Container für den Bau

Die letzte und von uns empfohlene Variante ist das Verwenden eines *Build-Containers*. Dabei bauen wir in einem ersten (und temporären) Container die Anwendung und kopieren die benötigten Dateien in einen zweiten Container, den wir schließlich ausliefern. In einem ersten Beispiel schauen wir uns die Struktur des Dockerfiles an. Anschließend verwenden wir einen Trick, um die Build-Zeiten zu reduzieren.

Listing 19–1 *Dockerfile mit Build-Container und Anwendungscontainer*

```
FROM rust:1.52.1 as builder
WORKDIR /usr/src

COPY mailer .
RUN cargo build --release

#---------------------------
FROM debian:buster-slim
COPY --from=builder /usr/target/release/ mailer ./mailer
USER 1000
CMD ["./mailer"]
```

Diese Version ist etwas gekürzt, zeigt aber die Struktur der Container: Im ersten Container (bis zur Trennlinie), basierend auf dem offiziellen Image `rust`, wird die Anwendung gebaut. Dafür kopieren wir das lokale Verzeichnis `mailer` in das aktuelle Arbeitsverzeichnis und bauen wie gewohnt mit `cargo build --release` ein Release. Da es sich hier um einen Build ohne zwischengespeicherte Artefakte handelt, kann dies je nach Hardware einige Minuten dauern. Um zu verhindern, dass die Entwicklung im Container sehr zeitraubend ist, verwenden wir folgenden Trick. Dabei wird der Build-Container wie folgt erweitert:

Listing 19–2 *Erweitertes Dockerfile*

```
RUN cargo new rustbuch
WORKDIR /usr/src/rustbuch

COPY mailer/Cargo.toml ./.
COPY kafka-consumer /usr/src/kafka-consumer
RUN cargo build --release
```

```
COPY mailer/src ./src
RUN rm -f target/release/deps/rustbuch*
RUN cargo build -release
#--------------------------
FROM debian:buster-slim
COPY --from=builder /usr/src/rustbuch/target/release/ mailer
./mailer
USER 1000
CMD ["./mailer"]
```

Anstatt direkt unseren Quellcode in den Container zu kopieren, erstellen wir zuerst ein neues Cargo-Projekt im Container, kopieren lediglich die `Cargo.toml` und unsere Bibliothek und bauen schließlich das Projekt. Das hat den Vorteil, dass dadurch ein Layer im Build-Image entsteht und wir bei Änderungen am Quellcode die Abhängigkeiten, solange diese sich nicht ändern, nicht erneut bauen müssen. Im nächsten Schritt kopieren wir den eigentlichen Quellcode und bauen das Projekt. Da ein Projekt in einem Workspace keine Information über den Workspace besitzt, können wir so direkt das entsprechende Projekt kopieren und müssen auch nur dieses bauen.

In einem letzten Schritt kopieren wir die Anwendung in den eigentlichen Container, übertragen die Konfiguration und wählen einen nicht privilegierten User aus, um die Anwendung auszuführen. Die `Dockerfiles` der anderen Services sind ähnlich aufgebaut, allerdings benötigen wir dort Abhängigkeiten wie `libpq` oder `openssl`.

Da nun die Infrastruktur zur Verfügung steht, können wir die interessanten Details der einzelnen Services betrachten. Wie im vorigen Kapitel stellen wir nur die wichtigen Codebestandteile vor, den Rest finden Sie im Begleitrepository.

Hintergrund

Um das Rad nicht neu zu erfinden, verwenden manche Crates Bibliotheken wie OpenSSL, die nicht Rust-spezifisch sind. Dadurch können Bibliotheken, in denen bereits Jahrzehnte an Entwicklung stecken, mit einer nativen Rust-API versehen werden, sodass wir als Entwickler nicht einmal mitbekommen, dass eine externe Bibliothek verwendet wird. Wenn wir allerdings unsere Software bauen, kann dies zum Problem werden: Während unser Entwicklungssystem, beispielsweise ein Linux-Laptop, alle benötigten Bibliotheken mitbringt, so kann auf einem Server eine veraltete Version in den Paketquellen verfügbar sein. Auch könnte unsere Kollegin auf einem Windows-System auf die Vorteile einer Paketverwaltung verzichten und müsste die Bibliotheken selbst installieren.

Hier schafft Docker Abhilfe: Mit der Verwendung von zwei Docker-Containern, einem Build-Container und dem Container, in dem später die Anwendung läuft, können alle Abhängigkeiten nach Belieben zusammengestellt und auf fast jedes Zielsystem mitgenommen werden. Hierbei werden Schwergewichte wie der Rust-Compiler nicht in das Produktiv-Image übernommen. Dadurch kann unsere Kollegin auf Windows (innerhalb der Docker-Container) exakt die gleiche Version einer Bibliothek verwenden wie das Produktivsystem und wie wir selbst auf unserem Rechner. Wir sollten uns daher nicht vor den etwaigen `apt install`-Befehlen in den Dockerfiles scheuen. Diese müssten wir sonst auf unserem Entwicklungs- und Produktivsystem ausführen.

19.3.2 Cross Compilation

Das Verwenden von Docker-Images zum Bauen von Anwendungen kann auch dazu genutzt werden, um sich Cross Compilation zu erleichtern. Dabei bauen wir auf einem Build-System, beispielsweise einem Mac, eine Anwendung für ein anderes Ziel, beispielsweise ein Windows-System. Je nach Anwendung benötigen wir dafür unter Umständen große Mengen an Abhängigkeiten zum Bauen. So müssen wir mehr als 50 Einzelbibliotheken installieren und verwenden, um GTK+ auf Linux so zu kompilieren, dass die Anwendung auch auf Windows ausführbar ist. Linux-Distributionen wie Archlinux bieten hierfür Pakete an, doch das Bauen aller transitiven Abhängigkeiten dauert je nach Hardware mehrere Stunden. Das können wir natürlich im Umfeld eines CI-Servers nicht akzeptieren. Im nächsten Ansatz werden wir eine kleine Anwendung samt aller benötigten Abhängigkeiten in einem Docker-Container bauen. Diesem Schema folgend können wir beliebig komplexe Umgebungen auch in CI-Umgebungen für Cross Compilation verwenden.

Im Beispiel bauen wir eine Anwendung für Windows. Dafür benötigen wir die korrekte Toolchain, in unserem Fall `x86_64-pc-windows-gnu`. Außerdem benötigen wir die Abhängigkeiten der Toolchain. Diese heißen je nach verwendeter Distribution anders, in unserem Fall `g++-mingw-w64-x86-64` und `gcc-mingw-w64-x86-64`. Wir können dieses Docker-Image publizieren und als Basis für unsere Builds verwenden oder, wie nachfolgend gezeigt, direkt darin die Anwendung bauen:

Listing 19–3
Dockerfile zum Cross-Compilieren

```
FROM rust:1.52.1 as builder
WORKDIR /usr/src
RUN USER=root cargo new my_cli
WORKDIR /usr/src/my_cli

RUN apt update && apt install -y --no-install-recommends gcc-mingw-
w64-x86-64 g++-mingw-w64-x86-64
RUN rustup target add x86_64-pc-windows-gnu
COPY . .
RUN cargo build --release --target=x86_64-unknown-linux-gnu
RUN cargo build --release --target=x86_64-pc-windows-gnu

CMD ["echo 0"]
```

Wir sollten unbedingt darauf achten, dass mit `copy . .` das komplette lokale Verzeichnis kopiert wird, und somit vor der Ausführung etwaige lokale Artefakte beseitigen. Der hier verwendete Befehl `echo 0` dient lediglich dazu, dass wir einen aus dem Image erstellten Container bei Bedarf ausführen können. Um die erstellten Artefakte aus dem Container herauskopieren zu können, verwenden wir `docker cp`. Nun schauen wir uns ein Beispiel für ein `Makefile` an, welches den Ansatz automatisiert:

Listing 19–4
Makefile zum Automatisieren von einigen Schritten

```
all:
   docker build -t my_builder .
   docker create --name builder my_builder
   docker cp my_builder:/usr/src/my_cli/target/x86_64-pc-windows-
gnu/release/my_cli.exe ./release
   docker cp my_builder:/usr/src/my_cli/target/x86_64-unknown-
linux-gnu/release/my_cli ./release
   docker rm my_builder
```

Sollten wir das Image ohne die Build-Schritte, aber mit den Abhängigkeiten veröffentlichen, können wir dieses bequem in unserer CI als Base-Image verwenden.

19.4 Die Microservices

Da nun alle Vorbereitungen getroffen sind, können wir damit anfangen, die einzelnen Microservices zu schreiben. Jedes der Unterkapitel beschreibt dabei einen Microservice und dessen Besonderheiten.

Die hier abgedruckten Codebeispiele sind in Teilen gekürzt und entsprechen nicht eins zu eins dem Code im Begleitrepository. Das liegt daran, dass wir einige Funktionen, beispielsweise Tracing, erst später im Kapitel mit aufnehmen.

19.4.1 Anfragen annehmen: der »Web«-Service

Wie im ursprünglichen Kontaktformular werden wir auch im Microservice Rocket verwenden, um die HTTP-Anfragen entgegenzunehmen. Da sich hier nicht viel ändert, können wir sogar fast denselben Handler weiterverwenden. Eine Sache, die wir etwas geändert haben, ist die Verarbeitung der Anfrage. Während wir bisher jede Anfrage in eine Datenbank geschrieben haben, schreiben wir diese jetzt in ein *Kafka-Topic*.

Für Rust gibt es mehrere Kafka-Bibliotheken. Wir verwenden hier `rdkafka`. Die Bibliothek ist so aufgebaut, dass wir einen `FutureProducer` anhand einer `ClientConfig` einmalig beim Verbindungsaufbau erzeugen und über diesen mehrere Nachrichten versenden können. Somit stellt der `FutureProducer` einen Zustand dar, den wir gerne in jedem Handler zur Verfügung hätten. Zudem muss der Verbindungsaufbau initial beim Starten von Rocket ausgeführt werden. Um beides zu erreichen, verwenden wir eine Kombination aus einer Fairing für das Lifecycle-Event und Managed State für den `FutureProducer`. Da wir bereits Rocket verwenden, wollen wir hier auch direkt dessen eingebaute Funktionalität für Konfigurationen nutzen. Diese funktioniert mit jedem Datentyp, der `Deserialize` implementiert, und bezieht ihre Werte direkt aus der Datei `Rocket.toml`, die bereits aus dem vorherigen Kapitel bekannt sein sollte. Die entsprechende `KafkaFairing` sieht wie folgt aus:

Listing 19–5
Implementierung unseres KafkaFairings

```
#[derive(Deserialize)]
struct KafkaConfig { bootstrap_server: String }

#[derive(Deserialize)]
struct MyConfig { kafka: KafkaConfig }

#[rocket::async_trait]
impl Fairing for KafkaFairing {
   async fn on_ignite(&self, rocket: Rocket<Build>) -> Result {
```

```
        let config = Config::figment()
    .extract::<MyConfig>()
    .expect("Insufficient Configuration");

        match ClientConfig::new()
            .set("bootstrap.servers", config.kafka.bootstrap_server)
            .create::<FutureProducer>() {
            Ok(client) => Ok(rocket.manage(client)),
            Err(e) => {...}
        }
    }
}
```

Wir brechen mit `expect()` direkt die Ausführung ab, sollte die Konfiguration nicht ausreichend definiert sein. Falls alle Parameter von Kafka akzeptiert werden, übergeben wir den `FutureProducer` (hier `client`) an Rocket.

Die Verwendung im Handler ist somit orthogonal zu anderem Managed State bei Rocket. In unserem Handler rufen wir lediglich eine Funktion mit den entsprechenden Argumenten auf und warten asynchron auf deren Fertigstellung, um das Ergebnis zurückzugeben. Den uns bereits bekannten `NewContactRequest` übernehmen wir vom originalen Kontaktformular-Projekt. Der Rückgabewert `KafkaResponse` implementiert `Responder`, dazu aber später mehr. Somit ist unser Code für den Handler nahezu trivial.

Listing 19–6 *Code des Handlers mit Verwendung unserer Fairing*

```
#[post("/", format = "application/json", data = "<request>")]
pub async fn index_json(
    request: NewContactRequest,
    producer: &State<FutureProducer>
) -> KafkaResponse {
    publish_to_kafka(request, producer).await
}
```

Mit der Funktion `publish_to_kafka()` codieren wir die eigentliche Arbeit und markieren sie mit `async`, wie durch das `await` bereits zu erwarten.

Hintergrund

Rust verlangt in neueren Versionen die explizite Verwendung von `dyn` für Trait-Objekte. Da nur diese Trait-Objekte automatisch eine Verallgemeinerung von Typen zulassen und wir `dyn` nicht in unserem Handler verwenden, können Sie ohne Weiteres mit dem hier dargestellten Code auf die exakte Methodensignatur von `publish_to_kafka` schließen. Schreiben Sie sich diese gerne auf und vergleichen Sie Ihre Version mit der tatsächlichen Signatur im Begleitrepository. Überlegen Sie sich auch, was Sie daraus folgernd allgemein mit dem Umgang von Typen in Rust sagen können.

In der Funktion `publish_to_kafka` müssen wir nun folgende Aufgaben erledigen: Zuerst erzeugen wir einen Schlüssel für Kafka basierend auf der E-Mail der Anfrage, um die Nachricht später von Kafka der korrekten Partition zuordnen zu lassen. Anschließend erstellen wir den Inhalt der Nachricht. Die Nachricht stellt in dem Fall die JSON-Repräsentation der Anfrage dar. Sollte hierbei etwas schieflaufen, so brechen wir die Bearbeitung der Anfrage ab und teilen das dem Benutzer mit. Mit der erfolgreich erstellten JSON-Repräsentation erstellen wir die Nachricht selbst. Dabei verwenden wir den bereits erstellten Schlüssel. Das Senden der Nachricht ist in `rdkafka` über eine komplett asynchrone API realisiert. Dadurch können wir mit `await` arbeiten, ohne zu blockieren. Da die gesamte Operation zu lange dauern kann, beispielsweise weil der angefragte Kafka-Broker nicht bereit ist, schließen wir das asynchrone Senden in einen `timeout` ein. Jede HTTP-Anfrage wird somit spätestens nach 500 Millisekunden beantwortet. Sollte Kafka nicht erreichbar sein, wird die Anfrage des Benutzers abgewiesen. Das verhindert, dass unser Service Anfragen zwischenspeichern muss und womöglich beendet wird, ohne diese zu speichern. Der resultierende Quellcode ist nachfolgend dargestellt:

Listing 19–7
Asynchrone Funktion zum Schreiben von Nachrichten in Kafka

```
async fn publish_to_kafka(
    contact_request: NewContactRequest,
    producer: &FutureProducer)
     -> KafkaResponse {

    let mut sha = Sha256::new();
    sha.update(&contact_request.email);
    let key = sha.finalize();

    let payload =  match serde_json::to_vec(&contact_request) {
        Ok(payload) => payload,
        _ => { return KafkaResponse::BadRequest("Request not
processable".to_string())}
    };

    let record = FutureRecord::to("contact_request")
        .payload(&payload)
        .key(&key[..]);

    let send_result = timeout(
        Duration::from_millis(500),
        producer.send(record, ...))
        .await;

    KafkaResponse::Processed(send_result)
}
```

Wir kapseln das Mapping vom Ergebnis des Sendens auf einen HTTP-Statuscode. Weiter schauen wir uns die Handhabung eines Rückstaus (Backpressure) an: Angenommen, Anfragen erreichen unsere Anwendung schneller, als Kafka diese abarbeiten kann. Da unser Handler als Task in Tokio realisiert ist, kann jede Anfrage asynchron abgearbeitet werden. Sollte also nur ein Teil der Broker zu langsam sein oder gar ausfallen, so werden die anderen Anfragen normal weiterbearbeitet. Problematisch wird es, wenn sich wartende Anfragen anstauen. Hier kommt uns der `timeout` von oben zur Hilfe: Spätestens nach 500 Millisekunden wird die Anfrage abgebrochen. Das heißt, unser System muss maximal jene Menge von Anfragen vorhalten können, die innerhalb von 500 Millisekunden ankommen. Da es kein Problem darstellt, eine Million Tokio-Tasks vorzuhalten, aber sehr wohl, eine Million Anfragen pro Sekunde zu beantworten, wird unsere Implementierung hier nicht der begrenzende Faktor sein.

Hintergrund

Wie bereits angesprochen, kapseln wir das Abbilden des Rückgabewertes des Sendens auf einen HTTP-Statuscode. Der Code ist zu uninteressant, um ihn hier abzudrucken – schauen Sie ihn sich trotzdem im Begleitrepository an, da er verdeutlicht, wie durch das Einführen von eigenen Typen Komplexität aus den Handlern herausgehalten werden kann. Nur zum Vergleich: Ein `KafkaResponse` ist bedeutend handlicher als der darin enthaltene Typ: `Result<Result<(i32,i64), (KafkaError, OwnedMessage)>, Elapsed>`.

Nachdem der erste Microservice die Kontaktanfrage an Kafka abgegeben hat, kann nun jeder beliebige andere Service diese empfangen und bearbeiten. Zunächst schauen wir uns aber an, wie man hier eine eigene Bibliothek verwenden würde.

19.4.2 Gemeinsame Funktionalität

Alle unsere von Kafka lesenden Services werden die gleiche Logik verwenden: Eine für jede Nachricht aufgerufene Funktion soll die jeweilige Nachricht abarbeiten. Da Kafka den Clients Nachrichten so schnell oder langsam ausspielen kann, wie diese sie abarbeiten können, verwenden wir hier keinen asynchronen Code: Es hat für uns keinen Sinn, die Datenbank aus mehreren Threads heraus zu bespielen, wenn diese bereits die Geschwindigkeit der Verarbeitung limitiert.

Um die Logik des Registrierens auf ein Topic und das Empfangen der Nachrichten nicht zu duplizieren, kapseln wir diese in eine eigene

Bibliothek. Dazu erstellen wir ein eigenes Crate im Workspace mit dem Namen `kafka-consumer`. Anstatt die langweiligen Aspekte wie die Konfiguration des Kafka-Clients hier im Kapitel durchzugehen, haben wir uns entschieden, gemeinsam eine API für die Bibliothek zu entwickeln. Sollten Sie sich mehr für die anderen Teile interessieren, so können Sie diese im Begleitrepository einsehen. Um eine klare und einfach zu verwendende API zu gestalten, versuchen wir, so viele der unnötigen Details wie möglich vor dem Benutzer zu verstecken.

Muss der Benutzer der Bibliothek wissen, dass wir Kafka einsetzen? Wir kommen ohne die Notation von Kafka im Code aus, der unsere Bibliothek `kafka-consumer` verwendet. Lediglich ein paar Konfigurationsoptionen wollen wir durchreichen. Das heißt, dass wir die oben erwähnte Funktion, die pro Nachricht ausgeführt wird, für die jeweilige Verwendung implementieren lassen müssen und uns innerhalb von `kafka-consumer` um den Verbindungsaufbau und das Aufrufen der Funktion kümmern. Dabei haben wir zwei Möglichkeiten, einen Trait oder eine Funktionsreferenz. Die Verwendung eines auf einem Datentyp implementierten Traits ermöglicht es dem Benutzer von `kafka-consumer`, den Datentyp selbst zu gestalten. So kann ein solcher Benutzer beispielsweise Zustand im Datentyp über Nachrichten hinweg halten. Aufgrund der dadurch entstehenden Flexibilität ziehen wir diesen Ansatz vor. Da die aufgerufene Funktion jede Nachricht behandelt, nennen wir den Trait `MessageHandler` und definieren ihn wie folgt:

Listing 19–8
Definition des Traits MessageHandler

```
pub trait MessageHandler : Send{
    fn handle( &mut self, message: &[u8])
      -> Result<(),HandleError>;
}
```

Nun können wir in der Bibliothek eine Funktion bereitstellen, die die Konfiguration und den `MessageHandler` als Parameter übergeben bekommt. Den Rest können wir vor dem Benutzer verstecken. Die Funktion ist nachfolgend gezeigt:

Listing 19–9
Funktion, die den eben definierten MessageHandler als Trait-Objekt entgegennimmt

```
pub fn subscribe_and_handle (
    config: Box<dyn KafkaConfig>,
    message_handler: Box<dyn MessageHandler>
    ) {
    let rt = Runtime::new().unwrap();
    rt.block_on(async move {
        subscribe_and_handle_task(
            config,
            message_handler
        ).await
    });
}
```

Beide Funktionsparameter sind auf Trait-Objekte ausgelegt. Dadurch kann der Benutzer von kafka-consumer jedes beliebige Struct übergeben, solange die entsprechenden Traits implementiert sind. Da die rdkafka-Bibliothek auf die Verwendung von Futures setzt, starten wir die Funktion subscribe_and_handle_task als asynchronen Task auf einer Runtime. Dadurch muss der Benutzer von kafka-consumer nicht einmal wissen, ob wir im Hintergrund nun mit oder ohne async arbeiten. In subscribe_and_handle_task können wir in einer Schleife für jede ankommende Nachricht den Handler aufrufen.

Listing 19–10 Aufruf des im MessageHandler definierten Handlers

```
loop {
  match consumer.recv().await {
    Err(e) => error!("Kafka error: {}", e),
    Ok(m) => {
      if let Some(Ok(payload)) = m.payload_view::<[u8]>() {
        match message_handler.handle(&payload, H...){
          Ok(()) => (),
          Err(e) => warn!("Handler failed with {}",e.0)
        }
      }
    }
  };
}
```

Die Fehlerbehandlung wird für Nachrichten ohne Inhalt sowie für die allgemeine Fehlerbehandlung (hier lediglich ein warn-Logeintrag) außerhalb des Codes des Bibliothekbenutzers gehalten. Natürlich deckt das nicht jeden Anwendungsfall ab. Wollten wir unseren Service dazu bringen, bei der ersten Nachricht ohne Inhalt aufzuhören, Nachrichten zu empfangen, wäre das mit unserer Bibliothek nicht machbar.

Da wir für das Abarbeiten von Nachrichten nur einen einfachen Trait implementieren müssen, können wir uns den nächsten Microservice vornehmen: database-sink.

19.4.3 Speichern der Anfragen in der Datenbank

Durch unsere Vorarbeit im vorherigen Abschnitt ist dieser Microservice vergleichsweise einfach. Wir erstellen einen Handler und rufen die subscribe_and_handle-Funktion auf.

Listing 19–11 Wiederverwendung des MessageHandlers in einem anderen Service

```
fn main() {
    let db = connect_db(&config);
    let database_message_handler = DatabaseMessageHandler{
        db
    };
    subscribe_and_handle (
        ... as Box<dyn KafkaConfig>,
```

```
        Box::new( database_message_handler) as Box<dyn
MessageHandler>
    );
}
```

Wie Sie sicher schon vermutet haben, versteckt sich der interessante Code in der Implementierung von `MessageHandler`. Auch diese ist recht überschaubar.

Listing 19–12
Implementierung des MessageHandlers für den Database-Sink

```
impl MessageHandler for DatabaseMessageHandler{
    fn handle(&mut self,message: &[u8]) -> Result<(),HandleError> {
        let request = NewContactRequest::try_from(message)
            .map_err(|_e| ... )?;
        persistence::save(&self.db, request)
            .map_err(|_e| ...)?;
        Ok(())
    }
}
```

Da wir uns hier nicht im asynchronen Kontext befinden und uns sicher sind, immer nur einen Thread zu verwenden, verbirgt sich hinter `persistence` das synchrone Äquivalent zu der im Kontaktformular verwendeten asynchronen Implementierung. Da die Funktion selbst ein `Result` zurückgibt, können wir wieder elegant mit ? die Bearbeitung der aktuellen Nachricht im Fehlerfall stoppen.

Wie bereits besprochen, haben wir uns für die Verwendung von PostgreSQL entscheiden. Dadurch können wir persistente Daten einfach außerhalb der Container halten und auf diese auch von mehreren Containern aus zugreifen. Die Verwendung von PostgreSQL geschieht analog zu SQLite, allerdings können wir eine etwas ausgereiftere SQL-Syntax für das Schema verwenden. Wir können die Schemamigration von unserem Entwicklungsrechner aus starten, indem wir wie zuvor `diesel-cli` verwenden. Die Datenbank-URL dafür finden wir in der Datei `docker-compose.yml`. Dabei müssen wir auf den korrekten Hostnamen achten, in diesem Fall `127.0.0.1`.

19.4.4 Mail verschicken

Auch in diesem Microservice nehmen wir die Daten der Kontaktanfrage zunächst entgegen. Hier beginnen wir ebenso mit der Verwendung unserer Hilfsfunktion `subscribe_and_handle` und einer Implementierung des Traits `MessageHandler`. In diesem Fall fungiert er als Übersetzer zum Crate `lettre`, das den Mailversand übernimmt.

Zunächst beginnen wir mit der Definition eines Structs, um alles Nötige für den Versand vorzubereiten.

```
struct LettreMessageHandler<T: Transport> {
    email_recipient: String,
    lettre_transport: T
}
```

Listing 19–13
Wieder ein Handler, diesmal zum Versenden der E-Mail

Neben dem obligatorischen Absender für die E-Mail, an welche die Kontaktanfrage gehen soll, müssen wir für `lettre` einen `Transport` vorbereiten. In diesem stecken alle Informationen, die `lettre` für die Zustellung braucht. Schauen wir auf die Implementierung des `MessageHandlers`:

```
impl<T: Transport + Send> MessageHandler for LettreMessageHand-
ler<T> {
  fn handle(&mut self, message: &[u8], headers: HeaderLookup)
    -> Result<(),HandleError> {

    match NewContactRequest::try_from(message){
      Ok(request) => {
        debug!("About sending mail from {}", &request.email);
        match self.prepare_mail(request) {
          Ok(message) => self.send_mail(message),
          Err(error) => {
            warn!("Could not sent mail because of: {}", error)
          }
        }
      }
      _ => warn!("Unparseable message in queue")
    }
    Ok(())
  }
}
```

Listing 19–14
Implementierung des MessageHandlers zum Senden von E-Mails

Der wichtigste Schritt hierbei ist die Konvertierung der Kafka-Message in den `NewContactRequest`, in die Aufrufe von `prepare_mail()` und schließlich `send_mail()`. Diese beiden Funktionen implementieren wir in einem separaten `impl`-Block:

```
impl<T: Transport> LettreMessageHandler<T> {
  fn prepare_mail(&self, request: NewContactRequest)
    -> Result<Message, EmailError> {
      return Message::builder()
          .from(request.email.parse()
            .map_err(|_| EmailError::MissingFrom)?)
          .to(self.email_recipient.parse()
            .map_err(|_| EmailError::MissingTo)?)
          .subject(„Contact request")
          .body(request.message);
  }
```

Listing 19–15
Implementierung der im MessageHandler verwendeten Funktionen

```
    fn send_mail(&mut self, message: Message) {
        match self.lettre_transport.send(&message) {
            Ok(_response) => {
                debug!(„Mail was sent successfully");
            }
            Err(_e) => {
                debug!(„Mail could not be sent.");
            }
        }
    }
}
```

In `prepare_mail` bauen wir mit der API von `lettre` und dem Builder-Entwurfsmuster eine `Message` auf, der wir die Adressaten, den Absender, den Betreff und den Inhalt der Mail übergeben. In `send_mail` nehmen wir diese `Message` und übergeben sie dem vorher erwähnten `Transport` für die Zustellung.

Als Letztes schauen wir noch auf ein kleines Sahnehäubchen in der Umsetzung dieses Microservices. Das oben mehrfach erwähnte `Transport` bietet verschiedene Implementierungen, unter anderem eine für die Zustellung über SMTP und auch eine *Stub-Implementierung*. Diese Stub-Implementierung (engl. *stub* für Stumpf) nimmt die Zustellung entgegen, führt sie aber nicht aus.

Diese beiden Implementierungen nutzen wir, um den Microservice während der Entwicklung und auch für Sie zur Veranschaulichung im Repository vollständig zu implementieren, aber per Standardeinstellung keine Mails zu verschicken. Dabei bauen wir auf die Funktionalitäten von Features in Cargo und implementieren zwei verschiedene Funktionen zum Vorbereiten des `Transports`.

Beginnen wir mit einem Blick in die `features`-Sektion in der `Cargo.toml`:

Listing 19–16
Konfiguration der Features in der Cargo.toml

```
[features]
default = ["stub"]
stub = []
smtp = ["lettre/smtp-transport"]
```

Wir definieren zwei Features: `stub` und `smtp`. Mit `smtp` definieren wir noch eine Abhängigkeit zum Feature `smtp-transport` von `lettre`.

Um von den Features Gebrauch zu machen, markieren wir die jeweiligen Imports mit `cfg`-Attributen:

Listing 19–17
Verwenden der Feature-Configuration im Code

```
#[cfg(feature = "smtp")]
mod smtp;
#[cfg(not(feature = "smtp"))]
mod stub;
#[cfg(feature = "smtp")]
use smtp::prepare_transport;
```

```
#[cfg(not(feature = "smtp"))]
use stub::prepare_transport;
```

Wir implementieren zwei Module, smtp und stub, mit jeweils einer Funktion namens prepare_transport. Durch die Markierung mit #[cfg(feature = "smtp")] wird bei aktiviertem Feature smtp das Modul smtp und damit auch die Funktion *smtp::prepare_transport* importiert. Durch die Markierung #[cfg(not(feature = "smtp"))] geschieht das gleiche mit stub.

Als Effekt wird beim Initialisieren des MessageHandlers die jeweilige Funktion prepare_transport aufgerufen.

```
let transport = prepare_transport(&config);

let message_handler = LettreMessageHandler {
    lettre_transport: transport,
    email_recipient: config.email_recipient.clone()
};
```

Listing 19–18
Verwenden der durch die Feature-Configuration definierten Implementierung

19.5 Betrieb

Wie bereits im Kapitel für den Webservice wollen wir uns auch in diesem Kapitel einige Aspekte des Betriebs von Anwendungen mit Rust anschauen. Diesmal konzentrieren wir uns jedoch auf Metriken, verteiltes Tracing und Skalierung.

19.5.1 Metriken und Monitoring

Der zuverlässige Betrieb einer Software setzt voraus, dass diese genau überwacht wird, damit wir im Fehlerfall Gegenmaßnahmen ergreifen. Um diesen Zustand unserer Software in einem Monitoring-System adäquat abbilden zu können, müssen wir Metriken erfassen. Für diese Aufgabe verwenden wir in diesem Kapitel *Prometheus* und die Integration in Rust durch *OpenTelemetry* sowie *Grafana* zur Visualisierung. Herausforderungen wie das Erstellen und Warten von hilfreichen Alerts behandeln wir nicht.

Prometheus ist eine Software, die in periodischen Abständen Metriken bei konfigurierten Systemen abholt. Wir müssen diese Metriken bereitstellen. Für unseren Anwendungsfall ist diese Konfiguration trivial: In einer Datei *prometheus.yml*, die dem Prometheus-Container zur Verfügung gestellt wird, konfigurieren wir folgenden Job:

Listing 19–19
Konfiguration des Scrape-Jobs in der Datei prometheus.yml

```
- job_name: 'web'
    static_configs:
      - targets: ['web:8000']
```

Wir geben Port 8000 an. Diesen kennen wir bereits vom Starten von Rocket. In unserer Rocket-Anwendung implementieren wir eine Route, um die Metriken für Prometheus zur Verfügung zu stellen. Dafür verwenden wir OpenTelemetry, deren Integration von Prometheus und die Crate `prometheus` selbst.

```
opentelemetry-prometheus = "0.8.0"
opentelemetry = {version = "0.15.0", features = ["serialize"] }
prometheus = "0.12.0"
```

Da OpenTelemetry sich nicht auf eine spezifische Technologie zum Erfassen von Metriken festlegen will, wird eine technologieunabhängige API angeboten. Diese bietet Funktionen wie Zähler an. Wir müssen nur an einer Stelle die spezifischen Einstellungen der jeweiligen Technologie angeben und können von diesen für den Rest der Anwendung abstrahieren. In unserem Fall verwenden wir einen Rocket-Handler, um die Metriken als Klartext auszugeben. Dazu kommt der von Prometheus gelieferte `TextEncoder` zum Einsatz.

Listing 19–20
Handler zum Preisgeben von Metriken

```
async fn handle<'r>(&self, request: &'r Request<'_>, _: Data<'r>)

-> Outcome<'r> {
    let mut buffer = vec![];
    let encoder = TextEncoder::new();
    let metric_families = self.exporter.registry().gather();
    encoder.encode(&metric_families, &mut buffer).unwrap();
    let body = String::from_utf8(buffer).unwrap();
    let responder = Plain(body);
    Outcome::from(
        request,
        responder
    )
}
```

Die Rocket-spezifischen Teile wie `Responder` und die Funktion `handle()` kennen wir bereits aus vorherigen Kapiteln. Die Prometheus-Anteile sind fast selbsterklärend: Alle aus einer `Registry` stammenden Metriken werden mit dem `TextEncoder` codiert und als String vorgehalten. Ab hier übernimmt Rocket die weitere Behandlung der Metrik-Anfrage. Etwas kniffliger (aber auch interessanter) ist das Aufzeichnen von Metriken. Hier verwenden wir einen Ansatz, der typischerweise nicht in den meisten Beispielen gezeigt wird. Während *Meter* (Konzept zum Aufzeichnen von Messwerten) für Prometheus oftmals mit `lazy_static` als globale Variablen implementiert werden, können wir davon Gebrauch machen, dass wir nur sehr spezielle Teile unserer Anwendung instrumentieren wollen: Wir wollen einen Zähler, der nach URL und Client aufgeteilt die Anzahl der Zugriffe auf einen Endpunkt zählt. Da dieser Code für jede Anfrage ausgeführt wird, verwenden wir hier ein Fairing. Das Fairing selbst ist ein Struct und kann die *Instruments* (Konzept für Datentypen, mit denen wir messen) direkt aufnehmen. Somit müssen wir nur den Trait `Fairing` implementieren und die Instruments initial einmal erstellen. Das Erstellen der Instruments ist überschaubar: Wie nachfolgend gezeigt müssen wir eine globale Registry erstellen, aus der heraus wir die einzelnen Instruments erzeugen. Dadurch sind diese mit dem korrekten *Exporter* verknüpft und bei der Registry eingetragen.

Listing 19–21
Registrieren von Metern im Prometheus-Exporter

```
let exporter = opentelemetry_prometheus::exporter().init();
let meter = global::meter("rustbuch.de/opentele-prometheus");
http_counter_individual: meter
    .u64_counter("example.http_counter_individual")
    .with_description("The count of calls for each handler")
    .init()
```

Nun können die Instruments in der Implementierung des Fairings verwendet werden. Die Instruments können wir initial per `bind(…)` auf gewisse Labels binden und für den Rest der Programmlaufzeit verwenden. Alternativ können wir die Labels auch beim Inkrementieren des Zählers angeben, um somit beispielsweise die aktuelle Route einzutragen. Letzteres tun wir auch:

Listing 19–22
Implementierung des Fairings zum Aktualisieren der Meter

```
async fn on_response… {
  self.http_counter.add(1);
  self.http_counter_individual.add(1,&[
    KeyValue::new("url",
request.uri().path().as_str().to_string()),
    KeyValue::new("remote",
request.remote().unwrap().ip().to_string()),
  ]);
}
```

Der hier verwendete `self.http_counter` ist ein auf ein festes Label konfigurierter Counter, der die Gesamtsumme aller Requests zählt. Der andere Counter, der pro URL und Client unterscheidet, bekommt seine Labels hier von uns gesetzt.

Wenn die bereitgestellten Docker-Container starten, können wir unserer Anwendung bei der Arbeit zusehen. Auf Port 3000 sollte eine Grafana-Instanz erreichbar sein, in die Sie unter Create/Import das im Begleitrepository bereitgestellte Dashboard importieren können. Das Dashboard und ein paar Beispieldaten aus unserer Anwendung sind untenstehend abgebildet.

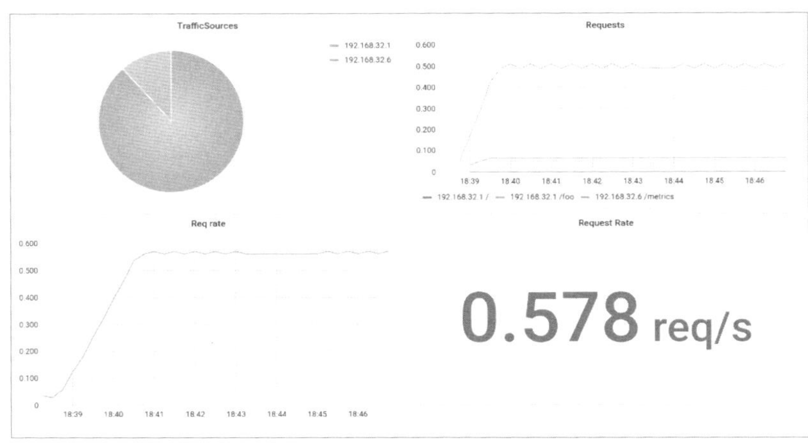

Abb. 19–2 *Beispielvisualisierung der gesammelten Metriken mit Grafana*

19.5.2 Tracing

Tracing können wir als eine spezielle Form des Loggings ansehen. Dabei werden alle auftretenden Events, die zu einem Businessobjekt gehören, durch eine eindeutige ID gekennzeichnet, sodass wir diese später korrelieren können. Da wir aber mit einer Microservice-Architektur arbeiten, ist es gut möglich, dass die einzelnen Services auf unterschiedlichen Servern laufen. Das macht uns die konsistente Aggregation von Log-Einträgen schwierig. Verteiltes Tracing ist hier ein Lösungsansatz. Dabei werden *Traces* an einen logisch zentralen Service von den einzelnen Services gesendet. Das hat Vor- und Nachteile gegenüber Alternativen wie Aggregation von Logdaten in Systemen wie dem ELK-Stack. Während generell aufgrund des vergleichsweise großen Aufwands geringere Performance erreicht wird, so werden andere Probleme beseitigt: Wir erhalten einen konsistenten Blick auf die Verarbeitung über verschiedene Services hinweg, ohne dass wir uns über Probleme wie abweichende Systemzeiten oder Ähnliches Gedanken machen müssen. Wir verwenden im Folgenden OpenTelemetry, weswegen wir auch deren Terminologie ab hier verwenden. Wie bereits erwähnt gibt es das Konzept des Trace, das den Weg der Verarbeitung verfolgt. Ein Trace besteht aus einem Baum aus *Span*s (meist Codebereiche), wobei ein einzelner Span einem beliebig großen Block an Arbeit entspricht. In unserem Beispiel kann je ein Trace einer Kontaktanfrage zugeordnet werden. Der Wurzelknoten des Trace ist der erste Span, hier also das Ankommen im Webservice. Kindknoten sind damit Spans auf den beiden anderen Microservices. Jeder Span kann beliebig viele Kindknoten haben. So könnte der Service `database-sink` das Speichern in die Datenbank als eigenen Span realisieren. Für unsere Microservices sieht das wie folgt aus:

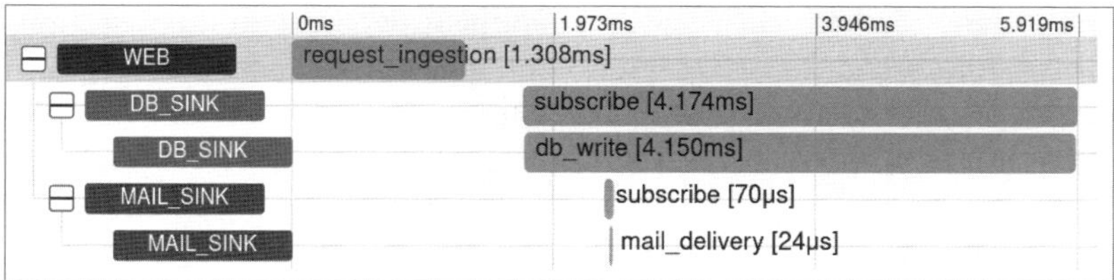

Abb. 19–3
Visualisierung der gesammelten Trace-Daten mit Zipkin

Wir benutzen, um die Verwendung von Tracing exemplarisch zu demonstrieren, die Implementierung mit dem Namen *Zipkin* (eine Alternative wäre *Jaeger*). Die obige Visualisierung ist ein Beispiel für die Möglichkeiten dieser Software. Sie können diese wie gewohnt über einen Docker-Container in unserem Compose-File mit folgendem Befehl starten:

```
docker-compose up zipkin
```

Hintergrund

Das verwendete Crate `opentelemetry-rust` verwendet hinter den Kulissen globalen Zustand. Während das die Interaktion mit manchen Teilen der API stark vereinfacht, werden Sie doch feststellen, dass bei einem solchen Programmiermodell sehr schnell eine Aktion vergessen werden kann.

Die OpenTelemetry-API für Tracing funktioniert unabhängig von der Technologie für das Tracing selbst. Die API ist so gestaltet, dass wir an jeder Stelle unseres Programms Zugriff auf den aktuell aktiven Span haben. Diesem können wir beliebige Events hinzufügen, die Vorgängen in unserem Programm entsprechen, vergleichbar mit einzelnen Log-Einträgen. Der Zugriff auf das aktuelle Span verlangt nicht, dass wir eine Variable durch Ihre Methoden mit hindurchschleifen.

Tipps und Tricks

Bevor Sie weiterlesen, überlegen Sie sich, wie Sie selbst diese Problemstellung lösen würden. Ihr Code müsste die folgenden Punkte erfüllen:

- globale Funktionen zum Beginnen und Beenden eines Spans
- Zustand, der sicherstellt, dass immer nur ein Span aktiv ist
- Hinzufügen von Events zum aktuellen Span, ohne eine Referenz darauf vorzuhalten

Mit den bisher vermittelten Kenntnissen aus diesem Buch können Sie Code schreiben, der diese Anforderungen erfüllt. Bedenken Sie auch, dass sich mehrere Threads gleichzeitig in mehreren Spans befinden können.

Um OpenTelemetry mit Rust und Zipkin verwenden zu können, müssen wir die beiden Komponenten konfigurieren. Genauer gesagt, müssen wir OpenTelemetry derart konfigurieren, dass es das Zipkin-Backend verwendet. Für Zipkin müssen Einstellungen, wie die URL der Zipkin-Instanz, gesetzt werden. Diese Konfiguration nehmen wir global vor und zeigen Sie exemplarisch.

Listing 19–23
Erzeugen des globalen Tracers

```
global::set_text_map_propagator(opentelemetry_zipkin::Propaga-
tor::new());

let _tracer = opentelemetry_zipkin::new_pipeline()
    .with_service_name("web")
    .with_collector_endpoint("http://zipkin:9411/api/v2/spans")
    .install_simple()
    .expect("Could not install tracer");
```

Stöbern wir durch den Quellcode der Bibliothek, stellen wir fest, dass im Zuge von `install_simple` ein `tracer_provider` hinter einem `RwLock` gesetzt wird. Dieses `RwLock` befindet sich in einer globalen Variablen, realisiert mit `lazy_static`. Dadurch kann unser konfigurierter Tracer von jeder Stelle aus ihrem Code heraus verwendet werden. Hierfür gibt es zwei grundlegende Möglichkeiten: das Markieren eines Start- bzw. Endpunkts eines Spans von Hand oder durch eine mit dem Crate gelieferte Funktion. Wir betrachten die beiden Ansätze nachfolgend getrennt. Die folgenden Codestücke sind erweiterte Versionen des Codes zu Beginn des Kapitels. Zuerst schauen wir auf das Codestück im Request-Handler. Hier starten wir einen neuen Span, da diese Stelle den Eintritt eines Requests in unser System darstellt. Wir geben die `trace_id` aus, sodass wir diese später manuell vergleichen können.

Listing 19–24
Starten eines Spans und Registrieren eines Events darin

```
let mut span = global::tracer("Handler")
    .start("request_ingestion");
debug!("Handler with tid: {}",
span.span_context().trace_id().to_hex());

span.add_event("Handler call".to_string(), vec![
    KeyValue::new("Remote",Value::from(request.email.clone()))
]);
```

In der Variablen span halten wir eine Referenz auf den aktuellen Span vor, die wir später verwenden können, um Events hinzuzufügen.

Alternativ können wir auch folgende Mechanik verwenden:

Listing 19–25
Zugriff auf den Thread-eigenen Context zum Setzen eines Spans

```
let _span = trace::mark_span_as_active(span);
...
Context::current().span()
    .add_event("Payload parsed".to_string(),vec![]);
```

Hierbei setzen wir span als aktiv. Bis wir einen neuen Span als aktiv setzen oder den aktuellen Span manuell beenden, bleibt dieser aktiv. Über den aktuellen Kontext `Context::current()` können wir den aktuellen Span abrufen. Wir sollten dabei im Hinterkopf behalten, dass `Context` pro Thread existiert. Das hat den Vorteil, dass wir in mehreren Threads auch gleichzeitig mehrere Spans aktiv halten können. Wenn das Business-Objekt beispielsweise per `mpsc` den aktiven Thread wechselt, wird nicht automatisch der aktive Span übertragen. Da wir das mit asynchronen Tasks nur sehr umständlich realisieren können, bietet OpenTelemetry hier eine Hilfsfunktion für Futures.

```
publish_to_kafka(request, producer)
        .with_context(Context::current_with_span(span))
        .await
```

Listing 19–26
Verwendung der Funktion with_context(), um die Ausführung des asynchronen Tasks zu verfolgen

Wir müssen glücklicherweise in der Funktion `publish_to_kafka` nichts anpassen, sondern können direkt `Context::current()` verwenden, um den korrekten Span zu erhalten.

Ist ein Span aktiv, wird automatisch beim Erstellen eines neuen Spans dieses als Kindknoten im Span-Baum eingetragen. Da hier das korrekte Starten und Stoppen von Spans kompliziert werden kann, bietet OpenTelemetry auch dafür eine Hilfsfunktion an. Betrachten wir das nächste Beispiel aus dem Mailer-Service:

```
let span = …
let _span = trace::mark_span_as_active(span);
match …message…{
    Ok(message) =>  tracer.in_span(
        "mail_delivery",
        |_cx|  self.send_mail(message)),
    Err(error) => …
}
```

Listing 19–27
Senden der E-Mail mit Tracing

Hier starten wir mit `in_span` automatisch für die Funktion `send_mail` einen Span, setzen ihn als aktiv und lassen ihn am Ende der Funktion automatisch beenden. Die Verwendung der Hilfsfunktionen verhindert hier natürlich auch, dass wir vergessen können, den Span zu beenden. Sollten wir nicht die Hilfsfunktion verwenden, so wird unser Span beendet, sobald die Referenz darauf zerstört wird, beispielsweise durch `drop()` oder weil die Referenz alleine den Gültigkeitsbereich verlässt. Das ist beim vorherigen Beispiel mit `_span` der Fall.

Die einzige Herausforderung, die uns noch bleibt, um verteiltes Tracing umzusetzen, ist eine Möglichkeit, einen Span auf einem System zu starten, der ein Kindknoten eines Span-Baumes ist, welcher wiederum auf einem anderen System gestartet wird. Wir benötigen dieses Konstrukt, wenn wir einen Trace einer Kontaktanfrage im Webservice gestartet haben, diese Anfrage im E-Mail-Service bearbeiten und der Trace selbstverständlich der gleiche bleiben soll. In unserem Beispielprojekt lösen wir das Problem, indem wir die Trace-ID in die Header-Daten der einzelnen Kafka-Nachrichten hinzufügen. Da Metainformationen wie die Trace-ID von der Fachlogik unabhängig sind, haben wir uns dagegen entschieden, diese Information in die Nachricht selbst mitaufzunehmen. Schauen wir uns dieses Verhalten am Beispiel einer dafür zuständigen Funktion aus dem Mailer-Service an:

```
let sc = serde_json::from_slice::<SpanContext>(header)
...
let tracer =  global::tracer("mail_handler");
let mut span_builder = tracer.span_builder("subscribe");
span_builder.trace_id = Some(sc.trace_id());
let mut span = tracer.build(span_builder);
return Some(span);
```

Wir geben `span` aus der Funktion zurück, um zu vermeiden, dass der aktive Span direkt wieder geschlossen wird. Hier gestaltet sich das Handling des Fehlerfalls besonders einfach: Bekommt die aufrufende Funktion `None` zurück, so kann diese einfach einen neuen Root-Span starten. Das kann vorkommen, wenn eine Kontaktanfrage manuell in Kafka geschrieben wurde.

Abb. 19–4 *Extrahieren des SpanContext aus dem Header*

Wenn wir die Services nun mit aktiven Traces betreiben, können wir im Webinterface von OpenTelemetry die Abarbeitung einer Kontaktanfrage nachverfolgen. In einer oberen Zeile sehen wir unter anderem die Trace-ID, die wir auch auf der Konsole zum Vergleich ausgegeben haben. Links sehen wir die Baumstruktur der Spans in unseren Services, während mittig die Zeitachse dargestellt ist. Auf der rechten Seite sehen wir die Annotations, die unseren manuell erstellten Events innerhalb eines Spans entsprechen.

19.5.3 Skalierung

Einer der großen Vorteile der hier gewählten Kombination aus Docker und Kafka ist, dass wir unsere Anwendung sehr einfach skalieren können, zum Beispiel wenn das Versenden von Mails zu lange dauert. Ein Aufruf von `docker-compose up --scale mailer=2` genügt. Dabei wird ein zweiter Container mit unserem Mailer-Service gestartet, der sich zum Kafka verbindet. Da die beiden Services die gleiche `group-id` haben und wir das Topic mit 8 Partitionen erstellen, können Nachrichten von Kafka auf die beiden Consumer aufgeteilt werden. Natürlich wird ein einfaches Skalieren mit Docker nicht in jedem Fall zum Erfolg führen: Wenn beispielsweise die Datenbank den limitierenden Faktor darstellt, bedarf es bedeutend aufwendigerer Skalierungsmechaniken. Dasselbe gilt für Container, die wie unser Service `web` lokal auf einen Port binden. Für solche Fälle müssen kompliziertere Werkzeuge verwendet werden, beispielsweise ein Load-Balancer wie *nginx*, *Traefik* oder *Envoy*. Selbstverständlich ist das Duplizieren von Services, die bereits das komplette System auslasten, nicht zielführend.

Da unsere Services sehr leichtgewichtig sind – der `mailer`-Service benötigt nur ca. 7MB Speicher –, können wir ohne Probleme Hunderte der Services starten. Spätestens bei ca. 500 Services auf einem Linux-System stellen wir jedoch fest, dass in der Standardkonfiguration nur 1024 Verbindungen erlaubt sind und die Services sich nicht mehr zum Kafka verbinden können.

19.6 Zusammenfassung

In diesem Kapitel haben wir die Verwendung von Rust im Umfeld von Microservices betrachtet. Diese sind im Gegensatz zu klassischen Webanwendungen eher kurzlebig und leichtgewichtig, benötigen aber reichlich Integrationen in andere Werkzeuge, um die in dieser Architektur auftretenden Probleme handhaben zu können. Während Rust die ersten beiden Punkte sehr gut abdeckt, sind die Integrationen noch nicht so angenehm wie beispielsweise im Umfeld von Spring, .NET, Node.js oder Go. Trotzdem sehen wir für Rust aufgrund des geringen Fußabdrucks, der kurzen Startzeiten und der hohen Geschwindigkeit sehr viel Potenzial. So können wir beispielsweise rechenintensive Operationen unter Verwendung weniger Serverressourcen umsetzen. Die von uns bereits aufgezeigten Vorteile des Typsystems und der expliziten Fehlerbehandlung können besonders für geschäftskritische Bereiche ein größeres Vertrauen in den Code schenken. Wir sollten stets daran denken: Sobald ein Rust-Programm erst einmal läuft, wird es nicht durch die Runtime oder einen Garbage Collector gestört oder gebremst. Da insbesondere bei Microservices Teile der Anwendung problemlos mit unterschiedlichen Technologien erstellt werden können, können wir auch in der Praxis einen einzelnen Microservice in Rust schreiben beziehungsweise auf Rust migrieren, während der Rest etabliertere Technologien wie Java oder Node.js verwendet. Damit kann jede Technologie in der für sie am besten passenden Domäne verwendet werden. Im Umfeld von Microservices kann Rust sehr einfach als Messaging-Client eingebunden werden. Während die hier gezeigte Integration über eine REST-Schnittstelle auch möglich ist, werden Sie in anderen Sprachen einfachere Integrationsmöglichkeiten und stärker abstrahierte Tools finden.

20 Systemnahe Programmierung

Rust wird oft als Alternative zu C++ aufgeführt. Dies liegt unter anderem daran, dass Rust es uns ermöglicht, ähnlich nahe am System zu arbeiten. In diesem Kapitel wollen wir uns einige Aspekte der systemnahen Programmierung und deren Realisierung in Rust ansehen. Das beinhaltet sowohl die Interaktion mit externen Bibliotheken anderer Sprachen als auch mit dem Betriebssystem selbst. Durch die Nähe zum Betriebssystem können wir auf einer tiefen Ebene die Optimierung der Laufzeiteigenschaften vornehmen. Einige Ansätze hierfür werden wir im zweiten Teil des Kapitels durchgehen.

Bevor wir aber mit externen Bibliotheken interagieren können, müssen wir uns zuerst mit einem anderen Konzept beschäftigen, dem `unsafe`*-Modus.*

20.1 Unsafe Rust

Sobald der Compiler keine Aussagen über die Sicherheit von Anweisungen treffen kann, müssen wir das `unsafe`-Keyword verwenden. Damit teilen wir dem Compiler mit, dass wir uns bewusst selbst um die Sicherheit der damit markierten Abschnitte kümmern. Mit dem Schlüsselwort `unsafe` schalten wir Möglichkeiten frei, die uns sonst verboten wären, beispielsweise direkt mit rohen Zeigern (engl. *raw pointer*) zu interagieren. Für diese Pointer gelten weniger strenge Regeln als für die uns bekannten Referenzen. Raw-Pointer können wir mit Pointern vergleichen, die beispielsweise in C verwendet werden.

Da die Möglichkeiten von `unsafe` sehr umfassend sind und kleine Details über die Sicherheit des Programms entscheiden, wir uns in diesem Buch aber an Anwendungsentwickler richten, die normalerweise auf einer höheren Ebene programmieren, werden wir uns hier nur mit den für das weitere Verständnis notwendigen Konzepten beschäftigen. Wenn Sie diesbezüglich mehr wissen möchten, möchten wir Sie an *The Rustonomicon* verweisen. Darin sind diese Konzepte ausführlich erklärt.

20.1.1 Pointer-Grundlagen

Aus einer Referenz können wir einen Raw-Pointer machen, indem wir die von Rust zur Verfügung gestellte Typumwandlung verwenden. Hierbei bleiben die Eigenschaften unserer Referenz erhalten. Wenn wir also zum Beispiel eine Referenz `&i32` nutzen, erhalten wir als Typ `*const i32`, welcher ebenfalls nur lesbar ist. Das Erstellen eines Pointers ist noch nicht `unsafe`, erst das Dereferenzieren eines Pointers, also dem Pointer zu folgen, ist `unsafe`.

Hier ein Beispiel:

Listing 20–1
Beispiel zur Verwendung von unsafe

```
fn sample_pointer_basics(){
    let x = 5;                          //1)
    let ptr = &x as *const i32;         //2)
    println!("Pointer is {:?}",ptr);    //3)
    unsafe {                            //4)
      println!("x is {}",*ptr);         //5)
    }
}
```

Die Variable `x` wird als Lesereferenz auf `i32` initialisiert (1). Aus der Lesereferenz `&x` wird dann ein Pointer `ptr` auf einen konstanten Wert erstellt (2). Die Zieladresse des Pointers kann in *safe Rust* ausgegeben werden, unser Code gibt hier die Adresse von `x` auf dem Stack aus (3). Im `unsafe`-Block (4) kann dann auch auf den Wert, auf den der Pointer zeigt, zugegriffen werden. Wird der Code ausgeführt, gibt er Folgendes aus:

```
Pointer is 0x7ffe42ecf57c
x is 5
```

Dass das Dereferenzieren der Pointer in einem `unsafe`-Block liegen muss, ist dadurch bedingt, dass der Compiler keine so strengen Regeln für Raw-Pointer anwendet wie für die sicheren Referenzen. Beispielsweise kann nicht sichergestellt werden, ob die Adresse, auf die der Pointer zeigt, auch tatsächlich valide ist. Das bedeutet aber auch, dass wir durch unsachgemäße Verwendung von `unsafe` Segmentation-Faults oder Schlimmeres verursachen können.

Da diese Raw-Pointer aus Sicht des Compilers »aus dem Nichts« erzeugt werden können, ist es möglich, diese an Funktionen aus Programmbibliotheken anderer Sprachen auszuhändigen und von diesen bereitgestellt zu bekommen. Auch hier kann der Compiler erst Sicherheitsaufgaben übernehmen, wenn wir uns wieder außerhalb des `unsafe`-Blocks befinden.

Wir unterscheiden zwischen lesbaren Zeigern `*const` und schreibbaren Zeigern `*mut`. Beide können wir mit einer Typumwandlung aus einer Referenz entsprechender Lesbarkeit erstellen. Aus einer lesbaren Referenz, `&x`, können wir jedoch nicht direkt einen schreibbaren Zeiger erzeugen: Ein Konstrukt wie `&x as *mut` führt zu einem Compiler-Fehler.

`unsafe` ermöglicht es uns allerdings, die Schreibbarkeit von Pointern zu verändern:

```
unsafe {
   let readable_ptr = x as *const i32;
   let writeable_ptr = readable_ptr as *mut i32;
   *writeable_ptr += 1
}
```

Listing 20–2
Verändern der Schreibbarkeit von Pointern in einem Unsafe-Block

`Unsafe`-Code können wir also dazu verwenden, um Datenstrukturen und Operationen zu implementieren, die im normalen Rust-Code nicht erlaubt wären. Es sollte allerdings klar sein, dass wir solche `Unsafe`-Blöcke sparsam verwenden sollten und diese nicht ohne ausreichend Laufzeitüberprüfungen ausgeführt werden dürfen. Eine solche Laufzeitüberprüfung wird beispielsweise in der nachfolgend beschriebenen `RefCell` verwendet, um sicherzustellen, dass immer nur exakt eine schreibende Referenz ausgegeben ist.

20.1.2 Unsafe in std: RefCell als Beispiel

Durch die starken Garantien der Sprache können wir einige in anderen Sprachen übliche Konstrukte nicht ohne Weiteres umsetzen. In Abschnitt 15.2.3 wurde bereits `RefCell` eingeführt. Dieser intelligente Zeiger (engl. *Smart Pointer*) erlaubt es uns, von mehreren lesenden Referenzen aus einen schreibenden Zugriff auf dieselbe Variable zu bekommen, sofern nicht bereits eine schreibende Referenz in dem Moment der Anfrage ausgehändigt ist. Dies wird zur Laufzeit geprüft, und `try_borrow_mut(&self)` gibt dementsprechend `Result` zurück. Aus einer lesenden Referenz eine schreibende zu erstellen, ist aber in Rust verboten. Wie ist also `RefCell` implementiert? Ein Blick in die stdlib verrät uns folgenden (gekürzten) Code:

```
pub struct RefCell<T: ?Sized> {
  borrow: …,
  value: UnsafeCell<T>,
}
pub fn try_borrow_mut(&self) -> Result<RefMut<…,T>, …> {
  match BorrowRefMut::new(&self.borrow) {
    Some(b) => Ok(
      RefMut {
        value: unsafe { &mut *self.value.get() },
        borrow: b
      }),
    None => …
  }
}
impl<T: ?Sized> UnsafeCell<T> {
  pub const fn get(&self) -> *mut T {
```

Listing 20–3
Die Implementierung von try_borrow_mut einer RefCell aus der stdlib

```
        self … as *mut T
    }
}
```

Der Codeausschnitt kurz erklärt: `RefCell` enthält zwei Elemente, `value`, welches den eigentlichen Wert in eine `UnsafeCell` verpackt, und das für uns hier weniger interessante `borrow`. `borrow` wird dazu verwendet, zu überprüfen, dass wirklich nur ein Borrow gleichzeitig aktiv ist. Die Funktion `try_borrow_mut()` überprüft, ob eine schreibende Referenz ausgegeben werden kann. Sollte das der Fall sein, wird der vom Element `value` (Typ `UnsafeCell`) zurückgegebene lesende Zeiger (`*self.value.get()`) in einem `unsafe`-Block zu einer schreibbaren Referenz umgewandelt.

Dies ist ein Beispiel dafür, wie die stdlib den Funktionsumfang der Sprache mit Smart-Pointern erweitert und dafür Gebrauch von `unsafe` macht.

Unsafe kann gefährlich sein

In Anwendungsprogrammen sollten wir keine `unsafe`-Blöcke verwenden. Bei Ausnahmen wie Systemaufrufen oder bei der Anbindung von externen Bibliotheken empfiehlt es sich, den `unsafe`-Code in eigene Crates auszulagern. Damit können Einflussgebiete problematischer Codestücke eingegrenzt und eine höhere Testabdeckung kann gefordert werden.

Keinesfalls sollten wir `unsafe` verwenden, nur um den Borrow Checker zufriedenzustellen.

20.2 Systemaufruf

Nun haben wir alle nötigen Konzepte kennengelernt, um einen Systemaufruf auszuführen: Wir verwenden direkt die Betriebssystem-API. In diesem Beispiel werden wir die Funktion `open()` aufrufen, die uns von `libc` auf Linux bereitgestellt wird. Dies dient nur als Beispiel – die Funktionalität ist in der Standardbibliothek abgedeckt, und wir sollten, wenn möglich, auch diese verwenden. Und das aus gutem Grund: Solch systemnahe Programmierung ist systemabhängig, auf einem Windows-PC wird das folgende Programm so nicht funktionieren.

In einem ersten Schritt werden wir den Systemaufruf von Hand definieren und fast keine Hilfsmittel verwenden. Im nächsten Schritt wird dann dasselbe Ziel mit einer Bibliothek erreicht, die uns die anstrengenden Aufgaben abnimmt.

Da die Interaktion mit dem Betriebssystem sehr gut in Rust integriert werden kann, stellt Rust eine Option für folgenden Einsatzzweck dar: Eine Anwendung mit auf einem hohen Abstraktionsniveau gehaltener Businesslogik benötigt die Möglichkeit zur tiefgreifenden Interaktion mit dem Betriebssystem. So könnte beispielsweise mit wenig Aufwand eine Anwendung geschrieben werden, die einen Webservice zum Abfragen der Systemtemperatur bereitstellt. Hierbei erfordert der Webservice die Verwendung von Abstraktionen, um den Aufwand in vernünftigem Rahmen zu halten. Gleichzeitig benötigen wir für das Abfragen der Systemtemperatur sehr systemnahe Konzepte: Je nach Architektur müssen wir dafür direkt einen Wert vom PCI-Bus lesen. Da allerdings der Rust-Compiler keine Garantien über das Verhalten von externem Code geben kann, ist es empfehlenswert, dessen Verwendung ausgiebig zu testen. Darüber hinaus sollten wir im aufrufenden Programmcode möglichst schnell wieder in den sicheren Modus von Rust wechseln, um den kritischen Codeabschnitt klein und verständlich zu halten.

20.2.1 Systemaufruf in Handarbeit

Die Funktion `open()`befindet sich in einer externen Bibliothek, die wir mithilfe des Linkers erst einbinden müssten. Glücklicherweise befindet sich `open()` aber in der `libc`, welche von Rust von Haus aus eingebunden ist. In einem späteren Kapitel werden wir sehen, wie sich das für andere Bibliotheken realisieren lässt. Laut Dokumentation ist die `open`-Funktion in der `libc` wie folgt definiert:

```
int open(const char *pathname, int flags);
```

Listing 20–4
Definition der open-Funktion aus der libc als C-Code

Wir können daraus schließen, dass wir eine `char`-Sequenz bereitstellen müssen, die den zu öffnenden Pfad enthält. Außerdem müssen wir die gewünschten Flags in einem Integerwert codieren. Das einzige Flag, das wir benötigen, ist `O_RDONLY`, definiert als 0.

Nun können wir die Funktion in unserem Rust-Programm definieren, sodass wir diese aus dem Rust-Code aufrufen können. Die Definition ist ähnlich der einer normalen Funktion; das `extern "C"` weist dabei den Compiler an, die beschriebene Funktion in einer gelinkten Bibliothek zu suchen.

```
use std::os::raw::c_char;

extern "C" {
  pub fn open(pathname: *const c_char, flags: i32) -> i32;
}
```

Listing 20–5
Definition der open-Funktion, wie wir sie aus Rust verwenden möchten

Das hier verwendete `c_char` ist dabei ein Typalias für `i8` aus der stdlib. Hier müssen wir aufpassen, da wir für die Interaktion mit der libc den Pfad als C-String angeben müssen und nicht direkt mit den Rust-

Strings arbeiten können. Einer der Unterschiede bei Strings ist, dass C-Strings nullterminiert sind, Rust-Strings nicht. Eine weitere Herausforderung hier wäre, dass die Strings in C im Gegensatz zu Rust pro Zeichen nur ein Byte belegen dürfen. Da in Rust Strings UTF8 enthalten dürfen, kann das sehr schnell kompliziert und fehleranfällig werden. Rust bringt aus diesem Grund einen Typ `CString` mit, was uns das Ganze erleichtert. Dessen Verwendung ist denkbar einfach:

```
let path = Cstring::new("Cargo.toml")
   .expect("Path is not a valid C String");
```

Damit sind alle Vorbereitungen getroffen, und wir können die vorhin definierte Funktion `open()` verwenden. Da wir diese als `extern "C"` gekennzeichnet haben, ist sie automatisch `unsafe`, und wir müssen den Aufruf in einen `unsafe`-Block einpacken.

Listing 20–6
Aufruf unserer open-Funktion

```
let flags = 0;  // O_RDONLY
let res = unsafe{ open( (&path).as_ptr(),flags) }; println!("Open
Result: {}",res);
```

Führen wir das Programm nun aus, können wir mit dem Programm `strace` sehen, dass tatsächlich ein Systemaufruf stattgefunden hat. Wir sehen weiter, dass der zurückgegebene Filedescriptor positiv ist.

Listing 20–7
Ausgabe von strace, wenn damit unser Programm beobachtet wird

```
3099089 openat(AT_FDCWD, "Cargo.toml", O_RDONLY) = 3
```

20.2.2 Systemaufruf mit dem Crate libc

Das Crate `libc` bietet bereits vordefinierte Strukturen, Funktionen und Konstanten für die libc. Das heißt, anstatt alles wie oben selbst zu definieren, wurde dies bereits von den Crate-Entwicklern gemacht, und wir können die Funktion direkt verwenden:

Listing 20–8
Verwendung des Crate libc, um denselben Aufruf wie im vorherigen Kapitel zu tätigen

```
let path = CString::new("Cargo.toml")
    .expect("Path is not valid");
let res = unsafe {
  libc::open((&path).as_ptr(), libc::O_RDONLY)
};
println!("Open Result: {}",res);
```

Hintergrund

Die Verwendung von bereits bestehenden, gut gepflegten Bibliotheken ist generell der Improvisation im eigenen Code vorzuziehen. Solche Wrapper-Crates bestehen bereits für sehr viele C/C++-Bibliotheken, z.B. OpenSSL oder OpenCV.

20.3 Integration von externen Bibliotheken in Rust

Im vorherigen Abschnitt haben wir mit Funktionen aus dem Betriebssystem interagiert. In diesem Abschnitt werden wir dieselben Techniken verwenden, um eine eigene in C geschriebene Bibliothek von Rust aus zu verwenden.

Der hier gezeigte Ansatz stellt eine Möglichkeit dar, wie wir die Interaktion von Hand gestalten können. In Kapitel 21 werden wir die Integration mit anderen Sprachen mithilfe von Crates zeigen, die eine abstrahierte API anbieten. Diese Crates verwenden allerdings unter der Haube dieselben Techniken wie wir hier.

Ein typischer Anwendungsfall für die hier gezeigte Integrationsart ist, dass eine bestehende Anwendung im Zuge einer Weiterentwicklung einen Webservice bereitstellen soll, um die Interaktion zu vereinfachen. In diesem Falle wird die neue Webschnittstelle in Rust entwickelt, die dann den bereits bestehenden, in C geschriebenen Code verwendet.

Mit den beiden Funktionen sieht der C-Quellcode wie folgt aus:

```
int add(int a, int b){
  return a + b;
}

void increment(int *target){
  *target+=1;
}
```

Listing 20–9
Der C-Code unserer beiden Funktionen

Nun müssen wir den Code übersetzen und Rust zur Verfügung stellen. Obwohl Rust Möglichkeiten mitbringt, C-Code bei jeder Übersetzung von Rust mit zu übersetzen, gehen wir davon aus, dass der C-Code schon länger besteht und ein eigenes Buildsystem voraussetzt. Für unser Beispiel können wir die Mini-Bibliothek mit den nachfolgenden Befehlen übersetzen, angenommen wir nennen die Quelldatei ext.c:

```
> gcc -c ext.c
```

Die Bibliothek soll als dynamische Bibliothek namens `libext` verfügbar sein, deswegen packen wir das Kompilat im zweiten Befehl in eine ebensolche Bibliothek:

```
> ar -cvr libext.a ext.o
```

Nun können Sie die Bibliothek in Rust verwenden. Hierzu gibt es zahlreiche Varianten. Da wir unsere Bibliothek nicht mithilfe der von Rust bereitgestellten Möglichkeiten gebaut haben, müssen wir explizit den Pfad angeben, unter dem diese Bibliothek zu finden ist. In unserem Fall ist das der Crate-Unterordner `include` (siehe unten). Dazu verwenden wir eine Datei namens `build.rs`, die sich nicht unterhalb der `src`-

Ordnerstruktur befindet, sondern im Wurzelverzeichnis des Crates selbst. Die Verzeichnisstruktur ist untenstehend dargestellt:

```
.
+-- build.rs
+-- Cargo.toml
+-- include
|   +-- ext.c
|   +-- libext.a
+-- src
    +-- main.rs
```

Hierin können wir Parameter für den Rust-Compiler und Linker erzeugen und an diese übergeben , indem wir diese in *stdout* schreiben. In unserem Falle beschränkt sich das auf folgenden Einzeiler:

Listing 20–10
Inhalt der build.rs-Datei

```
fn main() {
    println!(r"cargo:rustc-link-search=include");
}
```

Ähnlich wie bei einem Systemaufruf muss die Funktion jetzt für Rust in einem extern-Block definiert werden.

Listing 20–11
Definition der beiden Funktionen unserer Bibliothek für den Rust-Code

```
#[link(name = "ext")]
extern "C" {
    fn add(a: size_t, b: size_t,) -> size_t;
    fn increment(target: *mut u32);
}
```

Im Gegensatz zum Systemaufruf geben wir hier explizit den Namen der Bibliothek ext an. Dieser wird später vom Linker verwendet, um die Datei zu identifizieren. Aus dem ext wird somit ein libext.a.

Nun können Sie die Funktion wie gewohnt als unsafe fn verwenden.

Listing 20–12
Aufrufen der eben definierten Funktion in einem unsafe-Block

```
let a = 10;
let b = 32;

let sum = unsafe{ add(a,b) };
println!("Sum is: {}", sum);  // outputs 42
```

Hier arbeiten wir mit Copy-Semantik, was einer Call-by-Value-Semantik entspricht. Etwas mehr Syntax wird für die Verwendung von Referenzen beim Aufruf (Call by Reference) benötigt: Hier müssen wir die Referenz &mut erst zu einem Raw-Pointer vom Typ *mut u32 umwandeln. Außerdem müssen wir den Typ von x explizit benennen, da dieser sonst für den Compiler nicht ersichtlich ist.

```
let mut x = 1337 as u32;
unsafe {
    increment( &mut x as *mut u32);
}
println!("Incremented x is: {}", x);
```

Listing 20–13
Aufruf einer Funktion mit Umwandeln einer Referenz zu einem Raw-Pointer

Mit diesem Beispiel haben wir gesehen, wie Funktionen anderer Sprachen in Rust verwendet werden können. Selbstverständlich können auch Datenstrukturen über Sprachgrenzen hinweg verwendet werden. Wie das gelöst ist, werden wir im Kapitel 21 zeigen. Dort werden wir uns Bibliotheken zum Einbinden von Rust in andere Sprachen ansehen.

20.3.1 Fallstricke

Rust bietet uns viele Garantien bezüglich der Speichersicherheit. Diese können natürlich nicht ohne Weiteres für Speicher, über den Rust keine Kontrolle hat, erweitert werden. In diesem Abschnitt wollen wir deswegen einen typischen Fallstrick aufzeigen.

Wir erweitern den C-Code von oben um folgende Funktion:[1]

```
size_t* dangling(){
  size_t i = 7;
  size_t* ptr = &i;
  return ptr;
}
```

Listing 20–14
C-Code, der einen Pointer zu einer lokalen Variablen zurückgibt

Rufen wir die Funktion nach vorheriger Definition von Rust aus auf, könnten wir erwarten, dass 7 zurückgegeben wird. Leider ist das nicht der Fall.

```
unsafe{
    let mut ptr = dangling();
    println!("Ptr is {:?}",ptr);
    println!("Val at ptr is {:?}",*ptr);
}
```

Listing 20–15
Aufruf der eben definierten Funktion von Rust aus

Beim ersten Durchlauf wurde `3666057392` ausgegeben, beim nächsten `1841414672`. Diese Veränderlichkeit deutet darauf hin, dass die Speicherstelle von `i` ungewollt überschrieben wird. Tatsächlich wird hier ein Dangling-Pointer zurückgegeben. Dieser zeigt auf eine Speicheradresse, die bereits wieder freigegeben wurde. In diesem Beispiel ist das Problem, dass das `i`, welches aus dem C-Code stammt, Speicher belegt, der nach dem Ende der `dangling()`-Funktion freigegeben wird. Dieser Speicher wird nach der Freigabe wiederverwendet und mit anderen Daten gefüllt. Betrachten wir die Ausführung in GDB, können wir erkennen, dass direkt nach dem Ausführen der `dangling()`-Funktion (1)

---

1. Einem C-Programmierer wird das Problem vermutlich sofort auffallen. Ist man mit C nicht vertraut, hilft eventuell der Funktionsname weiter.

der Wert noch korrekt ist. Geben wir aber schon nach dem nächsten Print dieselbe Stelle noch einmal aus (2), steht dort bereits ein ganz anderer Wert.

Listing 20–16
Ausgabe von GDB bei der Untersuchung des Programms

```
let mut ptr = dangling();
   (gdb) n
     println!("Ptr is {:?}",ptr);
   (gdb) x ptr
   > 0x7fffffffd7e8:  0x00000007// 1)
   (gdb) n
     Ptr is 0x7fffffffd7e8
     println!("Val at ptr is {}",*ptr);
   (gdb) x ptr
   > 0x7fffffffd7e8:  0xffffdb// 2)
```

Rust verhindert solche Probleme durch das Ownership-System. Wir können beispielsweise keine Referenzen zu lokalen Variablen von Funktionen zurückgeben, die mit dem Ende der Funktion aufhören zu existieren. Arbeiten wir mit unsafe-Code, sind wir selbst für die Sicherheit verantwortlich.

Wäre die Adresse außerhalb des gültigen Speicherbereiches gewesen, wäre das Programm mit einem Segmentation Fault abgestürzt. Um solche Probleme zu verhindern, sollten wir, wie oben bereits erwähnt, Code mit unsafe sehr ausgiebig testen. Des Weiteren können wir Assertions im Rust-Code verwenden, um im Fehlerfall das Programm kontrolliert zu beenden und nicht mit falschen Werten weiterzurechnen.

20.4 Performanceuntersuchung

Rust verspricht sehr gute Performanceeigenschaften. Eine ungünstige Verwendung der Sprache kann aber zu langsamem Code führen. Typische Probleme sind die unbewusste Verwendung von impliziten Copy-Semantiken oder exzessive Speicherallokation und -deallokation.

In diesem Abschnitt werden wir einige Werkzeuge und Taktiken zur Performanceuntersuchung und -optimierung durchgehen. Wir beschränken uns allerdings auf wenige grundlegende Aspekte, da fortgeschrittenere Techniken detailliertere Kenntnisse in Gebieten der Rechnerarchitektur voraussetzen. Oftmals bringen die einfach umzusetzenden Verbesserungen bereits Probleme ans Licht, welche die Performance maßgeblich beeinträchtigen, sodass die zeitaufwendigen Herangehensweisen unter Umständen nicht gebraucht werden.

20.4.1 Erste Schritte

In einem ersten Schritt sollten wir sicherstellen, dass das Programm mit dem `–release`-Argument von `cargo` verwendet wird. Dies weist den Compiler an, Optimierungen am Code vorzunehmen, die ohne das Argument zur besseren Lesbarkeit der entstehenden Anwendung entfallen würden.

Bevor wir blind an den Code herangehen und versuchen, vermeintlich langsame Stellen zu optimieren, sollten wir zuerst belastbare Ausgangsdaten haben. Zum einen sollten wir die Gesamtlaufzeit des Codes betrachten, sodass wir auf Regressionen reagieren können. Dies werden wir in einem ersten Schritt erledigen. Hierzu werden wir mit `Criterion` Benchmarks ausführen. Danach müssen wir die Stellen im Code identifizieren, die tatsächlich die Geschwindigkeit beeinträchtigen. Hier machen wir von `Flamegraphs` und `Heaptrack` Gebrauch, um unsere Annahmen zu verifizieren.

Tipps und Tricks

Oftmals kann der Compiler langsamen, aber lesbaren Code schneller gestalten, als wir das von Hand mit potenziell unverständlichem Code tun könnten.

In diesem Abschnitt wird uns folgendes Beispiel begleiten: Wir analysieren und verbessern die Laufzeit einer *MergeSort*-Implementierung. Als Ausgangspunkt verwenden wir eine rekursive Implementierung, die einfach zu verstehen ist. Wir werden weiterhin schrittweise herausfinden, welche Teile davon wir verbessern müssen. Um nicht unnötige Komplexität in das Beispiel zu bringen, schreiben wir die Funktion nicht generisch, sondern nur für Felder vom Typ `[u32]`.

Bei MergeSort wird eine Liste an Elementen zuerst aufgeteilt, diese Einzelteile werden sortiert und schließlich zusammengefügt. Beim stückweisen Zusammenfügen der Einzelteile wird davon Gebrauch gemacht, dass diese bereits sortiert sind.

Nun zur Implementierung – den kompletten Quellcode finden Sie im Begleitrepository. Der Übersicht halber greifen wir nur die wichtigsten Teile heraus.

Die Implementierung besteht aus zwei Funktionen, einmal aus der Funktion `sort_recursive()`, die als Einstiegspunkt verwendet wird und rekursiv die Aufteilung vornimmt, und aus der Funktion `merge()`, die zwei sortierte Vektoren in einen Ergebnisvektor einsortiert.

Listing 20–17
Die rekursive Sortierfunktion

```
pub fn sort_recursive(input: &mut [u32]) {
    let n = input.len();                          // 1)
    let half = n/2;                               // 2)
    let mut a = vec![0;half];                     // 3)
    let mut b = vec![0;n-half];                   // 4)
    a.copy_from_slice(&input[..half]);            // 5)
    b.copy_from_slice(&input[half..]);            // 6)

    if half > 1 {                                 // 7)
        sort_recursive(&mut a);                   // 8)
        sort_recursive(&mut b);                   // 9)
    }

    merge(&a,& b,input);                          // 10)
}
```

In einem ersten Schritt (1, 2) ermitteln wir die Länge des Eingabevektors und berechnen davon die Hälfte (abgerundet). Wir machen mit dem Erzeugen zweier Subvektoren `a` und `b` weiter (3, 4), die wir im nächsten Schritt (5, 6) mit den jeweiligen Hälften des Eingabe-Arrays befüllen. Sollte die Hälfte mehr als ein Element enthalten (7), so ruft die Funktion sich mit jeder Hälfte wieder selbst auf, bis rekursiv eine Subvektor-Größe von 1 erreicht wurde. Dann übergeben wir die Subvektoren `&a`, `&b` an die Funktion `merge()`, die diese sortiert in `input` schreibt. Für den untersten Level der Rekursion haben die Subvektoren `&a`, `&b` nur ein Element, für alle oberen Level bestehen diese aus mehreren, aber sortierten Elementen. `merge()` geht die beiden Eingabevektoren gleichzeitig elementweise durch und kopiert das jeweils kleinere Element in den Zielvektor.

20.4.2 Benchmarks

Cargo bringt ein minimalistisches Benchmark-Harness mit, mit dem wir Benchmark-Tests ausführen können. Dabei wird eine Funktion, die getestet werden soll, mehrfach aufgerufen, und die Ausführungsdauer wird gemessen. Die mitgelieferten Benchmarks liefern allerdings nur die Durchschnittswerte sowie Minima und Maxima der Ausführungsdauer. Für aussagekräftige Benchmarks kann dies zu wenig sein, weswegen wir nachfolgend ein Crate namens `criterion` vorstellen, die den Funktionsumfang erweitert.

20.4.2.1 Grundlagen von Criterion

Wir geben hier nur einen kleinen Überblick über die Features von `criterion`, das wir benutzen werden; für weiterführende Informationen möchten wir Sie an die ausgiebige Dokumentation von `criterion` verweisen. In der `Cargo.toml` kann `criterion` als `dev-dependency` eingetragen werden. Wir verwenden hier bewusst dev-dependencies und nicht dependencies, sodass criterion keine transitive Abhängigkeit bei der etwaigen Verwendung des eigenen Crates wird.

```
[dev-dependencies]
criterion = "0.3"
```

Wir wollen das Verhalten unserer MergeSort-Implementierung mit verschiedenen Verbesserungen untersuchen, und dies bei verschiedenen Eingabelängen. Deswegen wollen wir die Benchmarks in einer Gruppe zusammenfassen.

Mit dem Makro criterion_group! können wir eine solche Gruppe definieren. Mit criterion_main können wir dann die in criterion_group benannte Benchmark als Einstiegspunkt definieren. Diese Definition findet in einer Datei unter <PROJECTRO-T>/benches/sorting statt, welche wir in der Cargo.toml als Benchmark auszeichnen:

```
[[bench]]
name = "sorting"
harness = false
```

In unserem Beispiel wird also gekennzeichnet, dass die Funktion bench_sorting eine Benchmark darstellt:

```
criterion_group!(benches, bench_sorting);
criterion_main!(benches);
```

Nun können wir mit einem Funktionsparameter vom Typ Criterion eine Gruppe zu vergleichender Benchmarks namens sort_array erstellen. Da wir anfangs nur eine Implementierung haben, wird diese Gruppe nur ein Element enthalten. Diesem Element wird eine ID zugewiesen, in diesem Fall recursive.

Da wir mit verschiedenen Eingabelängen testen wollen, wird eine Schleife verwendet, um den Parameter i an die Benchmark zu übergeben. Criterion verwendet diesen Parameter, um jeden Fall von i gesondert zu behandeln.

```
fn bench_sorting(c: &mut Criterion) {
    let mut group = c.benchmark_group("sort_array");
    for i in 0..4 {
        group.bench_with_input(
           BenchmarkId::new("recursive", i), &i, |b, i| {
              let mut data = generate_custom_data(18+*i);
              b.iter(|| sort_recursive(&mut data));
        });
    }
}
```

Listing 20–18
Aufruf unserer Funktion innerhalb der Benchmark

Wir definieren `data` nur einmal für alle Durchläufe, die mit der an `b.iter()` übergebenen Closure ausgeführt werden. Dies hat den Grund, dass wir sonst die Allokation des `data`-Arrays mit messen würden. Glücklicherweise macht es für MergeSort keinen Unterschied, ob die Eingabedaten bereits sortiert sind, weswegen wir `data` bedenkenlos wiederverwenden können.

Mit `cargo bench` können wir nun mit der Criterion-Benchmark starten. Hierbei ist wichtig für uns zu wissen, dass der Aufruf bereits die Optimierungen (wie `–release`) aktiviert. Criterion wird nun versuchen, 100 Messungen durchzuführen, aber maximal 6 Sekunden pro Benchmark verwenden. Diese Schwellwerte sind konfigurierbar über Kommandozeilenparameter.

Jede Messreihe ist mit einer Warmup-Phase verbunden, die vor der Messung für 3 Sekunden ausgeführt wird. Dadurch wird verhindert, dass Optimierungen in Systemen außerhalb der zu testenden Anwendung, wie zum Beispiel Hardware oder OS-Scheduler, erst während der Messung durchgeführt werden.

Die Ergebnisse können wir unter `target/criterion/report/index.html` in Form eines Reports im HTML-Format ansehen. Criterion unterstützt natürlich auch weitere Ausgabemethoden wie CSV oder JSON.

Der Report beinhaltet viele automatisch generierte Grafiken, von denen wir hier einige vorstellen.

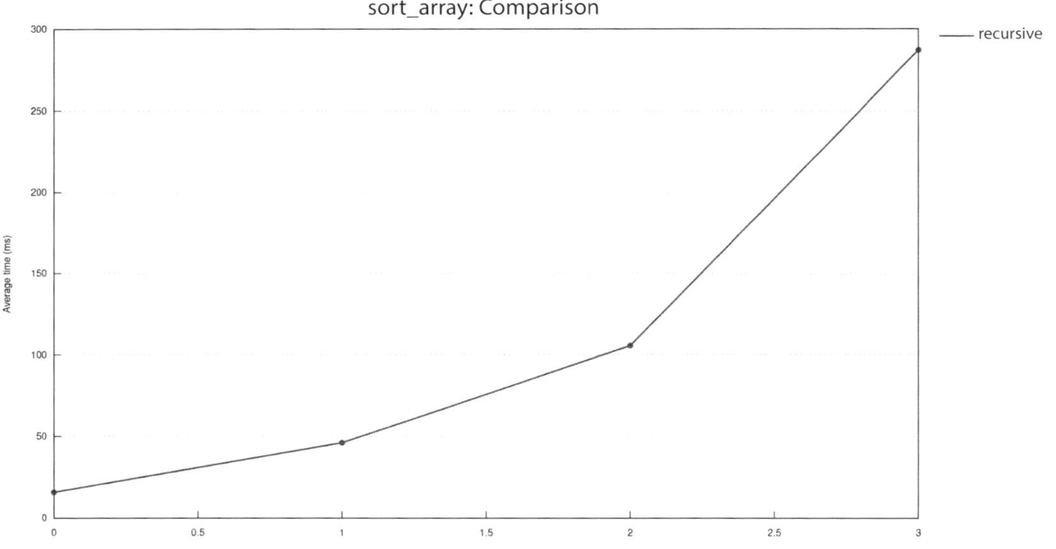

Abb. 20–1
Die Grafik Comparison zeigt einen Vergleich der einzelnen Benchmarks einer Gruppe (im Moment nur ein Element) unter den verschiedenen Eingabeparametern, aufgetragen an der X-Achse.

Darüber hinaus gibt Criterion für jede einzelne Benchmark eine Wahrscheinlichkeitsverteilung und einen Scatterplot (Einordnung der Messwerte anhand der X- und Y-Werte im Graphen) mit den einzelnen Samples an. Damit können wir erkennen, inwiefern Messungen mit denselben Parametern voneinander abweichen.

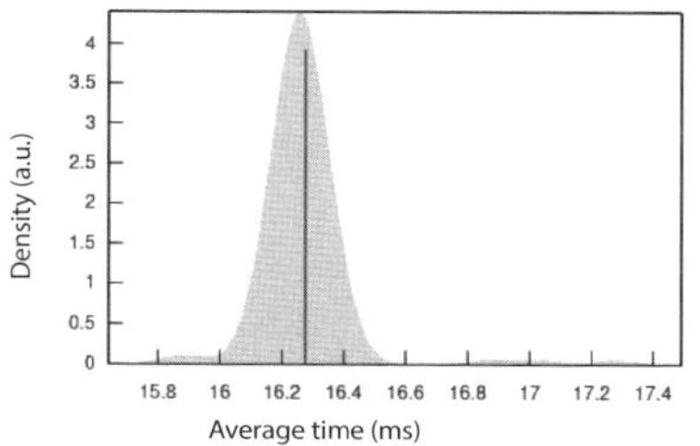

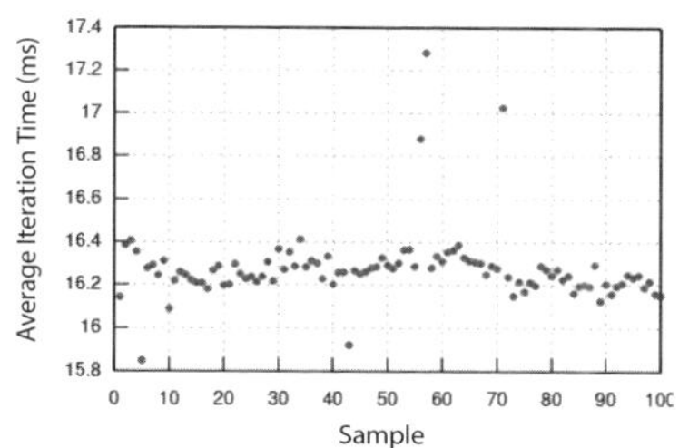

Abb. 20–2
Wahrscheinlichkeitsverteilung und Scatterplot einer Benchmark

Einen Durchlauf können wir mit dem Parameter `-s` benennen und speichern, sodass wir später mit den gemessenen Ergebnissen vergleichen können. So können wir beispielsweise mit `cargo bench -- -s init` die ausgeführte Benchmark `init` nennen. Sollten wir einen oder zwei Sprünge in den Scatterplots erkennen, innerhalb derer die Messwerte nah beieinander, aber auf verschiedenen Stufen liegen, ist das ein Indikator dafür, dass der Prozess auf verschiedenen CPUs lief. Dies können wir mit `taskset` unterbinden, um hoffentlich stabilere Werte zu beobachten.

Nehmen wir nun Änderungen am Code vor, können wir mit `-b` erneut eine Benchmark durchführen, um Regression zu erkennen.

Zu Demonstrationszwecken haben wir in der Sortierfunktion ein paar sinnlose Operationen eingeführt und die Benchmark erneut ausgeführt. Criterion warnt bereits in der Ausführung vor Regression:

```
sort_array/recursive/2
    time:   [112.54 ms 112.64 ms 112.76 ms]
     change: [+7.4490% +7.5726% +7.7105%]
     (p = 0.00 < 0.05)
                         Performance has regressed.
```

Dies können wir als guten Indikator in automatischen Builds verwenden, um Regression frühzeitig feststellen zu können. In den Reports wird dies farblich gekennzeichnet, wobei die (vorherige) Vergleichs-Benchmark in Rot dargestellt ist.

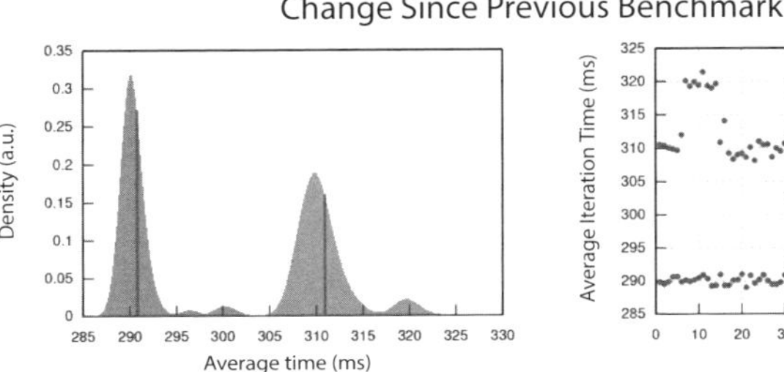

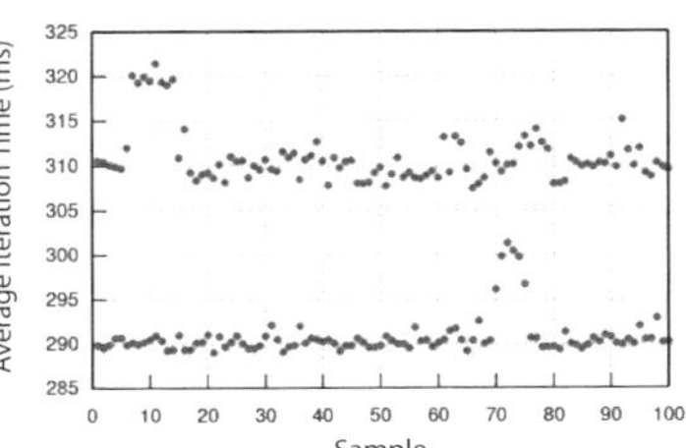

Abb. 20–3
Vergleich zweier Ausführungen

Generell gilt, dass wir bei der Ausführung von Messungen jede andere Last auf dem System vermeiden sollten: Bereits ein im Hintergrund abgespieltes Video kann die Messung verfälschen, was sich oft in sehr starker Abweichung der einzelnen Samples zeigt.

20.4.3 Untersuchungen

Da wir nun eine Möglichkeit haben, die Qualität unserer Änderungen zu validieren, können wir uns auf die Suche nach potenziellen Performanceproblemen machen.

20.4.3.1 Flamegraphs

In einem ersten Schritt verwenden wir ein Tool namens `flamegraph`. Dieses benutzt Daten des Unix-Werkzeugs `perf`, die periodisch festhalten, an welcher Stelle das Programm gerade ausgeführt wird. Dadurch können wir eine Annäherung erstellen, welche Funktion wie viel Prozessorzeit in Anspruch nimmt, ohne die Ausführung groß zu beeinflussen. Ein Flamegraph zeigt, wie Funktionen aufgerufen werden (Y-Richtung) und wie lange der Code darin in etwa verbleibt (X-Richtung).

Für Cargo kann das Tool direkt mit `cargo install flamegraph` installiert werden.

Da die Criterion-Benchmarks sehr dynamisch gehalten sind, um die Messdauer anzupassen, eignen sie sich nicht für das Erstellen von Flamegraphs. Daher empfehlen wir, ein alleinstehendes, ausführbares Programm zu schreiben, das wie die Criterion-Benchmark die zu testende Funktion in einer Schleife ausführt.

```
fn main(){
    // 1 MB Zufallszahlen
    let mut data = generate_custom_data(20);
    for _ in 0..100 {
        sort_recursive(&mut data);
    }

    // prevent optimizing away everything
    check_sorted(&data);
}
```

Listing 20–19
Hier verwenden wir kein Criterion mehr, um bessere Aussagen treffen zu können.

Um von dem Programm `sort_recursive_runner` einen Flamegraph zu erstellen, können wir direkt Cargo verwenden:

```
cargo flamegraph -b sort_recursive_runner.
```

Für unsere MergeSort-Implementierung sieht der Flamegraph in etwa so aus:

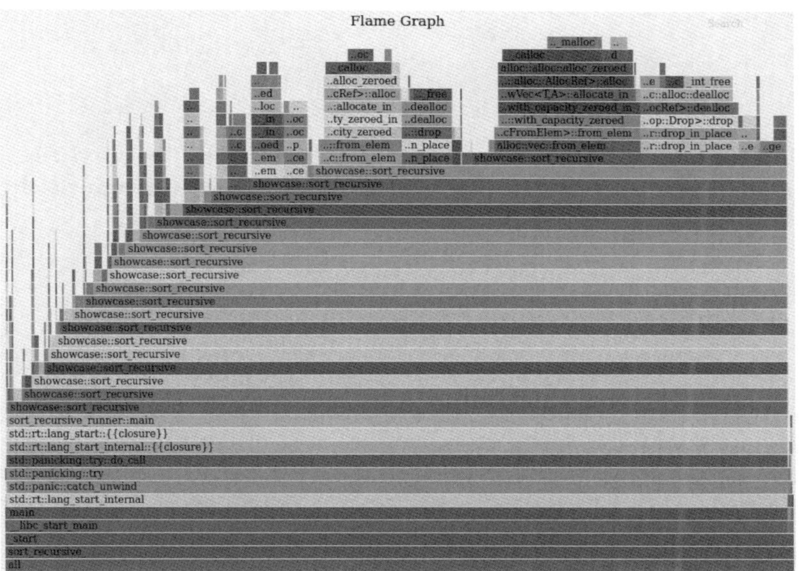

Abb. 20–4
Der Flamegraph der rekursiven Ausführung

Wir erkennen an dem ansteigenden »Hügel«, dass die Implementierung Rekursion verwendet. Durch Anklicken einer Zeile können wir diese auf die volle Breite expandieren und somit heranzoomen. Nehmen wir einen beliebigen Aufruf von `sort_recursive()`, so sehen wir schnell, dass der eigentlich teuerste Teil des Algorithmus, das Zusammenfügen der einzelnen Subvektoren in der Funktion `merge()`, nur einen geringen Teil der Ausführungsdauer in Anspruch nimmt.

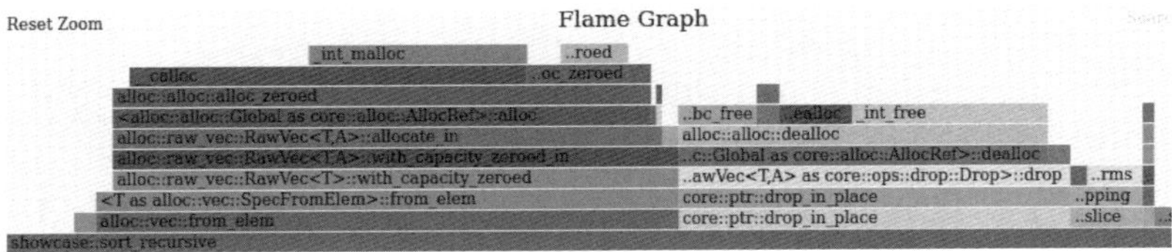

Abb. 20–5
Hier wurde auf die innerste Rekursionsstufe geklickt.

Weiterhin können wir erkennen, dass das Erstellen von Vektoren mit `alloc::vec::from_elem` am meisten Zeit in Anspruch nimmt, gefolgt vom Freigeben eben dieses Speichers mit `core::ptr::drop_in_place`. Dies deutet darauf hin, dass wir sehr viel Speicher temporär belegen, der durch das Memory-Management wieder freigegeben werden muss. Ein Blick in unseren Quellcode bestätigt diese Annahme:

Listing 20–20
Kommentierter Ausschnitt des Beispielprogramms

```
// reservieren von speicher
  let mut a = vec![0;half];
// reservieren von speicher
  let mut b =  vec![0;n-half];
  ...
  merge(&a,& b,input);
}          // hier wird a und b gedropt
           // und der speicher frei gegeben
```

Um unsere Annahme zu bestätigen und weitere Details zu erhalten, werden wir nun im nächsten Schritt den Speicherverbrauch der Anwendung untersuchen.

20.4.3.2 Heaptrack

Mit `heaptrack` können wir für jede Programmzeile untersuchen, wie viel Speicher reserviert wird und wie groß die einzelnen reservierten Bereiche sind. Wir verwenden dabei das gleiche ausführbare Programm wie für die Flamegraphs. Im Gegensatz zu `flamegraph` besteht leider noch keine Cargo-Integration, weswegen wir das erzeugte ausführbare Programm direkt verwenden müssen: `heaptrack target/release/sorting_runner`. Hier ist es für uns wichtig zu wissen, dass das Memory-Profiling die Performance der Ausführung drastisch verringert. Außerdem wird eine große Menge an Profilingdaten auf die Festplatte geschrieben: Für die Ausführung der Binary, die sonst nur ca. 5 Sekunden dauert, braucht der gleiche Rechner mit Profiling ca. 90 Sekunden und produziert 200 MB an Messdaten.

Nachdem `heaptrack` fertig ist, können wir mit dem ausgegebenen Befehl eine GUI öffnen, die eine detaillierte Analyse des Speicherverhaltens erlaubt. Einige Beispiele sind nachfolgend aufgeführt. Wie Sie im obigen Quellcode ablesen können, wird 100-mal mit einem MB an Testdaten sortiert. Heaptrack offenbart uns aber, dass 8,4 GB an Speicher während der Ausführung zugewiesen wurden.

Allocations	Temporary	Peak	Leaked	Allocated	Location
209715019	52428803	12,6 MB	0 B	8,4 GB	main in ?? (sort_recursive_runner)
209715008	52428800	12,6 MB	0 B	8,4 GB	std::rt::lang_start_internal::h464df2bbf46c7e7c in rt.rs:51 (sort_recursive_runner)
2097150...	52428800	12,6 MB	0 B	8,4 GB	std::panic::catch_unwind::h211d02671f23030f in panic.rs:394 (sort_recursive_runner)
20971...	52428800	12,6 MB	0 B	8,4 GB	std::panicking::try::h453d4afd696011f9 in panicking.rs:274 (sort_recursive_runner)
2097...	52428800	12,6 MB	0 B	8,4 GB	std::panicking::try::do_call::h560a27b87db38b9c in panicking.rs:297 (sort_recursive_runner)
20...	52428800	12,6 MB	0 B	8,4 GB	std::rt::lang_start_internal::_$u7b$$u7b$closure$u7d$$u7d$::h6d21eebfa4beaf70 in rt.rs:52 (sort_recursive_runner)
2...	52428800	12,6 MB	0 B	8,4 GB	std::rt::lang_start::_$u7b$$u7b$closure$u7d$$u7d$::h8ae77c7fb98c71b2 in rt.rs:67 (sort_recursive_runner)
...	52428800	8,4 MB	0 B	8,4 GB	sort_recursive_runner::main::hbef5f91886922f53 in sort_recursive_runner.rs:10 (sort_recursive_runner)
	26214400	4,2 MB	0 B	4,0 GB	showcase::sort_recursive::h6d5aef93df3b427c in lib.rs:38 (sort_recursive_runner)
	26214400	0 B	0 B	4,0 GB	showcase::sort_recursive::h6d5aef93df3b427c in lib.rs:39 (sort_recursive_runner)
	0	2,1 MB	0 B	209,7 MB	showcase::sort_recursive::h6d5aef93df3b427c in lib.rs:32 (sort_recursive_runner)
	0	2,1 MB	0 B	209,7 MB	showcase::sort_recursive::h6d5aef93df3b427c in lib.rs:33 (sort_recursive_runner)
7	0	0 B	0 B	1,3 kB	sort_recursive_runner::main::hbef5f91886922f53 in sort_recursive_runner.rs:13 (sort_recursive_runner)
1	0	4,2 MB	0 B	4,2 MB	sort_recursive_runner::main::hbef5f91886922f53 in sort_recursive_runner.rs:5 (sort_recursive_runner)
5	2	0 B	0 B	1,9 kB	std::rt::lang_start_internal::h464df2bbf46c7e7c in rt.rs:37 (sort_recursive_runner)
5	1	173 B	0 B	177 B	std::rt::lang_start_internal::h464df2bbf46c7e7c in rt.rs:44 (sort_recursive_runner)
1	0	32 B	0 B	32 B	std::rt::lang_start_internal::h464df2bbf46c7e7c in rt.rs:45 (sort_recursive_runner)
1	0	72,7 kB	72,7 kB	72,7 kB	<unresolved function> in ?? (ld-linux-x86-64.so.2)

Abb. 20–6
Speicherverbrauch pro Funktionsaufruf

Dies zeigt bereits, dass wir auf dem richtigen Weg sind. Des Weiteren zeigt uns `heaptrack`, dass jeweils 4,2 GB in den Zeilen 32 und 33 in `lib.rs` gebraucht werden. Die sind exakt die bereits oben verdächtigten Zeilen:

```
let mut a = vec![0;half];
let mut b =  vec![0;n-half];
```

Durch eine andere Ansicht zeigt `heaptrack` uns weiter, dass wir sowohl viele kleine als auch größere Speicherbereiche belegen.

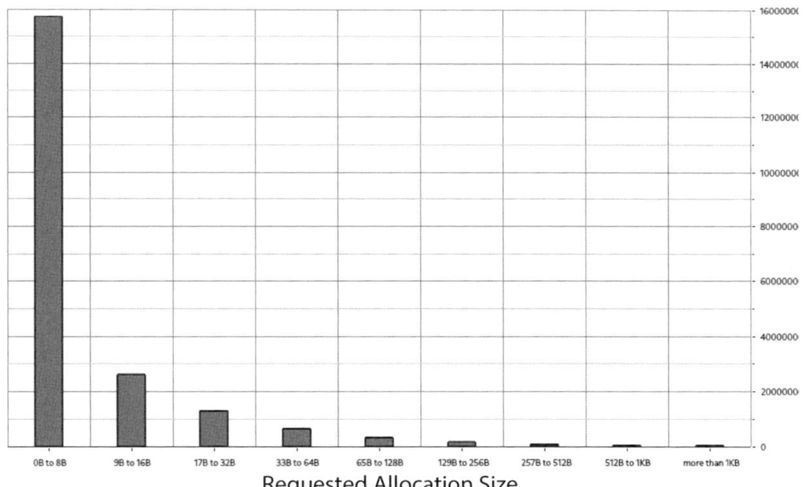

Abb. 20–7
Die Verteilung der Größe der angefragten Speicherbereiche

20.4.4 Optimierung

In unserem Beispiel ist die vermutlich einfachste Verbesserung sehr naheliegend: Wir müssen verhindern, dass beim Aufteilen der Arrays neue Speicherbereiche gebraucht werden. Glücklicherweise kann MergeSort auch problemlos iterativ implementiert werden. Dabei können wir mit zwei Arrays auskommen. Wir geben der Funktion `merge()` exponentiell größer werdende, benachbarte Bereiche des Arrays. Somit können wir die Elemente von einem Vektor direkt in einen anderen (gleich großen) Vektor sortieren. Die genaue Implementierung können Sie im Quelltext nachlesen.

Ein erster Blick auf den Flamegraph zeigt uns eine ganz andere Situation als eingangs:

Abb. 20-8 *Der Flamegraph zeigt, dass die merge()-Funktion nun den bei weitem größten Teil der Ausführungsdauer einnimmt.*

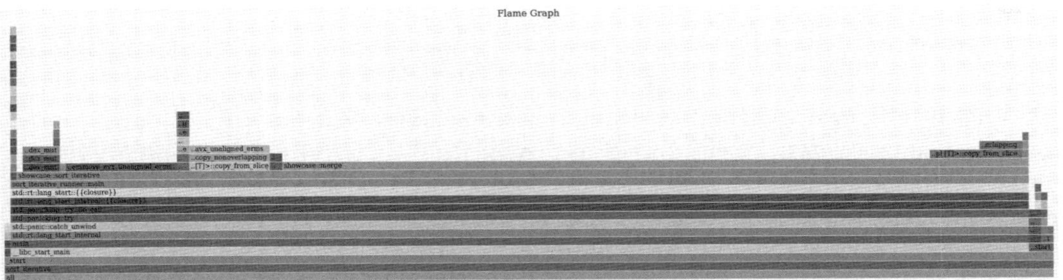

Auch `heaptrack` zeigt ein viel besseres Ergebnis: Es werden nur noch ca. 400 MB allokiert. Dieselben Stellen benötigen jetzt nur noch ca. 10 % des Speichers.

Abb. 20-9 *Speicherverbrauch pro Funktionsaufruf*

Allocations	Temporary	Peak	Leaked	Allocated	Location
▾ 119	103	8,4 MB	0 B	423,6 MB	main in ?? (sort_iterative_runner)
▾ 108	100	8,4 MB	0 B	423,6 MB	std::rt::lang_start_internal::h464df2bbf46c7e7c in rt.rs:51 (sort_iterative_runner)
▾ 108	100	8,4 MB	0 B	423,6 MB	std::panic::catch_unwind::h211d02671f23030f in panic.rs:394 (sort_iterative_runner)
▾ 108	100	8,4 MB	0 B	423,6 MB	std::panicking::try::h453d4afd696011f9 in panicking.rs:274 (sort_iterative_runner)
▾ 108	100	8,4 MB	0 B	423,6 MB	std::panicking::try::do_call::h560a27b87db38b9c in panicking.rs:297 (sort_iterative_runner)
▾ 108	100	8,4 MB	0 B	423,6 MB	std::rt::lang_start_internal::_$u7b$$u7b$closure$u7d$$u7d$::h6d21eebfa4beaf70 in rt.rs:52 (sor…
▾ 108	100	8,4 MB	0 B	423,6 MB	std::rt::lang_start::_$u7b$$u7b$closure$u7d$$u7d$::h877ab67772c7dcc9 in rt.rs:67 (sort_iterati…
▾ …	100	4,2 MB	0 B	419,4 MB	sort_iterative_runner::main::hc3ea0449fce8adc2 in sort_iterative_runner.rs:9 (sort_iterative_run…
▸	100	4,2 MB	0 B	419,4 MB	showcase::sort_iterative::hf574376b5d67e696 in lib.rs:6 (sort_iterative_runner)
▸ 7	0	0 B	0 B	1,3 kB	sort_iterative_runner::main::hc3ea0449fce8adc2 in sort_iterative_runner.rs:12 (sort_iterative_ru…
▸ 1	0	4,2 MB	0 B	4,2 MB	sort_iterative_runner::main::hc3ea0449fce8adc2 in sort_iterative_runner.rs:5 (sort_iterative_run…
▸ 5	2	0 B	0 B	1,9 kB	std::rt::lang_start_internal::h464df2bbf46c7e7c in rt.rs:37 (sort_iterative_runner)
▸ 5	1	173 B	0 B	177 B	std::rt::lang_start_internal::h464df2bbf46c7e7c in rt.rs:44 (sort_iterative_runner)
▸ 1	0	32 B	0 B	32 B	std::rt::lang_start_internal::h464df2bbf46c7e7c in rt.rs:45 (sort_iterative_runner)
▸ 1	0	72,7 kB	72,7 kB	72,7 kB	<unresolved function> in ?? (ld-linux-x86-64.so.2)

Wie erwartet zeigt die Verteilung, dass nur noch der Vektor allokiert werden muss, der gleich groß ist wie der Eingabevektor.

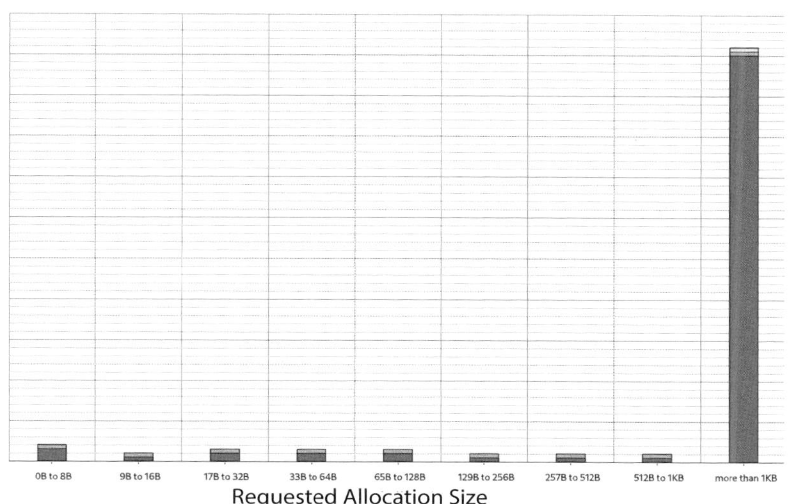

Abb. 20–10
Bei 100 Durchläufen wurden 100 große Vektoren verwendet.

Doch nun zur eigentlich interessanten Frage: Ist die neue Implementierung auch tatsächlich schneller als die alte? Um dies festzustellen, können wir ein zweites Element in die Criterion-Benchmark-Gruppe einfügen:

```
group.bench_with_input(
  BenchmarkId::new("iterative", i), &i, |b, i| {
    let mut data = generate_custom_data(18+*i);
    b.iter(|| sort_iterative(&mut data));
});
```

Der Report zeigt nun, dass die neue Implementierung (dunkelgrau) tatsächlich schneller ist als die alte (hellgrau).

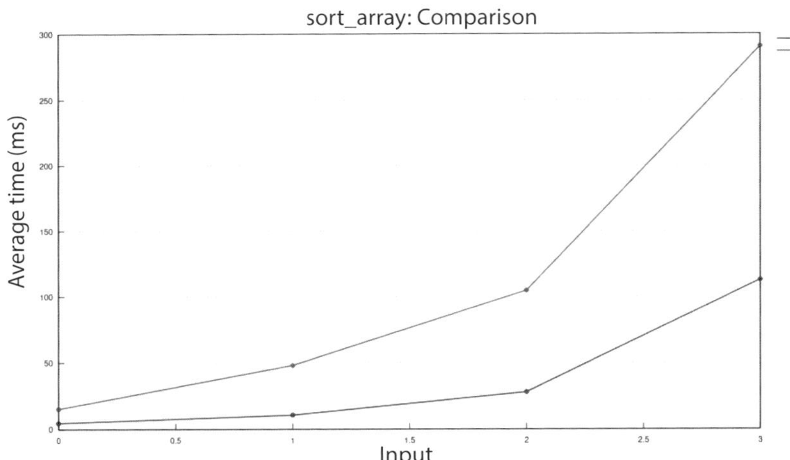

Abb. 20–11
Die neue Implementierung (unten) ist schneller als die alte (oben).

20.5 Zusammenfassung

In diesem Kapitel haben wir gelernt, wie wir mit Rust nahe am System programmieren können. Dabei stellt weder die Integration mit dem Betriebssystem noch die Verwendung von Bibliotheken in C eine Hürde dar. Wir haben gesehen, wie wir mit `unsafe` die Restriktionen des Compilers umgehen können und wie dies in den Datentypen der Standardbibliothek gemacht wird. Auch wenn wir es bereits mehrfach angesprochen haben, werden wir nicht müde, es abschließend noch einmal zu erwähnen: `unsafe` sollten wir nur verwenden, wenn es unbedingt nötig und sinnvoll ist. Wenn wir dies ignorieren, geben wir das wichtigste Sprachfeature, die gebotene Sicherheit, auf.

Im zweiten Teil des Kapitels haben wir gemeinsam das Laufzeitverhalten eines Beispielprogramms untersucht und dieses verbessert. Wir haben gelernt, mit einfachen Tools herauszufinden, welche Teile unseres Programms Probleme verursachen, und wir haben eine Möglichkeit betrachtet, diese zu beseitigen. Im letzten Schritt haben wir unsere Arbeit verifiziert, indem wir ein im Rust-Umfeld verbreitetes Werkzeug für Benchmarks verwendet haben, um die Programmversionen zu vergleichen. Dieses können Sie außerdem verwenden, um in zukünftigen Iterationen der Entwicklung Performanceregressionen feststellen zu können.

21 Spracherweiterungen (Language Bindings)

Neben der Möglichkeit, ein System, ein Projekt oder einen Microservice komplett auf Rust umzustellen, können wir auch nur Teile durch Rust ersetzen. Ähnlich zu WebAssembly als Ergänzung zu JavaScript im Browser können wir Rust über diverse Language Bindings in bestehende Applikationen oder Werkzeuge einbringen. Insbesondere bei rechenintensiven Teilen des Codes kann das sinnvoll sein. Was ursprünglich von der Python-Community geprägt wurde, wenden wir hier wieder an: Wenn die Implementierung in Python direkt nicht schnell genug ist, schreibe eine Erweiterung in C. Es muss sich hierbei auch nicht nur um die Geschwindigkeit des Programms drehen. Es kann auch sein, dass uns in einer Sprache systemnahe Funktionen nicht zur Verfügung stehen und wir näher am Metall ansetzen wollen und müssen.

Wir werden uns zwei Fälle einer Einbindung anschauen. Dabei haben wir uns für zwei etablierte und beliebte Programmierplattformen entschieden, Java und Node.js.

Hinsichtlich Java können wir zwischen mehreren Optionen wählen, die wir jeweils einzeln beleuchten. Bei Node.js hat sich für uns nur ein Framework herauskristallisiert. Wie oft im Leben stellt sich auch bei der Integration von Rust die Frage: Was will ich, mehr Komfort oder mehr Möglichkeiten? Wichtig für uns ist, einen Überblick über die aktuellen Möglichkeiten zu geben, sodass Sie Detailrecherchen selbst betreiben und schließlich für Ihr Projekt entscheiden können, welche Technologie Sie einsetzen wollen.

21.1 Java

Für unseren Projektalltag gehen wir davon aus, dass eine möglichst einfache Integration im ersten Schritt alle anderen Aspekte sticht. Die einfachste Integration können wir zwischen Rust und Java mit dem Crate *j4rs* erreichen. Nachteil bei j4rs ist, dass die Daten in der Zwischenschicht in JSON konvertiert werden und damit der Durchsatz sinkt. Aus unserer Sicht ist das in vielen Fällen zu vernachlässigen. Für uns überwiegt der Vorteil, bestehende Klassenstrukturen wiederverwenden und auf einen strukturierten Datentypen (*struct*) abbilden zu können. Auch wenn wir davon überzeugt sind, dass j4rs aktuell die beste Lösung ist, hat das *github-Repository von j4rs* zur Zeit (Januar 2022) lediglich knapp 300 Sterne und 5 Mitwirkende. Eine spontane Abkündigung ist in der Open-Source-Welt nicht unüblich. Auch hier müssen wir wieder einmal abwägen.

Um eine Alternative zu j4rs aufzuzeigen und zudem ein detailliertes Verständnis von der Integration zu bekommen, schauen wir uns zunächst den Weg ohne j4rs an. Dazu verwenden wir direkt *JNI* (das Java Native Interface) und gewinnen dadurch mehr Flexibilität (Macht), aber auch mehr Aufwand (Verantwortung).

21.1.1 Grundsätzliches – Java ruft Rust auf

JNI

Für die Laufzeitumgebung von Java, die *JVM* (Java Virtual Machine), steht uns mit *JNI* (Java Native Interface) eine offizielle API zur Integration von nativem Code zur Verfügung. Die Idee hinter JNI ist, für C oder C++ Header-Dateien (.h) zu generieren und den in diesen Header-Dateien formulierten Kontrakt zu implementieren. In unserer Implementierung haben wir die Möglichkeit, entweder ausschließlich eigenen Code zu schreiben oder (fremde) Bibliotheken einzubinden. Oft schreiben wir in der Implementierung der Header-Dateien gerade so viel Code, um eine bereits bestehende C-Bibliothek über JNI einer Java-Anwendung zur Verfügung zu stellen. Diesen Code nennen wir Klebe-Code (Glue Code).

Da für einen Entwickler oft Code mehr sagt als tausend Worte, schauen wir uns ein Beispiel an. Wir hätten gerne, dass die native Bibliothek, ergo unser Rust-Code, ein *Hallo Welt* ausgibt.

Wir beginnen mit der Java-Klasse:

Listing 21–1
Beispiel-Java-Klasse, die über JNI eine Rust-Bibliothek einbindet

```
package de.digitalfrontiers.rustbuch.dash;

public class RustDasher {
    // 1. Wir laden den nativen Rust-Code
    static {
        System.loadLibrary("rustbuch_bindings_java_jni");
    }

    // 2. Wir definieren eine native Methode
    private static native void printHello();
```

```
        @Override
        public void sayHello() {
            printHello();
        }
}
```

Diese Java-Klasse, der wir mit dem Namen `RustDasher` unterstellen, sie rase sehr schnell, unterscheidet sich von einer ganz gewöhnlichen in zwei wesentlichen Punkten:

1. Wir laden mit dem Aufruf von *System.loadLibrary* unsere native Bibliothek, deren Code wir uns weiter unten anschauen.
2. Wir definieren eine statische und native Funktion und damit eine Schnittstelle, die wir vom Java-Code aufrufen und die wir verwenden können, um daraus die Header-Datei zu generieren.

Header-Datei (h.) generieren

Wir geben dem Java-Compiler mit dem Schalter `-h` und einem Ausgabepfad die Anweisung, die Header-Datei zu generieren. Ein sehr simples Beispiel sähe so aus:

Listing 21–2
Generierung von Header-Dateien mithilfe von javac

```
> javac -h target/headerfiles \
> src/main/java/de/digitalfrontiers/rustbuch/dash/Dasher.java
```

In unserem *git-Repository* haben wir die Compiler-Option mittels Verwendung des Maven-Compiler-Plugins gelöst:

Listing 21–3
Konfiguration des Maven-Compiler-Plugins zum Erstellen von Header-Dateien

```
<plugin>
    <artifactId>maven-compiler-plugin</artifactId>
    <version>3.8.1</version>
    <configuration>
        <compilerArgs>
            <arg>-h</arg>
            <arg>target/headers</arg>
        </compilerArgs>
    </configuration>
</plugin>
```

Das Beispiel ist aber so weit ausgearbeitet, dass ein für Sie einfaches Ausführen von run.sh genügt, um ein funktionierendes Beispiel laufen zu lassen. Das Ergebnis sieht wie folgt aus:

Listing 21–4
Generierte Header-Datei

```
/* DO NOT EDIT THIS FILE - it is machine generated */
#include <jni.h>
/* Header for class de_digitalfrontiers_rustbuch_dash_
RustDasher */

#ifndef _Included_de_digitalfrontiers_rustbuch_dash_
RustDasher
#define _Included_de_digitalfrontiers_rustbuch_dash_
RustDasher
#ifdef __cplusplus
```

```
extern "C" {
#endif
/*
 * Class:     de_digitalfrontiers_rustbuch_dash_RustDasher
 * Method:    printHello
 * Signature: ()V
 */
JNIEXPORT void JNICALL Java_de_digitalfrontiers_rustbuch_
dash_RustDasher_printHello
  (JNIEnv *, jclass);
```

Für unsere Zwecke ist allein der generierte Funktionsname `JNICALL Java_de_digitalfrontiers_rustbuch_dash_RustDasher_printHello` wichtig. Diese Funktion implementieren wir in unserem Rust-Code:

Listing 21–5
(Klebe-)Code in Rust, der noch nichts klebt

```
#[no_mangle] // 1.
pub extern "system" fn

// 2.
Java_de_digitalfrontiers_rustbuch_dash_RustDasher_printHello() {
    println!("Hello from the Rust world via JNI!");
}
```

Auch wenn es wenige Zeilen sind, so bedürfen die meisten, nämlich die ersten zwei von drei, einer Erklärung:

1. Während eines Kompiliervorgangs werden die Namen einer Funktion verändert, um z.B. die Eindeutigkeit des Funktionsnamens zu gewährleisten. Es werden dazu bspw. Hashes von Dateinamen mit in den Funktionsnamen aufgenommen. Dieses Vorgehen ist als *Name-Mangling* bekannt. Wollen wir jedoch eine dynamische Bibliothek kompilieren, hindert uns das Mangling daran, einen immer gleichbleibenden Namen zu gewährleisten. Deswegen schalten wir das Mangling unter der Verwendung des Attributs `#[no_mangle]` aus und …
2. … wählen einen Namen, der so eindeutig ist, dass er kein zweites Mal in unserer Quelltextbasis vorkommen könnte. Wie oben schon erwähnt, bedienen wir uns einfach des Namens, den JNI uns in der Header-Datei vorschlägt, und haben zwei Fliegen mit einer Klappe geschlagen: Die Funktion kann durch JNI aufgerufen werden und ist zudem eindeutig. Nun ist der Funktionsname nicht die einzige Besonderheit. Wir sehen noch das Keyword `extern` und dahinter eine Zeichenkette `"system"`. Mit *extern* drücken wir aus, dass die Funktion von einem externen Code gelinkt werden kann. `"system"` dahinter drückt aus, für welche *Binärschnittstelle* die Funktion bereitgestellt wird. `"system"` ist ein Alias für `"C"` auf Unixoiden oder `"stdcall"` auf Windows. Sollten Sie weitere Fragen dazu haben, lohnt sich ein Blick in die Rust-Dokumentation zum *Abschnitt ABI (Binärschnittstelle)*.

Sobald wir den Rust-Code kompilieren, müssen wir mitangeben, dass wir gerne eine `cdylib` erzeugen möchten. Das können wir entweder durch den Schalter `--crate-type` oder durch die Angabe `crate_type` der Sektion `lib` der `Cargo.toml` tun. Ein Beispiel:

Eine cdylib als Crate-Typ

```
[package]
name = "rustbuch_bindings_java-jni"
version = "0.1.0"
edition = "2018"

[dependencies]
jni = "0.19.0"

[lib]
crate_type = ["cdylib"]
```

Listing 21–6
Cargo.toml mit einer Sektion lib

Auch dieses Beispiel finden Sie übrigens in unserem *Begleitrepository*. Eine Alternative zu JNI stellt *JNA* (Java Native Access) dar. JNA bietet uns gegenüber JNI den Vorteil, dass wir keine separate Implementierung auf Basis der Header-Dateien in der nativen Sprache vornehmen müssen. Die Bibliothek wird in ihrem Ist-Zustand belassen und direkt in Java eingebunden. Das Mapping findet ausschließlich im Java-Code statt.

JNA

Das klingt erst einmal sehr verlockend. Dennoch kommt dieser Komfort mit der Einschränkung auf bestimmte Datentypen daher. Wir würden daher empfehlen, entweder JNI oder j4rs zu verwenden. Letzteres schauen wir uns als Nächstes an.

21.1.2 j4rs

Nachdem wir zwei Möglichkeiten kennengelernt haben, die Java-Integration eher tief anzusetzen, kommen wir nun zu jener, die wir als Standardintegration empfehlen. Sollte nichts aus den Einschränkungen, die wir bereits grob umrissen haben, gegen den Einsatz sprechen, empfehlen wir den Einsatz von j4rs.

21.1.2.1 Rust ruft Java auf

Zunächst wollen wir erwähnen, dass das Crate j4rs auf der Idee aufgebaut wurde, Java-Code von Rust aus aufzurufen. Nicht ohne Grund heißt dieses Crate eben j4rs und nicht rs4j. Für uns war dieser Weg des Aufrufs zunächst überraschend, wenn nicht sogar irritierend. Dennoch sehen wir mögliche Szenarien, in denen Rust als Vermittler dienen kann, um beispielsweise aus Node.js oder Python über Rust als Vermittler Java aufzurufen. Auch könnten wir bestehende Logik aus einem Java-Programm in unser neues Rust-Programm (temporär) einbinden. Somit wollen wir zumindest das Prinzip des Aufrufs von Java-Code aus Rust kurz ansehen. Beginnen wir mit einem ganz einfachen Beispiel, in dem wir eine Zeichenkette in der JVM erstellen und diese durch unser Rust-Programm ausgeben:

```
fn example_1_string() -> Result<Jvm> {
    // 1.
    let jvm = JvmBuilder::new().build()?;

    // 2.
    let string_instance = jvm.create_instance(
        "java.lang.String", // 2.a
        &[InvocationArg::try_from("Hello from JVM")?], // 2b)
    )?;

    // 3.
    let rust_string: String = jvm.to_rust(string_instance)?;

    println!("JVM says '{}'", rust_string );

    Ok(jvm)
}
```

21.1.2.2 Beispiel 1: Java-String erstellen und ausgeben

Unser Beispiel müssen wir in einer Funktion unterbringen. Der Grund hierfür ist, dass wir andernfalls kein `Result<JVM>` zurückgeben und damit den Operator ? nicht verwenden könnten. Da das in unserem Beispiel den Code deutlich kompakter macht, akzeptieren wir das Extragewand einer Funktion. Nun zu den einzelnen Schritten:

1. Zunächst starten wir eine JVM. Das wird von j4rs durch den Aufruf von `new()` und `build()` erledigt. Wir könnten auch noch zusätzliche Klassenpfadeinträge oder *Java Options* mitgeben, begnügen uns aber erst einmal mit dem Default. Im Hintergrund sucht j4rs über einen *Algorithmus* eine verfügbare Java-Installation und startet einen JVM-Prozess. Wir bekommen eine Referenz auf diese Instanz und halten jene in der Variablen `jvm`.
2. Als Nächstes rufen wir auf dem Objekt `jvm` die Methode `create_instance()` auf. `create_instance()` repräsentiert das Keyword `new` auf der JVM. Diese Methode hätte gerne zwei Parameter von uns:
   a) Der erste ist eine Zeichenkette, die den Klassennamen inklusive Package-Namen enthält. Wir wollen eine einfache Zeichenkette erstellen und geben deshalb `java.lang.String` mit.
   b) Beim zweiten Parameter wird es etwas komplizierter. Um die Instanz von `java.lang.String` erstellen zu können, wird von j4rs der Konstruktor von `String` aufgerufen. Dieser existiert in

verschiedenen Ausprägungen. In vielen Fällen wird wohl jener mit einem Zeichenkettenliteral (*string literal*) verwendet, wie zum Beispiel `new String(„Hallo Java-String")`. Genau das Gleiche erreichen wir, indem wir der Methode `create_instance()` als zweiten Parameter einen Vektor mit einer Zeichenkette mitgeben. Wir benutzen einen Vektor, damit wir auch einen Konstruktor aufrufen können, der mehrere Parameter entgegennimmt.

3. Als Letztes konvertieren wir die Zeichenkette, die bislang lediglich auf der JVM existiert, in einen Rust-String. Wir holen damit die Werte aus dem JVM-Speicher, legen ihn auf den Heap des Rust-Programms und lösen das Java-Objekt auf. Wir sehen auch, dass wir das Objekt `string_instance` in die Methode `to_rust()` verschieben und somit danach nichts mehr mit dem Objekt machen können.

Als Ausgabe erhalten wir übrigens ein freundliches

```
JVM says 'Hello from JVM'
```

Listing 21–7 *Ausgabe des Rust-Programms*

Beispiel 2: Java-Methoden aufrufen

Ohne auf der JVM Methoden aufrufen zu können, werden wir wenig Nutzen und Freude aus der Integration ziehen können. Also schauen wir uns gleich das nächste Beispiel an, in dem wir auf der Instanz von `java.lang.String` eine Methode aufrufen:

Listing 21–8 *Aufruf von Java-Methoden aus Rust heraus*

```
fn example_2_method_invocation() -> Result<Jvm> {
    let jvm = JvmBuilder::new().build()?;
    let string_instance = jvm.create_instance(
        "java.lang.String",
        &[InvocationArg::try_from("I am a java.lang.String")?],
    )?;

    // 1.
    let split_string_instance = jvm.invoke(
        &string_instance, // 1.a
        "split", // 1.b
        &[InvocationArg::try_from(r"java\.lang\.")?], // 1.c
    )?;

    // 2.
    let split_string_array: Vec<String>
      = jvm.to_rust(split_string_instance)?;
    println!("Got split result - 1: '{}' 2: '{}'",
             split_string_array.get(0).unwrap(),
             split_string_array.get(1).unwrap()
    );

    Ok(jvm)
}
```

Auch in diesem Beispiel packen wir einen Codeabschnitt in eine Methode und beginnen gleich wie beim ersten Beispiel mit der Instanziierung eines `String`-Objekts. Dieses Mal nehmen wir den Wert `I am a java.lang.String`. So weit, so gut. Kommen wir zum Neuen:

1. Um eine Methode auf einem Objekt aufrufen zu können, brauchen wir ...
   a) natürlich das Objekt, welches wir an die Methode invoke() ausleihen,
   b) die gewünschte Methode als String – in unserem Fall rufen wir split() auf,
   c) die Parameter der gewünschten Methode, genau wie beim Konstruktor verpackt als Vektor; in unserem Fall geben wir einen regulären Ausdruck mit, der dem String seine Java-spezifische Bedeutung nimmt: `r"java\.lang\."`.
2. Als Letztes wollen wir das Ergebnis unserer Aufteilung ausgeben und konvertieren wieder das Ergebnis von JVM- zu Rust-Objekten. In diesem Fall machen wir aus einem `String`-Feld auf der Java-Seite einen Vektor mit dem generischen Typ `String`. Anschließend geben wir die Elemente hinter den Indizes `0` und `1` aus.

Als Ausgabe erhalten wir:

Listing 21–9
Ausgabe des Beispiels Rust zu Java mit Methodenaufruf

```
Got split result - 1: 'I am a ' 2: 'String'
```

Beispiel 3: Java-Objekte klonen

Wie wir im ersten Beispiel gesehen haben, ist nach einer Konvertierung des Java-Objekts in ein Rust-Objekt die Lebenszeit des originalen Java-Objekts besiegelt. Was tun wir jedoch, wenn wir ein Zwischenergebnis ausgeben wollen? In diesem Fall ist es das Pragmatischste, das Objekt zu klonen.

Listing 21–10
Beispiel mit Zwischenausgaben

```
fn example_3_clone_instance() -> Result<Jvm> {
    let jvm = JvmBuilder::new().build()?;
    let string_instance = jvm.create_instance(
        "java.lang.String",
        &[InvocationArg::try_from("I am 23 characters long")?],
    )?;

    // 1.
    let clone_instance = jvm.clone_instance(&string_instance)?;

    // 2.
    let rust_string: String = jvm.to_rust(clone_instance)?;
    println!("String created with '{}'", rust_string );
```

```
    // 3.
    let integer_instance = jvm.invoke(
        &string_instance,
        "length",
        &[],
    )?;

    // 4.
    let rust_int: i16 = jvm.to_rust(integer_instance)?;
    println!("Got a String with length of {}", rust_int);

    Ok(jvm)
}
```

Auch hier starten wir wieder mit der Instanziierung einer JVM und einer Instanz von `java.lang.String`. Dieses Mal mit dem Wert `I am 23 characters long`. Warum wir diesen Wert nehmen, sehen wir gleich. Schauen wir uns den neuen Code im Einzelnen an:

1. Da wir beim Klonen nicht nur das Objekt im Rust-Programm, sondern auch jenes auf der JVM duplizieren müssen, wenden wir uns auch an die JVM und rufen die Methode `clone_instance()` auf. Dieser borgen wir unsere Originalinstanz und bekommen die neue Instanz zurück.
2. Wie zu Beginn unseres Beispiels erwähnt, verwenden wir die geklonte Variante, um sie in einen Rust-String zu überführen, und geben diesen danach aus.
3. Durch das Klonen können wir mit dem Originalobjekt weiterarbeiten. In diesem Fall rufen wir auf dem Java-String-Objekt `length()` auf.
4. Wenig überraschend geben wir als Letztes aus, was `length()` uns zurückliefert. Noch weniger überraschend lautet die Ausgabe:

```
String created with I am 23 characters long
Got a String with length of 23
```

Listing 21–11
Ausgabe des Beispiels mit Zwischenausgaben

21.1.2.3 Java ruft Rust auf

Nach unserem kurzen Richtungswechsel (Rust ruft Java auf) nun zurück zur Integration von Rust in Java-Applikationen. Seit der Version 0.12 bietet j4rs auch die Möglichkeit, Rust-Code komfortabel in Java-Code zu integrieren. Unter der Haube wird dazu das uns nun bekannte JNI verwendet. Wir bekommen als Anwender jedoch wenig davon mit und können uns auf die von j4rs angebotene Zwischenschicht konzentrieren. Wir wollen noch einmal erwähnen, dass diese Vereinfachungen auch Kosten und Nachteile mit sich bringen. Zur

Datenübergabe in der Zwischenschicht werden die Daten in JSON konvertiert und an die native Bibliothek übergeben. In vielen Fällen dürfte das keinerlei Hindernis darstellen. Wir sollten es aber im Hinterkopf behalten und bei Geschwindigkeitsproblemen den Einsatz von JNI erneut prüfen.

Schauen wir uns jetzt das erste Beispiel an. Wir greifen wie oben bei JNI das Beispiel eines einfachen `Hello world!` auf. Bevor uns den eigentlichen Programmcode anschauen, werfen wir zuerst einen Blick in die `Cargo.toml`:

Listing 21–12
Cargo.toml – cdylib in der Sektion lib

```
Linker: cdylib

[package]
name = "rustbuch_bindings_java-j4rs"
version = "0.1.0"
authors = ["Marcel Koch <m@rcelko.ch>"]
edition = "2018"

[lib]
crate-type = ["cdylib"]

[dependencies]
j4rs = "0.13.0"
j4rs_derive = "0.1.0"
```

Wir müssen das Crate als dynamische C-Bibliothek linken, um sie JNI bekannt machen zu können. Die `.dylib`, `.so` (*shared object*) oder auch `.dll` (*dynamic linked library*) wird übrigens auch den Namen des Crates, somit `rustbuch_bindings_java-j4rs`, tragen.

Nun zu unserem Rust-Code:

Listing 21–13
Rust-Code, den wir später aus Java aufrufen

```
use j4rs::prelude::*;
use j4rs_derive::call_from_java;

#[call_from_java("de.digitalfrontiers.rustbuch.dash.
RustDasher.printHello")]
fn print_hello() {
    println!("{}", "Hello from the Rust world!");
}
```

Wie wir sehen, ist der Code sehr übersichtlich. Das einzig Besondere ist das Attribut `#[call_from_java]`. Mit diesem geben wir an, dass wir diese Funktion von Java aus aufrufen wollen, und auch mit welcher Java-Funktion. Wir bleiben bei unserem Rust-Raser als Java-Klasse und platzieren in dieser wieder eine native Funktion namens `printHello()`. Schauen wir uns das auch mal direkt im Java-Code an:

```
package de.digitalfrontiers.rustbuch.dash;

public class RustDasher {
    static {
        System.loadLibrary("rustbuch_bindings_java_j4rs");
    }

    private static native void printHello();

    @Override
    public void sayHello() {
        printHello();
    }
}
```

Listing 21–14
Aufruf von Rusts printHello() in Java

Ähnlich wie beim JNI-Beispiel unterscheidet sich die Java-Klasse von einer ganz gewöhnlichen in zwei wesentlichen Punkten:

1. Wir laden mit dem Aufruf von `System.loadLibrary` unsere zuvor kompilierte Bibliothek.
2. Wir definieren eine statische und native Funktion und greifen damit den Wert, den wir oben dem Attribut `call_from_java` mitgegeben haben, wieder auf.

Wollen wir dieses Beispiel ausführen, müssen wir der JVM mitteilen, an welchem Ort sie nach nativen Bibliotheken suchen soll. Das machen wir unter der Verwendung eine Java-System-Properties:

```
-Djava.library.path=[…]/09_language-bindings/
  java-j4rs/rust/target/release
```

Listing 21–15
Wo soll die JVM native Bibliotheken suchen?

Parameter & Rückgabe

Wir erweitern unser Beispiel um die Möglichkeit, einen Namen mitzugeben, und stoßen die Ausgabe nun auch nicht mehr im Rust-, sondern im Java-Code an.

Schauen wir uns die Aktualisierungen an. Zuerst Java:

```
package de.digitalfrontiers.rustbuch.dash;

import org.astonbitecode.j4rs.api.Instance;
import org.astonbitecode.j4rs.api.java2rust.Java2RustUtils;

public class RustDasher implements Dasher {

    static {
        System.loadLibrary("rustbuch_bindings_java_j4rs");
    }

    private static native void printHello();
    private static native Instance
      returnHelloWithName(Instance<String> s);
```

```
        @Override
        public void sayHello() {
            printHello();
        }

        @Override
        public void sayHello(String name) {
            // 1.
            Instance<String> inputInstance =
              Java2RustUtils.createInstance(name);

            // 2.
            Instance outputInstance =
              returnHelloWithName(inputInstance);

            // 3.
            String hello =
              Java2RustUtils.getObjectCasted(outputInstance);

            System.out.println(hello + " - presented by Java");
        }
    }
```

Gehen wir die mit Kommentaren versehenen Codestellen durch:

1. Die Java2RustUtils macht aus einer Instanz von java.lang.String eine j4rs Instance.
2. Wir rufen die native Funktion returnHelloWithName() und damit den Rust-Code auf.
3. Die Java2RustUtils übernehmen auch die Konvertierung zurück und machen aus einer j4rs Instance einen java.lang.String.

Und der Rust-Code? Der Einfachheit halber schauen wir uns lediglich die neue Funktion an:

Listing 21–16
Aufruf von Java-Methoden mit Argumenten

```
#[call_from_java("de.digitalfrontiers.rustbuch.dash.\
RustDasher.returnHelloWithName")]
fn return_hello_with_name
(input: Instance) -> Result<Instance, String> {
    // 1.
    let jvm: Jvm = Jvm::attach_thread().unwrap();

    // 2.
    let name = match jvm.to_rust(input) {
        Ok(t) => t,
        Err(e) => e.to_string(),
    };

    // 3.a
    let ia = InvocationArg::
        try_from(format!(
```

```
            "Hello from the Rust world, dear {}!", name))
        .map_err(|error| format!("{}", error))
        .unwrap();
    // 3.b
    Instance::try_from(ia)
        .map_err(|error| format!("{}", error))
}
```

Auch beim Rust-Code schauen wir auf die kommentierten Codestellen:

1. Wir verbinden uns mit der aktuellen JNI-Verbindung.
2. Wir konvertieren `Instance` aus der JVM in einen Rust-String.
3. Wie in einen Umschlag stecken wir die Argumente für die Methode auf der Java-Seite in ein Objekt vom Typ `InvocationArg`. Das finden wir zwar umständlich, es hat aber wohl mit der Idee zu tun, dass wir das `InvocationArg` bei beiden Wegen (Rust ruft Java auf und Java ruft Rust auf) verwenden werden und damit die API gleich gehalten werden soll.
4. Wir erstellen ein `InvocationArg` auf Basis eines Strings ...
5. ... und bauen uns aus der Instanz von `InvocationArg` eine `Instance`, die wir zurückgeben.

Komplexe Datenstrukturen übergeben

Nachdem wir nun eine Zeichenkette übergeben haben, wollen wir als Nächstes einen besonderen Vorteil von j4rs betrachten. Wir können nicht nur primitive Datentypen, sondern auch Klassenstrukturen an Rust übergeben. Dazu erweitern wir die Methode `sayHello()` unseres bisherigen Beispiels, sodass wir sowohl eine Zeichenkette als auch eine Instanz der Klasse `Data` übergeben. Diese beinhaltet neben dem Namen nun außerdem noch das Alter desjenigen, der gegrüßt werden soll, und ist einfach gestaltet:

Listing 21–17
Java-Klasse Data

```
package de.digitalfrontiers.rustbuch.dash;

import java.io.Serializable;
import com.fasterxml.jackson.databind.annotation.JsonSerialize;

@JsonSerialize
public class Data implements Serializable {

    public Data(String name, int age) {
        this.name = name;
        this.age = age;
    }

    String name;
    int age;

    public String getName() {
```

```
        return name;
    }

    public void setName(String name) {
        this.name = name;
    }

    public int getAge() {
        return age;
    }

    public void setAge(int age) {
        this.age = age;
    }
}
```

Wie weiter oben schon erwähnt, überträgt j4rs im Hintergrund das Objekt im JSON-Format. Daher müssen wir auch mit einer entsprechenden Annotation dafür sorgen, dass die Klasse serialisiert werden kann.

In `sayHello()` der Java-Klasse `RustDasher` ersetzen wir den zuvor verwendeten Typ `String` durch unseren neuen Typ `Data` und benennen auch die native Methode leicht um:

Listing 21–18 *sayHello(), die Data annimmt*

```
@Override
public void sayHello(Data data) {
    Instance<Data> inputInstance =
      Java2RustUtils.createInstance(data);

    Instance outputInstance =
      returnHelloWithData(inputInstance);

    String hello =
      Java2RustUtils.getObjectCasted(outputInstance);

    System.out.println(hello + " - presented by Java");
}
```

Auf der Seite von Rust definieren wir zunächst einmal einen strukturierten Datentyp, der zu unserer Klasse `Data` passt:

Listing 21–19 *Strukturierter Datentyp Data, passend zur Java-Klasse*

```
#[derive(Serialize, Deserialize)]
struct Data {
    name: String,
    age: i8,
}
```

Weiter geht es mit der Implementierung einer neuen Funktion `return_hello_with_data()`, welche die Daten entgegennimmt, den Aufrufer begrüßt und ihn beruhigt, dass er noch sehr lange zu leben hat:

```
#[call_from_java("de.digitalfrontiers.rustbuch.dash.\
RustDasher.returnHelloWithData")]
fn return_hello_with_data(input: Instance)
    -> Result<Instance, String> {
    let jvm: Jvm = Jvm::attach_thread().unwrap();

    let data = match jvm.to_rust::<Data>(input) {
        Ok(t) => t,
        Err(e) => {
            panic!("Kaboom - {}", e.to_string())
        }
    };

    let ia = InvocationArg::try_from(format!(
        "Hello from the Rust world, dear {}! {} is no age",
        data.name, data.age
    ))
    .map_err(|error| format!("{}", error))
    .unwrap();

    Instance::try_from(ia).map_err(|error| format!("{}", error))
}
```

Listing 21–20
Annehmen von strukturierten Datentypen mit j4rs

Wie wir sehen, hat sich die Implementierung kaum verändert. Lediglich die Verwendung von `Data` statt `String` und dessen Verwendung in der von uns zusammengebauten Zeichenkette hat sich verändert. Hier sehen wir die Stärke und den Komfort von j4rs.

Wir beenden das Beispiel anders als die bisherigen und verwenden die Java-Klasse in einer `main()`-Methode. Auch die Ausgabe schauen wir uns an. Beginnen wir mit der Verwendung der Java-Klasse:

```
package de.digitalfrontiers.rustbuch;

import de.digitalfrontiers.rustbuch.dash.Dasher;
import de.digitalfrontiers.rustbuch.dash.Data;
import de.digitalfrontiers.rustbuch.dash.RustDasher;

import java.util.Optional;

public class App
{
    public static void main( String[] args )
    {
        var dasher = new RustDasher();
        Data alfred = new Data("Alfred", 66);
        dasher.sayHello(alfred);
    }
}
```

Listing 21–21
Verwendung von RustDasher

Führen wie diese Java-Anwendung mit der Hauptklasse (*main class*) `App` aus, erhalten wir:

```
Hello from the optimized and async Rust world, dear Alfred! \
 66 is no age - presented by Java
```

Performante Nebenläufigkeit

Als Nächstes wollen wir einen ordentlichen Schritt weiter gehen und uns anschauen, dass wir in unserem Rust-Code auch die Möglichkeit haben, asynchrone Operationen durchzuführen. Gründe hierfür gibt es im Entwickleralltag en masse, und wir werden sie an dieser Stelle nicht weiter ausführen. Für eine ausführliche Beschreibung über Nebenläufigkeit empfehlen wir das Kapitel 16 hier im Buch.

Da wir auf der Java-Seite die Schnittstelle weiterhin synchron (blockend) definieren (müssen), ändert sich auch die Implementierung der Java-Klasse nicht. Somit gehen wir direkt zur Rust-Seite. Bevor wir uns jedoch Rust-Code anschauen, gibt es ein paar Punkte, die wir genauer betrachten wollen.

Es ist mit dem Einsatz des Crates *Tokio* möglich, eine durch `j4rs` markierte Funktion auch mit einem Attribut `#[tokio::main]` zu versehen und damit die Funktion asynchron von Tokios Laufzeitumgebung ausführen zu lassen. Es ist jedoch unschön, dass mit dieser einfachen Variante die Tokio-Laufzeitumgebung mit dem Aufruf von Java aus immer wieder neu gestartet würde. So haben wir uns gefragt, ob wir die gestartete Umgebung über mehrere Aufrufe behalten könnten. Die Lösung ist der Einsatz des Crates *lazy_static*. Dieses Crate bietet uns die Möglichkeit, Ergebnisse eines Rust-Codes wie eine Konstante zu setzen und später wieder darauf zuzugreifen. Da der Rust-Code etwas länger ist als in den vorherigen Beispielen, schauen wir uns diesen in einzelnen Blöcken an. Wir beginnen mit den Imports und der Verwendung von `lazy_static!`:

Listing 21–22
Verwendung von Tokio in Verbindung mit j4rs – Teil 1/3

```
use chrono::{DateTime, Local};
use j4rs::prelude::*;
use j4rs::InvocationArg;
use j4rs_derive::call_from_java;
use lazy_static::lazy_static;
use serde::{Deserialize, Serialize};
use std::convert::TryFrom;
use tokio::runtime::Runtime;
use uuid::Uuid;

// 1.
lazy_static! {
    // 2.
    static ref RUNTIME: Runtime =
        tokio::runtime::Builder::new_multi_thread()
            .enable_all()
            .build()
            .unwrap();
    // 3.
    static ref NOW: DateTime<Local> = Local::now();
```

```
        static ref UUID: Uuid = Uuid::new_v4();
    }
```

Die kommentierten Codestellen schauen wir uns wieder genau an.

1. Dem Makro `lazy_static!` können wir gewöhnlichen Rust-Code übergeben, welcher ausgewertet und dessen Rückgabewerte in den Variablen gespeichert wird.
2. Die Idee hierbei ist, zunächst die Tokio-Laufzeitumgebung zu definieren und zusätzlich …
3. … zwei Werte – einen Zeitstempel und eine UUID. Weiter unten geben wir diese beiden Werte aus, um zeigen zu können, dass sie sich nicht verändert haben und damit auch bei mehreren JNI-Aufrufen nur eine Tokio-Laufzeitumgebung erstellt wird.

Weiter geht es mit der Funktion, wie wir sie auch in den vorherigen Beispielen implementiert haben.

Listing 21–23
Verwendung von Tokio in Verbindung mit j4rs – Teil 2/3

```
#[call_from_java("de.digitalfrontiers.rustbuch.dash.RustDasher\
    .returnHelloWithDataAsyncOptim")]
fn print_hello_async_optim(input: Instance)
    -> Result<Instance, String> {
    // 4.
    RUNTIME.block_on(async {
        // 5.
        println!(
            "Hello from the Tokio Runtime, now: {} {}!",
            NOW.format("%Y-%m-%d][%H:%M:%S%f"),
            UUID.to_hyphenated().to_string()
        );

        // 6.
        let data = {
            let jvm: Jvm = Jvm::attach_thread().unwrap();
            match jvm.to_rust::<Data>(input) {
                Ok(t) => t,
                Err(e) => {
                    panic!("Kaboom - {}", e.to_string())
                }
            }
        };
```

Auch wenn wir den Codeblock in `block_on()` noch nicht vollständig abgeschlossen haben, schauen wir uns die drei kommentierten Stellen schon jetzt an.

4. Wir übertragen unseren Code vom letzten Beispiel in die Tokio-Umgebung, indem wir die Methode `block_on()` von `RUNTIME` verwenden. Innerhalb des inneren, asynchronen Codeblocks können wir neue Tasks erstellen. Hier sprechen wir auch von *Tasks spawnen*.

5. Wir geben die oben gesetzten Prüfwerte (Zeitstempel und UUID) aus. Eine Ausgabe sieht wie folgt aus:

```
Hello from the Tokio Runtime, now: 2021-08-
26][21:52:21042604000 1588a226-726b-4d0c-9816-5f9b1083641c!.
```

6. Dieser Block sollte Ihnen bekannt vorkommen. Wir holen aus dem Eingabeparameter die Daten in Form des Structs `Data` heraus.

Wir schließen unser Beispiel mit dem letzten Codeblock ab.

Listing 21–24
Verwendung von Tokio in Verbindung mit j4rs – Teil 3/3

```
        // 7.
        let handle = tokio::spawn(async move {
            format!(
                "Hello from the optimized and async \
                Rust world, dear {}! {} is no age",
                data.name, data.age
            )
        });

        // 8.
        let out = handle.await.unwrap();

        // 9.
        let ia = InvocationArg::try_from(out)
            .map_err(|error| format!("{}", error))
            .unwrap();
        Instance::try_from(ia)
            .map_err(|error| format!("{}", error))
    })
}
```

Hier wieder eine detaillierte Erklärung:

7. Hier erstellen wir einen neuen Tokio-Task. Unser Beispiel ist sehr konstruiert und für die Praxis nicht sinnvoll. Dennoch wollen wir es bei dem einfachen Beispiel belassen, um es leicht verständlich zu halten. In der Praxis könnten hier natürlich mehrere Tasks erstellt werden, um zum Beispiel eine Berechnung und einen Netzwerkaufruf zu parallelisieren.
8. Beim Erstellen der Tasks bekamen wir ein Objekt vom Datentyp `Handle` zurück, sozusagen der Zugang zur verborgenen Welt des Tasks. Über dieses Objekt bekommen wir auch Zugriff auf das Ergebnis des Tasks. In unserem Fall ist das die vorbereitete Zeichenkette.
9. Wieder ein alter Bekannter: die Konvertierung des Rust-Strings in eine `j4rs-Instance`. Wir stecken die abgewandelte Zeichenkette wieder in den Umschlag und schicken ihn zurück.

21.1.3 Zusammenfassung

Wir haben uns für die Integration von Rust in Java die Verwendung von JNI angesehen. JNA haben wir der Vollständigkeit halber erwähnt, raten von der Verwendung eher ab. Mit j4rs haben wir uns sowohl für die Richtung *Rust ruft Java auf* als auch umgekehrt beschäftigt. Damit sind wir in der Lage, mithilfe von Rust, ein kleines spezifisches Problem, wie zum Beispiel eine aufwendige Berechnung, zu lösen und in einer Java-Codebasis zu integrieren.

Tipps und Tricks

Als Einstieg bietet j4rs alles, was wir brauchen. Stoßen wir mit j4rs an Grenzen, können wir den flexibleren, aber auch unkomfortableren Weg auf Basis von JNI gehen.

21.2 Node.js

Node.js-Alternative: Deno

Bevor wir uns die Integration von Rust in Node.js ansehen, wollen wir kurz einschieben, dass sich allmählich eine Alternative zu Node.js etabliert: *Deno*. Deno ist zum Großteil in Rust geschrieben und sieht standardmäßig vor, mit eigenem Rust-Code erweitert zu werden. Sollten Sie sich das genauer ansehen wollen, finden Sie ein *Tutorial bei logrocket*[1]. Wir versprechen uns sehr viel von Deno. Die standardmäßige Unterstützung von TypeScript, die integrierten Test-Tools, die Orientierung an den Browser-APIs und vieles mehr machen Deno aus unserer Sicht zur besseren Alternative zu Node.js.

Wir könnten ein ganzes Kapitel über Deno füllen. Allerdings erachten wir Node.js als deutlich etablierter. Da wir Ihnen Rust so praxisnah wie möglich präsentieren wollen, lassen wir es deshalb mit einem kurzen Fingerzeig zu Deno dabei bewenden und schauen auf Node.js und *Neon*.

Neons Initializer

Aus unserer Sicht gibt es für die Einbindung von Rust-Code in Node.js nur eine Anlaufstelle: Neon. Neon bietet einen sehr komfortablen Umgang für Erweiterungen in Rust. Darüber hinaus bringt Neon auch einen eigenen *npm initializer* mit. Damit können wir mühelos ein NPM-Projekt generieren und danach direkt mit dem Codieren in Rust beginnen. Ein Beispiel eines Aufrufs wäre:

1. *https://blog.logrocket.com/how-to-create-a-deno-plugin-in-rust/*

Listing 21–25
Erstellung eines Moduls rust_hello mit dem Neon-Initializer

```
> npm init neon rust_hello
```

Initializer gibt es im Umfeld von Node.js viele. Einer der bekannteren ist `create-react-app`. Initializer bieten uns die Möglichkeit, komplette Projektstrukturen und dazugehörige npm-Skripte generieren zu lassen. Initializer funktionieren nach der Idee, ein NPM-Paket mit dem Präfix `create-` zu veröffentlichen. Rufen wir nun `npm init neon` auf, sucht npm im Hintergrund das NPM-Paket `create-neon` und führt den hinterlegten Code aus. Mehr dazu in der NPM-Dokumentation unter *npm-init*.

Das generierte Projekt

Schauen wir das generierte Projekt an, sehen wir, dass sowohl eine `package.json` als auch eine `Cargo.toml` generiert wurde. Die primäre Kommunikation mit dem Projekt passiert über `npm`, welches wiederum `cargo` aufruft.

Um herauszufinden, dass alles richtig generiert wurde, können wir das Projekt ohne weitere Veränderung bauen. Dazu installieren wir zunächst die npm-Abhängigkeiten mit `npm install`. Da in der `package.json` ein npm-Skript mit dem Namen `install` registriert ist, stoßen wir damit auch direkt den Bau des Projekts an. Um den Bau später anzustoßen, können wir `npm run build` verwenden. Nun aber erst mal die erste Ausführung von:

Listing 21–26
Nach Generierung: Abhängigkeiten installieren und Projekt bauen

```
> npm install
```

Sollte das Bauen nicht funktionieren, kontrollieren Sie am besten die installierte Node.js- und npm-Version.

Nachdem das Projekt erfolgreich gebaut wurde, können wir uns die restlichen generierten Dateien ansehen. Zum einen sehen wir eine `README.md`. Diese erklärt in Kurzform, wie das Projekt aufgebaut ist und wie es eingebunden werden kann. Auch wenn das ein guter Einsprung ist, schauen wir uns eine beispielhafte Implementierung und ihre Verwendung später zusammen an. Weiterhin finden wir eine `lib.rs`:

```
use neon::prelude::*;

// 1.
fn hello(mut cx: FunctionContext) -> JsResult<JsString> {
    Ok(cx.string("hello node"))
}

// 2.
#[neon::main]
fn main(mut cx: ModuleContext) -> NeonResult<()> {
    cx.export_function("hello", hello)?;
    Ok(())
}
```

Schauen wir uns die zwei Codeblöcke im Detail an:

1. Wir definieren die Funktion, in der wir eine Zeichenkette `hello node` zurückgeben. Die Interaktion mit Node.js funktioniert grundsätzlich über eine Instanz eines Kontexttyps. Hier verwenden wir `FunctionContext`, mit dem wir einen String instanziieren. Über die Variable `cx` vom Typ `FunctionalContext` können wir auch auf die Argumente zugreifen, die im JavaScript-Code übergeben werden können. Dazu später mehr.
2. Auch hier verwenden wir einen Kontexttyp, nämlich `ModuleContext`, um die vorher definierte Funktion zu exportieren und damit für JavaScript zur Verfügung zu stellen.

Nachdem wir das Projekt oben schon gebaut haben, können wir das Projekt in einem separaten npm-Projekt einbinden. Dazu erstellen wir zunächst ein neues npm-Projekt, unter der Verwendung dreier Kommandos:

Listing 21–27
Erstellen eines neuen npm-Projekts rust_usage

```
> mkdir rust_usage
> cd rust_usage
> npm init -f
```

Der Schalter `-f` hinter `npm init` erstellt eine `package.json`, ohne uns nach Angaben zu fragen.

Nun verknüpfen wir unser Neon-Projekt `rust_hello` mit unserem eben erstellten Projekt. Dazu verwenden wir `npm link`:

Listing 21–28
Verknüpfung zu rustbuch_hello anlegen

```
> npm link ../rustbuch_hello/
```

Damit legen wir im Verzeichnis `rust_usage/node_modules` einen symbolischen Link zu unserem Projekt `rustbuch_hello` an und können im Code von `rust_usage` arbeiten, als wäre `rust_hello` eine Abhängigkeit. Mehr dazu finden Sie im Abschnitt zu *npm link* der npm-Dokumentation.

Um in `rust_usage` JavaScript-Code schreiben und `rust_hello` einbinden zu können, legen wir noch eine Datei `index.js` an. Nach Bau des `rust_hello` und Verknüpfung der beiden Projekte haben wir folgende Verzeichnisstruktur:

```
.
├──rustbuch_hello
│  ├── Cargo.lock
│  ├── Cargo.toml
│  ├── README.md
│  ├── index.node
│  ├── node_modules
│  │  └── cargo-cp-artifact
│  │     ├── [...]
```

```
│   ├── package-lock.json
│   ├── package.json
│   └── src
│       └── lib.rs
└── rustbuch_usage
    ├── index.js
    ├── node_modules
    │   └── rustbuch_hello -> ../../rustbuch_hello
    ├── package-lock.json
    └── package.json
```

Neben dem erwarteten Ergebnis finden wir zusätzlich unter rustbuch_hello/node_modules ein von Neon verwendetes npm-Paket cargo-cp-artifact. Dazu kommen Lock-Dateien von npm (package-lock.json) und von Cargo (Cargo.toml) und auch eine rust_hello/index.node. Letztere ist das Ergebnis der Übersetzung und kann wie eine .js-Datei eingebunden werden, und genau das machen wir als Nächstes:

Listing 21–29
Inhalt von rust_usage/index.js

```
const rustbuch = require('rustbuch_hello');
console.log(rustbuch.hello())
```

Wir importieren unser Modul, genauer gesagt die Datei rustbuch_hello/index.node, und können auf die exportierte Funktion hello() zugreifen.

Um unser Skript aufzurufen, erweitern wir die Datei rust_usage/package.json um ein Skript start und erhalten folgendes Ergebnis:

Listing 21–30
Inhalt der Datei rust_usage/package.json

```
{
  "name": "rustbuch_usage",
  "version": "0.1.0",
  "description": "Showing how neon module can be used",
  "main": "index.js",
  "scripts": {
    "start": "node index.js",
    "test": "echo \"Error: no test specified\" && exit 1"
  },
  "author": "Marcel Koch <m@rcelko.ch>",
  "license": "ISC"
}
```

Nun können wir npm start aufrufen und erhalten:

Listing 21–31
Ausführen von npm start in rust_usage

```
> npm start
  > rustbuch_usage@0.1.0 start
  > node index.js

  hello node
```

Werkzeuge

Statt sich das Projekt selbst zusammenzustellen, können Sie auch den Stand aus unserem Begleitrepository unter *09_language-bindings/nodejs* nehmen.

Als Nächstes wollen wir die generierte Rust-Funktion mit der Übergabe von Argumenten erweitern. Der Einfachheit halber beginnen wir mit dem JavaScript-Code:

Parameter für Node.js and Rust übergeben

```
const rustbuch = require('rustbuch_hello');

console.log(rustbuch.hello('Hugo', 33));
```

Listing 21–32
Übergabe zweier Parameter in der Datei rustbuch_usage/index.js

Wir übergeben den Namen `Hugo` und das Alter `33` der Funktion, bekommen eine Zeichenkette zurück und geben diese schließlich aus.

Der Rust-Code hingegen sieht wie folgt aus:

```
fn hello(mut cx: FunctionContext) -> JsResult<JsString> {

    // 1.
    let name = cx.argument::<JsString>(0)?.value(&mut cx);
    let age = cx.argument::<JsNumber>(1)?.value(&mut cx);

    // 2.
    let out = format!(
        "Hello from the Rust world, dear {}! {} is no age",
        name, age
    );

    // 3.
    Ok(cx.string(out))
}
```

Listing 21–33
Unterstützung von Argumenten in der Datei rust_hello/lib.rs

1. Wir greifen über `cx.argument()` unter der Angabe des jeweiligen Datentyps (`JsString` oder `JsNumber`) auf das erste und das zweite Argument zu. `argument()` liefert uns eine Instanz von `JsResult` zurück. Um an den eigentlichen Wert zu kommen, rufen wir `value()` auf. Wir erhalten so eine Instanz von `String` beziehungsweise von `f64` zurück.
2. Wir bereiten ähnlich des Beispiels mit j4rs einen freundlichen Gruß, inklusive Aufheiterung in Bezug auf das angegebene Alter, vor.
3. Wir verwenden `cx.string()`, um den Typ `String` in `JsString` zu konvertieren.

Wir bauen erneut `rust_hello` mit `npm run build`, starten `rust_usage` mit `npm start` und erhalten:

```
> npm start
  > rustbuch_usage@0.1.0 start
  > node index.js


  Hello from the Rust world, dear Hugo! 33 is no age
```

Listing 21–34
Ausführen von npm start in rust_usage – mit Parametern

Asynchrone Ausführung mit Tokio

Als Letztes wollen wir, ähnlich dem Beispiel mit j4rs, Tokio integrieren und damit die asynchrone Ausführung des Rust-Codes ermöglichen. Wir beginnen wieder mit dem JavaScript-Code:

Listing 21–35 *Übergabe einer zusätzlichen (anonymen) Callback-Funktion*

```
const rustbuch = require('rustbuch_hello');

rustbuch.helloAsync('Fred', 66, (result) => {
    console.log(result);
});
```

Dieses Mal geben wir nicht den Rückgabewert der Funktion aus, sondern übergeben eine Callback-Funktion, welche die Zeichenkette unseres Rust-Codes entgegennimmt und direkt ausgibt.

Da der Code auf der Rust-Seite erneut sehr lang ausfällt, unterteilen wir ihn auch wieder in mehrere Blöcke:

Listing 21–36 *hello_async() Teil 1*

```
use neon::prelude::*;
use tokio::runtime::Runtime;
use lazy_static::lazy_static;

// 1.
lazy_static! {
    static ref RUNTIME: Runtime =
    tokio::runtime::Builder::new_multi_thread()
        .enable_all()
        .build()
        .unwrap();
}

// 2.
fn hello_async(mut cx: FunctionContext)
    -> JsResult<JsUndefined> {
    let (name, age, callback, channel) = init_work(&mut cx);

    async_work(name, age, callback, channel);

    Ok(cx.undefined())
}
```

Schauen wir uns die einzelnen Schritte im Detail an:

1. Als Erstes verwenden wir (wie oben in Abschnitt 21.1.2.1) `lazy_static!`. Auch hier wollen wir die Tokio-Laufzeitumgebung nur einmal pro laufendem Node.js-Prozess erstellen lassen.
2. Wir definieren die Funktion `hello_async()`. Um die Beispiel-Blöcke möglichst vollständig besprechen zu können, haben wir die nächsten Aufgaben in zwei Funktionen ausgelagert. Zum einen erledigen wir die Initialisierung der benötigten Objekte in `init_work()`. Zum anderen kapseln wir die Interaktion mit Tokio und die eigentliche Logik in `async_work()`.

Schauen wir uns als Nächstes `init_work()` an.

Listing 21–37
hello_async()
Teil 2 – Implementierung von init_work()

```
fn init_work(mut cx: &mut FunctionContext)
    -> (String, f64, Root<JsFunction>, Channel) {
    let name = cx.argument::<JsString>(0)?.value(&mut cx);
    let age = cx.argument::<JsNumber>(1)?.value(&mut cx);

    // 3.
    let callback = cx.argument::<JsFunction>(2)?.root(&mut cx);

    // 4.
    let channel = cx.channel();
    (name, age, callback, channel)
}
```

Den Anfang kennen wir schon. Wir holen uns die Werte der Argumente, wie auch schon weiter oben. Interessant wird es danach:

3. Wir holen uns nicht einen Wert, sondern einen Repräsentanten der JavaScript-Callback-Funktion, die wir oben angegeben haben.
4. Wir holen über den `FunctionContext` eine Instanz von Neons Datentyp `Channel`. `Channel` ist für uns das Sprachrohr zur Node.js-Event-Loop. Dazu sehen wir gleich mehr.

Als Nächstes schauen wir uns `async_work()` an. Vorab noch ein paar Wörter der Erklärung. Was auf den ersten Blick komplex aussehen wird, lässt sich in zwei Aspekte aufteilen:

Zum einen sollten wir uns bewusst machen, dass wir mit dem Rust-Code nicht in einem separaten Prozess, sondern als Teil des Node.js-Prozesses laufen. Der Event-Loop beschränkt sich auf einen Thread, und wir sollten alles dafür tun, um die Aufgaben, die wir dem Event-Loop übergeben, so schlank und nicht blockierend (*non-blocking*) wie möglich zu halten. Das erreichen wir, indem wir Berechnungen in der Tokio-Laufzeitu-Umgebung durchführen und den Haupt-Thread nicht tangieren.

Zum anderen müssen wir das Ergebnis der Berechnung in den Main-Thread und damit der Event-Loop übergeben. Was nutzt es, sich etwas zu kochen und es danach stehen zu lassen? Diese Übergabe geschieht über eine Aufgabe (Task), die wir in Form einer Rust-Closure via Neons Channel der Event-Loop übergeben. Dadurch blockieren wir für kurze Zeit den Haupt-Thread. Daher sollte dieser Task auch nur die Aufgabe der Übergabe und nicht die einer Berechnung oder andere aufwendige Aufgaben beinhalten.

Tipps und Tricks

Tokio übernimmt die nebenläufige (asynchrone) Ausführung. Neon übergibt das Ergebnis dieser Ausführung an den Node.js-Event-Loop.

Listing 21–38
hello_async() Teil 3 – Implementierung von async_work()

```
fn async_work(name: String, age: f64,
              callback: Root<JsFunction>, channel: Channel) {
    // 5.
    RUNTIME.spawn(async move {
        let result = format!(
           "Hello from the async Rust world, dear {}! {} is no age",
            name, age
        );

        // 6.
        channel.send(move |mut cx| {
            // 7.
            let callback = callback.into_inner(&mut cx);

            // 8.
            let this = cx.undefined();

            // 9.
            let args: Vec<Handle<JsValue>> = vec![
                cx.string(result as String).upcast()
            ];

            // 10.
            callback.call(&mut cx, this, args)?;

            // 11.
            Ok(())
        });
    });
}
```

1. Wir erstellen eine asynchrone Aufgabe für die Tokio-Laufzeitumgebung. Aller weiterer Code von `async_work()` läuft im Rahmen dieser Aufgabe.
2. Wie oben schicken wir das Ergebnis unserer (zugegeben einfachen) Zeichenketten-Operation über das Sprachrohr vom Typ `Channel`.
3. Wir konvertieren die Referenz (Typ `Root<>`) auf die Callback-Funktion in ein konkretes `Handle`, sodass wir die Funktion aufrufen können. Sobald wir den Aufruf getätigt haben, wird der V8-Garbage-Collector das Objekt aufräumen.

4. In JavaScript kann das Schlüsselwort `this` auf verschiedene Werte zeigen. Beim Aufrufen der JavaScript-Funktion über Neon muss dieser Wert gesetzt werden. Da wir in unserem JavaScript-Code `this` nicht verwenden, bereiten wir den Wert `undefined` vor, den wir gleich übergeben.
5. Argumente für die Callback-Funktion werden als Vektor übergeben. Diesen bereiten wir hier vor. Mit dem Aufruf von `upcast()` verpacken wir die Zeichenkette in einer Instanz von `JsString`. Es ist damit der umgekehrte Weg wie der von uns verwendete Aufruf von `value()` auf einer Instanz von `JsString`.
6. Schließlich rufen wir die JavaScript-Funktion mit `call()` auf und übergeben die vorbereiteten Werte.
7. Wir beenden den Block von `send()` mit einem `Result::Ok`.

Hintergrund

Gemeinhin sprechen wir von Node.js als Programmierplattform, auf der uns nur ein Thread zur Verfügung steht. Intern verwendet Node.js tatsächlich mehrere Threads. Zum Beispiel werden Netzwerk- und Dateisystemzugriffe in separaten Threads abgehandelt.

Darüber hinaus gibt es die Möglichkeit, mit der Verwendung von *worker_threads* Multi-Threading zu implementieren. Aus unserer Sicht sollten wir uns jedoch die Frage stellen, ob wir tatsächlich mehrere Threads benötigen. Können wir die Arbeit stattdessen auf mehrere Prozesse aufteilen? Falls wir unbedingt mehrere Threads benötigen, würden wir uns am ehesten auf die Sicherheit verlassen, die uns Rust bietet und die wir in Kapitel 16 besprochen haben.

Zum Abschluss unseres Beispiels von `hello_sync()` exportieren wir die Funktion über den `ModuleContext` unter dem Namen `helloAsync`.

Listing 21–39
hello_async(): Teil 4 – Exportieren der Funktion

```
#[neon::main]
fn main(mut cx: ModuleContext) -> NeonResult<()> {
    cx.export_function("helloAsync", hello_async)?;
    Ok(())
}
```

Neon und Datenstrukturen

Neben diesen Beispielen gäbe es natürlich auch weitere Felder, die wir aufzeigen können. Beispielsweise ist die Übergabe von komplexen Datenstrukturen aus Node.js zu Rust nicht von Haus aus unterstützt. Wir könnten uns hierbei helfen, indem wir ein JavaScript-Objekt in JSON serialisieren und im Rust-Code die JSON-Zeichenkette mithilfe von `serde` parsen. Wir gehen davon aus, dass Sie an diesem Punkt sicher genug mit der Sprache sind, um diese Lösung bei eventuellem Bedarf selbst zu implementieren.

21.3 Fazit

Wir haben mehrere Optionen kennengelernt, Rust in (bestehende) Java- oder Node.js-Codebasen zu integrieren. Dabei müssen wir sicherlich die ein oder andere Hürde nehmen. Rusts Geschwindigkeits- und Sicherheitsvorteile machen diese Anstrengungen aber wieder wett. Wir haben in unseren Beispielen zwar nur einfache Zeichenketten zusammengebaut, haben damit aber alles zur Verfügung, um einfache Daten und komplexe Strukturen zu übergeben und aufwendige Berechnungen oder Operationen von Rust durchführen zu lassen. Damit haben wir die Möglichkeit geschaffen, Rust auch im Projektalltag zumindest mit einer kleinen unter vielen anderen Aufgaben zu betrauen.

22 WebAssembly

WebAssembly (WASM) ist entwickelt worden, um neben JavaScript weitere Sprachen direkt im Browser ausführen zu können. Das klassische Beispiel ist, C oder C++ in WebAssembly-Code zu übersetzen und damit unzählige bestehende Implementierungen im Browser performant auszuführen – dazu gehören zum Beispiel Verschlüsselungsverfahren, Komprimierungsverfahren oder auch Audio-Codecs. Erreicht wird diese performante Ausführung durch die Kompilierung in ein spezielles Bytecode-Format und die Ausführung dieses Bytecodes in einer Laufzeitumgebung, die im Browser ähnlich der JavaScript-Laufzeitumgebungen eingebunden ist.

Wir schauen uns in diesem Kapitel den aktuellen Entwicklungsstand und die Einsatzgebiete von WebAssembly an. Wir beginnen im ersten Teil allgemein und lassen Rust außen vor. Im zweiten Teil betrachten wir die Verwendung von Rust in WebAssembly und umgekehrt. Dabei stellen wir die Vorteile heraus, die die Kompilierung von Rust in WASM mit sich bringt.

22.1 Aktueller Stand von WebAssembly

WebAssembly befindet sich aktuell in starker Entwicklung. Insofern ist es sehr wahrscheinlich, dass der von uns beschriebene Stand[1] beim Erscheinen des Buches schon überholt ist. Dennoch wollen wir kurz und unabhängig von einer konkreten Implementierung in Rust auf die Einschränkungen und deren Umgehung hinweisen.

Nur numerische Typen

In den allermeisten WebAssembly-Implementierungen, vornehmlich in denen als JavaScript-Engines bekannten *V8* von *Google* und *Spidermonkey* der *Mozilla Foundation*, können nur numerische Werte

1. Wir schreiben Februar 2022.

ein- und ausgegeben werden. Genauer gesagt handelt es sich um Ganz- und Gleitkommazahlen mit den Längen 32 oder 64 Bit.

So kann im Browser mittels JavaScript-Code ein WebAssembly-Modul mit mathematischen Aufgaben betraut werden. Möchten wir eine Zeichenkette übergeben, müssen wir uns eines kleinen Kniffs bedienen.

Zeichenketten empfangen

Um von einem WebAssembly-Modul eine Zeichenkette zurückbekommen zu können, geben wir im Einzelnen folgende Informationen aus dem Modul zurück:

1. den Zeiger auf den verwendeten Speicherbereich auf dem Heap
2. die Länge des Strings

Mit diesen Informationen können wir durch den Speicher so lange iterieren und die einzelnen Bytes als Zeichen interpretieren, bis wir am Ende des Strings angekommen sind.

Zeichenketten übergeben

Um wiederum Strings an das WebAssembly-Modul zu übergeben, drehen wir den Kniff um:

1. Codieren des Strings als Byte-Array
2. Das WebAssembly-Modul registriert einen Speicherbereich mit der Länge unseres Byte-Arrays und übergibt die Anfangsadresse.
3. Wir schreiben die Bytes in den entsprechenden Speicher.

Aktuell hilft Kleber-Code

Diese Kniffe werden in nahezu allen Einsatzgebieten von WebAssembly durch (generierten) Code gelöst. Für Rust gibt es das Crate `wasm-bindgen`, das den Code für die oben beschriebenen Kniffe generiert. Bei anderen Sprachen gibt es ähnliche Lösungen. So kommt AssemblyScript mit einem Paket namens *AssemblyScript Loader*, welches die Implementierungen nicht generiert, sondern als Bibliothek implementiert.

Welche Sprache oder Programmierumgebung Sie auch nehmen: Am Ende kommt eine eklatante Masse an JavaScript-*Glue-Code* (engl. *glue* für Kleber) heraus. Somit stellt sich uns damit immer wieder die Frage, ob die schiere Anzahl der (zusätzlich) herunterzuladenden Bytes den Einsatz von WebAssembly rechtfertigt. Wie im echten Leben ist auch diese Frage sehr schwer zu beantworten. Wir weisen lediglich noch einmal explizit darauf hin, dass bei der Übergabe von numerischen Werten der Glue-Code nicht notwendig ist und der Einsatz von WebAssembly sich bei aufwendigen Berechnungen besonders rentiert.

Einschränkungen sollen aufgelöst werden: Interface Types.

Natürlich ist den Entwicklern der WebAssembly-Spezifikation die Einschränkung und auch die Notwendigkeit, diese aufzulösen, bewusst. Abhilfe sollen die *WebAssembly Interface Types* schaffen. Da das Thema sehr komplex ist und wir den sehr guten *Artikel von Lin*

Clark bei Mozilla Hacks[2] nicht kopieren wollen, fassen wir die Idee hier nur grob zusammen:

Die *Interface Types* sind eine Liste an Datentypen, die von WebAssembly lediglich als Schnittstelle angeboten werden. Die jeweilige Programmierumgebung, ob nun *Java*, *Go*, *AssemblyScript* oder Rust, ist verpflichtet, der WebAssembly-Laufzeitumgebung anzugeben, wie die Umsetzung dieser Datentypen aussieht und wie die Daten im Speicher gehalten werden. Diese Anleitung für die Übersetzung in die jeweilige konkrete Umsetzung muss das Modul selbst mitbringen.

22.1.1 Im Browser

Wie wir gesehen haben, wurde WebAssembly entwickelt, um Programmcode, ähnlich wie JavaScript, im Browser auszuführen. Ungeachtet des frühen Stadiums von WebAssembly unterstützen alle aktuellen Browser[3] die Einbindung von WebAssembly-Modulen (`.wasm`). Genauer gesagt implementieren die Browser respektive die Laufzeitumgebungen die WebAssembly-API. Über jene können wir die `wasm`-Dateien interpretieren und die Module instanziieren. Hierbei gibt es im Detail zwischen Safari 14 und den beiden Browsern Chrome & Firefox noch ein paar Unterschiede. Das folgende JavaScript-Beispiel läuft aber in allen aktuellen Browsern:

```
fetch('/hello-wasm-browser.wasm').then(response =>
    response.arrayBuffer()
).then(bytes =>
    WebAssembly.instantiate(bytes, {})
).then((resultObject) => {
    const result = resultObject.instance.exports.add(2, 2);
    document.write(result);
    console.log(result);
});
```

Listing 22–1
Einfaches Laden und Ausführen von WebAssembly-Modulen

Schauen wir uns die drei Schritte doch einmal genau an.

Im ersten laden wir uns die `wasm`-Datei mit dem Namen `/hello-wasm-browser.wasm` herunter und konvertieren diese in einen Array-Buffer (ein Pendant zu Javas Byte-Array).

Im zweiten übergeben wir genau dieses Byte-Array und ein leeres *Import Object* an die Funktion `instantiate()`. Das Import Object ist leer, weil wir an das WebAssembly-Modul keine Funktion aus dem JavaScript-Kontext übergeben wollen.

2. *https://hacks.mozilla.org/2019/08/webassembly-interface-types/*
3. Aktuelle Fakten können Sie unter *https://caniuse.com/wasm* einsehen.

Im dritten Schritt besorgen wir uns die Instanz des WebAssembly-Moduls, indem wir `instance()` aufrufen. Auf der Instanz rufen wir wiederum `exports()` auf, um an die exportierten Funktionen zu gelangen. Schließlich rufen wir die (einzige) exportierte Funktion `add()` auf. Das Ergebnis dieses Aufrufs schreiben wir in den DOM-Baum und geben es zusätzlich noch in der Webkonsole aus.

Optimierte Kompilierung auf dem Stream

Eine effizientere Variante der Ausführung folgt der Idee, den Datenstrom des WebAssembly-Moduls direkt zu übersetzen und zu instanziieren. So wird mit den ersten geladenen Bytes der Kompilierungsvorgang angestoßen. Als netter Nebeneffekt reduziert sich auch noch der Code:

Listing 22–2
Laden und Kompilierung auf Basis von Streams

```
const fetchPromise = fetch('/target/wasm32-unknown-
unknown/release/hello-wasm-browser.wasm');
const { instance } = await
WebAssembly.instantiateStreaming(fetchPromise);
const result = instance.exports.add(2, 2);
document.write(result);
console.log(result);
```

`fetch()` liefert uns wie im obigen Beispiel ein *Promise* (englisch für Versprechen) zurück. Ein Promise ist das JavaScript-Pendant zu `Future` in Rust. Mehr zu `Future` finden Sie im Kapitel 21. Grob erklärt ist es wie ein Abholschein, über den wir (asynchron) an das gewünschte Ergebnis kommen. Diesen Abholschein können wir direkt an die Funktion weitergeben, in der die ganze Magie steckt: `instantiateStreaming()`. Diese Funktion gibt wiederum ein Promise zurück, auf dessen Auflösung, genau wie in Rust, wir mit `await` warten. So bekommen wir ein Objekt zurück, von dem wir lediglich das Feld `instance` behalten wollen. Das erreichen wir durch die sogenannte destrukturierende Zuweisung (`const { instance } =`) und können fortan die Instanz mit der Variablen `instance` verwenden. Alles Weitere ist genau wie oben.

Hintergrund

WASM-Module nicht komplett zu laden zu müssen, bevor sie kompiliert werden, hat nicht nur bei Browserherstellern Anklang gefunden. Auch im Bereich von IoT wird an Kompilierung auf Basis von Streams geforscht. Jonathan Beri spricht darüber unter anderem in *einer Episode von Software Engineering Daily.*

Natürlich ist das nur ein ganz kleines Beispiel, um die grundsätzliche Einbindung im Browser zu zeigen. Das soll aber auch für ein Buch, das sich um Rust dreht, genügen. … Moment, eine Sache wollen wir dann doch noch zeigen.

22.1.2 Außerhalb des Browsers – ein Anfang

WebAssembly bewegt sich auf den Spuren von JavaScript und bietet mit ersten Kinderschritten auch die Möglichkeit, auf dem Server direkt oder auch in diversen Sprachen innerhalb einer eingebetteten Laufzeitumgebung ausgeführt zu werden. Für JavaScript gibt es unter anderem die Laufzeitumgebungen *Node.js* oder *Deno* und Engines wie *V8*, *Nashorn* und *Rhino*. Für WebAssembly gibt es das *WASI* (WebAssembly System Interface) und darauf aufsetzende Laufzeitumgebungen, wie zum Beispiel *Wasmtime*, *Wasmer*, *WasmEdge* oder *wasm3*. Diese können sowohl selbstständig ausgeführt als auch in andere Sprachen integriert werden.

Was ist WASI?

Doch eins nach dem anderen. Schauen wir uns erst einmal an, welche »Systemschnittstellen« wir denn durch das WebAssembly *System Interface* zur Verfügung gestellt bekommen sollen.

Auch hier gibt es viele Ideen, die in einem *weiteren Artikel von Lin Clark*[4] Erwähnung finden. Eine weitere gute Quelle zum Einlesen ist ein Überblick in Form eines *Markdown-Dokuments*[5] im Repository des *wasmtime*-Projekts.

Grob zusammengefasst geht es darum, dem WebAssembly-Modul außerhalb des Browsers bestehende Ressourcen zur Verfügung zu stellen. Das können Netzwerk-Sockets oder auch das Generieren von zufälligen Zahlen sein.

Sicherheit von Grund auf

Ergänzt wird das Konzept um die Idee einer sogenannten *capability-based security* – zu Deutsch: Fähigkeitsbezogene Sicherheit. Was zunächst sperrig klingt, kennen wir alle schon von mobilen Betriebssystemen wie *Android* oder *iOS*. Die Idee hierbei ist, einem Programm – in unserem Fall einem WebAssembly-Modul – bestimmte Fähigkeiten zuzusprechen, also Zugriffe zu erlauben. Denken Sie an mobile Apps, denen Sie Zugriffe auf die Kamera oder das Mikrofon gewähren. Ähnlich verhält sich das auch bei WASI. Wir erlauben zum Beispiel einem Modul, auf das Netzwerk oder auf ein bestimmtes Verzeichnis in unserem Dateisystem zugreifen zu dürfen.

Aktuell nur Dateisystemzugriffe

Mit diesem Beispiel sind wir übrigens beim nächsten gedanklichen Schritt. Falls Sie sich nämlich bereits gefragt haben sollten, welche Schnittstelle denn schon konkret besteht und welche denn vielleicht sogar in einer Laufzeitumgebung umgesetzt wird, so können wir nur eine benennen: Zugriff auf das Dateisystem. Neben anderen Laufzeitumgebungen implementiert *Wasmtime* die verzeichnisbasierte Freigabe auf definierte Dateisystempfade.

---

4. *https://hacks.mozilla.org/2019/03/standardizing-wasi-a-webassembly-system-interface/*
5. *https://github.com/bytecodealliance/wasmtime/blob/main/docs/WASI-overview.md*

Persönliche Einschätzung

Alle anderen Schnittstellen existieren unserer Recherche nach bislang nur in der Theorie. Aus unserer Sicht ist das zwar schade und lässt auch etwas Zweifel offen, ob das *WASI* eine große Zukunft vor sich hat. Doch wir haben auch bei *Node.js* gesehen, wie eine eher argwöhnisch betrachtete Sprache es geschafft hat, sich gegen Sprachen wir *C#* oder *Java* für Serverapplikationen durchzusetzen. Für uns ist diese Erkenntnis ein Grund mehr, um im weiteren Verlauf des Kapitels ein Beispiel zu zeigen.

WebAssembly statt Docker?

Ein weiterer Grund, WebAssembly und im Speziellen *WASI* weiterhin zu beobachten, ist das Projekt *Krustlet*. Der Name ist eine Mischung aus *Kubelet* und Rust und überschreibt die Idee, WebAssembly-Module durch *Kubernetes* zu orchestrieren. Kubernetes kennen wir als Technologie, um (*Docker*-)Container zu verwalten. Nun kommt die Idee dazu, nicht Container zu starten, sondern WebAssembly-Module. Aus der Sicht von außen ist das auch gar nicht mal so unterschiedlich. Auch Containern erlauben wir, auf bestimmte Verzeichnisse des Hosts zuzugreifen. Auch ein Container ist ein kleines System für sich. Wir könnten auch Modul dazu sagen. Mit dem oben erwähnten Sicherheitskonzept könnten wir durch WebAssembly in Verbindung mit WASI und Interface Types einen universellen Bytecode erreichen, bei dessen Verwendung wir uns als *DevOps*-getriebener Applikationsentwickler nicht mehr fragen müssten: »Wie stecke ich nun meine Programm in einen Container?« oder »Wie kann ich meine Laufzeitumgebung so klein wie möglich mit in den Container packen?«. Wir kompilieren unseren WebAssembly-Code und liefern das Modul aus. Für uns eine spannende Idee, die wir für beobachtungswert halten.

Wir könnten nun auch argumentieren, dass wir durch den Einsatz von Rust das Problem mit Laufzeitumgebungen bereits gelöst haben. Tatsächlich gibt es neben Lösungen auf Containerbasis Alternativen. Mit Rust ist es zum Beispiel möglich, eine ausführbare Datei auszuliefern und zusätzlich mit *seccomp* abzusichern. Auch wenn wir Rust eine rosige Zukunft zusprechen, wird es weiterhin heterogene Systemlandschaften geben, die wir miteinander verbinden müssen. So könnte WebAssembly eine Alternative zu Containern, ausführbaren Dateien oder auch Lösungen wir Hashicorps Nomad sein.

22.2 Rust & WASM

22.2.1 Warum Rust für WASM?

Da das Thema WebAssembly komplex ist und um uns damit ein wenig vertraut zu machen, haben wir Rust bislang ausgeklammert.

In der Presse werden WebAssembly und Rust öfter in einem Satz genannt – oder zumindest im Satz danach. Neben den oben erwähnten Sprachen C und C++ unterstützen inzwischen auch viele weitere Programmiersprachen die Möglichkeit, WebAssembly-Bytecode zu erzeugen. Dazu zählen Java, C#, Python und TypeScript. Warum sollten wir also auf Rust setzen?[6] Unterm Strich zählen die bekannten Vorteile von Rust auch für WebAssembly: strikter Compiler und Vermeidung von Garbage Collection durch intelligente Speicherverwaltung. Konkret auf WebAssembly übertragen heißt das:

1. Sprachen wie Java oder auch AssemblyScript müssen ihre eigene Laufzeitumgebung mitbringen. Rust hat keine Laufzeitumgebung. Insofern fallen die `wasm`-Dateien deutlich kleiner aus.
2. Bei anderen Sprachen wird auch die Garbage Collection mitgebracht – Rust hat, wie Sie wissen, keine Garbage Collection. Dadurch erhöht sich die Geschwindigkeit der Ausführung (Performance).
3. Durch die höhere Performance belasten wir die Akkus unserer mobilen Geräte weniger.

Es gibt diverse Projekte im Netz, mit denen wir die Größe und die Performance von verschiedenen Sprachen testen können. Wir listen hier nur drei davon auf:

- *https://github.com/ncave/bench-webasm*
- *https://github.com/boyanio/wasm-wheel/*
- *https://github.com/w8r/wasm-n-body*

Natürlich sind die von uns aufgeführten Gründe nicht der Weisheit letzter Schluss. Selbstverständlich gibt es weitere Faktoren, die zu einer guten Technologieentscheidung führen sollten, wie zum Beispiel

1. Welche Technologien beherrsche ich/beherrscht mein Team?
2. Zu welcher Technologie ist die Community größer?
3. Welche Technologie ist besser dokumentiert?
4. Kann ich meine bestehende Code-Base einfach wiederverwenden?
5. Kann ich gegebenenfalls auch nur Teile in Rust neu schreiben?

6. Siehe auch *https://rustwasm.github.io/book/why-rust-and-webassembly.html*

Insofern werben wir für einen Vergleich der verschiedenen Möglichkeiten, auch wenn wir von Rust für WebAssembly überzeugt sind.

22.2.2 Im Browser: wasm-bindgen & wasm-pack

Was ist wasm-bindgen?

Unter dem Namen `bindgen` haben sich im Netz einige Tools etabliert, um Code zur Integration zweier Programmiersprachen zu generieren – ähnlich wie JNI im Kapitel 21. So gibt es auch ein Crate namens `bindgen`, um Bindecode zwischen Rust und C/C++ zu generieren.

Mit `wasm-bindgen` wird dieses Konzept auf WebAssembly übertragen. `wasm-bindgen` übernimmt die Generierung des in Abschnitt 22.1 erwähnten Glue-Codes, um zum Beispiel aus JavaScript Zeichenketten an das WebAssembly-Modul zu übergeben und auch umgekehrt.

Darüber hinaus bietet uns das Team rund um `wasm-bindgen` noch ein weiteres Crate mit dem Namen `web-sys` an. Dieses bindet die APIs, die wir im Browser durch JavaScript zur Verfügung haben, an Rust-Datentypen und -Funktionen. Das einfachste Beispiel für eine Web-API ist die Funktion *alert()* zum Erzeugen von Meldungsdialogen im Browser. Die komplette *API von web-sys* kann im Web nachgeschlagen werden. Als Einstieg empfehlen wir den Typ *Window*. Dieser enthält alle im Browser global verfügbaren JavaScript-API-Funktionen.

`wasm-bindgen` ist gut *dokumentiert* und wartet auch mit *einigen Beispielen* auf.

Was ist wasm-pack?

Die meisten Webentwickler werden mit dem Tool `webpack` bereits in Berührung gekommen sein. Grob zusammengefasst steckt dahinter die Idee, den Quelltext in den Sprachen JavaScript, CSS und HTML für die produktive Auslieferung zu optimieren. Das kann eine Komprimierung des Codes, das Entfernen unnötiger Zeichen (Minifizierung) oder auch das Nachladen im Bedarfsfall bedeuten. Mit dem Tool *wasm-pack* gibt es einen ähnlichen Ansatz für Rust und WebAssembly im Browser.

Ziel dieses Tools ist es, die Entwicklung von WebAssembly-Modulen in Rust so stark wie möglich zu vereinfachen. Dabei werden wir sowohl bei der Erstellung eines Cargo-Projekts, der Generierung von Glue-Code auf Basis von `wasm-bindgen` als auch beim Publizieren unseres Moduls in der *NPM Registry* unterstützt. Besonders für erste Schritte mit WebAssembly und Rust ist es sehr angenehm. Lassen Sie uns ein kleines Beispielprojekt aufsetzen:

Wir beginnen mit der Installation von `wasm-pack` in unser Home-Verzeichnis:

```
> cargo install wasm-pack
```

Listing 22–3
Installation von wasm-pack

Alternativ dazu finden wir auch ein *Installationsskript auf der wasm-pack-Seite.*

Als Nächstes erstellen wir ein Projekt:

```
> wasm-pack new hello-wasm-pack
```

Listing 22–4
Verwendung von wasm-pack

Schauen wir uns das Projekt an. Dort sind zwei Dateien für uns wichtig. Als Erstes nehmen wir uns die `lib.rs` vor.

```
mod utils;

use wasm_bindgen::prelude::*;

// 1.
#[cfg(feature = "wee_alloc")]
#[global_allocator]
static ALLOC: wee_alloc::WeeAlloc = wee_alloc::WeeAlloc::INIT;

// 2.
#[wasm_bindgen]
extern {
    fn alert(s: &str);
}

// 3.
#[wasm_bindgen]
pub fn greet() {
    alert("Hello, hello-wasm-pack!");
}
```

Listing 22–5
Inhalt der Datei hello-wasm-pack/src/lib.rs

Schauen wir uns die Abschnitte im Einzelnen an:

1. Als Erstes fällt der Abschnitt rund um `wee_alloc` auf. *wee* kommt aus dem Schottischen und bedeutet klein. Ohne ins Detail zu gehen, implementiert `wee_alloc` einen auf WebAssembly optimierten Speicherbelegungsalgorithmus. Das Ziel dahinter ist es, die `.wasm`-Dateigröße zu verkleinern. Details können Sie im github-Repository von *wee_alloc* nachlesen.
2. Wir machen dem Rust-Programm die Funktion `alert()` bekannt. Das Makro `wasm_bindgen` sorgt für das Mapping zur Java-Script-Funktion. Wichtig hierbei ist, zu wissen, dass nicht geprüft wird, ob der angegebene Name eine tatsächliche Funktion auf der Java-Script-Seite repräsentiert. Das ist sinnvoll, da sich APIs weiterentwickeln und wir auch eigene globale Funktionen definieren können. Sie sollten sich jedoch gut überlegen, ob eine globale Funktion eine gute Idee ist.

3. Als Letztes rufen wir die Funktion `alert()` auf. In JavaScript können wir das Modul später importieren und dank des Glue-Codes `greet()` aufrufen.

Die zweite Datei, die wir uns genauer ansehen, ist `tests/web.rs`.

Listing 22–6
Inhalt der Datei hello-wasm-pack/tests/web.rs

```
//! Test suite for the Web and headless browsers.

#![cfg(target_arch = "wasm32")]

extern crate wasm_bindgen_test;
use wasm_bindgen_test::*;

wasm_bindgen_test_configure!(run_in_browser);

#[wasm_bindgen_test]
fn pass() {
    assert_eq!(1 + 1, 2);
}
```

Wie wir anhand des Dateipfads feststellen können, handelt es sich um einen Integration-Test, da dieser in einem speziellen Verzeichnis und nicht direkt beim Produktionscode liegt. Mehr dazu finden Sie im Kapitel 17. Wie wir sehen, bezieht sich die Erwartung (Assertion) bislang noch nicht auf unseren produktiven Code und vergleicht `1 + 1` mit `2`. Das werden wir gleich ändern. Zunächst lassen wir den Test aber einmal laufen:

Listing 22–7
Test mit wasm-pack ausführen

```
> wasm-pack test --firefox
```

Es wird sowohl ein Server im Hintergrund mit dem Port `8000` als auch der angegebene Browser gestartet, der die Seite lädt und damit den Test ausführt. Als Ausgabe erhalten wir:

Listing 22–8
Ausgabe der Testausführung – alles im grünen Bereich

```
running 1 test

test web::pass ... ok

test result: ok. 1 passed; 0 failed; 0 ignored
```

Um den Test mit dem produktiven Code zu verbinden, ändern wir sowohl die `src/lib.rs` als auch die `tests/web.rs`. Im Test rufen wir die Funktion `greet()` auf, übergeben einen Namen und erwarten, immer noch freundlich und mit Namen begrüßt zu werden:

Listing 22–9
Test, der nun `greet()` aufruft

```
#[wasm_bindgen_test]
fn pass() {
    let result = hello_wasm_pack::greet("Bruce");
    assert_eq!("Hello, Bruce!", result);
}
```

In der `src/lib.rs` nehmen wir einen Namen entgegen und erfüllen den Wunsch der freundlichen Begrüßung:

Listing 22-10
Implementierung von greet()

```
#[wasm_bindgen]
pub fn greet(name: &str) -> String {
    format!("Hello, {}!", name)
}
```

Wir führen den Test erneut aus und erhalten das gleiche Ergebnis wie oben.

Blick hinter die Kulissen

Oben sprachen wir davon, dass `wasm_bindgen` den Glue-Code generiert. Diesen können wir uns ansehen, und zwar in der Datei `pkg/hello_wasm_pack_bg.js`. Um nicht zu viel generierten Code in das Kapitel einzufügen, beschränken wir uns auf den Glue-Code, der die JavaScript-Funktion `greet()` kapselt:

Listing 22-11
Glue-Code der JavaScript-Funktion greet()

```
export function greet(name) {
    try {
        const retptr =
            wasm.__wbindgen_add_to_stack_pointer(-16);
        var ptr0 = passStringToWasm0(name, wasm.__wbindgen_malloc,
            wasm.__wbindgen_realloc);
        var len0 = WASM_VECTOR_LEN;
        wasm.greet(retptr, ptr0, len0);
        var r0 = getInt32Memory0()[retptr / 4 + 0];
        var r1 = getInt32Memory0()[retptr / 4 + 1];
        return getStringFromWasm0(r0, r1);
    } finally {
        wasm.__wbindgen_add_to_stack_pointer(16);
        wasm.__wbindgen_free(r0, r1);
    }
}
```

Wie wir sehen, wird sowohl eine Funktion `passStringToWasm0()` als auch eine `getStringFromWasm0()` aufgerufen. Hinter diesen steckt der Glue-Code, der die in Abschnitt 22.1 beschriebenen Kniffe implementiert. Stöbern Sie gerne einmal in dem Code und versuchen Sie sich mit den Aufgaben vertraut zu machen, die `wasm-pack` uns abnimmt.

Die *Dokumentation zu wasm-pack* bietet weitere sehr gute, ausführliche Beispiele.

22.2.3 Auf dem Server

22.2.3.1 WASI

Wie wir in Abschnitt 22.1.2 gelernt haben, steckt WASI noch in den Kinderschuhen. Des Weiteren haben wir erfahren, dass verschiedenste Laufzeitumgebungen existieren (und wahrscheinlich auch viele davon wieder aufgegeben werden), um die WASI-Module auszuführen. Wir werden uns einzig auf `wasmtime` konzentrieren. Der Grund hierfür ist, dass `wasmtime` von der *ByteCode Alliance* entwickelt wird. Hinter dieser stecken Firmen wie *Google*, *Microsoft*, *Mozilla* und *Spotify*. Damit sagen wir persönlich `wasmtime` eine sehr gute, wenn nicht die beste Chance voraus, lange zu bestehen.

Unter *https://wasmtime.dev* finden wir wie bei `wasm-pack` ein Installationsskript. Nach dessen Ausführung sind wir bereit, unser erstes kleines Modul für den Server zu schreiben.

Target wasm32-wasi verwenden

Damit stellt sich uns natürlich die Frage, wie wir das Cargo-Projekt aufsetzen müssen. Zunächst wäre da die Möglichkeit, ein gewöhnliches Cargo-Projekt aufzusetzen und beim Bauen das Target `wasm32-wasi` anzugeben. Das Bauen sähe so aus:

Listing 22–12
Aufruf von cargo build mit dem Target für WASM

```
> cargo build --target wasm32-wasi
```

Um das Target nicht jedes Mal mitgeben zu müssen, können wir übrigens auch in unserem Projekt ein verstecktes Verzeichnis namens .cargo und darin eine Datei mit dem Namen config.toml anlegen. In dieser Datei können wir das Target für das aktuelle Projekt festlegen:

Listing 22–13
Ausführen des WASM-Moduls mit wasmtime

```
[build]
target = "wasm32-wasi"
```

Führen wir nun einen Build durch, erhalten wir eine `.wasm`-Datei unter `target/wasm32-wasi/debug/[Name des Crates].wasm`. Diese Datei können wir dem Kommando `wasmtime` als Parameter übergeben:

```
> wasmtime target/wasm32-wasi/debug/[Name des Crates].wasm
```

Ein kleines Beispiel können Sie im Begleitrepository zum Buch unter *10_webassembly/server/hello-wasi-target* finden.

Noch komfortabler: cargo-wasi

Noch komfortabler können wir WASI-Projekte mit dem Subkommando `cargo wasi` verwalten und bauen. Zu dessen Verwendung müssen wir es erst installieren[7]:

Listing 22–14
`cargo wasi` *installieren*

```
> cargo install cargo-wasi
```

Führen wir nun `cargo wasi build –release` aus, wird unser Code gegen das Target `wasm32-wasi` gebaut und anschließend wird die resultierende `.wasm`-Datei durch das Tool `wasm-opt` direkt verkleinert und optimiert.

Besonders angenehm ist das Ausführen von WebAssembly-Modulen während der Entwicklung. Wir müssen uns keine Gedanken um Kommandostrukturen und Ablage der `.wasm`-Datei machen. Wir rufen ganz einfach Folgendes auf:

Listing 22–15
Ausführen des WASM-Moduls mit cargo wasi

```
cargo wasi run
```

7. *https://github.com/bytecodealliance/cargo-wasi*

Auch hierzu finden Sie ein *kleines Beispiel* in unserem Repository.

Zugriff auf das Dateisystem erlauben

Wie wir oben gelernt haben, bringt WASI das Konzept der *capability-based security* mit. Auch haben wir oben erwähnt, dass bislang nur der Zugriff auf das Dateisystem implementiert ist. Hierzu wollen wir auch ein kurzes Beispiel zeigen. In diesem Beispiel lesen wir den Inhalt einer Datei und schreiben diesen in eine neue Datei. Wir implementieren damit eine (sehr reduzierte) Variante des aus Unix-Welten bekannten Kommandos cp. Die Implementierung haben wir weitestgehend *aus dem WASI-Tutorial*[8] der Bytecode Alliance übernommen. Da der Code mal wieder etwas länger ausfällt, teilen wir ihn auf zwei Listings auf:

Listing 22–16
cp in Rust – Teil 1

```
use std::env;
use std::fs;
use std::io::{Read, Write};

fn copy_content(input_fname: &str, output_fname: &str)
    -> Result<(), String> {
    // 1.
    let mut input_file =
        fs::File::open(input_fname)
            .map_err(|err| format!("error opening input \
            {}: {}", input_fname, err))?;
    // 2.
    let mut contents = Vec::new();
    input_file
        .read_to_end(&mut contents)
        .map_err(|err| format!("read error: {}", err))?;

    // 3.
    let mut output_file = fs::File::create(output_fname)
        .map_err(|err| format!("error opening output {}: {}",
                                output_fname, err))?;
    // 4.
output_file
        .write_all(&contents)
        .map_err(|err| format!("write error: {}", err))
}
```

Wir beginnen mit den Imports und der Funktion copy_content(), die als ersten Parameter die Quelldatei und als zweiten Parameter die Zieldatei inklusive Pfad entgegennimmt. Den Funktionskörper können wir in vier Blöcke aufteilen:

1. Quelldatei öffnen
2. Quelldatei auslesen

8. *https://github.com/bytecodealliance/wasmtime/blob/main/docs/WASI-tutorial.md#from-rust*

3. Zieldatei erstellen
4. Zieldatei befüllen

Und nun zur Verwendung von `copy_content()` in `main()`:

Listing 22–17
cp in Rust – Teil 2

```
fn main() {
    // 5.
    let args: Vec<String> = env::args().collect();

    // 6.
    let program = &args[0];

    // 7.
    if args.len() < 3 {
        eprintln!("usage: {} <from> <to>", program);
        return;
    }

    // 8.
    if let Err(err) = copy_content(&args[1],
                                   &args[2]) {
        eprintln!("{}", err)
    }
}
```

5. Wir besorgen uns die übergebenen Argumente.
6. Wir setzen den Programmnamen, da wir ihn später gegebenenfalls verwenden wollen.
7. Wir überprüfen, ob wir zumindest drei Argumente (Programmname + zwei Parameter) vorliegen haben. Falls nicht, geben wir eine kurze Hilfestellung aus und verlassen `main()`.
8. Wir übergeben das erste Argument als Quell- und das zweite als Zieldatei.

Das Schöne an dieser Implementierung ist, dass wir die einzelnen Schritte (1 bis 4) separat abbilden können und dadurch auch bei nicht ausreichenden Rechten eine dedizierte Fehlermeldung ausgeben können, zum Beispiel wenn wir die Zieldatei nicht schreiben dürfen.

Noch deutlich interessanter als die Implementierung in Rust ist der Aufruf des WebAssembly-Moduls. Schauen wir zunächst auf den Aufruf mit `wasmtime`:

```
> wasmtime --dir=.
  target/wasm32-wasi/release/copy-file.rustc.wasm
  hello.txt copied.txt
```

Mit dem Schalter `--dir` übergeben wir den Pfad, auf den das WebAssembly-Modul Zugriff bekommt – hier das aktuelle Verzeichnis. Als

Nächstes übergeben wir wie gewohnt den Pfad zur .wasm-Datei. Die beiden letzten Parameter sind der Pfad und der Name von Quell- und Zieldatei. Wir könnten natürlich auch absolute Pfade angeben. Ein Beispiel:

```
> wasmtime --dir=$PWD
  target/wasm32-wasi/release/copy-file.rustc.wasm
  $PWD/hello.txt $PWD/copied.txt
```

Dateisystempfade abbilden

Es ist für uns wichtig zu wissen, dass innerhalb des WebAssembly-Moduls (ähnlich einem Docker-Container) eine unabhängige Verzeichnisstruktur existiert. Wir müssen also gut aufpassen, dass die im Modul abgebildeten Pfade aufeinander abgestimmt sind. Die Abbildung im Modul können wir uns auch zunutze machen und ein Verzeichnis auf dem Host-Dateisystem auf ein anderes im Modul abbilden:

Listing 22–18
Abbilden von /result auf /tmp

```
> wasmtime --dir=$PWD
  --mapdir=/result::/tmp
  target/wasm32-wasi/release/copy-file.rustc.wasm
  $PWD/hello.txt /result/copied.txt
```

Das WebAssembly-Modul schreibt aus seiner Sicht in das Verzeichnis `/result`, welches wir auf `/tmp` mappen. Als Ergebnis wird die Datei `/tmp/copied.txt` geschrieben.

Auch dieses *Beispiel* finden Sie in unserem git-Repository.

22.2.3.2 Eingebettet in Rust

Neben der Möglichkeit, WebAssembly-Module direkt mit WASI zu verwenden, haben wir weiterhin die Möglichkeit, Logik, Operationen und Algorithmen in WebAssembly zu kapseln und eine Laufzeitumgebung für WebAssembly in unsere Applikation einzubetten. Dazu stehen uns verschiedene Möglichkeiten zur Verfügung. Wir können eine Laufzeitumgebung wie Wasmer in Rust, C/C++, PHP, Python, Go und auch Ruby einbinden. Ähnlich verhält es sich mit der Runtime *Wasm3*, die sich unter anderem in Swift, .NET, Zig und auch in die Arduino-Plattform integrieren lässt. Höchstwahrscheinlich werden in den nächsten Monaten und Jahren noch weitere Laufzeitumgebungen entstehen, die immer mehr Möglichkeiten bieten.

Wie weiter oben erwähnt, stützen wir uns weiter auf die Runtime Wasmtime der Bytecode Alliance. Wasmtime lässt sich aktuell in C/C++, Rust, Python, Go, .NET, Java, Perl, Zig und Ruby integrieren.

Einfachstes WebAssembly-Modul: Addieren

In unserem Beispiel erstellen wir ein denkbar einfaches WebAssembly-Modul. Es tut nichts anderes, als zwei Zahlen zu addieren. Der Rust-Code ist so übersichtlich wie unspektakulär:

Listing 22–19
Einfache Beispielfunktion add()

```
#[no_mangle]
pub extern fn add(a: i32, b: i32) -> i32 {
    return a + b
}
```

Wir sorgen mit einem Attribut `#[no_mangle]` dafür, dass die Funktion auch im WebAssembly-Modul als `add()` zur Verfügung steht und nicht verändert wird. Zudem markieren wir mit dem Keyword extern die Funktion als eine von externem Code aufzurufende Funktion.

In der Cargo.toml markieren wir das Crate als cdylib und haben damit folgenden Inhalt:

Listing 22–20
Cargo.toml mit Crate-Typ cdylib

```
[package]
name = "embed-lib"
version = "0.1.0"
edition = "2018"

[lib]
crate-type =["cdylib"]
```

Anschließend erstellen wir unsere `.wasm`-Datei mit dem Befehl:

Listing 22–21
Bau der .wasm-Datei

```
> cargo build --release --target wasm32-unknown-unknown
```

Einbindung des Moduls und Wasmtime

Um das erstellte Modul nun zum Einsatz zu bringen, erstellen wir uns ein neues Cargo-Projekt namens `embed-bin`. Diesem fügen wir eine Abhängigkeit zur Crate `wasmtime` hinzu – aktuell liegt uns die Version 0.29.0 vor. Nach dieser ganzen Fleißarbeit kommen wir nun auch zum spannenden Teil, der Einbindung von `wasmtime` und des Moduls in Rust:

Listing 22–22
Verwendung von wasmtime als eingebettete Laufzeitumgebung

```
use std::error::Error;
use wasmtime::*;

fn main() -> Result<(), Box<dyn Error>> {
    // 1.
    let engine = Engine::default();

    // 2.
    let module = Module::from_file(&engine, "embed_lib.wasm")?;

    // 3.
    let mut store = Store::new(&engine, ());

    // 4.
    let instance = Instance::new(&mut store, &module, &[])?;

    // 5.
    let add = instance.get_func(&mut store, "add")
        .expect("`add` was not an exported function");
```

```
    // 6.
    let add = add.typed::<(i32, i32), i32, _>(&store)?;

    // 7.
    let result = add.call(&mut store, (33, 33))?;
    assert_eq!(result, 66);
    println!("Mit wie viel Jahren fängt das Leben an? - Mit {:?}",
            result);

    Ok(())
}
```

Wir müssen sieben grobe Schritte durchführen, um die Funktion letztlich aufzurufen. Schauen wir uns die einzelnen Schritte wieder im Detail an:

1. Wir beginnen mit der Instanziierung eines Objekts des Typs Engine. In diesem Fall bedienen wir uns an den Standardeinstellungen. Wir können darüber hinaus noch verschiedenste Optionen zum Beispiel für Speicherallokation, Runtime-Features und Caching-Strategien mitgeben. Die *entsprechende Dokumentation* gibt Aufschluss über die verschiedenen Optionen.
2. Im zweiten Schritt laden wir aus dem binären Format das Modul. Es wäre auch möglich, Dateien im Textformat (`.wat`) zu laden.
3. Der `Store` ist unser Arbeitsplatz, an dem wir alle verschiedenen Werkzeuge und Ressourcen zusammenbringen. Der Store bündelt Objektinstanzen und Funktionen. Als Grundlage braucht der Store die Engine.
4. Zusammen mit der Instanz von Store stecken wir das geladene Modul in ein weiteres Objekt. Dieses Objekt repräsentiert genau wie im Browserbeispiel oben eine Instanz des WebAssembly-Moduls und stellt uns alle Funktionen zur Verfügung. In unserem Beispiel ist es lediglich die Funktion `add()`.
5. Genau diese Funktion besorgen wir uns als Nächstes und bekommen ein Objekt mit dem Typen Func zurück.
6. Func könnten wir zwar auch schon aufrufen. Doch wäre es nicht klasse, wenn wir beim Aufruf der Funktion vom Compiler auch die übergebenen Typen überprüfen könnten? Genau das tun wir mit der Angabe der generischen Typen. Der erste Typ ist ein Tupel, welcher die Funktionsparameter auflistet: `(i32, i32)` Der zweite Typ gibt den Typ des Rückgabewertes an – hier auch `i32`.

7. Schließlich rufen wir `add()` auf, prüfen das Ergebnis und geben es mit Udo Jürgens im Sinn aus. Da der Store den Zustand des Moduls repräsentiert und dieser sich durch Aufruf von add() ändert, müssen wir eine veränderbare Referenz mitgeben.

22.3 Fazit

Wir haben uns den aktuellen Entwicklungsstand von WebAssembly und dessen Einsatzgebiete angesehen. Dabei haben wir feststellen können, dass trotz des frühen Entwicklungsstandes die Einsatzgebiete mannigfaltig sind. Wir können WASM als Übersetzungsziel wählen und damit Logik in den Browser bringen oder in eine bestehende Anwendung unter der Verwendung einer Engine integrieren. Dabei können wir C#-Code in Rust laufen lassen oder umgekehrt. Die Vorteile von Rust für WebAssembly sind (wieder einmal) die fehlende Runtime, der fehlende Garbage Collector und damit die kompakten `.wasm`-Dateien. Wir sind sehr gespannt, wie sich die Interface Types und auch das WASI entwickeln werden.

Durch das Kapitel haben Sie Kenntnis über Möglichkeiten und konkrete Werkzeuge bekommen. Wir sind sehr gespannt, was Sie auf Basis von WebAssembly bauen werden.

23 Zusammenfassung und Ausblick

23.1 Zusammenfassung

Wir hoffen, dass Sie nach dem Lesen nicht nur die Sprache Rust im täglichen Umgang, sondern auch komplexe Programme in verschiedensten Applikationsbereichen beherrschen. Vor allem hoffen wir aber, dass Sie mit uns die Freude im Umgang mit einer ungewöhnlichen Sprache teilen, die uns aufgrund ihres Ownership-Konzeptes sehr weitgehendes Vertrauen in die Korrektheit unseres Umgangs mit Speicher und damit in unsere Programme gibt. Die Gewissheit, dass ein übersetztes Programm mit hoher Wahrscheinlichkeit keine Speicherfehler produzieren wird, ist in unseren Augen von großem Wert und trägt – ähnlich wie eine grüne Testsuite – zur unmittelbaren Entspannung bei.

Interessant ist zusätzlich der Wert, den die Auseinandersetzung mit dem Speichermodell von Rust für die Arbeit in anderen Programmiersprachen bedeutet. Denn die Überlegungen im Umgang mit Speicher in Rust lassen uns an vielen Stellen in anderen Programmiersprachen innehalten und einen konservativeren Programmierpfad beschreiten, auch ohne dass uns der Compiler motiviert.

23.2 Ausblick

Natürlich sind Sie noch kein perfekter Rust-Programmierer, aber Sie haben das Werkzeug an der Hand, um einer zu werden. Wir haben an vielen Stellen im Buch auf weiterführende Webseiten verwiesen, hier zum Schluss noch mal die erste Anlaufstelle:

https://www.rust-lang.org/

Vielen Dank und auf bald!

Index

Z

Sonderzeichen